हिमालय का इतिहास

श्रुतियों और साक्ष्यों से बुना वृत्तान्त

हिमालय का इतिहास

श्रुतियों और साक्ष्यों से बुना वृत्तान्त

मदन चन्द्र भट्ट

राधाकृष्ण प्रकाशन

ISBN : 978-81-19989-58-4

हिमालय का इतिहास

पहला संस्करण : 2024

मूल्य : ₹995

प्रकाशक
राधाकृष्ण प्रकाशन प्राइवेट लिमिटेड
जी-17, जगतपुरी, दिल्ली-110 051
शाखाएँ : अशोक राजपथ, साइंस कॉलेज के सामने, पटना-800 006
पहली मंजिल, दरबारी बिल्डिंग, महात्मा गांधी मार्ग, प्रयागराज-211 001
1, अनमोल सोराबजी संतुक लेन, धोबी तलाव, मरीन लाइंस, मुम्बई-400 002
वेबसाइट : www.radhakrishnaprakashan.com
ई-मेल : info@radhakrishnaprakashan.com

मुद्रक
विकास कंप्यूटर एंड प्रिंटर्स
ट्रॉनिका सिटी-201 102

HIMALAYA KA ITIHAS
History by Madan Chandra Bhatt

पूज्य पिताजी
श्री रामदत्त भट्ट
(1900-1985)
को

क्रम

खंड 3

दो शब्द

इतिहास की परतें स्थानीय अन्वेषण के जरिये खुलती हैं। इसका एक सिरा पुरातात्त्विक सामग्री जैसे—शिलालेख, ताम्रपत्र, सिक्के, हस्तलिखित प्राचीन पांडुलिपियाँ आदि हैं तो दूसरा सिरा लोक अनुश्रुतियाँ। इसके कुछ तार प्राचीन धर्मग्रन्थों तथा महाकाव्यों से भी जुड़ते हैं। इन सबको मिलाकर तारतम्य बैठाना और फिर उसे समकालीन ऐतिहासिक समझ के तराजू में तोलना एक चुनौतीपूर्ण कार्य है।

इसमें कभी अन्वेषण से विचार उपजते हैं और कभी विचारों से अन्वेषण को ऊर्जा मिलती है। इसी परस्पर आदान-प्रदान से इतिहास ढलता है। इसी प्रक्रिया को आत्मसात करते हुए सन् 1981 में 'हिमालय का इतिहास : भाग-एक' प्रकाशित हुआ। यह मूलत: आगरा विश्वविद्यालय की डॉक्टर ऑफ फिलासफी की उपाधि हेतु सन् 1970 में डॉ. शाकम्बरी जयाल के निर्देशन में प्रस्तुत शोध-प्रबन्ध 'कुमाऊँ-गढ़वाल का राजनैतिक इतिहास (प्रारम्भ से तेरहवीं सदी ई. तक)' का ग्रन्थ रूप था। इस पुस्तक में श्री ताराचन्द्र त्रिपाठी एवं डॉ. प्रयाग जोशी का एक सर्वेक्षण सहयोगी के रूप में, श्री सुरेश राम का एक अन्वेषी शिष्य के रूप में तथा श्री भुवन लाल साह एवं प्रो. भुवन चन्द्र लाल साह का सर्वेक्षण के फोटोग्राफर के रूप में आभार प्रकट किया गया था। यह पुस्तक अब अप्राप्य है।

'हिमालय का इतिहास : भाग-दो' सन् 1998 में प्रकाशित हुआ। सन् 1981 में प्रकाशित भाग : एक के बाद भी अनवरत रूप से जारी सर्वेक्षणों से विकसित इतिहास इसमें समाहित हुआ। इसके प्रकाशन में

डॉ. चन्द्र सिंह चौहान का अतुलनीय योगदान था। लेकिन यह पुस्तक भी अब शायद चुनिन्दा वरिष्ठजनों के निजी संकलन में ही मिल सकेगी।

ये दोनों पुस्तकें (भाग-1 एवं भाग-2) शोधार्थियों के लिए महत्त्वपूर्ण हैं। इसी कारण अब *हिमालय का इतिहास* अपेक्षाकृत वृहत् रूप से प्रकाशित हो रहा है जिसके खंड-एक की सामग्री पूर्व प्रकाशित पुस्तक के भाग-एक और भाग-दो पर आधारित है। वास्तव में सन् 1970 में विधिवत ऐतिहासिक शोध को शुरू करने के पहले से ही अन्वेषण के प्रति मेरा गहरा रुझान उत्पन्न हो चुका था और तब से लेकर अब तक, पाँच दशक से भी ज़्यादा लम्बी अवधि में मेरे विभिन्न लेख पत्र-पत्रिकाओं में लगातार प्रकाशित होते रहे हैं। इन पत्र-पत्रिकाओं में 'नैनीताल समाचार', 'हिमप्रस्थ', 'गिरिराज', 'नन्दादेवी स्मारिका', 'पुरवासी, लोकगंगा', 'पहाड़', 'उत्तराखंड भारती', 'शैलवाणी' आदि प्रमुख हैं। पर्वतीय इतिहास के प्रेमियों के लिए ये लेख भी एक थाती की तरह हैं जिन्हें सहेजना आवश्यक है। प्रस्तुत पुस्तक के खंड-दो तथा खंड-तीन की सामग्री इन्हीं में से कुछ लेखों का संकलन है। खंड-दो में मुख्यत: सर्वेक्षण की किस्सागोई के साथ ऐतिहासिक विचार-मन्थन है। खंड-तीन में कुछ ऐतिहासिक व्यक्तित्वों का हिमालय से जुड़ाव एवं स्थान विशेष का विवेचन है।

अनेक दशकों के अन्वेषण और विचार-मन्थन की इस ऐतिहासिक यात्रा में विभिन्न सहयोगियों का योगदान है। इनमें आदरणीय गुरुजन, समकालीन विद्वान, प्रिय शिष्य विभिन्न पत्र-पत्रिकाओं के प्रकाशक तथा सम्पादक तो महत्त्वपूर्ण हैं ही, विभिन्न सर्वेक्षणों और यात्राओं में भोजन और रात्रिआश्रय की व्यवस्था करने वाले मित्रजन भी इसमें सहभागी हैं। इन सभी के प्रति आभार।

जून, 2021 **—मदन चन्द्र भट्ट**

भारतीय संस्कृति व इतिहास में हिमालय का स्थान

हिमालय की दुर्गम भौगोलिक स्थिति के कारण यहाँ के मन्दिरों में सुरक्षित अभिलेखों तथा गाँवों में सुरक्षित राजस्व-विवरणों का सम्यक् प्रकाशन अभी तक नहीं हो पाया है। इन अभिलेखों से ज्ञात नागपुर (गोपेश्वर) कार्तिकेयपुर (कत्यूर), ब्रह्मपुर (बाड़ेछीना), तंगणपुर (टंगनी), स्रुग्घ्न (कालसी), सुभिक्षपुर (सुई बिसंग) आदि राजधानियों के खंडहरों का भी सर्वेक्षण कर उनका क्रमबद्ध इतिहास तैयार नहीं हो पाया है। *महाभारत* और पुराणों में वर्णित मेरु और मन्दार पर्वतों का तादात्म्य न होने से पुराणों के भुवनकोश-प्रकरण भी अभी तक अस्पष्ट हैं। यही स्थिति उत्तरकुरु (तिब्बत), निषध पर्वत (नैनीताल) कालिन्द पर्वत (जौनसार) और केतुमाल (गन्धमादन) की भी है। बदरीनाथ-ताम्रपत्रों में वर्णित खष, किरात और हूण जिलों की भी निश्चित स्थिति अज्ञात है। पर्वत-शिखरों और नगरों की तरह प्राचीन ग्रन्थों में वर्णित यहाँ की वनस्पति इंगुदी (च्यूर), उदुम्बर (तिमुल) और जम्बू (सेव) के बारे में भी भ्रम हैं।

पूर्व में काली नदी के किनारे अवस्थित तपोवन (धारचूला) से लेकर पश्चिम में टौंस नदी के किनारे अवस्थित अनोल के मास्सू मन्दिर (देहरादून) तक तथा उत्तर में नन्दादेवी पर्वत से लेकर दक्षिण में हरिद्वार तक की भूमि के लिए भारतीय लोकमानस में 'उत्तराखंड' शब्द का प्रयोग होता है। आज उत्तराखंड के अन्तर्गत कुमाऊँ मंडल के जिलों—पिथौरागढ़, अल्मोड़ा, चम्पावत, बागेश्वर, नैनीताल और

ऊधमसिंह नगर तथा गढ़वाल मंडल के जिलों—पौड़ी, चमोली, उत्तरकाशी, रुद्रप्रयाग, टिहरी, हरिद्वार और देहरादून की भूमि आती है।

महानदी गंगा, यमुना, सरयू, मन्दाकिनी, अलकनन्दा, पिंडर, रामगंगा, कोसी आदि का उद्गम-स्थल, बदरी-केदार के तीर्थ तथा कैलास-मानसरोवर का यात्रापथ होने से उत्तराखंड में राजनीति की अपेक्षा संस्कृति, धर्म, कला और पर्यटन का अधिक महत्त्व रहा है। हिमालय के गगनचुम्बी हिमाच्छादित शिखर शक्तिशाली सेनाओं की अपेक्षा तपस्वियों और साहित्यकारों के लिए अधिक आकर्षण का केन्द्र रहे हैं। वैदिक ऋषियों ने सात द्वीपों और सात सागरों वाली पृथ्वी के मध्य में जम्बूद्वीप (आधुनिक एशिया महाद्वीप) की स्थिति मानी। उसके केन्द्र में नीचे कूर्म (कछुए की आकृति) और ऊपर मेरु पर्वत (आधुनिक नन्दादेवी पर्वत) को सिद्धि-क्षेत्र स्वीकार किया। विविध सम्प्रदायों ने पृथ्वी, लक्ष्मी, गायत्री और नन्दा के रूप में देवी को मेरु के ऊपर आकाश में सूक्ष्म रूप में रहने वाली माना, जिसका अग्नि, मूर्ति और मानव-शरीर में विशेष प्रक्रिया के अन्तर्गत आवाहन किया जा सकता था। यही वैदिक देववाद का रहस्य था। इसी कारण हिमालय तपस्वी-क्षेत्र बन गया। इसी रहस्य को जानने के लिए ऋषियों ने नदियों के तट पर और पर्वत-शिखरों पर आश्रम स्थापित किए, जो आज मन्दिरों के रूप में विकसित हुए हैं।

भारतीय संस्कृति की विकास-यात्रा में हिमालय का विशेष स्थान रहा है। *ऋग्वेद* के हिरण्यगर्भ सूक्त से ज्ञात होता है कि हिमाच्छादित और गगनचुम्बी शिखरों वाला हिमवत वैदिक ऋषियों के लिए दैवी-प्रेरणा का स्रोत था और इसे वे परमसत्ता की महिमा मानते थे। कण्व, देवल, अगस्त्य, नारायण, कपिल, रुद्र, जमदग्नि, विश्वामित्र, वशिष्ठ, भारद्वाज, मार्कंडेय आदि वैदिक ऋषियों के आश्रमों की स्मृति आज भी हिमालय में जीवित है। गढ़वाल के वैदिक आश्रमों का वर्णन *स्कन्दपुराण* के *केदारखंड* नामक ग्रन्थ में विस्तार से मिलता है। हिमालय के वैदिक आश्रम ही आज उत्तराखंड के तीर्थ और धाम के रूप में प्रसिद्ध हैं और युगों से भारतीय संस्कृति के केन्द्र माने

जाते हैं। वैदिक ऋषियों के साथ-साथ राम, कृष्ण और पांडवों से सम्बन्धित अनेक स्थल हिमालय में पाए जाते हैं। यदि संस्कृत भाषा में 'महाभारत' नाम का महाकाव्य उपलब्ध न होता तब भी हिमालय की लोकपरम्पराओं को एकत्र कर *महाभारत* की कथावस्तु तैयार करना सम्भव था। पांडुकेश्वर, लाखामंडल, भीमताल, अर्जुनेश्वर, भीमपांनी, नकुलेश्वर, हिडिम्बा नौली आदि ऐसे ही स्थल हैं जहाँ *महाभारत* के पात्रों की कहानियाँ पर्यटकों को सुनाई जाती हैं।

इतिहास अतीत का सम्पूर्ण और प्रामाणिक लेखा है। इस पद्धति का कोई प्राचीन ग्रन्थ आज उपलब्ध नहीं है। अत: उत्तराखंड का क्रमबद्ध और सर्वमान्य विवरण तैयार करना एक समस्या बन गई है। आधुनिक काल में इस समस्या के सामने आने का एक कारण पाश्चात्य जगत की भारत विषयक जिज्ञासा थी।

जिला-स्तर के प्रशासकों की सुविधा के लिए अंग्रेज़-सरकार ने जिला गजेटियरों में प्रत्येक जिले का इतिहास प्रकाशित कर दिया। 1860 ई. में भारतीय पुरातत्त्व सर्वेक्षण नाम का विभाग स्थापित कर भारत में ऐतिहासिक स्थलों और स्मारकों का वैज्ञानिक ढंग से सर्वेक्षण करने की कोशिश की गई। 1861 ई. में अलेक्जेंडर कनिंघम प्रथम डाइरेक्टर जनरल नियुक्त हुआ। 1866 ई. में इस विभाग को अचानक तोड़ दिया गया किन्तु 1871 ई. में यह पुन: स्थापित हुआ और 1885 ई. तक कनिंघम डाइरेक्टर जनरल रहा। उसके स्थान पर 1886 में बरगेस की नियुक्ति हुई। इस विभाग का नवयुग वायसराय लार्ड कर्जन (कार्यकाल 1898-1905 ई.) से प्रारम्भ हुआ। 1902 में सरकार ने 26 वर्षीय जान मार्शल को पुरातत्त्व-विभाग का डाइरेक्टर जनरल नियुक्त किया। उसने 1904 ई. में सरकार से विभाग को स्थायी करने की माँग की जो बाद में स्वीकृत हो गई। 1919 और 1921 के कानूनों से पुरातत्त्व केन्द्रीय सरकार का विषय बन गया। पुरातात्त्विक अवशेषों को वैज्ञानिक आधार पर परखने के लिए 1917 में एक रसायन-शाखा कलकत्ता में खोली गई। 1904 में सरकार ने मार्शल की संस्तुति पर 'एंशिएंट मॉनूमेंट्स प्रिजर्वेशन एक्ट' पास किया। ताकि भारत की प्राचीन कलात्मक सम्पदा को खराब होने से बचाया जा

सके। पुरातत्त्व विभाग ने मोहनजोदड़ो, हड़प्पा, तक्षशिला, पाटलिपुत्र, भीटा और साँची की वैज्ञानिक ढंग से खुदाई कर अतीत के अवशेषों में अभूतपूर्व वृद्धि की। उत्खनन, सर्वेक्षण और संरक्षण के साथ ही साथ संग्रहालयों की स्थापना तथा प्राप्त सामग्री का विवरण प्रकाशित करना शुरू किया।

पुरातत्त्व की खोज में प्राप्त सामग्री को तीन भागों में बाँटा जा सकता है—(1) स्मारक, (2) अभिलेख और (3) सिक्के। स्मारकों से कला, धर्म और स्थानीय जीवन के विविध पहलुओं पर प्रकाश पड़ा, अभिलेखों ने राजनैतिक और प्रशासकीय परिस्थितियों को स्पष्ट किया और सिक्कों से धातु-कला तथा आर्थिक जीवन के क्रमिक विकास का आभास होने लगा। इस अवधि में मुद्रण का एक व्यवसाय के रूप में विकास होने से भारत और उसके अतीत से जुड़े देशों की प्राचीन हस्तलिखित पुस्तकें प्रकाशित होने लगीं, जिनमें अतीत का विस्तृत लेखा सुरक्षित था। इतिहास पर प्रकाश डालने वाली पुस्तकों को भी तीन भागों में विभक्त किया जा सकता है—(1) धार्मिक ग्रन्थ, (2) ऐतिहासिक एवं समसामयिक ग्रन्थ और (3) विदेशी पर्यटकों के ग्रन्थ। ब्राह्मण, जैन और बौद्धों के बहुतेरे धर्मग्रन्थों के प्रकाशन से इतिहास की जिज्ञासा ही शान्त नहीं हुई, वरन कुछ ऐसी सामग्री भी सामने आई जिससे ऐतिहासिक विवाद शुरू हो गए।

उपलब्ध सामग्री में एक तिथिक्रम था। उस तिथिक्रम से सम्बन्धित सामग्री में कुछ ऐसे तत्त्व थे जिनको अंग्रेज़ लेखक समझ नहीं पाए। ब्रिटिश शासनकाल में प्राचीन भारत पर जितनी भी पुस्तकें प्रकाशित हुईं, उनमें एक अविश्वास का तत्त्व साफ झलकता है। चाहे पुराणों के इतिवृत्त हों, चाहे दिग्विजय की प्रशस्तियाँ हों अथवा शासन की रूपरेखा हो, सर्वत्र औपनिवेशिक हेयता ऐतिहासिक तथ्यों पर सवार नज़र आती है। उदाहरण के लिए सर जान मार्शल ने आर्यभट्ट, वराहमिहिर, कल्हण, रविकीर्ति जैसे भारतीय अतीत के प्रतिष्ठित लेखकों द्वारा प्रयुक्त कलिसंवत (3102 ई.पू. से प्रारम्भ) को पूर्णतया अविश्वसनीय समझा। यदि ऐसा न होता तो सिन्धु घाटी की खुदाई से ज्ञात 3250 ई.पू. से 2750 ई.पू. की सभ्यता *महाभारत* की घटनाओं

से निश्चय ही बाद की सभ्यता मानी जा सकती थी। अंग्रेज़ों ने नगरों की निश्चित अवस्थिति, राजाओं के निश्चित काल और घटनाओं के क्रम को इतना अधिक उलझा दिया जिससे इतिहास से अधिक उनका दृष्टिकोण लोक में विख्यात हो गया। सम्पूर्ण वैदिक साहित्य को बिना पढ़े ही यह घोषणा कर दी गई कि वह मार्शल द्वारा आयोजित खुदाई से प्राप्त सामग्री से बहुत बाद का है। अंग्रेज़ों की इस उठापटक में संस्कृत-साहित्य के अधिकांश लेखकों का समय बदल गया। कई राजवंशों का अस्तित्व नकार दिया गया और कई नगरों के नाम इतिहास में लुप्त कर दिए गए। मध्यकालीन उत्तरी भारत का सबसे बड़ा हिन्दू-राज्य—'कत्यूरी-साम्राज्य' भारतीय इतिहास में स्थान न पा सका।

अंग्रेज़ों से देश को स्वतंत्रता मिल जाने के बाद भी इतिहास में वे समस्याएँ पूर्ववत बनी रहीं क्योंकि जिन भारतीयों ने पुरातत्त्व विभाग के पदों, ऐतिहासिक संस्थानों और विश्वविद्यालयों में अंग्रेज़ों का उत्तराधिकार प्राप्त किया, वे अंग्रेज़ों के इतिहास-सम्बन्धी कार्यों से अत्यधिक प्रभावित थे और उनकी लीक पर चलने में ही अपना कल्याण समझते रहे।

इतिहास की अंग्रेज़ी दासता प्रारम्भ से ही भारत में खलती रही है। आर्य जाति के बाहर से भारत में आने की संकल्पना का अविनाशचन्द्र दास और सम्पूर्णानन्द ने जमकर विरोध किया। अंग्रेज़ों द्वारा इतिहास से बहिष्कृत किए गए मालवराज विक्रमादित्य पर डॉ. राजबली पांडे ने पुस्तक लिखी। गुप्तकाल में धकेले गए महाकवि कालिदास को 57 ई.पू. में वापस लाने के लिए कई संस्कृत पंडितों ने प्रयास किए। आरोप और उनके खंडन के बीच दो नए आयाम भी सामने आए—

1. प्राचीन भारतीयों को इतिहास में न रुचि थी और न उसका कोई ज्ञान था, तथा
2. भारत प्राचीन काल में कई देशों में विभक्त था और उसमें किसी देशव्यापी एकता का भाव न था।

भरतखंड के वासी अपने पितरों, तीर्थों के माहात्म्यों में वर्णित ऋषि और राजाओं के वंशानुचरितों तथा लोककल्याणकारी घटनाओं के

प्रति बड़े संवेदनशील रहे हैं जिससे अतीत का दाय आज भी पुस्तकों, अभिलेखों, सिक्कों, कलाकृतियों तथा खंडहरों के रूप में अवशिष्ट है। इतिहास शब्द का *अथर्ववेद, छान्दोग्य उपनिषद, महाभारत, अर्थशास्त्र* आदि में सम्माननीय शास्त्र के रूप में उल्लेख इस बात की ओर संकेत करता है कि प्राचीन भारत में यह एक लोकप्रिय विषय था। बाणभट्ट के अनुसार, एक विद्वान व्यक्ति के परिचय के रूप में यह कहा जाता था कि उसने समस्त इतिहासों में दक्षता अर्जित कर ली है। कल्हण ने *राजतरंगिणी* में यह दावा किया है कि इतिहास लेखक प्राचीन लेखकों के इतिहास सम्बन्धी ग्रन्थों का ताम्रपत्रों से परीक्षण करते थे। मध्यकालीन कवि तुलसीदास के अनुसार इतिहास शास्त्र और लोक द्वारा स्वीकृत होता था। *छान्दोग्य उपनिषद* जिस इतिहास को पाँचवाँ वेद कहता है, उसमें भारतीयों की अज्ञानता का आरोप वास्तव में एक आश्चर्य ही है। रुद्रदामा के गिरनार लेख में अपने से चार सौ वर्ष पुराने शासक चन्द्रगुप्त मौर्य और अशोक द्वारा सुदर्शन झील के निर्माण तथा मरम्मत का उल्लेख, बाणभट्ट द्वारा *हर्षचरित* में पुष्यमित्र, नागसेन, सातवाहन, राम गुप्त आदि राजाओं के समय की घटनाओं का वर्णन तथा कल्हण द्वारा अशोक, विक्रमादित्य, मिहिरकुल, यशोवर्मा आदि का विवरण इस बात की ओर स्पष्ट संकेत है कि प्राचीन भारत में ऐतिहासिक ज्ञान पूर्णतया सुरक्षित था।

अंग्रेज़ों की तरह ही अरबों और तुर्कों ने भी भारत पर आक्रमण के बाद यहाँ के इतिहास की जानकारी संकलित करने की कोशिश की थी। अलबेरूनी का भारत विषयक साहित्य इस सन्दर्भ में उल्लेखनीय है। अंग्रेज़ों और तुर्कों की तरह उनसे पूर्ववर्ती आक्रान्ताओं—हूण, शक और यवनों ने भी भारत पर आक्रमण के साथ उसके अतीत के प्रति खोज की होगी। शक राजा रुद्रदामा के लेख में चन्द्रगुप्त मौर्य के राष्ट्रीय वैश्य 'पुष्यगुप्त' तथा अशोक के अधीनस्थ यवन 'तुपास्य' का उल्लेख यह निश्चित करता है कि शक विजेताओं ने भी भारत के अतीत पर सामग्री संकलित की थी। मेगस्थनीज की *इंडिका* तथा *मिलिन्द पन्हो* से यह निश्चित है कि यवन आक्रान्ताओं ने भारत के अतीत की खोज की थी। इस प्रकार भारत में विदेशी आक्रमणों के

समय पहले अस्त-व्यस्तता और अराजकता के बीच अतीत का ज्ञान लुप्त होता गया, फिर विजेताओं ने अपने ढंग से अतीत का विवरण तैयार कराया जिसमें पराजितों के प्रति एक हेय भावना थी। बाद में राष्ट्रीय जागृति ने अपने तोड़े-मरोड़े इतिहास का विरोध किया। विदेशी प्रभुत्व के विरुद्ध जब स्वतंत्रता-संघर्ष हुआ तो अतीत के वे व्यक्ति जिन्होंने संघर्ष किया था, राष्ट्रनायक के रूप में प्रतिष्ठित किए गए। जिस तरह मुगल-साम्राज्य के विरुद्ध संघर्ष करने वाले राणा प्रताप, शिवाजी, छत्रसाल आदि को स्वतंत्रता-आन्दोलन में देशव्यापी सम्मान दिया गया और उनके संघर्ष पर अनेक ओजस्वी काव्यों का निर्माण किया गया, उसी तरह शक, हूण, यवनों के विरुद्ध संघर्ष करने वाले, पुराकाल के पुष्यमित्र, विक्रमादित्य, शालिवाहन आदि को भी स्वतंत्रता-संघर्ष में विशेष सम्मान मिला। भारत के युगयुगीन संघर्ष में परशुराम, राम और कृष्ण के जीवन-वृत्त सबसे अधिक प्रेरणादायी रहे हैं जिन्हें बार-बार राष्ट्रीय आवश्यकताओं के अनुरूप प्रसारित किया गया।

इतिहास राष्ट्र के व्यक्तित्व का विवरण है, वह संघर्ष के क्षणों में विशेष स्थान पाता रहा है, पराजय की बेला में उसका लुप्त होना स्वाभाविक है। जब-जब उसकी खोज की गई तब 'सूत उवाच' से मार्शल के अनुसार वाली परम्परा दिखाई देना स्वाभाविक है। खोज के स्तरों, लेखकों के दृष्टिकोणों और विशिष्ट परिस्थितियों के कारण अतीत के विवरण में स्थान-स्थान पर विरोधाभास और अलौकिक तत्त्वों का सम्मिश्रण हो गया और आज एक सर्वमान्य इतिवृत्त स्वीकार करना बड़ा दुष्कर कार्य हो गया है।

हिमालय का इतिहास लिखने में इस बात पर विशेष बल दिया गया है कि तिथिक्रम में प्राचीन लेखकों ने जिन संवतों का प्रयोग किया है, उन्हें उसी रूप में मान लिया जाए। कृत युग, त्रेता, द्वापर, कलिसंवत, परिनिर्वाण संवत, कृत संवत, शक संवत, गुप्त संवत, लक्ष्मणसेन संवत आदि का पुराकाल से जिस रूप में प्रयोग होता आ रहा है, उसको नकारने की कोशिश नहीं की गई है। बल्कि विवाद से जहाँ तक सम्भव हो सका है, बचने की कोशिश की गई है। केवल जहाँ पर किसी व्यक्ति का मत विवाद से ऊपर उठकर

एक सर्वमान्य इतिहास बन गया है, वहाँ पर मत के सन्दर्भ में चर्चा अवश्य की गई है।

भारत की मौलिक एकता को विवादास्पद मानना विशिष्ट राजनैतिक दृष्टिकोण की देन है। अतीत में लघु राज्यों ने जिस आंचलिक और जनपदीय संस्कृति का निर्माण किया उनसे स्थानीयता का दृष्टिकोण विकसित हुआ। सामाजिक और सांस्कृतिक संकीर्णता के तत्त्व भी लघु राज्यों ने विकसित किए और सामन्ती परिवेश ने उन्हें युगों तक जीवित रखा। पराजय और आक्रमणों के लिए भी वे ही तत्त्व हर बार उत्तरदायी रहे। जब उन तत्त्वों का लोगों को सही ज्ञान हुआ तब उनका विरोध भी यथासम्भव किया गया। सुधार और उदारता के तत्त्व जब-जब सफल रहे, देश की राजनैतिक और धार्मिक एकता को पुनः स्थापित करने की कोशिशें सर्वत्र नज़र आती रहीं। हिमवत से समुद्र तक का भरतखंड हमेशा अपनी सात पवित्र नदियों (सरस्वती, गंगा, यमुना, नर्मदा, सिन्धु, गोदावरी और कावेरी); सात पवित्र पर्वतों (महेन्द्र, मलय, सह्याद्रि, भुक्तिमान, ऋक्ष, विंध्य और पारियात्र); सात पवित्र नगरों (अयोध्या, मथुरा, माया, काशी, कांची, अवन्तिका और द्वारावती) तथा चार धामों (बदरिकाश्रम, जगन्नाथ, रामेश्वरम् और द्वारकाधीश) के माध्यम से यहाँ के निवासियों में देश-प्रेम की भावना उद्वेलित करता रहा है। इस देश की भाषा-संस्कृति और उसके विशाल वाङ्मय की प्रतिष्ठा भी भरतखंड को एकसूत्र में जोड़ने के लिए उत्तरदायी है।

खंड 1

उत्तराखंड का पुरातत्त्व

पर्वतीय क्षेत्र की दुर्गम स्थिति के कारण अभी तक अधिकांश अभिलेख, सिक्के और पुरातत्त्व सम्बन्धी साहित्य अप्रकाशित हैं। 1968 ई. में अल्मोड़ा से लगभग बारह किलोमीटर दूर अवस्थित लखु उडियार नामक शैलाश्रय पर उत्कीर्ण प्रागैतिहासिक शैलचित्रों की खोज से पर्वतीय पुरातत्त्व की प्रारम्भिक कहानी ज्ञात होने लगी है। इससे पूर्व हरिद्वार के समीप अवस्थित बहादराबाद के पाषाण और ताम्रयुगीन उपकरण एवं मलारी (चमोली) के मृदभाण्ड चर्चित हो चुके थे और यह प्रतीत होने लगा था कि मध्ययुगीन मानव ने मध्य-हिमालय में भी कई बस्तियाँ विकसित की थीं। उत्तरकाशी जिले के पुरोला तहसील स्थित हुडुली तथा पौड़ी जिले के झंगरोली में भी प्राकृतिक शिलाओं पर रंगीन रेखांकन मिले हैं जिनका अभी तक सम्यक अध्ययन नहीं हो पाया है। लखु उडियार में गेहुएँ रंग से और हुडुली में नीले रंग से रेखांकन किए गए हैं। इसी तरह अल्मोड़ा के समीप फड़कानौली, फलसीमा और कसार देवी में प्रागैतिहासिक काल के शैलचित्र मिले हैं। इन चित्रों के साक्ष्य से यह माना जा सकता है कि अल्मोड़ा नगर के चारों ओर प्रागैतिहासिक युग में मानव-बस्तियाँ बन चुकी थीं। गढ़वाल में चमोली जिले के गोरखा ओड्यार (छिनका डूंगरी गाँव) में भी प्रागैतिहासिक चित्र मिले हैं। ये चित्र शिकार-युग में पूजागृह के रूप में निर्मित किए गए होंगे। विंध्य पर्वत में भीमबेटका, बसनाझर, सिन्धनपुर, कबरा, पहाड़, ओगना आदि में भी इसी तरह के चित्र मिलते हैं। यूरोप के स्पेन में भी इसी तरह के प्रागैतिहासिक चित्र मिलने से यह प्रतीत होता है कि पाषाणकाल में भी एक सभ्यता का विस्तार यूरोप से भारत तक हुआ था।

पाषाणयुगीन व्यवस्था पर्वतीय क्षेत्र की जातियों—खष, कुलिन्द, तंगण आदि में दीर्घकाल तक विद्यमान रही। पश्चिमी रामगंगा के किनारे पाए जाने वाले पाषाण-

उपकरणों का संग्रह यशोधर मठपाल ने भीमताल स्थित लोक संस्कृति संग्रहालय में किया है। उत्तराखंड में कई स्थानों में विशाल शिलाओं पर ऊखल और दीये बने हुए हैं। उनके लिए 'कपमार्क' शब्द का प्रयोग किया जाता है। विशाल शिलाओं पर उत्कीर्ण होने के कारण पुरातत्त्वेत्ताओं ने उन्हें महापाषाणकालीन सभ्यता के चिह्न माना है। उनका सम्भावित समय 1000 ई. पूर्व से 300 ई. पूर्व तक स्वीकार किया गया है। पादरी कारनाक ने 1877 ई. में एशियाटिक सोसायटी ऑफ बंगाल की पत्रिका में कुमाऊँ में शिलागम आकृतियों का विवरण प्रकाशित किया था तथा उनकी तुलना यूरोप में पाए जाने वाले विशाल पर्वतों पर अंकित ऐसी ही आकृतियों से की थी। इसी तरह हेनउड ने देवीधुरा के वाराही देवी मन्दिर के चारों ओर बने महापाषाणकालीन कपमार्कों का उल्लेख किया है। पिथौरागढ़ जिले के विशाड़ गाँव के भैरवनाथ मन्दिर में भी कपमार्क हैं। कुमाऊँ की स्थानीय परम्परा के अनुसार बलि के समय रक्त से इन्हें भरा जाता था। लखु उडियार के लाल रंग के रेखाचित्रों को भी स्थानीय लोग 'रगत के पुतले' कहते हैं। उनका विश्वास है कि वहाँ पर सतयुग में दो बारातें लड़ते हुए मारी गईं।

महाभारत में पर्वतीय लोगों को 'पाषाणयोधिन' तथा 'अश्मयुद्ध विशारद' कहा गया है क्योंकि वे पत्थर से युद्ध करने की कला में माहिर थे। ये जातियाँ वस्तुत: आयुधजीवी थीं और गणतंत्र की परम्पराओं से जुड़ी थीं। इनके लिए *रघुवंश* में 'पर्वतीय गण' पद का प्रयोग हुआ है। उत्तराखंड के विविध भागों में काले और लाल रंग की मिट्टी से बने प्राचीन बर्तन और उनके टुकड़े मिले हैं। शिवप्रसाद डबराल ने चमोली जिले में भारत-तिब्बत सीमा के पास स्थित मलारी गाँव से ऐसे बर्तनों का पता लगाया। ये बर्तन उत्खनन में शवों के साथ मिले हैं। उनमें शराब पीने के लिए प्राचीन युग में प्रयुक्त चसक भी हैं। उनमें टोंटी भी लगी हुई है। टोंटी लगा, पकाई लाल मिट्टी का एक बड़ा प्याला नैनीताल में कुमाऊँ विश्वविद्यालय के इतिहास विभाग के हिमालय संग्रहालय में संकलित है। ऐसी वस्तुओं के साथ कहीं-कहीं ईंटें भी मिलती हैं।

पिथौरागढ़ जिले के बनकोट नामक स्थान पर ताँबे की बनी मानव-आकृतियाँ मिली हैं जो प्रागैतिहासिक चित्रों में बने मानव के रेखांकन से मिलती हैं। इन्हीं से पर्वतीय क्षेत्रों में ताम्रयुग का प्रारम्भ माना जाता है। पाषाणकालीन शैलचित्रों की तरह ये मृतकों की स्मृति में बनाए जाते होंगे और आदि मानव की मूर्ति-पूजा के अवशेष के रूप में अब विद्यमान हैं।

प्रारम्भ में आदिमानव गुफाओं में रहता था, बाद में उसने ऊँचे टीलों पर झोपड़ी बनाकर रहना शुरू किया। आज पर्वतीय क्षेत्र में ऊँचे टीलों को 'कोट' अथवा 'गढ़' कहा जाता है। गढ़ों की अधिकता के कारण ही गढ़वाल अथवा गढ़देश नाम प्रचलित हुआ। पिथौरागढ़ के भाटकोट में बड़ी संख्या में काले और लाल रंग के मृदभांडों के टुकड़े मिले हैं। कुछ कोटों में ऊखल वाले विशाल पत्थर भी हैं। कोट को देखते ही लगता है कि पहाड़ी को एक विशेष रूप से काटा गया है और उस कटान से ही सीढ़ीदार खेत बन पाए हैं। प्राकृतिक दुर्ग को काट-छाँट कर बनाए गए ये कोट, गढ़ और बुंगा लगभग सभी गाँवों में मिलते हैं। ये उत्तराखंड के राजनीतिक जीवन के सबसे प्रारम्भिक नमूने हैं। कोट पर बैठकर किसी भी आक्रान्ता की सेना को पत्थर लुढ़काकर नष्ट किया जा सकता था। पत्थरों की वर्षा को *महाभारत* में अश्मवृष्टि कहा गया है। देवीधुरा की 'बग्वाल' परम्परा में आज भी महाभारतकाल में पर्वतीय योद्धाओं द्वारा कुरुक्षेत्र के मैदान में की गई अश्मवृष्टि का स्वरूप जीवित है। कोट-युग में प्रचलित पत्थरयुद्ध की परम्परा मध्यकाल तक पर्वतीय क्षेत्र में रही।

परवर्ती काल में खषों ने कार्तिकेयपुर (अल्मोड़ा जिले की कत्यूर घाटी में बैजनाथ के समीप), तंगणों ने टंकणपुर (चमोली जिले में टंगनी के समीप) और कुलिन्दों ने 'स्रुग्घ्न' (देहरादून जिले में कालसी से जगतग्राम तक) नामक नगरों को राजधानी बनाकर दीर्घकाल तक वार्ताशस्त्रोपजीवी संघ नामक राजनैतिक व्यवस्था कायम की। अलकनन्दा और यमुना नदियों की बाढ़ के कारण टंकणपुर और स्रुग्घ्न के प्राचीन अवशेष आज सुरक्षित नहीं बचे हैं। केवल बैजनाथ में प्राचीन कार्तिकेयपुर के अवशेष सुरक्षित हैं जो तीन भागों में विभक्त हैं—तैलीहाट, बैजनाथ और कोट। बैजनाथ या वैद्यनाथ का मन्दिर हैमवती शैली का सबसे प्राचीन उदाहरण है। इसी तरह चम्पावत का बालेश्वर मन्दिर और द्वाराहाट का ध्वज मन्दिर भी है। इन तीनों मन्दिरों का ऊपरी भाग नष्ट हो चुका है, निचले भाग में अत्यधिक अलंकरण है।

कुछ विद्वानों की यह राय है कि मध्य हिमालय के मन्दिरों का विकास वैदिक आश्रमों से हुआ। *ऋग्वेद* के पुरुषसूक्त के निर्माता ऋषि नारायण और उनके छोटे भाई नर ने चमोली जिले के आदि बदरी नामक स्थान पर तपस्या की थी और बदरिकाश्रम नाम से एक शिक्षा-केन्द्र की स्थापना की थी। आदि बदरी में देवकुल शैली के मन्दिर हैं। इस शैली में एक मुख्य मन्दिर में प्रधान

देवता और उसके आसपास बिना किसी क्रम के छोटे देवताओं के लघु मन्दिर बने हुए हैं। वस्तुतः देवकुल शैली के मन्दिरों में एक साथ कई मन्दिरों का समूह होता है। द्वाराहाट, बैजनाथ, नकुलेश्वर (पिथौरागढ़), देवल (पौड़ी) आदि में भी आदिबदरी की तरह समतल कटे विशाल प्रस्तरखंडों को लौह-शलाकाओं से जोड़कर बनाए गए मन्दिर-समूह हैं। आज प्राचीन बदरिकाश्रम के अवशेष पाँच स्थानों—आदिबदरी, पांडुकेश्वर, तपोवन, विशालापुरी और भविष्य बदरी में देखे जा सकते हैं। विशालापुरी में अवस्थित आधुनिक बदरीनाथ मन्दिर आश्रम-शैली का मन्दिर है। इस शैली में मुख्य मन्दिर चारों ओर से चहारदीवारी से घिरा होता है जिसका आँगन प्रदक्षिणा-पथ का कार्य करता है। जोशीमठ का वासुदेव मन्दिर, गोपेश्वर का रुद्रमहालय और श्रीनगर का केशवराय मन्दिर आश्रम शैली के श्रेष्ठ उदाहरण हैं। 1803 ई. के भूचाल से चमोली-गढ़वाल के मन्दिर, जलकुंड, स्तम्भ, नौले जिसमें पेयजल के लिए एक कुंड और उसके ऊपर एक छोटा मकान बना होता था। (पारम्परिक जल-संचयन प्रणाली) आदि खंडित हुए हैं। बदरीकाश्रम, अनुसूया मन्दिर, तुंगनाथ, गोपेश्वर, सकलेश्वर आदि में 1803 ई. के भूचाल की स्मृतियाँ आज तक विद्यमान हैं।

श्रीनगर के पँवार-राजवंश के शासनादेशों पर अंकित राजमुद्रा में 'बदरीनाथो विजयते दिग्विजयी सर्वदा' का उल्लेख है। ऐसे शासनादेश चन्द्रबदनी (टिहरी), कोटषाड़ा (पौड़ी), पीपलकोटी (चमोली) आदि से बड़ी संख्या में मिले हैं। राजमुद्रा का यह कथन प्राचीन भारत की दिग्विजय की परम्परा की ओर संकेत करता है। राजपूत-काल से पूर्व के अभिलेखों और साहित्य से यह ज्ञात होता है कि हिमालय से समुद्र तक की भूमि चक्रवर्ती-क्षेत्र मानी जाती थी और भारतवर्ष के सम्राट का पद प्राप्त करने के लिए महत्त्वाकांक्षी शासक दिग्विजय करते थे। चारों दिशाओं की विजय के अन्त में बदरीकाश्रम में सेनाएँ आती थीं तथा बदरीनाथ के दर्शन के बाद ही विजय-यात्रा का अन्त माना जाता था। अशोकचल्ल की गोपेश्वर-प्रशस्ति का प्रारम्भ 'कृत्वा दिग्विजयम्' भी यह संकेत करता है कि अशोकचल्ल अपनी दिग्विजय के अन्त में हिमालय में ससैन्य उपस्थित हुआ था। गढ़वाल के समस्त पुरातत्त्व को तीर्थयात्रा और दिग्विजय का पुरातत्त्व भी कहा जाए तो अत्युक्ति न होगी। देवप्रयाग और जागेश्वर से बड़ी संख्या में ब्राह्मी के ऐसे लेख मिले हैं जो तीर्थयात्रियों द्वारा अंकित कराए गए थे। गणपतिनाग का गोपेश्वर-लेख, सर्ववर्मा का अनुसूया मन्दिर मार्ग-लेख, कल्याणवर्मा का पलेठी-लेख, ईश्वरा का लाखामंडल-

लेख आदि इसी क्रम के लेख हैं जिनसे ज्ञात होता है कि इन शासकों ने तीर्थयात्रा के समय स्मारकों का निर्माण करवाया था। इसी परम्परा के कारण आदिबदरी में कामदेव की मूर्ति गान्धार-शैली की है। माँग, दाढ़ी, मूँछ, पारदर्शी वस्त्र आदि से युक्त पुष्पधन्वा कामदेव की यह मूर्ति (आजकल पौड़ी के जिला विद्यालय निरीक्षक के कार्यालय में स्थित) गढ़वाल में प्राप्त सर्वश्रेष्ठ प्रतिमा है। रुद्रनाथ जैसे दुर्गम तीर्थ में मथुरा-शैली की लाल बलुआ पत्थर की तीन मूर्तियाँ मिलना भारतीय पुरातत्त्व के प्रसार की एक अनूठी कहानी है। बदरीनाथ, केदारनाथ, गंगोत्री, यमुनोत्री और कैलास के यात्रापथों पर हर मील पर प्राचीन मन्दिर, जलकुंड और नौलों का मिलना यह संकेत करता है कि पदयात्रा के युग में हर सम्प्रदाय ने अपने-अपने स्मारक धर्म-प्रचार के लिए बनवाए। इन मन्दिरों के अभिलेख अभी तक अप्रकाशित हैं जिनसे भारतीय इतिहास की कुछ महत्त्वपूर्ण घटनाएँ ज्ञात हो सकती हैं।

कालक्रम के अनुसार कुमाऊँ-गढ़वाल के पुरातत्त्व को निम्नलिखित युगों में विभक्त किया जा सकता है—

मौर्यकाल

देहरादून के कालसी नामक स्थान पर अशोक मौर्य के चौदह अभिलेखों से युक्त चित्रशिला है और गौतमबुद्ध के धर्मोपदेश की स्मृति में एक श्रेष्ठ हाथी का अंकन किया गया है। *स्कन्दपुराण* के *केदारखंड* अनुसार 'दून' शब्द प्राचीन 'द्रोण' शब्द का अपभ्रंश है। *महापरिनिब्बान सुत्त* के अनुसार द्रोण के ब्राह्मणों ने गौतम बुद्ध के भस्मावशेषों का एक भाग प्राप्त कर उनकी स्मृति में स्तूप का निर्माण करवाया था जो कालसी के समीप रहा होगा। गढ़वाल के दक्षिण छोर पर अवस्थित मोरध्वज नामक स्थान पर भी गढ़वाल विश्वविद्यालय के पुरातत्त्व विभाग ने मौर्यकालीन अवशेष प्राप्त किए हैं और ह्वेनसांग के यात्रा-विवरण तथा *भविष्य पुराण* के आधार पर मौर्यों का प्रसिद्ध मयूर नामक नगर मोरध्वज में ही स्थित माना जा सकता है। पौड़ी जिले के देवल स्थित मन्दिरों में मौर्यकालीन पॉलिशयुक्त पत्थरों पर विहार करते मोर बने हैं। राणीहाट (टिहरी) में भी मौर्यकालीन बस्ती का पता चला है।

शुंगकाल

मोरध्वज, काशीपुर (नैनीताल) आदि की खुदाई में शुंगकालीन मूर्तियाँ मिली हैं। सेनापानी (हल्द्वानी-टनकपुर मार्ग पर) में लाल बलुआ पत्थरों से बने, भरहुत के समान, एक बौद्ध-स्तूप का हाल ही में पता चला है।

नागकाल

मेहरौली के लौह-स्तम्भ की तरह चमोली जिले के मुख्यालय गोपेश्वर में एक विशाल लौह-त्रिशूल है जिस पर उत्कीर्ण लेख से यह ज्ञात होता है कि महाराज गणपतिनाग ने अपने राज्याभिषेक के दूसरे वर्ष गोपेश्वर में रुद्रमहालय नाम का मन्दिर और उसके प्रांगण में यज्ञशाला व त्रिशूल का निर्माण करवाया था। गणपतिनाग को स्कन्दनाग, विभुनाग और अंशुनाग का वंशज बताया गया है। इन राजाओं के लिए 'महाराज' की उपाधि वर्णित है। गुप्तकालीन ब्राह्मी लिपि का यह लेख समुद्रगुप्त की प्रयाग-प्रशस्ति में वर्णित आर्यावर्त के राजा गणपतिनाग का ही प्रतीत होता है। चमोली जिले का यह क्षेत्र नागपुर कहलाता है और इसी के अन्तर्गत पंचकेदार के मन्दिर—केदारनाथ, रुद्रनाथ, मदमहेश्वर, तुंगनाथ और कल्पेश्वर—अवस्थित हैं। कमादेश (कुमाऊँ) के राजा पुरुषोत्तमसिंह की बोधगया-प्रशस्ति के अनुसार प्राचीनकाल में सूर्यवंश और चन्द्रवंश की तरह एक नन्दी-वंश भी था। नन्दी-वंश में उत्पन्न जीवनाग के पुत्र मंजुनन्दी नामक कवि ने बोधगया-प्रशस्ति का निर्माण किया है—

> वंद्यः श्रीवासुदेवोऽच्युतवदभिमतो
> नन्दिवंशावतंसः
> ख्यातः श्रीजीवनागस्तदनु
> गुणिवरस्तस्य पुत्रः पवित्रः।
> पूतां शस्तां प्रशस्तिं द्रुततरमकरोत्
> स्वल्पशस्त्रस्य सूनुः
> कोऽपि श्रीमंजुनन्दी निजकुल-
> जलधाविन्दु विन्दुरानन्दकन्दः॥ [इंडियन एंटिक्वेरी, 10/341-46]

यह उल्लेख भारतीय इतिहास की दृष्टि से विशेष महत्त्व का है, क्योंकि इससे पता चलता है कि नन्दी-वंश में उत्पन्न लोग अपने नाम के पीछे 'नाग' अथवा 'नन्दी' में से एक शब्द का प्रयोग करते थे। पुरुषोत्तम सिंह के लेख से भी यह ज्ञात है कि इन्द्रनन्दी नामक व्यक्ति उसके राज्य में लेखकाध्यक्ष के पद पर नियुक्त था। नन्दी को शिव का वाहन माना जाता है और वाकाटक-लेखों से यह विदित होता है कि नागकुल में उत्पन्न लोग अपने शरीर पर एक छोटा-सा शिवलिंग धारण करते थे और भारशिव कहलाते थे। आदिपूर्वज नन्दी द्वारा शिव को वहन करने की परम्परा के कारण ही नाग शिवलिंग पहनते थे। शिव के वाहन नन्दी का एक लोकप्रिय पर्यायवाची शब्द है—वृष। इसी कारण पुराणों में विदिशा के नागकुल में उत्पन्न राजाओं को वृषन् कहा गया है। *अथर्ववेद* में महावृष शब्द का प्रयोग है। हड़प्पा सभ्यता के स्मारकों में छोटे शिवलिंग, मुहरों पर वृष की आकृति और नागों के अंकन मिलने से कुछ इतिहासकारों की यह धारणा है कि *अथर्ववेद* के महावृष ही हड़प्पा सभ्यता के निर्माता थे। प्राचीन साहित्य में नाग के लिए कुल और वृष के लिए 'गण' शब्द का प्रयोग हुआ है। यह भी कहा गया है कि कुलों का समूह ही गण कहलाता था। व्याकरण-ग्रन्थों में वृषगण के वंशजों को वर्षागण्य कहा गया है। देहरादून जिले में कालसी के समीप जगत ग्राम में उत्खनन से कुछ इष्टिका-लेख मिले हैं जिनकी लिपि तीसरी सदी ई. में प्रचलित उत्तरी भारत की ब्राह्मी है। इन लेखों से ज्ञात होता है कि वर्षागण्य राजा शीलवर्मा ने उस स्थान पर चार अश्वमेघ यज्ञ तथा अतिरात्र यज्ञ को सम्पादित किया था। संस्कृत गणना-पद्धति में नाग शब्द आठ का द्योतक माना जाता है। एक सम्भावना यह है कि नागों के आठ कुलों से मिलकर वृषगण बनाया गया होगा। समुद्रगुप्त की प्रयाग-प्रशस्ति में वर्णित आर्यावर्त के आठ राजा—गणपति, नागसेन, अच्युतनन्दी, बलवर्मा, चन्द्रदेव, रुद्रदेव, मतिल और नागदत्त—आठ नागकुलों से सम्बन्धित रहे होंगे। कुमाऊँ-गढ़वाल में लाखामंडल, नकुलेश्वर, नैणकालिक (अल्मोड़ा), जागेश्वर, गोपेश्वर आदि को शिवलिंगों का खजाना कहा जा सकता है।

रुद्रनाथ में एकमुखी शिवलिंग की अंडाकार आकृति गुप्तयुग की कला से पूर्ण साम्य रखती है। गोपेश्वर का वर्तमान मन्दिर नागकला का श्रेष्ठ उदाहरण है। अभिलेखों में इसे रुद्रमहालय और *स्कन्दपुराण* के *केदारखंड* में पृथ्वीश्वर (पशुपति) कहा गया है। नन्दी, मोर, सर्प और गजसिंह (दिग्गज) के अंकन बड़े प्रभावोत्पादक हैं। मन्दिर की पूरी दीवार पर सर्पों के फणों से युक्त मुकुट पहने मानव

आकृति का अंकन इसे नागयुगीन स्मारक घोषित करते हैं। जागेश्वर (अल्मोड़ा) के मुख्य मन्दिर की दीवार पर भी नाग की आकृति का यही अंकन है। पर्वतीय मान्यताओं के अनुसार जागेश्वर का मुख्य मन्दिर, नागेश का मन्दिर है। वाकाटक और जगत ग्राम के लेखों से यह विदित है कि नागों ने कई अश्वमेघ यज्ञ किए थे और वर्तमान जागेश्वर शब्द नागों के महान जाग यज्ञ का स्मरण कराता है।

नैनीताल के नैनादेवी मन्दिर में जैनों के चौबीस तीर्थंकरों की एक मथुरा शैली की मूर्ति थी। लाल बलुआ पत्थर की मूर्ति के पार्श्व में गुप्तकालीन ब्राह्मी लिपि में आचार्य इन्द्रनन्दी के शिष्य तिष्य द्वारा अर्हत अपरिपार्श्व के सम्मान में मूर्ति निर्माण की सूचना देने वाला एक लेख था। यह मूर्ति चोरी हो चुकी है। नागकला के दो प्रमुख उदाहरण चम्पावत में चम्पावती देवी और पाताल भुवनेश्वर के समीप वृद्ध भुवनेश्वर के मन्दिर हैं।

पर्वतीय मन्दिरों में सामान्य परम्परा के अनुसार शीर्ष कमल और शीर्ष कलश बने होते हैं लेकिन वृद्ध भुवनेश्वर के चंडी-मन्दिर तथा चम्पावती देवी के मन्दिर में इन दोनों का अभाव है। चम्पावती देवी का मन्दिर सपाट छत की परम्परा का है और चंडी-मन्दिर उन्नतोदर छत का।

पर्वतीय क्षेत्रों में नागों की विविध शैली की मूर्तियाँ पाई जाती हैं। चम्पावत में विभिन्न पशुओं की रक्षा करता सर्प अंकित है। पौड़ी के नागदेव में सर्प के आकार के साथ एक मानव का शीश जुड़ा है।

अल्मोड़ा से प्राप्त ब्रह्मपुर के सोमवंशी राजा द्युतिवर्मा और विष्णुवर्मा के ताम्रपत्रों में पाँचवीं और छठी सदी ई. के पर्वतीय मन्दिरों के जो नाम और स्थान वर्णित हैं, उनके आधार पर यह माना जा सकता है कि बिनसर (प्राचीन वीरणेश्वर), बमसर (प्राचीन ब्रह्मेश्वर), बौणासी (प्राचीन वरुणाश्रम), नैणकालिक आदि के मन्दिर इसी अवधि में बने होंगे। पौड़ी जिले के थलीसैण विकास-क्षेत्र का बिनसर मन्दिर प्राचीन ब्रह्मपुर नगर का प्रधान मन्दिर था। इस मन्दिर के पार्श्व में बुंगीधार तक खेतों में ईंटों के खंडहर अवशिष्ट हैं। सातवीं सदी में चीनी पर्यटक ह्वेनसांग कालसी, गंगोत्री, हरिद्वार और मोरध्वज (मयूरनगर) के बाद बिनसर तक आया था। उसने ब्रह्मपुर के उत्तर में जिस स्त्रीराज्य नामक रहस्यपूर्ण स्थान का उल्लेख किया है—वह नन्दादेवी पर्वत शिखर के पाद में स्थित रूपकुंड नामक स्थान है, जहाँ सातवीं सदी तक के अस्थिपंजर दबे पड़े हैं। कुमाऊँ-गढ़वाल में आज

बिनसर नाम के कई मन्दिर हैं। तालेश्वर-लेखों में वीरणेश्वर को अनन्तनाग कहा गया है।

खषकाल

कार्तिकेयपुर के खष राज्य (700-1000 ई.) में कई मन्दिरों का निर्माण हुआ। बदरीनाथ के चार ताम्रपत्रों, जिन्हें पांडुकेश्वर ताम्रपत्र भी कहा जाता है, से ज्ञात होता है कि नारायण के दो मन्दिर ललितशूर (832-54 ई.) नामक राजा के शासनकाल में बनाए गए थे। बागेश्वर-लेख के अनुसार व्याघ्रेश्वर का प्राचीन मन्दिर उस समय विद्यमान था। क्यार्क (पौड़ी) का नन्दादेवी मन्दिर भी उसी युग का है।

कत्यूरीकाल

बहराइच के युद्ध में ग़ज़नी के सुल्तान महमूद के सेनापति मसूद को परास्त कर सहरदेव ने ग्यारहवीं सदी में कत्यूरी-साम्राज्य की स्थापना की। सोलहवीं सदी तक सपादलक्ष (शिवालिक) राज्य के नाम से यह प्रसिद्ध रहा। अशोकचल्ल, आसन्तिदेव, कटारमल्ल, पिथौराशाही, धामदेव, ब्रह्मदेव और मालूशाही के शासनकाल में कत्यूरी-साम्राज्य सतलज से गंडकी तक फैल गया था। पौन राजा (पुरुषोत्तम सिंह) के नेतृत्व में कत्यूरियों ने बोधगया को तुर्कों से मुक्त किया था। आज भी गया में कतरी सराय (कत्यूरी सराय), पीलीभीत में कत्यूरी कला उनकी स्मृति जीवित किए हुए है। कत्यूरी सम्राट अशोकचल्ल की दिग्विजय (1246 ई.) भारतीय इतिहास की अन्तिम ज्ञात दिग्विजय है। अशोकचल्ल का एक लेख गोपेश्वर से तथा तीन बोधगया से मिले हैं। कत्यूरी-काल में गंगोलीहाट में गन्धविहार का निर्माण करवाया गया था जिसके अवशेष जान्हवी का नौला और उसके पास के मन्दिर-समूह हैं। कत्यूरी अपने को सूर्यवंशी मानते थे। अत: उनके शासन-काल में राजाओं की मृत्यु पर देवकुल-परम्परा में अनके सूर्य-मन्दिर बनाए गए जिनमें कटारमल (अल्मोड़ा) का सूर्य-मन्दिर विशेष उल्लेखनीय है। घुटने तक लम्बा कोट, पैरों में बूट, हाथ में कमल पकड़े सूर्य की मूर्तियाँ गोपेश्वर, लाखामंडल, जागेश्वर, मुक्तेश्वर और कुमौड़ (पिथौरागढ़) में सुरक्षित हैं। गंगोलीहाट के समीप ईंटों का बना एक सूर्य-मन्दिर है तथा थल के समीप सप्ताश्व वाले रथ पर आसीन सूर्य

की भव्य प्रतिमा है। कत्यूरी-काल में आदमकद मूर्तियाँ बनाने का विशेष रिवाज था। कत्यूरी-काल में वीरस्तम्भ भी बहुत बने जिन्हें अब बिरखम कहा जाता है।

अभिलेखों से ज्ञात होता है कि उस समय नौले और धारे (जलस्रोत पर गाय, हाथी, शेर आदि का प्रस्तर-मुख) बहुत बनाए गए। मनकोट (पौड़ी), हाट (पिथौरागढ़), बालेश्वर (चम्पावत), जान्हवी (गंगोलीहाट), पुंगेश्वर (बेरीनाग), नैणकालिक आदि के नौले पर्वतीय जलव्यवस्था के साथ-साथ स्थापत्य के भी अनुपम उदाहरण हैं। कत्यूरी राजा ब्रह्मदेव के समय में एकहथिया नामक एक कलाकार ने हाट और चम्पावत में जो नौले बनाए, उन्हें एकहथिया नौल (एक ही हाथ वाले कलाकार द्वारा निर्मित नौल) कहा जाता है। मुवानी (पिथौरागढ़) में एक ही पत्थर का बना मन्दिर भी उसी कलाकार की कृति है। दुर्गम पर्वतीय स्थानों में पानी की व्यवस्था, तुर्कों के साथ युद्ध-संचालन आदि के लिए कत्यूरियों ने पर्वतों के अन्दर सुरंगों का भी निर्माण करवाया। लखनपुर, पाताल भुवनेश्वर, जाख, देवलगढ़, चाँदपुर आदि में ये सुरंगें आज भी सुरक्षित हैं। चाँदपुर की सुरंग के सर्वेक्षण से पता चला है कि पकाई मिट्टी के पाइप सुरंगों के अन्दर बिछाए गए थे।

सोलहवीं सदी के प्रारम्भ में बैराट (चौखुटिया) के कत्यूरी-साम्राज्य का विघटन शुरू हुआ और उनके बारह रजवारों ने कुमाऊँ-गढ़वाल, नेपाल और रुहेलखंड में स्वतंत्र राज्यों की स्थापना की। चम्पावत-अल्मोड़ा के चन्द राजवंश और चाँदपुर-श्रीनगर के पँवार राजवंश ने कूर्मांचल (कुमू) और गढ़देश (गढ़वाल) के रजवाड़ों को जीतकर बाद में दो राजनीतिक प्रभावक्षेत्र बनाए। चन्द-वंश (1600-1790 ई.) और पँवार वंश (1600-1804 ई.) ने पुराने स्मारकों की मरम्मत की जिससे कुमाऊँ के लगभग सभी मन्दिरों में चन्द राजाओं के ताम्रपत्र और गढ़वाल के मन्दिरों में पँवारों के आदेश-पत्र पाए जाते हैं। श्रीनगर (गढ़वाल) में मानशाह, महीपतिशाह और पृथ्वीशाह के अभिलेखों से युक्त मन्दिरों से यह प्रतीत होता है कि कला की दृष्टि से कत्यूरी और परवर्ती कला में कोई विशेष अन्तर नहीं था।

उपरोक्त स्मारकों को देखने से यह विदित होता है कि पर्वतीय भूमि वैष्णव, शैव और शाक्तों के मन्दिरों से भरी पड़ी है। कुछ लेखकों के अनुसार लाखामंडल और जागेश्वर मूर्ति-निर्माण के केन्द्र थे। हरित-प्रस्तर की सबसे अधिक मूर्तियाँ पहाड़ों में पाई जाती हैं। बालेश्वर, सेनापानी और अनोल (देहरादून) में बलुआ पत्थर के लिंग, मन्दिर और मूर्तियाँ अधिक संख्या में हैं। उत्तरकाशी में जमदग्नि, कपिल और अगस्त्यमुनि के मन्दिरों में लकड़ी का प्रयोग किया गया है। देवलगढ़ और

सुलविषंग में पुराने किले के अवशेष हैं। पिथौरागढ़ में कत्यूरी सम्राट पिथौराशाही का किला 1962 ई. में तत्कालीन जिलाधिकारी जीवनचन्द्र पांडे द्वारा भूमिसात कर दिया गया और उसके स्थान पर राजकीय कन्या इंटर कॉलेज के भवन का निर्माण करवाया गया। उसमें ईंटों का बहुत प्रयोग किया गया था। जागेश्वर में मिली पौन राजा (पुरुषोत्तम सिंह) की और गोपेश्वर से प्राप्त गोपीनाथ की धातु मूर्तियाँ भारत में पाई गई प्राचीन धातु-मूर्तियों में विशेष स्थान रखती हैं। उत्तरकाशी की शक्ति और गोपेश्वर का त्रिशूल धातुकला के श्रेष्ठ उदाहरण हैं।

कालसी का अशोक-लेख और स्रुघ्ननगर

देहरादून जिले के कालसी नामक स्थान से लगभग दो किलोमीटर दूर यमुना तथा टौंस नदियों के संगम-स्थल के समीप मौर्य सम्राट अशोक (272-236 ई.पू.) के चौदह लेखों से युक्त एक शिला है। लेख के प्रारम्भ में अशोक ने यह आदेश दिया है कि यहाँ पर किसी जीव का वध नहीं किया जाना चाहिए। इस लेख के पार्श्व में शिला पर रेखाओं द्वारा हाथी भी बनाया गया है और उसमें गजतमे (श्रेष्ठ हाथी) लिखा हुआ है। अशोक बौद्ध धर्म का उपासक था। परम्परा के अनुसार, बौद्ध धर्म के संस्थापक गौतम बुद्ध के जन्म से पूर्व उनकी माता मायादेवी ने स्वप्न में हाथी के दर्शन किए थे। इसी कारण प्रारम्भिक बौद्ध-कला में हाथी का अंकन गौतम बुद्ध की उपस्थिति से सम्बन्धित माना जाता है। जीव-हिंसा न करने का आदेश और हाथी का अंकन इस तथ्य की ओर संकेत करते हैं कि कालसी बौद्ध धर्म से सम्बन्धित स्थल रहा होगा। कालसी का बौद्ध धर्म से सम्बन्ध ज्ञात करने के लिए चीनी यात्री ह्वेनसांग की पुस्तक *सी-यू-की* से सहायता ली जा सकती है। ह्वेनसांग सातवीं सदी (629-644 ई.) में चीन से मध्य एशिया और अफगानिस्तान होता हुआ पंजाब की ओर से भारत में आया। तक्षशिला, कश्मीर, जालन्धर आदि स्थानों को देखने के बाद वह थानेश्वर पहुँचा। उसके अनुसार थानेश्वर से उत्तर-पूर्व में 66 मील चलने के बाद वह स्रुग्घ्न नामक देश में पहुँचा। उसके बारे में उसने निम्नवत लिखा है—

> यह देश छह हजार ली के घेरे में व्याप्त है। इसकी पूर्वी सीमा पर गंगा नदी और उत्तरी भाग में विशाल पर्वत हैं। यमुना नदी उसके मध्य से होकर बहती है। इसकी राजधानी बीस ली के क्षेत्र में बसी है और पूर्व दिशा में यमुना नदी तक है। यद्यपि अब यह खंडहर हो चुकी है, फिर

भी इस नगर की नींव बड़ी मजबूत है। उर्वरता और जलवायु में यह देश थानेश्वर के समान है। यहाँ एक हजार के लगभग बौद्ध-भिक्षुओं से युक्त पाँच संघाराम हैं जिनमें हीनयान के अनुयायी अधिक हैं। विविध स्थानों से विद्वान यहाँ आकर उनके साथ शास्त्रार्थ करते रहते हैं। राजधानी के दक्षिण-पश्चिम में तथा यमुना के पश्चिम में एक संघाराम है जिसके पूर्वी द्वार के बाहर अशोकराज का बनवाया हुआ एक स्तूप है। बुद्ध ने उस स्थान पर आकर उपदेश दिया था जिसकी स्मृति में यह स्तूप बनवाया गया। एक स्तूप में सारिपुत्र और बाँयी ओर वाले स्तूप में मौद्‌गलायन के बाल एवं नाखून सुरक्षित हैं। इसके अतिरिक्त यहाँ अन्य बौद्ध अर्हतों के बहुत से स्तूप हैं। बुद्ध के परिनिर्वाण के बहुत समय पश्चात यहाँ से बौद्ध-धर्म समाप्त हो गया था। तब अन्य भागों से बौद्ध विद्वानों ने यहाँ आकर अन्य मतों के आचार्यों को वाद-विवाद में परास्त किया तथा विजय के उपलक्ष्य में उस स्थान पर पाँच बौद्ध विहारों का निर्माण करवाया। यहाँ के लोग स्वभाव से ईमानदार हैं। वे बौद्ध-धर्म को नहीं मानते किन्तु उपयोगी ज्ञान और धार्मिक विचारों का आदर करते हैं। इस देश में सौ देव मन्दिर हैं।

बौद्धग्रन्थ *दिव्यावदान* से भी पता चलता है कि बुद्ध ने स्रुग्घ्ननगर में जाकर धर्म प्रचार किया था। व्याकरण-ग्रन्थ *काशिका* के अनुसार तक्षशिला और पाटलिपुत्र की तरह स्रुग्घ्ननगर के चारों ओर भी विशाल दुर्ग की दीवार बनी हुई थी। *महामयूरी* ग्रन्थ के अनुसार स्रुग्घ्ननगर में सिद्धयात्रा नामक यक्ष तथा स्रुग्घ्न के अन्य भाग में दुर्योधन नामक यक्ष की पूजा की जाती थी। उत्तरकाशी जिले के रँवाई परगने की पंचगाई पट्टी में आज भी दुर्योधन का एक प्राचीन मन्दिर है और पर्वतीय लोग उसकी पूजा करते हैं।

हिमवत

मौर्यकाल में उत्तराखंड के लिए हिमवत शब्द का प्रयोग होता था। *परिशिष्टपर्वन* नामक जैन ग्रन्थ के अनुसार कौटिल्य ने नन्द-वंश को समाप्त करने तथा चन्द्रगुप्त मौर्य को गद्‌दी पर बिठाने के लिए हिमवत जाकर वहाँ के राजा पर्वतक (पर्वतेश्वर) से सैनिक-सहायता ली। विशाखदत्त ने अपने नाटक *मुद्राराक्षस* में मौर्य-साम्राज्य

की स्थापना में पर्वतक और उसके पुत्र मलयकेतु के योगदान की चर्चा की है। कौटिल्य के प्रसिद्ध ग्रन्थ *अर्थशास्त्र* के अनुसार हिमवत दक्षिणी भारत से अधिक समृद्ध था। वहाँ से मौर्य-साम्राज्य को हाथी, घोड़े, सुगन्धित द्रव्य (कस्तूरी) चमड़ा, चाँदी और सोना मिलता था। हिमवत को जाने वाले मार्ग का नाम कौटिल्य ने 'हैमवत पथ' दिया हुआ है।

महावंश नामक बौद्ध-ग्रन्थ के अनुसार अशोक के समय 251 ई.पू. में हिमवत में बौद्ध धर्म के प्रचार के लिए मज्झिम के नेतृत्व में काश्यपगोत्र, मूलदेव, सहदेव और दुन्दुभिसर नामक भिक्षु भेजे गए थे। उनमें काश्यपगोत्र को हिमालय में बौद्ध धर्म फैलाने में विशेष सफलता मिली। साँची और सोनारी के लेखों में बौद्ध भिक्षु काश्यपगोत्र को समस्त हिमालय-निवासियों का आचार्य कहा गया है। हिमालय में बौद्ध धर्म के प्रचार से बाद में एक नए उपसम्प्रदाय का विकास हुआ जिसे प्राचीन बौद्ध-ग्रन्थों में हैमवत सम्प्रदाय कहा गया है। यह हैमवत सम्प्रदाय भारत के अन्य भूभागों के बौद्ध धर्म से भिन्न था।

शुंग-युग

मौर्य-साम्राज्य (321-185 ई.पू.) में पर्वतीय क्षेत्र की विशेष प्रगति हुई। यूनानियों ने यहाँ से मिलने वाले पिपीलक स्वर्ण का उल्लेख किया है। नदियों के बालू को छानने से मिलने वाले ये स्वर्णकण चींटी के आकार के होते थे इसलिए इन्हें पिपीलक स्वर्ण कहा जाता था।

मौर्य-साम्राज्य के अन्तिम दिनों में यूनानियों ने पंजाब, मथुरा, पांचाल, अयोध्या आदि को लूटने के बाद पाटलिपुत्र तक धावे मारे। इस लूटपाट में स्रुग्घ्न बच गया। मौर्य सेनापति पुष्यमित्र शुंग ने 185 ई.पू. के आसपास अन्तिम मौर्य राजा बृहद्रथ को मारकर राज्य पर अधिकार कर लिया और अपने आठ पुत्रों को महाराज के पद पर नियुक्त कर राज्य का विभाजन कर दिया। रानी गार्गी के पुत्र विश्वदेव को स्रुग्घ्न की गद्दी मिली। इस समय कालसी और देहरादून का क्षेत्र भारत में सबसे समृद्ध था और बौद्ध धर्म का केन्द्र माना जाता था। पुष्यमित्र के पुरोहित पतंजलि ने अपने व्याकरण ग्रन्थ *महाभाष्य* में स्रुग्घ्न की दीवारों, महलों, मार्गों और द्वारों की प्रशंसा की है।

विश्वदेव के पश्चात रानी गोत्रि (गुप्तवंश में उत्पन्न) का पुत्र अग्रराज गद्दी

पर बैठा। यवनों की लूट से नष्ट मथुरा को पुनः आबाद करने के लिए अग्रराज ने प्रयास किए। भरहुत स्तूप लेख के अनुसार उसने भरहुत में एक भव्य द्वार बनवाया था। अम्बाला के सुघ गाँव से अग्रराज की मुद्राएँ मिली हैं। अग्रराज के पश्चात उसकी रानी वात्सी से उत्पन्न पुत्र धनभूति प्रथम गद्दी पर बैठा। उसने भी अपने पिता की तरह भरहुत में एक आकर्षक द्वार का निर्माण करवाया। भरहुत से उसकी रानी नागरक्षिता तथा राजकुमार वाधपाल के दान सम्बन्धी लेख मिले हैं। धनभूति प्रथम के पश्चात उसका पुत्र वाधपाल और तत्पश्चात पौत्र धनभूति द्वितीय गद्दी पर बैठे। मथुरा लेख के अनुसार धनभूति द्वितीय ने मथुरा में वेदिका, तोरण और रत्नगृह का निर्माण करवाया था। धनभूति द्वितीय के पश्चात वलभूति गद्दी पर बैठा। अम्बाला से अग्रराज की मुद्राओं के साथ वलभूति की मुद्राएँ भी मिली हैं।

दूसरी सदी ईसा पूर्व में कालसी के शुंग-वंश ने उत्तरी भारत में एक विशाल साम्राज्य स्थापित करने का प्रयास किया था। कौशाम्बी (इलाहाबाद) की खुदाई में धनभूति प्रथम और वाधपाल की मुहरें मिली हैं जिन पर इन्द्रध्वज बना है। राजघाट (वाराणसी) की खुदाई से धनभूति द्वितीय की मुहर मिली है जिस पर सारिका और स्वस्तिक के चिह्न बने हैं। किरण थपलियाल ने राजा हस्तिपाल को भी इसी राजवंश का माना है। जिसका पता कौशाम्बी से प्राप्त एक मुहर से चला था।

इस राजवंश का अन्त तक्षशिला के यवन राजा ओपोलोडोटस ने किया होगा क्योंकि उसके सिक्के काँगड़ा, अम्बाला और सहारनपुर से मिले हैं।

अल्मोड़ा के सिक्के

जिस समय देहरादून जिले में स्रुघ्न के बौद्ध मतावलम्बी शुंग राजा शासन कर रहे थे, इसी समय कुमाऊँ में शुंगों की एक दूसरी शाखा का शासन था। कुमाऊँ की कत्यूर घाटी से प्राप्त शिवदत्त, हरदत्त और शिवपलित के सिक्कों को एलन ने *अल्मोड़ा क्वाइंस* के नाम से लन्दन संग्रहालय के सूची-पत्र में प्रकाशित किया है और इनमें प्रयुक्त ब्राह्मी लिपि को दूसरी सदी ई.पू. से पहली सदी ई.पू. का माना है। ये भद्दे और रूखड़े हैं तथा इनमें बैल का अंकन होने से यह कहा जा सकता है कि ये शैवधर्म को मानते थे। अब कुमाऊँ से उपरोक्त तीन राजाओं के अलावा गोमित्र, कुमुदसेन, मस, असिक और मार्गभूति के सिक्के भी मिल चुके हैं।

महेश्वर प्रसाद जोशी ने इन सिक्कों में वर्णित राजाओं को 'कुणिन्द' माना है। कुणिन्द-सिक्के 57 ई.पू. के बाद भारत में प्रचलित गणराज्यों के सिक्कों के समकालीन थे और कुमाऊँ से प्राप्त शुंग-सिक्के अहिच्छत्र (बरेली), मथुरा, कौशाम्बी से प्राप्त शुंग-सिक्कों से सम्बन्ध रखते हैं।

शुंगकाल में कुमाऊँ में भरहुत शैली की मूर्ति-कला का विकास हुआ। चम्पावत जिले में ब्यानधुरा, सेनापानी और सुदलीमठ के जंगलों में मथुरा-शैली के लाल बलुआ पत्थर से बने एक स्तूप के खंडहर फैले हुए हैं। नैनीताल हिमालय संग्रहालय में सुरक्षित एक स्तम्भ के टुकड़े में शुंगकालीन वेष्टिनी, उपदेश मुद्रा में बोधिसत्व और अशोक के स्तम्भों का अंकन किया गया है। सेनापानी के शुंगकालीन बौद्धस्तूप में चौकोर स्तम्भों पर चारों ओर जातक कथाओं के अंकन हैं। यहाँ की शालभंजिका का अंकन भी भरहुत से मिलता है। पिथौरागढ़ में भाटकोट से भी लाल बलुआ पत्थर का एक भग्नखंड मिला है जिसमें चारों ओर अमृतघट और उसमें चोंच डाले गरुड़ का अंकन है।

काशीपुर उत्खनन में शुंगकालीन बस्ती के अवशेष मिले हैं। यह बस्ती गोविषाण नाम के प्राचीन नगर की मानी गई है। इसमें अहिच्छत्र की तरह मिट्टी के बर्तन मिले हैं। गोविषाण नगर का उल्लेख चीनी यात्री ह्वेनसांग ने किया है। नन्दवंशीय राजा गोविषाण के नाम पर इस नगर का नाम पड़ा होगा। यहाँ शुंग राजा मातृमित्र और विष्णुमित्र के शासन के प्रमाण इष्टिका-लेखों से मिलते हैं।

जिस समय काशीपुर में मातृमित्र और विष्णुमित्र शासन कर रहे थे, उसी के पश्चात वृषगण के राजा शीलवर्मा ने अपना चौथा अश्वमेध यज्ञ किया था, जिससे समबन्धित इष्टिका-लेख देहरादून जिले के जगतग्राम से मिले हैं।

कुलिन्द

उत्तराखंड का पहला ज्ञात राज्य कुलिन्दों ने स्थापित किया। *महाभारत* के वनपर्व के अनुसार जब पांडव बदरीनाथ या बदरिकाश्रम की यात्रा के लिए जा रहे थे, दुर्गम पहाड़ों से पहले उन्हें कुलिन्दों के राजा सुबाहु का राज्य मिला। वहाँ अपना सामान और सेवकों को छोड़कर वे बदरीनाथ के लिए पैदल चले। इससे स्पष्ट है कि कुलिन्द राज्य गढ़वाल के दक्षिणी हिस्से में मैदानी क्षेत्र तक फैला था। यह स्थिति आधुनिक देहरादून की है। वनपर्व से स्पष्ट है कि आधुनिक देहरादून

जिले में कुलिन्द राज्य स्थित था। सभापर्व के अनुसार अर्जुन की उत्तर दिशा की विजय के समय इन्द्रप्रस्थ (आधुनिक दिल्ली) से चलने पर सबसे पहले कुलिन्दों का राज्य मिला था—

पूर्वं कुलिन्दविषये वशे चक्रे महीपतीन्।
धनञ्जयो महाबाहुर्नातितीव्रेण तीव्रेण कर्मणा॥ 3॥

[*सभापर्व*, अध्याय-26]

इन्द्रप्रस्थ राज्य की उत्तरी सीमा पर स्थित कुलिन्द राज्य आधुनिक देहरादून की भूमि में होना चाहिए। इस प्रकार कुलिन्द मूलत: यमुना नदी के उद्‍गमस्थल कलिन्द नामक पर्वतीय भूमि के निवासियों का नाम था जिन्होंने *महाभारत* में वर्णित घटनाओं के समय तक एक विशाल राज्य की स्थापना कर ली थी जिसे कुलिन्द-विषय कहा जाने लगा।

महाभारत की हस्तलिखित प्रतियों में 'कुलिन्द' और 'कुणिन्द'—दो शब्द प्रयुक्त हुए हैं। प्राचीन साहित्य में यमुना नदी का एक पर्यायवाची शब्द है—कालिन्दी। कालिन्द पर्वत से निकलने के कारण यमुना को कालिन्दी भी कहा गया है। इस प्रकार कुलिन्द आधुनिक उत्तरकाशी और देहरादून के मूल निवासी रहे होंगे और कालसी के पास स्थित प्राचीन स्रुग्घ्ननगर उनकी राजधानी रही होगी। प्राकृत भाषा में 'ल' और 'न' की ध्वनि एक ही होने (लून-नून) से बाद में 'कुणिन्द' शब्द भी प्रचलित हुआ।

महाभारतकालीन घटनाओं का समय विवादास्पद होने से कुलिन्दों के प्रारम्भ का समय तय करना सम्भव नहीं है। कुछ इतिहासकार *महाभारत* में वर्णित घटनाओं का समय ईसा से लगभग एक हजार वर्ष प्राचीन मानते हैं। उस समय तक कुणिन्द राज्य विकसित हो चुका था। *महाभारत* के सभापर्व के अनुसार अपनी उत्तर दिशा-विजय के समय इन्द्रप्रस्थ (आधुनिक दिल्ली) से चलने पर अर्जुन ने सबसे पहले कुलिन्द-विषय के राजाओं को जीता। बाद में युधिष्ठर के राजसूय यज्ञ में कुलिन्दों ने अपने पड़ोसी—किरात, तंगण, खष आदि जातियों के राजाओं के साथ पर्वतीय क्षेत्र से पिपीलक स्वर्ण, औषधि, चमड़ा, पवित्र जल, शहद, चँवर आदि कर के रूप में दिए। इन्हें मेरु (नन्दादेवी पर्वत) और मन्दर (कूर्मांचल) के मध्य बाँसों के जंगल में पर्वतीय नदियों के किनारे रहने वाला बताया गया है। कुलिन्दों ने सभी पर्वतीय जातियों के साथ कुरुक्षेत्र के युद्ध में भाग लिया था।

गण

कुलिन्द एक गणराज्य था जिसके प्रधान को राजा की तरह ही सुविधाएँ प्राप्त थीं। प्रसिद्ध ज्योतिषज्ञ वराहमिहिर ने अपने ग्रन्थ *बृहत्संहिता* में कुलिन्दों को गणों में श्रेष्ठ (कौलिन्दान, गणपुंगवान) कहा है। 57 ई.पू. में भारत में मालव, यौधेय, औदुम्बर आदि गणराज्य स्थापित हुए। उन्हीं में कुलिन्दों को श्रेष्ठ माना जाता होगा। प्राचीनकाल में विविध कुलों का समूह गण कहलाता था। बाहरी आक्रमण के समय विविध गण मिलकर संघ का निर्माण करते थे। प्रसिद्ध वैयाकरण पाणिनि ने अपने ग्रन्थ *अष्टाध्यायी* में लिखा है कि पर्वतीय क्षेत्र में आयुधजीवी लोग रहते हैं। कौटिल्य ने अपने अर्थशास्त्र नामक ग्रन्थ में वार्ताशस्त्रोपजीवी संघ नाम दिया है। इन कथनों से लगता है कि कुलिन्द एक वीर और युद्धप्रिय जाति थी। उसके सभी नागरिक युद्ध में भाग लेते थे। उनके लिए 'भाड़े के सिपाही' पद का प्रयोग किया जा सकता है। वे किसी भी स्थान में युद्ध छिड़ने पर किसी भी पक्ष से रुपये लेकर लड़ते थे। इसी कारण महाभारत में पांडव और कौरव दोनों पक्षों की ओर से कुलिन्दों के युद्ध करने का उल्लेख है। वे हाथ में त्रिशूल लेकर भी लड़ते थे और पत्थरों से भी युद्ध करते थे। हाथियों पर सवार होकर भी उनके युद्ध करने का उल्लेख है।

अमोघभूति के सिक्के

कुमाऊँ, गढ़वाल, सहारनपुर और काँगड़ा (हिमाचल प्रदेश) से कुणिन्दों के राजा अमोघभूति के चाँदी और ताँबे के सिक्के बड़ी संख्या में मिलते हैं जिन पर मृग और मेरु पर्वत की आकृतियाँ बनी हैं। पौड़ी-गढ़वाल के सुमाड़ी गाँव से हल जोतते समय अमोघभूति के चाँदी के एक हजार सिक्के मिले हैं।

सहारनपुर और काँगड़ा में अमोघभूति के सिक्के यूनानी राजा अपोलोडोरस के सिक्कों के साथ मिले हैं और आकार एवं बनावट में उनसे पूर्ण साम्य रखते हैं। अमोघभूति के सिक्कों में एक ओर ब्राह्मी लिपि का प्रयोग हुआ है तो दूसरी ओर खरोष्ठी लिपि का। अमोघभूति के लिए राजा और महाराजा दोनों उपाधियाँ प्रयुक्त हैं। सिक्के पर 'अमोघभूतस महरजस राज्ञ कुणीदस' अंकित हैं जिसका अर्थ है—कुणिन्दों का राजा महाराज अमोघभूति।

कुलिन्द्रन

दूसरी सदी ई. के यूनानी भूगोलवेत्ता टालेमी ने अपनी पुस्तक *ज्योग्राफी* में लिखा है कि यूनानी राजा मिनेंडर का अधिकार व्यास, सतलज, यमुना और गंगा नदियों के उद्गम-स्थल के नीचे की भूमि—कुलिन्द्रन अर्थात कुलिन्दों की भूमि पर भी था। इससे यह स्पष्ट है कुलिन्दों ने यमुना-घाटी से अपनी राजसत्ता शुरू की और उनकी शक्ति की पराकाष्ठा के समय उनके राज्य के अन्तर्गत कुमाऊँ-गढ़वाल के अतिरिक्त हिमाचल प्रदेश में व्यास और सतलज नदी तक की भूमि थी। यह भी स्पष्ट है कि यूनानी आक्रान्ता मिनेंडर ने कुलिन्दों को परास्त कर उनका क्षेत्र छीन लिया था। जिस समय कुलिन्द राज्य पर यूनानी राजा मिनेंडर का शासन था उस समय बहुत से यूनानी कुलिन्द राज्य में बस गए होंगे। अमोघभूति ने यूनानियों को परास्त कर उन्हीं की शैली की मुद्रा जारी की और उन्हीं के लिए खरोष्ठी लिपि का प्रयोग किया जो अफगानिस्तान और पाकिस्तान में प्राचीन काल में प्रचलित थी।

यूनानियों को परास्त करने के बाद अमोघभूति ने दीर्घकाल तक शासन किया। उसके वंशजों के बारे में कुछ भी ज्ञात नहीं है। मुद्राशास्त्रियों ने छत्रेश्वर नामक शासक के सिक्कों को भी कुलिन्द-कुल का माना है लेकिन वह सिक्का उत्तराखंड में नहीं मिला और उस पर 'कुणिन्द' शब्द भी अंकित नहीं है।

कुलिन्द राज्य एक समृद्ध राज्य रहा होगा। इसी कारण अधिकतर पुराणों में उसका उल्लेख है। वह मैदानी क्षेत्र में कम फैला था, इसी कारण *मार्कंडेयपुराण* में उसे पर्वतीय राज्य कहा गया है। उसके पड़ोसी तंगण, खष और किरात थे, इन चारों को मिलाकर 'पर्वतीय गण' प्रचलित हुआ है।

इस सन्दर्भ में ध्यान देने की एक विशेष बात यह है कि बदरिकाश्रम के लिए यह नहीं कहा गया है कि वह कुलिन्द राज्य के अन्तर्गत था। कुलिन्द राजाओं की शक्ति और योग्यता के अनुसार कुलिन्द-विषय की सीमाओं में विविध युगों में परिवर्तन होता रहा और अपने चरम विकास के समय इस राज्य के अन्तर्गत आधुनिक हिमाचल प्रदेश, पंजाब और उत्तर प्रदेश के पर्वतीय क्षेत्र सम्मिलित थे। दूसरी सदी ई. के भूगोलवेत्ता टालेमी ने लिखा है कि विजय सिंह (व्यास), जरड्रोस (सतलज), डायमौना (जमुना) और गंगा नदी के उद्गम स्थलों के नीचे की पर्वतीय भूमि में कुलिन्द्रिन नामक देश है। (मैक्रिंडल, पृ. 105) टालेमी द्वारा वर्णित कुलिन्द्रन शब्द भी यह प्रमाणित करता है कि मूल शब्द कुलिन्द था न कि कुणिन्द।

कुलिन्दों की राजधानी स्रुघ्न के साथ भारतीय इतिहास में बड़ा अन्याय हुआ है। स्नातक स्तर तक पाठ्यक्रम में स्वीकृत भारतीय विश्वविद्यालयों की प्राचीन भारत के इतिहास की किसी भी पुस्तक में स्रुघ्न शब्द का प्रयोग नहीं है और इतिहास से एम.ए. की उपाधि अर्जित करने वाले प्राचीन भारतीय इतिहास के अधिकतर विद्यार्थियों को अपने अध्ययन काल में यह शब्द सुनने को नहीं मिलता।

अशोक मौर्य के निर्बल उत्तराधिकारियों के पश्चात मौर्य सेनापति पुष्पमित्र शुंग की सत्ता स्थापित हुई। *वायु पुराण* के अनुसार पुष्यमित्र के पश्चात उसके आठ पुत्रों ने समान रूप से शासन किया (पुष्पमित्रसुताश्चाष्टौ भविष्यति सभा नृपा:)। इस प्रकार पुष्यमित्र के पश्चात शुंग-साम्राज्य उसके आठ पुत्रों में विभक्त हो गया। ये आठ राज्य थे—

1. विदिशा
2. कौशल
3. हिच्छत्र
4. कौशाम्बी
5. माध्यमिका
6. मथुरा
7. स्रुघ्न
8. मगध

पतंजलि ने अपने *महाभाष्य* में जहाँ पुष्यमित्र के यज्ञ, यवन-आक्रमण आदि का उल्लेख किया है, वहीं स्रुघ्ननगर के वैभव का भी उसमें उल्लेख है। देहरादून से उपलब्ध एक मृण्मुद्रा पर शुंगकालीन लिपि में 'भद्रमित्रस्य द्रोणी घाटे' अंकित है। भरहुत स्तूप के पूर्वी तोरण में उत्कीर्ण एक लेख के अनुसार उसका निर्माण स्रुघ्न राज्य के राजा मार्गीपुत्र विश्वदेव के पौत्र, गोत्रिपुत्र अग्रराज के पुत्र वात्सी पुत्र धनभूति ने करवाया था। विश्वदेव और उसकी पत्नी गौप्ती से उत्पन्न पुत्र अग्रराज इस वंश का शक्तिशाली शासक प्रतीत होता है। भरहुत स्तूप के वर्तमान द्वार के एक खंडित लेख के अनुसार अग्रराज ने वहाँ तोरण का निर्माण करवाया था। अम्बाला के सुखगाँव तथा कौसाम्बी से उत्खनन में उसके सिक्के मिले हैं जिन पर 'अग्रराज' शब्द उत्कीर्ण है। अग्रराज और उसकी रानी वात्सी से उत्पन्न पुत्र धनभूति प्रथम भी पिता की तरह बौद्ध धर्म में विशेष अभिरुचि रखता था। उसने स्वयं भी भरहुत में तोरण का निर्माण कराया था और वहाँ से उसकी रानी नागरक्षिता तथा राजकुमार वधपाल के दान सम्बन्धी अभिलेख उपलब्ध हैं। धनभूति के पश्चात उसका पुत्र वधपाल और तत्पश्चात पौत्र धनभूति द्वितीय गद्‌दी पर बैठा। मथुरा के एक स्तूप से उपलब्ध अभिलेख के अनुसार धनभूति द्वितीय ने मथुरा में वेदिका, तोरण और रत्नग्रह

का निर्माण करवाया था। अम्बाला के अग्रराज के सिक्कों के साथ बलभूति नामक एक शासक की मुद्राएँ मिली हैं। कनिंघम ने राजा बलभूति को धनभूति द्वितीय का वंशज स्वीकार किया है। कौशाम्बी की खुदाई में धनभूति प्रथम और वाधपाल की मुहरें मिली हैं जिन पर इन्द्रध्वज बना है। राजघाट (वराणसी) की खुदाई में धनभूति द्वितीय की मुहर मिली है जिस पर सारिका और स्वस्तिक के चिन्ह अंकित हैं। डॉ. किरण कुमार थपलियाल ने कौशाम्बी से प्राप्त एक मुहर से ज्ञात हस्तिपाल को भी इसी राजवंश का माना है। कुलिन्द राजवंश का अन्त तक्षशिला के यवन राजा अपोलोडोटस ने किया होगा क्योंकि उसके सिक्के काँगड़ा, अम्बाला और सहारनपुर से मिले हैं। ये तीनों स्थान स्रुग्घ्न राज्य के अन्तर्गत थे। यवन-प्रभुत्व के समय कुछ यूनानी स्थायी रूप से कालसी के आसपास की भूमि में बस गए जिससे कलिन्द के स्थान पर यमुना का तट जौनसार (योनसारी) कहा जाने लगा। बाद में अमोघभूति के नेतृत्व में कुलिन्द-शक्ति का अभ्युदय हुआ। उसने यूनानियों को परास्त कर पुन: उत्तरी भारत में एक विशाल राज्य की स्थापना की। कुछ इतिहासकारों की यह धारणा है कि अमोघभूति की बढ़ती हुई शक्ति से आतंकित होकर तक्षशिला के यवन राजा एंटियाल्कडास ने अपने राजदूत हेलियोडोरस को विदिशा के राजा भागभद्र के दरबार में भेजा था।

मिलिन्द और अमोघभूति

साधारणतया भारतीय इतिहास में मिलिन्द का तिथिक्रम सबसे गलत पढ़ाया जाता है। उसे डेमेट्रियस और पुष्यमित्र शुंग का समकालीन बताकर दूसरी सदी ई.पू. में रख दिया गया है जबकि भारतीय परम्परा में कहीं भी मिलिन्द और पुष्यमित्र शुंग को नहीं जोड़ा गया है। इस सन्दर्भ में निम्नलिखित तथ्य ध्यान देने योग्य है—

मिलिन्द-पन्ह नामक बौद्ध-ग्रन्थ के अनुसार महापरिनिर्वाण संवत के 500 वें वर्ष में साकल में यवन राजा मिलिन्द शासन करता था। बोधगया की परम्परा के अनुसार 544 ई. पू. में गौतम बुद्ध की मृत्यु से महापरिनिर्वाण संवत शुरू हुआ, अत: 44 ई.पू. में मिलिन्द ने शासन किया होगा।

पुराणों में वर्णित कलियुग के राजवंशों में यवनों को गर्दभिल्लों के बाद रखा गया है। मालवराज गर्दभिल्ल के पुत्र विक्रमादित्य ने 57 ई.पू. से विक्रम संवत प्रारम्भ किया। अत: पुराणों के अनुसार यवन-प्रभुत्व 57 ई.पू. के बाद ही माना जाना चाहिए।

मुद्राशास्त्र और साहित्य प्रमाणों के आधार पर कालसी के पास-पड़ोस में 80 ई.पू. के आसपास अपोलोडोट्स, 57 ई.पू. के लगभग अमोघभूति वीर और 44 ई.पू. के लगभग मिलिन्द के प्रभुत्व को माना जा सकता है। इंडो-ग्रीक्स के पश्चात कालसी पर कुषाणों का प्रभुत्व रहा।

अमोघभूति के समय बौद्ध धर्म प्रगति पर था। उसके पश्चात वहाँ वैदिक मत का प्रभाव बढ़ गया। कालसी से तीन मील दूर यमुना नदी के बाएँ तट पर स्थित जगतग्राम नामक स्थान से खुदाई में यज्ञवेदी की ईंटें मिली हैं, जिन पर वैदिक धर्मानुयायी राजा शीलवर्मा के लेख अंकित हैं। इन इष्टिका लेखों से अवगत होता है कि नृपति शीलवर्मा ने इस स्थान पर चतुर्थ अश्वमेघ यज्ञ और अतिराव यज्ञ के सम्पादन हेतु चैत्य का निर्माण करवाया था। इन ईंटों पर प्रयुक्त लिपि दूसरी और तीसरी सदी ई. के मध्य उत्तरी भारत में प्रचलित ब्राह्मी लिपि है। शील वर्मा के शासनकाल में धर्म के साथ-साथ स्रुघ्न की राजभाषा में भी परिवर्तन हुआ। अशोक के कालसी-लेख की पालि भाषा के स्थान पर शीलवर्मा के जगतग्राम-लेख में संस्कृत भाषा का प्रयोग किया गया है।

स्रुघ्न के परवर्ती इतिहास पर लाखमंडल के अभिलेखों से प्रकाश पड़ता है। छठी सदी ई. में उत्तरापथ के हूण राजा गणेश्वर और श्रीगृह के आक्रमणों से स्रुघ्ननगर को विशेष क्षति पहुँची और सातवीं सदी तक यह खंडहर-सा प्रतीत होने लगा। यद्यपि आज कालसी का अशोक-लेख और जगतग्राम का शीलवर्मा-लेख ही स्रुघ्ननगर के अवशेष के रूप में रह गए हैं फिर भी *महाभाष्य* (1/264, 3/25/281, 4/51/336, 5/18, 6/3/42) में पतंजलि ने और *सी-यू-की* में ह्वेनसांग ने उसके जो विवरण सुरक्षित कर दिए हैं, वे उसका इतिहास जानने के लिए पर्याप्त हैं।

औदुम्बर और विश्वामित्र

पंजाब संग्रहालय में औदुम्बर राजा धरघोष का चाँदी का एक गोल सिक्का है। उस पर संन्यासी की आकृति बनी है जिसका वक्ष नग्न है सिर पर जटाजूट है, कमर से घुटनों तक का भाग मृगचर्म से ढका हुआ है, दाहिना हाथ आशीर्वाद मुद्रा में ऊपर की ओर उठा है और बायाँ हाथ आगे की ओर। सिक्के पर ब्राह्मी लिपि में 'विश्वामित्र', गोलाई में 'महादेवस राज धरघोष' तथा नीचे 'ओदुबरिस' लिखा हुआ है। सिक्के के दूसरी ओर परशु युक्त त्रिशूल तथा एक वृक्ष की आकृति है। इसी तरह का एक सिक्का ब्रिटिश म्यूजियम में भी सुरक्षित है जिसे कनिंघम ने पठानकोट से प्राप्त किया था। कनिंघम ने सिक्के पर उत्कीर्ण वृक्ष को उदुम्बर (पहाड़ी भाषा का 'बेड़ू') का वृक्ष माना है जिसे औदुम्बर नरेश अपना कुलवृक्ष मानते होंगे। सम्भवत: उदुम्बर (बेड़ू) वृक्ष के पूजक होने से ही वे औदुम्बर कहलाते थे।

जॉन एलन ने धरघोष के सिक्के पर अंकित संन्यासी 'विश्वामित्र' को पुराण और *रामायण* में वर्णित प्रसिद्ध वैदिक ऋषि विश्वामित्र माना है और यह स्वीकार किया है कि औदुम्बर विश्वामित्र के अनुयायी रहे होंगे। उदुम्बर वृक्ष के साथ विश्वामित्र का सम्बन्ध *कालिकापुराण* से भी ज्ञात होता है। इस पुराण के अनुसार विश्वामित्र की माँ ने पुत्र की प्राप्ति के लिए उदुम्बर वृक्ष की उपासना की थी और उसकी कृपा से विश्वामित्र उत्पन्न हुए थे।

धरघोष के अन्य सिक्कों पर एक दुमंजिला भवन अंकित है। इसी तरह का दुमंजिला भवन औदुम्बर नरेश शिवदास, रुद्रदास और महादेव के सिक्कों पर भी उत्कीर्ण है। इन सिक्कों पर न विश्वामित्र की आकृति है और न उनका नाम अंकित है लेकिन उदुम्बर वृक्ष की आकृति सभी के सिक्कों पर मिलती है। कनिंघम ने

इस भवन को मन्दिर, एलन ने स्तूप तथा काशीप्रसाद जायसवाल ने जाति का सार्वजनिक भवन स्वीकार किया है।

औदुम्बर सिक्कों पर उत्कीर्ण भवन की आकृति आधुनिक उत्तरकाशी जिले में यमुना नदी के तट पर स्थित जमदग्नि मुनि और कमल नदी के तट पर स्थित कपिल मुनि के आश्रम से पर्याप्त साम्य रखती है। हिमालय में मन्दिरों का विकास ऋषियों के आश्रमों से ही हुआ। उदाहरण के लिए हिमालय का सबसे प्रसिद्ध मन्दिर बदरीनाथ पहले 'बदरिकाश्रम' कहलाता था। यह आश्रम नारायण ऋषि का था। आश्रम के चारों ओर बदरी अर्थात बेर के वृक्ष होने से उसे 'बदरिकाश्रम' कहा जाने लगा। परवर्ती काल में नारायण ऋषि की पूजा शुरू हुई और वे बदरीनारायण नाम से पूजे जाने लगे। जिस तरह महायान सम्प्रदाय ने गौतम बुद्ध को परमशक्ति के रूप में स्वीकार कर लिया और भागवत धर्म में बुद्ध को विष्णु का अवतार के रूप में मान लिया गया, उसी तरह तपस्वी नारायण भी बाद में अवतार के रूप में प्रतिष्ठित हुए। उनका आश्रम ही आज चमोली-गढ़वाल में अलकनन्दा के तट पर स्थित बदरीनाथ मन्दिर है। इसी तरह पौड़ी-गढ़वाल में कोटद्वार के पास एक मन्दिर है सिद्धबली। यहाँ पर प्राचीनकाल में कण्वाश्रम था। सिद्धबली मन्दिर में दाढ़ी से युक्त ऋषि, कण्व की एक लघु प्रतिमा आज भी 'सिद्ध' के नाम से पूजी जाती है। यहाँ प्राचीनकाल में अनेक मन्दिर थे जिनमें से नौ मन्दिरों के शीर्ष-प्रस्तर अभी अवशिष्ट है। कण्व भी एक वैदिक ऋषि थे, उनके द्वारा निर्मित ऋचाएँ *ऋग्वेद* में संकलित हैं। इस प्रकार वैदिक ऋषि नारायण, जमदग्नि, कण्व और कपिल के आश्रम मन्दिर रूप में मिलने से यह माना जा सकता है कि उन्हीं के समान प्रसिद्ध वैदिक ऋषि विश्वामित्र का आश्रम भी मन्दिर रूप में विद्यमान रहा होगा और उनके अनुयायी औदुम्बरों ने मन्दिराकार आश्रम की आकृति अपने सिक्कों पर उत्कीर्ण कराई होगी। विश्वामित्र का यह आश्रम औदुम्बरों के राज्यक्षेत्र के अन्तर्गत रहा होगा और इस आश्रम के चारों ओर उदुम्बर के वृक्ष रहे होंगे।

औदुम्बर नरेशों के सिक्के पठानकोट, नूरपुर, काँगड़ा, गुरदासपुर और होशियारपुर से मिलने के कारण अधिकांश विद्वानों की यह धारणा है कि ये व्यास नदी की उपत्यका के निवासी थे और उनका राज्य रावी से सतलज नदी तक अर्थात आधुनिक काँगड़ा, गुरुदासपुर और होशियारपुर जिलों तक फैला हुआ था। औदुम्बरों के सिक्कों पर एक टेड़ी-मेढ़ी नदी अंकित है। हरिवंश और पतंजलि के महाभाष्य में उदुम्बरावती नामक नदी का उल्लेख मिलता है। नाम साम्य से

यह सम्भावना है कि यह नदी उदुम्बरों की भूमि से सम्बन्धित है और इसी नदी को औदुम्बर राजाओं ने अपने सिक्कों पर उत्कीर्ण करवाया है। डॉ. बैजनाथ पुरी ने गुरुदासपुर के समीप व्यास नदी में मिलने वाली एक छोटी-सी नदी को प्राचीन उदुम्बरावती माना है। नूरपुर में आज भी उदुम्बर के वृक्ष पर्याप्त रूप में मिलने से कनिंघम ने नूरपुर को प्राचीन औदुम्बर राज्य के अन्तर्गत माना है। इस प्रकार आधुनिक हिमाचल प्रदेश की व्यास नदी के तटवर्ती क्षेत्र में प्राचीनकाल में औदुम्बर राज्य रहा होगा और अपने चरम विस्तार के समय वह राज्य रावी से सतलज तक फैला होगा। ऋग्वेद के तृतीय मंडल के सूक्त की रचना विश्वामित्र ने की है। उनके द्वारा बनाई गई ऋचाओं में पर्वतीय क्षेत्र में बहने वाली विपाशा (व्यास) और शतद्रु (सतलज) का उल्लेख मिलने से यह स्पष्ट है कि ऋग्वैदिक काल में विश्वामित्र का आश्रम हिमाचल प्रदेश में स्थित था। उन्होंने वन और पर्वत का बार-बार उल्लेख किया है। इस प्रकार यह माना जा सकता है कि औदुम्बर राज्य के अन्तर्गत विश्वामित्र का आश्रम था और परवर्ती काल में यह मन्दिर के रूप में विकसित हो गया तथा उसी आश्रम को औदुम्बर नरेशों ने अपने सिक्कों में उत्कीर्ण करवाया।

जिस प्रकार आदि शंकराचार्य द्वारा स्थापित श्रृंगेरीमठ, ज्योतिर्मठ, गोवर्धनमठ और शारदामठ के प्रधान को शंकराचार्य कहा जाता है, उसी तरह ब्रह्मर्षि विश्वामित्र द्वारा स्थापित आश्रमों के प्रधान भी विश्वामित्र ही कहलाते थे। यही कारण है कि पुराणों में अयोध्या के सूर्यवंशी राजा त्रिशंकु, हरिश्चन्द्र और रामचन्द्र के समकालीन विश्वामित्र मुनि का उल्लेख है। जिनके शासनकाल में कई सौ वर्षों का अन्तर था। *रामायण* की कथा से ज्ञात होता है कि अयोध्या-नरेश दशरथ के समकालीन विश्वामित्र मुनि का आश्रम पूर्वी उत्तर प्रदेश तथा बिहार के सीमान्त पर स्थित था। अपने आश्रम में यज्ञ समाप्त करने के उपरान्त विश्वामित्र अयोध्या के राजकुमारों राम और लक्ष्मण को मिथिला के राजा जनक की राजधानी में ले गए थे। यह क्षेत्र प्राचीनकाल में मध्य प्रदेश में औदुम्बरों का निवास माना गया है। इस प्रकार विश्वामित्र के मध्यप्रदेश में स्थित आश्रम से भी औदुम्बरों का कुछ सम्बन्ध था। काशी (उत्तर प्रदेश) में कालभैरव मन्दिर के पास भी एक विश्वामित्र-आश्रम की परम्परा है।

महाभारत में द्वारका के यदुवंश के विनाश की कथा से ज्ञात होता है कि आधुनिक गुजरात में विश्वामित्र ने अन्य ऋषियों के साथ यदुवंशियों को शाप दिया

था। अत: गुजरात से भी विश्वामित्र का सम्बन्ध था। गुजरात से औदुम्बरों का भी सम्बन्ध रहा है। कनिंघम ने प्लीनी द्वारा वर्णित एक औदुम्बर राज्य को कच्छ में माना है और जायसवाल ने आधुनिक गुजराती ब्राह्मणों की औदुम्बर जाति को प्राचीन औदुम्बरों का वंशज स्वीकार किया है। इस प्रकार विश्वामित्र और औदुम्बर हिमाचल, मध्यप्रदेश और गुजरात में भी एक-दूसरे से सम्बन्धित थे।

ब्रह्मर्षि विश्वामित्र से भारत में दो गोत्र विश्वामित्र और कौशिक शुरू हुए। इन दोनों गोत्रों के लोग आज भी भारतवर्ष में सर्वत्र पाए जाते हैं। हिमालय के प्रसिद्ध मन्दिर बदरीनाथ के रावल का गोत्र विश्वामित्र है। रावल केरल के नम्बूदरी जाति का होता है और प्रतिवर्ष ग्रीष्मकाल में केरल से बदरीनाथ की पूजा के लिए गढ़वाल जाता है। कुमाऊँ में पिथौरागढ़ से लगभग तीन मील की दूरी पर विशाड़ नामक गाँव में भी विश्वामित्र गोत्रीय ब्राह्मण रहते हैं। वे अपने को विश्वामित्र के दत्तक पुत्र देवरात (शुन:शेप) का वंशज यजुर्वेदाध्यायी, माध्यन्दिनशाखी और वैष्णव मानते हैं। इस गाँव से *यजुर्वेद* की कई प्राचीन हस्तलिखित पांडुलिपियाँ मिली हैं। शुन:शेप का उल्लेख *ऋग्वेद* में अनेक बार हुआ है। *विष्णुपुराण* के अनुसार भृगुवंशी ब्राह्मण अजीगर्त के पुत्र शुन:शेप को महर्षि विश्वामित्र ने अपना दत्तक पुत्र बना लिया था जिसके कारण शुन:शेप के वंशज विश्वामित्र गोत्रीय कहलाए। शुन:शेप को सूर्यवंशी राजा हरिश्चन्द्र के नरमेध यज्ञ के समय यज्ञयूप से बाँध दिया गया था लेकिन विश्वामित्र ने उसकी रक्षा की थी। *ऋग्वेद* में अनेक बार हरिश्चन्द्र के नरमेध-यज्ञ में बलि के लिए यूप से बँधे शुन:शेप की करुण पुकार की चर्चा है। विश्वामित्र गोत्र के ब्राह्मण महर्षि भृगु के वंशज हैं। वैदिक काल में पुष्कर (राजस्थान) के ब्रह्मा, कैलास (तिब्बत) के रुद्र और बदरिकाश्रम के नारायण में श्रेष्ठता के विवाद का निर्णय महर्षि भृगु ने किया था। भृगु द्वारा लात मारकर नारायण की परीक्षा की कथा भारतीय अतीत की एक लोकप्रिय कथा है और इस कथा के कारण ही भृगुवंशी ब्राह्मण वैष्णव और एकेश्वरवादी विचारधारा से जुड़े रहे हैं। भृगुवंश में उत्पन्न शुक्राचार्य, च्यवन, दधीचि, जमदग्नि, परशुराम, शौनक, वाल्मीकि, याज्ञवल्क्य, शंकराचार्य, बाणभट्ट, वल्लभाचार्य, दयानन्द सरस्वती आदि के नाम भारतीय अतीत के चर्चित नाम रहे हैं। पुस्तनामों से पता चलता है कि आधुनिक भारत में भार्गव, दीक्षित, भट्ट, मुंशी, देसाई, नम्बूदरी आदि ब्राह्मण जातियाँ, वत्स भार्गव और विश्वामित्र गोत्र मूलत: भृगुवंश की उपशाखाएँ हैं। यह सम्भव है कि औदुम्बर भी विश्वामित्र अथवा कौशिक गोत्र के रहे होंगे।

औदुम्बर नरेश शिवदास, रुद्रदास, महादेव, धरघोष आदि के सिक्कों पर परशु युक्त त्रिशूल उत्कीर्ण है जिसे औदुम्बर सिक्कों पर लिखने वाले सभी मुद्राशास्त्र वेत्ताओं ने त्रिशूल की संज्ञा दी है। वास्तव में यह त्रिशूल न होकर शक्ति नाम का आयुध है। प्राचीन हिमालय में इस आयुध के तीन रूप प्रचलित थे। महाभारत के अनुसार खष, दरद, टंकण आदि पर्वतीय जातियों ने शूल नामक आयुध हाथ में लेकर कुरुक्षेत्र में युद्ध किया था (अयोहस्ताः शूलहस्ता दरदास्तङ्गणाः खशाः ॥42॥) यह भाले की तरह होता था और इसके अन्त में एक शूल अर्थात नुकीली आकृति बनी रहती थी। पठानकोट से प्राप्त महीमित्र आदि नरेशों के सिक्कों पर शूल का अंकन मिलता है। जब शूल में एक के स्थान पर तीन नोकें बना दी जातीं, तब त्रिशूल कहा जाता था। जब त्रिशूल की तीन नोकों के नीचे परशु बना रहता, तब उसे शक्ति कहते थे। इसका सबसे बड़ा प्रमाण उत्तरकाशी का शक्ति-लेख है। उत्तरकाशी के विश्वनाथ मन्दिर के प्रांगण में इक्कीस फीट ऊँचा, दो फीट मोटा और अष्टकोणीय आकृति का एक प्राचीन स्तम्भ है जिसके शीर्ष में बने त्रिशूल के साथ परशु भी संलग्न है। स्तम्भ के नीचे का भाग लगभग एक हाथ लम्बाई में ताँबे के पत्तर से प्रतिबद्ध है और ऊपर की ओर सत्रह फीट ऊँचाई में पीतल का भाग है। सबसे ऊपर की ओर जहाँ त्रिशूल और परशु है, लगभग तीन फीट ऊँचाई में लोहे का बना है। इसमें उत्कीर्ण राजा श्रीगृह के छठी सदी ईस्वी के लेख में इसे शक्ति कहा गया है—शक्ति शत्रुमनोरथ प्रमथनीं शम्भोश्चकाराग्रस्तः। *केदारखंड* नामक प्राचीन ग्रन्थ में भी इसे शक्ति कहा गया है। आज भी उत्तरकाशी में इसे शक्ति के नाम से पुकारते हैं। शक्ति नामक आयुध प्राचीनकाल का एक महत्त्वपूर्ण शस्त्र था। *रामायण* में लंकापति रावण द्वारा लक्ष्मण पर शक्ति फेंकने और शक्ति के प्रहार से लक्ष्मण के मूर्छित होने की कथा मिलती है। *महाभारत* में अंगराज कर्ण की अमोघ शक्ति का कई बार उल्लेख मिलता है जिससे उसने राक्षसराज घटोत्कच को मारा था। इन सन्दर्भों से यह अनुमान लगाना असंगत न होगा कि शक्ति आयुध को अपना राजचिह्न मानने के पीछे औदुम्बर नरेश का उद्देश्य अपनी शक्तिमत्ता को प्रदर्शित करना रहा होगा। उनके सिक्के हिंदू-यूनानी नरेश अपोलोटोड्स की मुद्राओं के साथ मिलने तथा भार, आकृति तथा शैली में हिंदू-यूनानी मुद्राओं का अनुकरण होने से मुद्राशास्त्रवेत्ताओं की धारणा है कि औदुम्बरों ने पश्चिमी पंजाब के हिंद-यूनानी राजाओं को परास्त किया होगा और यवन-अधिकृत क्षेत्र में व्यवहार के लिए यूनानी शैली के सिक्के चलाए होंगे। लिपिशास्त्र के आधार पर औदुम्बरों

का शासनकाल यवन राजाओं के बाद और कुषाणों से पहले अर्थात 200 ई.पू. से 100 ई. तक स्वीकार किया जाता है।

इन राजाओं के सिक्कों पर ब्राह्मी और खरोष्ठी दोनों प्राचीन लिपियों का प्रयोग मिलता है। तीसरी सदी ई.पू. में अशोक मौर्य ने भी अपने मानसेरा और शाहबाजगढ़ी के शिलालेखों के लिए खरोष्ठी तथा शेष लेखों के लिए ब्राह्मी लिपि का प्रयोग किया था। वस्तुत: मौर्यकाल से ही ये दोनों लिपियाँ भारत में प्रचलित थीं। इन दो लिपियों का प्रयोग औदुम्बरों के विस्तृत राज्यक्षेत्र की ओर संकेत करता है। औदुम्बरों ने चाँदी और ताँबे के सिक्के चलाए जो उनके राज्य की समृद्धि का द्योतक हैं।

यद्यपि *मुद्राराक्षस* के आधार पर औदुम्बरों का शासनकाल दूसरी सदी ई. से पहली सदी ई. तक ही माना जा सकता है लेकिन पाणिनि के *गणपाठ, महाभारत, हरिवंश, बृहत्संहिता, चन्द्र व्याकरण, काशिका, वैजयन्ती, महारत्नमहोदधि, सरस्वतीकण्ठाभरण, संक्षिप्तसार* और पुराणों से ज्ञात होता है कि औदुम्बर हिमाचल प्रदेश के सबसे प्राचीन निवासियों में से थे और छठी सदी ई. तक उनका अस्तित्व कायम रहा। बाद में इनकी राजनीतिक सत्ता समाप्त हो गई।

बदरीनाथ-लेख का चन्द्रगुप्त

चमोली जिले के बदरीनाथ मन्दिर में सुरक्षित सुभिक्षराज के ताम्रपत्र में उसके पिता कार्तिकेयपुर के राजा पद्मटदेव को बलि, वैकर्तन, दधीचि और चन्द्रगुप्त से अधिक दानकर्ता घोषित किया गया है—तिरस्कृताशेष-बलि-वैकर्तन-दधीचि-चन्द्रगुप्त-चरितश्। इस लेख में किसी संवत का प्रयोग नहीं है। लिपि के आधार पर यह लेख दसवीं सदी ई. के आसपास का माना गया है। अब समस्या यह उत्पन्न होती है कि दसवीं सदी में बलि और दधीचि की तरह महान दानी समझा जाने वाला चन्द्रगुप्त कौन था?

प्राचीन भारत में चन्द्रगुप्त नामक कई शासकों के उल्लेख मिलते हैं, जिनमें मौर्य सम्राट चन्द्रगुप्त (322-298 ई.पू.), गुप्त सम्राट चन्द्रगुप्त प्रथम (320 ई.-335 ई.) और चन्द्रगुप्त द्वितीय (375-413 ई.) के नाम सर्वविदित हैं। लाखामंडल-शिलालेख में जालन्धर के राजकुमार चन्द्रगुप्त का नाम मिलता है, जिसका सिंहपुर के यदुवंशी राजा भास्करवर्मा की पुत्री ईश्वरा से विवाह हुआ था (जालन्धरनृपसूनोर्जाया श्रीचन्द्रगुप्तस्य)। मथुरा से प्राप्त सातवीं सदी के एक लेख में चन्द्रगुप्त नामक एक मौर्य राजा का उल्लेख है जिसके पौत्र कर्क ने हर्षवर्धन की मृत्यु के पश्चात कान्यकुब्ज नगर को जला दिया था। संजन-ताम्रपत्र के अनुसार राष्ट्रकूट राजा गोविन्द तृतीय और प्रतिहार राजा नागभट्ट के समय नौवीं सदी ई. में भी चन्द्रगुप्त नाम का कोई राजा था जिसे गोविन्द तृतीय ने परास्त करने का दावा किया है।

चन्द्रगुप्त नामक उपर्युक्त छह शासकों में केवल गुप्त सम्राट चन्द्रगुप्त द्वितीय विक्रमादित्य के सन्दर्भ में ही ऐसे उद्धरण हैं जिनके आधार पर उसे एक दानी शासक स्वीकार किया जा सकता है। संजन-ताम्रपत्र में राष्ट्रकूट नरेश अमोघवर्ष ने चन्द्रगुप्त द्वितीय को कलियुग का एक प्रसिद्ध दानी शासक स्वीकार किया है—

हत्वा भ्रातरमेव राज्यमहरछेवीं च दीनस्ततः।
लक्षकोटिमलेखयन्किल कलौ दाता स गुप्तान्वयः॥

ऐसी स्थिति में सुभिक्षुराज के बदरीनाथ ताम्रपत्र में वर्णित दानी चन्द्रगुप्त को महान गुप्त सम्राट चन्द्रगुप्त द्वितीय विक्रमादित्य माना जा सकता है।

कार्तिकेयपुर के राजा पद्मटदेव की तुलना चन्द्रगुप्त द्वितीय से करना यह संकेत करता है कि कुमाऊँ-गढ़वाल की पर्वतीय भूमि से चन्द्रगुप्त का सम्बन्ध रहा होगा। पर्वतों की विषम भौगोलिक स्थिति के कारण अभी तक कुमाऊँ-गढ़वाल के अधिकांश ऐतिहासिक स्थलों का सर्वेक्षण नहीं हो सका है और इस क्षेत्र के दो-चार लेखों को छोड़कर सभी प्राचीन अभिलेख अभी तक अप्रकाशित हैं। इसी कारण गुप्त शासकों के साथ हिमालय के राजनीतिक सम्बन्ध का इतिहास अभी तक अज्ञात है। अभी तक केवल दो ऐसे संकेत उपलब्ध हैं जिनसे पता चलता है कि चन्द्रगुप्त द्वितीय ने कुमाऊँ-गढ़वाल की विजय की थी, वे दो संकेत निम्नवत हैं—

समुद्रगुप्त की प्रयाग-प्रशस्ति में हिमालय की विजय का इस प्रकार उल्लेख नहीं है जिस तरह अन्य प्राचीन भारतीय प्रशस्तियों में मिलता है। उसने कर्तृपुर को अपना (सीमान्त) राज्य बतलाया है जिसे अल्मोड़ा जिले के कत्यूर का प्राचीन नाम स्वीकार किया जाता है। प्रयाग-प्रशस्ति के आधार पर यह माना जा सकता है कि समुद्रगुप्त की बढ़ती हुई शक्ति से शंकित होकर कर्तृपुर के राजा ने उसके पास उपहार भेजकर अधीनता स्वीकार कर ली होगी।

कुमारगुप्त प्रथम की मन्दसौर-प्रशस्ति में कुमाऊँ-गढ़वाल के उत्तर में स्थित कैलास पर्वत को गुप्त साम्राज्य के अन्तर्गत बतलाया है—

चतुस्समुद्रान्तविलोलमेखलां सुमेरु-कैलास वृहत्पयोधराम्।
वनान्तवान्त स्फुट पुष्पहासिनीं कुमारगुप्ते पृथिवीं प्रशासति॥

ये तथ्य यह स्पष्ट करते हैं कि समुद्रगुप्त के समय का कर्तृपुर राज्य कुमारगुप्त के समय में नहीं था। अत: उसके पिता चन्द्रगुप्त द्वितीय ने ही कार्तिकेयपुर राज्य को अपने अधिकार में लिया होगा।

नौवीं शताब्दी के लेखक राजशेखर ने अपनी पुस्तक *काव्यमीमांसा* में यह उल्लेख किया है कि कार्तिकेयपुर के खष जाति के राजा ने समुद्रगुप्त के पुत्र रामगुप्त को घेरकर उसे रानी ध्रुवस्वामिनी को समर्पित करने के लिए बाध्य कर दिया था लेकिन चन्द्रगुप्त ने उस खष राजा को मार डाला और आज भी किन्नरों

से युक्त हिमालय की गुहाओं वाली भूमि में स्थित कार्तिकेयपुर नामक नगर की स्त्रियाँ चन्द्रगुप्त की कीर्ति का गायन करती हैं—

> दत्त्वारुद्धगतिः खषाधिपतये देवीं ध्रुवस्वामिनीं
> यस्मात्खण्डितसाहसो निवृत्ते श्रीशर्मगुप्तो: नृपः।
> तस्मिन्नेव हिमालये गुरुगुहाकोणक्वणित्किन्नरे
> गीयन्ते तव कार्तिकेयनगरस्त्रीणां गणैः कीर्तयः॥

काव्यमीमांसा में रामगुप्त के लिए शर्मगुप्त शब्द है जो किसी लिपिकार की गलती प्रतीत होती है। परवर्ती साहित्य में चन्द्रगुप्त द्वितीय की दो विजयों—कार्तिकेयपुर के खष और सौराष्ट्र-उज्जैन के शक के मध्य ऐसी उलझन तैयार हो गई जिससे खष और शक, दोनों के इतिहास के साथ न्याय नहीं हो सका है। *हर्षचरित, देवीचन्द्रगुप्तम्* आदि में खष के स्थान पर शक का उल्लेख होने से यह समस्या अधिक जटिल हो गई है। वास्तव में यह प्रतीत होता है कि चन्द्रगुप्त के राज्यारोहण के पूर्व ध्रुवस्वामिनी की रक्षा के लिए उसने कार्तिकेयपुर के खष राजा को मारा था। यह घटना 375 ई. के कुछ समय पूर्व की रही होगी क्योंकि खष राजा को परास्त करने के बाद चन्द्रगुप्त ने अपने भाई रामगुप्त को मारकर ध्रुवस्वामिनी से उत्पन्न पुत्र का नाम कुमार (कार्तिकेय) रखा होगा। *मजमुलुत् तवारीख़* नामक ग्रन्थ से भी यह ज्ञात होता है कि ध्रुवस्वामिनी वाली घटना किसी पर्वतीय भूमि में हुई थी और शत्रु ने रामगुप्त की सेना को पहाड़ी के शीर्ष पर घेर लिया था।

उज्जैन के शकों की चन्द्रगुप्त द्वारा पराजय को ध्रुवस्वामिनी की घटना से जोड़ना ठीक नहीं है। उज्जैन के शक-क्षत्रप रुद्रसिंह की अन्तिम ज्ञात-तिथि 388 ई. है। इससे साफ है कि इस शासक को चन्द्रगुप्त ने 375 ई. में अपने राज्याभिषेक से पहले ध्रुवस्वामिनी के वेष में जाकर नहीं मारा था। शक-विजय के उपरान्त चन्द्रगुप्त द्वितीय ने शकों की मुद्रा के अनुकरण पर चाँदी के सिक्के चलाए जिनमें एक ओर गरुड़ की मूर्ति है और दूसरी ओर 'परमभागवत महाराजाधिराज श्रीचन्द्रगुप्त विक्रमादित्य' लिखा मिला है। 57 ई.पू. से कृत संवत का प्रवर्तन करने वाले प्रसिद्ध शकारि विक्रमादित्य की राजधानी उज्जैन को शकों से मुक्त करने के कारण चन्द्रगुप्त द्वितीय ने विक्रमादित्य की उपाधि धारण की होगी। मालवा के उदयगिरि पर्वत की गुफा में एक लेख है जिसमें चन्द्रगुप्त द्वितीय के युद्ध-सचिव वीरसेन का कथन है। इसके अनुसार जब सम्राट चन्द्रगुप्त द्वितीय समस्त पृथ्वी

को जीतने के लिए आया, उस समय वीरसेन भी वहाँ आया था। अत: यह स्पष्ट है कि चन्द्रगुप्त द्वितीय 388 ई. के पश्चात दिग्विजय के लिए निकला होगा और उसी अवसर पर उज्जैन के शकों को परास्त कर उसने विक्रमादित्य की उपाधि धारण की होगी।

कार्तिकेयपुर के खषों का इतिहास अभी क्रमबद्ध रूप से उपलब्ध नहीं है। तालेश्वर (अल्मोड़ा), बालेश्वर (पिथौरागढ़), बैजनाथ (अल्मोड़ा), बदरीनाथ, बागेश्वर, कंडारा आदि से प्राप्त ताम्रपत्रों और शिलालेखों से विदित होता है कि कार्तिकेयपुर नामक नगर प्राचीन काल में कुमाऊँ-गढ़वाल की राजधानी था और आधुनिक अल्मोड़ा जिले की कत्यूर घाटी में बैजनाथ नामक स्थान पर स्थित था। (प्रो. ए.सी.व., मार्च, 1877 पृ. 72) अल्मोड़ा से शिवदत्त, शिवपालित, हरदत्त आदि शासकों के सिक्के मिले हैं जिन्हें मुद्राशास्त्रवेत्ताओं ने दूसरी सदी ई.पू. से दूसरी सदी ई. के मध्य स्वीकार किया है। प्राचीन साहित्य और अभिलेखों में खष, खस और खश नामक जाति का अनेक बार उल्लेख मिलता है जो कुमाऊँ-गढ़वाल में दीर्घकाल तक शासन करती रही। इस जाति के लिए पहाड़ी भाषा में 'खषिया' शब्द का प्रयोग होता है। गढ़वाल से प्राप्त कार्तिकेयपुर के राजा ललितसूर के दो बदरीनाथ ताम्रपत्र और एक कंडारा ताम्रपत्र में 'खष' शब्द का प्रयोग किया गया है। (प्रो. ए.सी.व., अप्रैल, 1877, पृ. 73) यह खषों की भूमि से प्राप्त किंचित सबसे प्राचीन लिखित प्रमाण है। इसलिए इस ग्रन्थ में खष शब्द का ही प्रयोग किया गया है।

प्रसिद्ध ज्योतिषज्ञ वराहमिहिर ने *बृहत्संहिता* में अनेक बार खषों का उल्लेख किया है। भारतवर्ष के विविध देशों के वर्णन में वह खष, मगध, समतट, औड़, लौहित्य आदि का नाम लेता है (खषमगध-शिविरगिरि मिथिलासमत...॥) भारत की उत्तर दिशा को वह कैलास, हिमालय आदि पर्वतों से युक्त बतलाते हुए यहाँ के निवासियों को किरात, टंकण, हूण, दरद, खष मानता है। उसने खषों के देश का टंकण, कुलूत, कश्मीर आदि के साथ उल्लेख किया है। वराहमिहिर ने एक स्थान पर बलशाली पर्वतों की विजय की सम्भावना व्यक्त की है—

चन्द्रमायात्युदक्पार्वतीय बलशालिनां जय: ॥ 2 ॥

गुजरात में शिरीषदक नामक स्थान से उपलब्ध गुर्जरराज दद्द प्रशान्तराग के 685 विक्रमी के ताम्रपत्र में हिमालय की शक्तिशाली सेना और खषों का उल्लेख मिलता है। गुर्जर नरेश हिमालय की शक्तिशाली सेना से अपनी उपमा देना चाहते

थे किन्तु हिमालय के खष परिवार से नहीं—

यश्चोपमीयते सत्कटकममुन्नतविद्याधरायासतया हिमाचले,
न खषपरिवारतया...।

वायुपुराण के अनुसार खष पर्वतीय क्षेत्र में गंगा नदी के तट पर रहते थे—

अतो देशान् प्रवक्ष्यामि पर्वताश्रयिपाश्च ये।
निर्गहरा हंसमार्गाः क्षुपणास्तंगणाः खषाः॥

[*वायु पुराण*, 33, 66]

अलबरूनी ने भी *वायुपुराण* के आधार पर यह स्वीकार किया है कि गंगा नदी के तट पर खष रहते थे। *देवीभागवत* (4/8) में भी यह स्वीकार किया गया है कि खष गंगा नदी के तट पर रहते थे—

गङ्गातीरे हि सर्वत्र वसन्ति नगराणि च।
व्रजाश्चैवाकरा ग्रामाः सर्वे खेटास्तथापरे॥ 30॥
निषादानां निवासाश्च कैवर्तानां तथापरे।
हूणबङ्गखषानां च म्लेच्छानां दैत्यसत्तम॥ 31॥
पिबन्ति सर्वदा गङ्ग जलं ब्रह्मोपमं सदा।
स्नानं कुर्वन्ति दैत्येन्द्र त्रिकालं स्वेच्छया जनाः॥ 32॥

सहणपाल के बोधगया-लेख में कुमाऊँ-गढ़वाल के कत्यूरी राजा अशोकमल्ल को 'सपादलक्षशिखरिखषदेश-राजाधिराज' कहा गया है। मध्यकालीन कवि जायसी ने अपने महाकाव्य *पद्मावत* में खषियों को कुमाऊँ का निवासी माना है—

चला सो परवत लेत कुमाऊँ।
खसिया मगर जहाँ लगिं नाऊँ॥

उक्त विवरणों के आधार पर यह माना जा सकता है कि गंगा नदी के उद्गमस्थल, आधुनिक गढ़वाल और कुमाऊँ की पर्वतीय भूमि में खष जाति रहती थी और इसी कारण यह भूमि खषदेश के नाम से प्रसिद्ध थी। खष प्राचीन भारत की एक राजनीतिक सत्ता थी। *हरिवंश पुराण* से ज्ञात होता है कि हैहय और तालजंघ नामक क्षत्रियों के नेतृत्व में पारद, यवन, शक, पहलय, आदि गणों ने सूर्यवंशी राजा बाहु

पर आक्रमण कर उसे परास्त किया था और कुछ समय के लिए कौशल राज्य को अपने अधिकार में रखा था। बाद में बाहु के पुत्र सगर ने इन राज्यों को परास्त कर अपना राज्य वापस लौटाया। *केदारखंड* (*स्कन्दपुराण*) में भी सगर के द्वारा खषों की पराजय का वर्णन मिलता है। इसी तरह *हरिवंश* में यवन नरेश कालयवन की सेना में सम्मिलित होकर मथुरा में खषों के आक्रमण का उल्लेख मिलता है। *महाभारत* में ख्यात कुरुक्षेत्र के युद्ध में खषों ने दुर्योधन की ओर से भाग लिया था। *कल्किपुराण* (3/6/32-41) के अनुसार खष, काम्बोज, शक, बर्बर आदि ने एक बार सारी पृथ्वी पर अधिकार कर सर्वत्र अव्यवस्था उत्पन्न कर दी थी। ईसा से लगभग छह सौ वर्ष पूर्व महात्मा बुद्ध के समकालीन गन्धार-नरेश पुष्करसारि की राजधानी तक्षशिला पर खषों ने आक्रमण किया था। (*सार्थवाह*, 3/49) *मुद्राराक्षस* नाटक से ज्ञात होता है कि नन्दराज्य के उन्मूलन और पाटलिपुत्र की विजय में चन्द्रगुप्त मौर्य की सहायता करने वाले हिमालय के राजा पर्वतक के पुत्र मलयकेतु की सेना में खष थे। बौद्धग्रन्थ *दिव्यावदान* के अनुसार मौर्य सम्राट बिन्दुसार के राज्यकाल में उसके पुत्र अशोक ने तक्षशिला के जनविप्लव को दबाने के उपरान्त खष-राज्य पर आक्रमण किया था। (*ई. हि. क्वाटर्ली*, 1930, पृ. 334)

महाभारत और पुराणों से लेकर राजपूतकालीन अभिलेखों तक खषों की राजनीतिक सत्ता का निरन्तर उल्लेख यह स्पष्ट करता है कि वह एक वीर जाति थी। कुमाऊँ का कार्तिकेयपुर (बैजनाथ) दीर्घकाल तक खषों की राजधानी रहा। कार्तिकेयपुर के खषों के वृत्तान्त मध्यकालीन मुस्लिम इतिहास-लेखकों को भी ज्ञात है। इतिहासकार फ़रिश्ता ने कुमाऊँ के एक प्राचीन नरेश फुर के बारे में लिखा है कि 'फुर' नामक व्यक्ति कुमाऊँ के राजा का सम्बन्धी था और उसी के राज्य में रहता था। बाद में उसने कुमाऊँ के राजा के विरुद्ध विद्रोह किया जिसमें उसे सफलता मिली और समस्त कुमाऊँ राज्य उसके अधिकार में आ गया। उसने विशाल सेना तैयार की और चतुर्दिश विजयें शुरू कीं। उसने पूर्वी भारत में बंगाल तक और दक्षिण में समुद्र तक आक्रमण किए। (*इलियट*, 6/556-) कार्तिकेयपुर के एक खष राजा शकदत्त का उल्लेख *राजावली* नामक ग्रन्थ में भी है जिसने 57 ई.पू. में उज्जैन नरेश विक्रमादित्य के साथ युद्ध किया था।

अन्त में यह मानना उचित होगा कि 375 ई. में कार्तिकेयपुर के खषों को परास्त कर गुप्त सम्राट चन्द्रगुप्त द्वितीय ने कुमाऊँ को अपने साम्राज्य में मिलाया वही सुभिक्षराज के बदरीनाथ-ताम्रपत्र का चन्द्रगुप्त रहा होगा।

हूण और उनके पराजयकर्ता

चीन के सीमान्त पर एक बर्बर जाति रहती थी जिसे चीनी साहित्य में 'ह्यूँग्नू', यूरोपीय साहित्य में 'हैफथलाइट' या 'ह्वाहट हाँस' तथा भारतीय साहित्य में 'हूण' कहा गया है। इस जाति की निरन्तर लूटपाट से तंग आकर चीन के शासकों ने अपने देश की रक्षा के लिए देश के चारों ओर एक सुदृढ़ प्राचीर का निर्माण करवाया जिसे अब चीन की महादीवार कहा जाता है और विश्व का एक आश्चर्य समझा जाता है। चीन के पड़ोस में हूणों के निवास का ज्ञान *महाभारत* के लेखक को था। आदिपर्व के अनुसार हूणों की उत्पत्ति महर्षि वशिष्ठ की कामधेनु गाय नन्दिनी के शरीर से हुई थी। इस सन्दर्भ में दो तथ्य उल्लेखनीय हैं—(1) हूणों को चीनियों के साथ रखा गया है और (2) उन्हें म्लेच्छ वर्ग के अन्तर्गत रखा गया है, जिन्हें भारत के लिए विदेशी समझा जाता था। भीष्मपर्व में भी हूणों का उल्लेख चीन और पारसीकों के साथ है और यह कहा गया है कि उन जातियों के सैनिकों ने कुरुक्षेत्र के युद्ध में भाग लिया था। *सभापर्व* (अध्याय 47-48) में शक, तुखार, कंक, चीन और हूण लोगों के नाम उसी क्रम से आए हैं जिस क्रम से चीनी इतिहासकारों ने उनके नाम दिए हैं।

दूसरी सदी ईसा पूर्व में चीनी शासकों ने हूणों को बुरी तरह परास्त कर अपने सीमान्त से भागने के लिए बाध्य किया। पराजित हूण अपने मूल स्थान से दो दलों में आगे बढ़े। पहला दल पश्चिम की ओर वंक्षु नदी की घाटी में आगे बढ़ा, उसने यूची और शकों को परास्त किया। फारस और रोम के विशाल साम्राज्य को रौंदकर कुछ समय के लिए मध्य एशिया और पूर्वी यूरोप में आतंक फैला दिया। उन्हीं हूणों के आधुनिक वंशज हंगरी की मैग्यार जाति के लोग माने जाते हैं।

हूणों का दूसरा दल दक्षिण की ओर बढ़ा और पश्चिमी तिब्बत में कैलास-मानसरोवर के आसपास की भूमि में बस गया जो उनके दीर्घकालीन आवास के कारण हूण देश के नाम से प्रसिद्ध हो गई। कुमाऊँ-गढ़वाल, नेपाल और हिमाचल प्रदेश में आज भी पश्चिमी तिब्बत के निवासियों के लिए हुणिया शब्द का प्रयोग किया जाता है जो संस्कृत के हूण शब्द का पहाड़ी भाषा में रूपान्तर है। राखालदास बनर्जी के अनुसार यूरोप के हूण-आक्रान्ताओं के वर्तमान वंशजों की मैग्यार-भाषा और पश्चिमी तिब्बत के हूणियों की भाषा में साम्य है। हुणियों को प्राचीन हूणों का वंशज मानने का सबसे बड़ा आधार उनकी बहुपति-प्रथा है। चीन के सीमान्त में ईसा से कई शताब्दियों पूर्व रहनेवाली ह्यूंग्नू जाति बहुपति-प्रथा को मानती थी। वह प्रथा तिब्बती हूणियों में जीवित है।

एक समस्या यह भी उत्पन्न हो सकती है कि हिमालय में हूणों की यह स्थिति आधुनिक है अथवा प्राचीन? पन्द्रहवीं सदी की कत्यूरी-गाथाओं में कुमाऊँ-गढ़वाल के कत्यूरी राजा मालूशाही की रानी राजुला शौक्याण के सन्दर्भ में यह कहा जाता है कि उससे हूण देश का राजा विजयपाल विवाह करना चाहता था। बदरीनाथ के चार ताम्रपत्रों में कार्तिकेयपुर के राजा ललितशूर, पद्मटदेव और सुभिक्षराज के भूमिदान की सूचना राजकर्मचारियों के साथ खष, किरात, हूण आदि को भी दी गई। इन ताम्रपत्रों में वर्णित राजाओं ने आठवीं से दसवीं सदी ई. तक कुमाऊँ-गढ़वाल पर शासन किया था। इससे यह स्पष्ट है कि तिब्बत के आसपास आठवीं सदी से पहले हूण रहते थे। *मार्कंडेयपुराण* के अनुसार हूण भारत में खष, किरात आदि के साथ पर्वतों में निवास करते थे और भारत के पर्वतीय भाग में हूणों का देश था। धर्मदास और संघदास लिखित *वसुदेवहिण्डी* नामक ग्रन्थ में चारुदत्त नामक एक व्यापारी की कथा है जो अपने मित्र रुद्रदत्त के साथ सिन्धुनदी के मार्ग से हूण और खषों के देश में पहुँचा था।

लन्दन के ब्रिटिश म्यूजियम में सुरक्षित सेंट हियरोनियस के लैटिन नक्शे में चीनी सम्राज्य के पड़ोस में हुनिसाइट (हूणों की भूमि) दिखाई गई है। यह नक्शा 376 से 420 ई. के लगभग तैयार किया गया है जिस समय यूरोप में हूण विजयी हो चुके थे। सेंट हियरोनियस के शिष्य ओरोसियस के द्वारा लिखित भूगोल में चीन की सीमा और ओत्तोरोकोरा के समीप हुनि-सीथिया की स्थिति बतलाई गई

है। विद्वान इस बात को स्वीकार करते हैं कि ये ओत्तोरोकोरा संस्कृत के उत्तर कुरु का ही यूरोपीय उच्चारण है और उत्तर कुरु के समीप ही हुनि-सीथिया अर्थात हूणदेश रहा होगा। प्राचीन भारतीय ग्रन्थों में बदरीनाथ और कैलास के साथ उत्तर कुरु का उल्लेख मिलता है और उसे हिमवन्त के पार अर्थात तिब्बत में स्वीकार किया गया है। प्रसिद्ध ज्योतिषज्ञ वराहमिहिर ने उत्तरदिशा में हूणों का निवास-स्थान बतलाया है। कालिदास के *रघुवंश* महाकाव्य की कुछ हस्तलिखित प्रतियों में हूणों का स्थान सिन्धु नदी और कुछ में वक्षु नदी मिलता है। यह सम्भव है कि 57 ई.पू. के आसपास कालिदास के समय हूणों के दो दलों में पश्चिमी दल ने वंक्षु नदी के तट पर और दक्षिणी दल ने सिन्धु नदी के तट पर पश्चिमी तिब्बत में अपने शिविर बनाए होंगे। टीकाकार मल्लिनाथ ने सिन्धु पाठ स्वीकार किया है जो परवर्ती भारतीय परम्परा का द्योतक है। सिन्धु नदी का उद्‌गमस्थल पश्चिमी तिब्बत के हूण देश में मानसरोवर झी़ल है। इस प्रकार कालिदास द्वारा उल्लिखित हूण भी आधुनिक हूण देश से सम्बन्धित हैं।

प्रथम हूण आक्रमण

मार्कंडेयपुराण और *बृहत्संहिता* के उल्लेख यह प्रमाणित करते हैं कि पश्चिमी तिब्बत के 'हूण देश' को प्राचीनकाल में भारत का ही एक भाग समझा जाता था। *मत्स्यपुराण* की कुछ हस्तलिखित प्रतियों में हूण जाति के उन्नीस राजाओं और कुछ में ग्यारह राजाओं के शासन का उल्लेख है। *विष्णुपुराण* के अनुसार म्लेच्छ सिन्धु नदी की तटवर्ती भूमि चन्द्रभागा (चिनाब) तथा कश्मीर आदि पर शासन किया करते थे। इसी करण हिमालय को हूण देश भी कहा जाने लगा।

हिमालय के केन्द्र भाग कैलास-मानसरोवर की भूमि पर अधिकार स्थापित कर हूणों ने वहाँ से सिन्धु, सतलज, यमुना और गंगा नदियों के तटवर्ती मार्ग से भारत के अन्दर की ओर घुसने की कोशिश की। भारत पर हूणों का प्रथम आक्रमण गुप्त सम्राट कुमारगुप्त प्रथम की मृत्यु और उसके पुत्र स्कन्दगुप्त के राज्यारोहण के समय हुआ। डॉ. मोतीचन्द्र के अनुसार हूण पंजाब और उत्तर प्रदेश को रौंदते हुए पाटलिपुत्र तक जा पहुँचे। स्कन्दगुप्त के जूनागढ़ और भीतरी से प्राप्त अभिलेखों में यह कहा गया है कि उसके पिता कुमारगुप्त प्रथम की मृत्यु के समय अल्पकाल के लिए गुप्त-सत्ता समाप्त हो गई थी लेकिन स्कन्दगुप्त ने अपने शत्रुओं को परास्त

कर पुनः गुप्तवंश की प्रतिष्ठा कायम की। कुम्हरा के पास की खुदाई से इस बात की पुष्टि होती है कि स्कन्दगुप्त के समय पाटलिपुत्र पूरा तहस-नहस कर दिया गया था। भीतरी-अभिलेख में यह कहा गया है कि हूणों के विरुद्ध युद्ध करते हुए स्कन्दगुप्त की दो भुजाओं ने पृथ्वी को कँपा दिया। जूनागढ़-अभिलेख के अनुसार उसका यशोगान उन म्लेच्छों के देश में भी होता था जिनका गर्व समूल नष्ट हो गया था। इस प्रकार भीतरी-अभिलेख के हूण और जूनागढ़-अभिलेख के म्लेच्छ एक ही जाति के सूचक हैं। जूनागढ़-अभिलेख की तिथि 136 गुप्त संवत अर्थात 455 ई. है। कुमारगुप्त की चाँदी की मुद्राओं के ऊपर उसके शासन की अन्तिम तिथि 136 गुप्त संवत (455 ई.) मिलती है। अतः कुमारगुप्त प्रथम की मृत्यु और हूण-आक्रमण की तिथि 455 ई. स्वीकार की जा सकती है। *स्कन्दपुराण* के साथ हूण-युद्ध के दो भाग प्रतीत होते हैं—

1. गंगा तट पर युद्ध : भीतरी अभिलेख के अनुसार स्कन्दगुप्त और हूणों के युद्ध के समय कानों में गंगा नदी की कल-कल ध्वनि (श्रोत्रेषु गंगाध्वनि) सुनाई दे रही थी। अतः स्कन्दगुप्त ने हूणों को पहले कानपुर के पास गंगा नदी के तट पर परास्त किया होगा।

2. म्लेच्छ देश में कीर्ति : हूणों की शक्ति को पूर्ण रूप से कुचलने के लिए स्कन्दगुप्त ने पश्चिमी हिमालय के म्लेच्छ-देश अथवा हूणदेश पर धावे मारे होंगे।

इस प्रकार हूणों ने भारत पर पहला आक्रमण 455 ई. में किया। स्कन्दगुप्त के लेखों के अनुसार इस आक्रमण के समय नागों और पुष्यमित्र ने हूणों का साथ दिया था और हूणों के साथ उन्हें भी स्कन्दगुप्त ने बुरी तरह परास्त किया था। *राजतरंगिणी* से ज्ञात होता है कि म्लेच्छों के इस आक्रमण के समय दरद, भौट्ट, नाग और खष—हिमालय की इन चार जातियों ने कश्मीर में अव्यवस्था फैला दी थी। यद्यपि हूण परास्त हो चुके थे लेकिन उनके आक्रमण से गुप्त-साम्राज्य को गहरा आघात लगा था। स्कन्दगुप्त के मिश्रित स्वर्ण सिक्के इस ओर संकेत करते हैं कि गुप्तों की समृद्धि जाती रही थी।

स्कन्दगुप्त के उत्तराधिकारी पुरुगुप्त, कुमारगुप्त द्वितीय और बुधगुप्त उसकी तरह वीर न थे अतः हूणों ने पुनः गुप्त-साम्राज्य पर धावे मारने शुरू कर दिए। बुधगुप्त के समय तोरमाण नामक हूण राजा ने पश्चिमोत्तर भारत पर आक्रमण किया। एरण अभिलेख से ज्ञात होता है कि मध्यप्रदेश में बुधगुप्त के सामन्त मातृविष्णु और धान्यविष्णु ने तोरमाण की अधीनता स्वीकार कर ली थी। गुप्त

संवत 165 (484 ई.) के एरण स्तम्भलेख में मातृविष्णु और धान्यविष्णु ने बुधगुप्त को अपना सम्राट स्वीकार किया है। ऐसी स्थिति में यह मानना पड़ेगा कि 485 ई. तक मध्य प्रदेश पर बुधगुप्त का अधिकार था और उसके कुछ समय पश्चात बुधगुप्त को परास्त कर तोरमाण ने मध्यप्रदेश तक का भूभाग गुप्तों से छीन लिया।

तोरमाण

तोरमाण भारतीय हूणों में पहला ज्ञात राजा है जिसने विस्तृत भू-भाग जीता। कुरा-अभिलेख से पंजाब पर उसका अधिकार प्रमाणित होता है। *राजतरंगिणी* के अनुसार कश्मीर में भी तोरमाण ने शासन किया था। तोरमाण के कुछ सिक्कों में ईरानी मुद्रा की पद्धति अपनाई गई है और पहलवी लिपि के लेख उत्कीर्ण हैं। इन सिक्कों से यह स्पष्ट है कि काबुल और उसके पार्श्ववर्ती भाग को जीतकर तोरमाण ने ससैनियन ढंग की मुद्रा शुरू की होगी। ससैनियन काल के सिक्के पतले पत्तर के बने हैं। उन पर एक ओर रक्षकयुक्त अग्निकुंड का चिह्न है तथा दूसरी ओर ससैनियन ढंग का ताज पहने राजा की मूर्ति अंकित है। इसी ओर गुप्तलिपि में 'शाही जबुल' लिखा है। कुरा-अभिलेख से पता चलता है कि यह तोरमाण की पदवी थी। इसीलिए ये सिक्के तोरमाण के माने जाते हैं। इन सिक्कों तथा शाही जबुल की उपाधि से यह माना जाता है कि जबुल पर तोरमाण का अधिकार था और यह भाग फारस के शासक से उसने छीना होगा।

बुधगुप्त को परास्त करने के उपरान्त तोरमाण ने गुप्तों के अनुकरण पर ताँबे के सिक्के चलाए। उन सिक्कों पर एक ओर पंख फैलाए मोर की मूर्ति है, दूसरी ओर राजा के सिर का चित्र है तथा उसके चारों ओर 'विजितावनिरवनि दिवं जयति' लिखा है।

इस प्रकार तोरमाण के नेतृत्व में हूणों ने फारसी और गुप्त-साम्राज्यों को, काबुल, पंजाब, कश्मीर, राजस्थान, मध्यप्रदेश और उत्तर के अधिकांश भू-भाग पर अधिकार कर लिया।

भानुगुप्त की विजय

मध्यप्रदेश के सागर जिले में एरण से प्राप्त एक छोटे से स्तम्भ पर उत्कीर्ण गुप्त

संवत 191 (510 ई.) के लेख से ज्ञात होता है कि भानुगुप्त नामक गुप्त सम्राट ने एरण पर आक्रमण कर हूणों से यह क्षेत्र वापस ले लिया। युद्ध में भानुगुप्त का सेनापति गोपराज मारा गया और उसकी पत्नी सती हो गई।

मिहिरकुल

एरण-क्षेत्र पर गुप्तों की विजय क्षणिक साबित हुई। ग्वालियर-लेख से ज्ञात होता है कि तोरमाण के पुत्र मिहिरकुल ने मध्यप्रदेश गुप्तों से पुनः छीन लिया। चीनी यात्री ह्वेनसांग के वर्णन से ज्ञात होता है कि मिहिरकुल की राजधानी पंजाब में अवस्थित साकल (आधुनिक स्यालकोट) नामक नगरी थी। उसने कुषाण शैली के अनेक सिक्के चलाए जो पंजाब में विशेष रूप से पाए गए हैं। उसने सिक्कों पर तोरमाण द्वारा प्रयुक्त चक्र-चिह्न को त्यागकर शैव प्रतीक-त्रिशूल एवं नन्दी को अपनाया। एक ढंग के सिक्के पर राजा की खड़ी आकृति है। बाएँ हाथ में त्रिशूल है। ब्राह्मी में मिहिरकुल या शाही मिहिरकुल अंकित है। पृष्ठभाग में एक देवी बैठी है जिसके हाथ में अन्न की बालियाँ हैं। मिहिरकुल के गुप्त शैली के सिक्के भी मिले हैं। उन सिक्कों पर एक ओर नन्दी की मूर्ति मिलती है तथा उसके अधोभाग में जयवृष लिखा है। दूसरी ओर घोड़े पर सवार राजा की मूर्ति है तथा मिहिरकुल या मिहिरगुल लिखा है।

राजतरंगिणी के अनुसार मिहिरकुल ने कश्मीर पर शासन किया था। वह एक शक्तिशाली और क्रूर शासक था। उसे चोल, कर्णाट, लाट और लंका तक दिग्विजय का श्रेय दिया गया है। ह्वेनसांग से ज्ञात होता है कि मिहिरकुल के आक्रमण से त्रस्त होकर गुप्त-सम्राट बालादित्य ने एक समुद्री टापू में शरण ली। मिहिरकुल की दिग्विजय ने भारत में गुप्त-वंश का चक्रवर्तित्व समाप्त कर दिया और गुप्तों की सत्ता गौड़ तथा मगध तक सीमित रह गई। ह्वेनसांग ने गुप्त नरेश बालादित्य को मिहिरकुल को परास्त करने का श्रेय दिया है। मुद्राओं से ज्ञात होता है कि बालादित्य नरसिंहगुप्त की उपाधि थी। कालीघाट निधि में उसकी पचास स्वर्ण मुद्राएँ मिली हैं जो 148 ग्रेन माप वाली मिश्रित धातु की हैं। ह्वेनसांग के अनुसार बालादित्य बुद्धगुप्त का पौत्र और तथागत का पुत्र था। देववरनार्क-लेख के अनुसार, कृशली नगर भुक्ति व वालवी विषय में स्थित किशोरवाटक नामक ग्राम को बालादित्य ने ब्राह्मणों को दिया था। नालन्दा की एक मुहर से ज्ञात होता है कि नरसिंहगुप्त के

पश्चात उसका पुत्र कुमारगुप्त गद्दी पर बैठा। ये तथ्य इस ओर संकेत करते हैं कि नरसिंहगुप्त बालादित्य मिहिरकुल के साथ अनवरत संघर्ष के बावजूद गौड़ और मगध पर गुप्त-सत्ता को सुरक्षित रखने में सफल रहा। इसकी इस सफलता के कारण ही ह्वेनसांग ने उसे मिहिरकुल को परास्त करने का श्रेय दिया है।

यशोधर्मन की विजय

राजतरंगिणी के अनुसार मिहिरकुल ने भारत में भीषण नरसंहार किया। उसने स्त्री, बालक और वृद्धों तक को नहीं छोड़ा। हूणों के इस प्रजापीड़न से उत्तरी भारत में राष्ट्रीय चेतना जागी और बर्बर शासन के विरुद्ध नए जननेता सामने आए जिनमें मालवा का यशोधर्मन विशेष उल्लेखनीय है। मन्दसौर में यशोधर्मन के दो लेख हैं। पहले लेख के अनुसार यशोधर्मन ने गुप्त और हूण राजाओं से भी अधिक भूभाग जीता तथा मिहिरकुल राजा को अपना अधीनस्थ बनाया। दूसरे लेख में तिथि मालव संवत 589 (532 ई.) है, मिहिरकुल के ग्वालियर-लेख की तिथि उसके 15वें राज्य वर्ष की है अत: उसके बाद ही वह मालवा से हटा दिया गया। यशोधर्मन के लेख में मिहिरकुल की 'हिमगिरि के दुर्ग वाला' तथा 'स्थाणु' का भक्त कहा गया है। स्थाणु का प्रसिद्ध मन्दिर थानेश्वर में है जिसे 'स्थाण्वीस्वर' कहा जाता था। उसी का अपभ्रंश थानेश्वर बना। ऐसा प्रतीत होता है कि यशोधर्मन द्वारा परास्त होने के बाद भी मिहिरकुल का हिमालय पर प्रभुत्व कायम रहा।

मौखरी और हूण

जिस तरह मध्यप्रदेश को यशोधर्मन ने हूणों की दासता से मुक्त किया, उसी तरह उत्तर प्रदेश को कान्यकुब्ज के मौखरियों ने हूणों को अधीनता से मुक्त किया। आदित्यसेन के अपसद् (बिहार के गया जिले में स्थित) लेखों में उसके पूर्वज दामोदरगुप्त के शत्रु मौखरी नरेश की गजसेना को हूणों की सेना को परास्त करने का श्रेय दिया गया है। इस लेख के अनुसार हूणों को परास्त करने वाले मौखरी राजा ईशान वर्मा के उत्तराधिकारी ने हूणों को परास्त किया था और उसी राजा के साथ संघर्ष में उत्तरकालीन गुप्त राजा दामोदरगुप्त मारा गया था। ईशान वर्मा के हरहा-अभिलेख में उसकी आन्ध्र, शूलिक और गौड़ विजय का दावा किया गया

है। इस लेख की तिथि 611 (मालव संवत) अर्थात 554 ई. है। उसमें मौखरियों और हूणों के युद्ध का उल्लेख न होना इस बात का प्रमाण है कि 554 ई. के पश्चात ही ईशानवर्मा के उत्तराधिकारी सर्ववर्मा ने हूणों को परास्त कर उत्तर प्रदेश के पश्चिमी और पर्वतीय क्षेत्र को हूणों के प्रभुत्व से मुक्त किया होगा। चमोली-गढ़वाल में गोपेश्वर-अनुसूया मन्दिर मार्ग पर सिरौली नामक स्थान में सर्ववर्मा का एक लेख है जिससे प्रमाणित होता है कि हूण-देश का सीमान्त गढ़वाल मौखरी-साम्राज्य के अन्तर्गत था।

हूणों का अन्तिम आक्रमण

सर्ववर्मा के उत्तराधिकारी अवन्तिवर्मा के समय हूणों का अन्तिम आक्रमण हुआ। संस्कृत के प्रसिद्ध नाटक *मुद्राराक्षस* के भरतवाक्य में यह कहा गया है कि म्लेच्छों के आक्रमण से चन्द्रगुप्त नामक राजा ने पृथ्वी की रक्षा की थी। *मुद्राराक्षस* की कुछ हस्तलिखित प्रतियों में चन्द्रगुप्त की जगह अवन्तिवर्मा शब्द अंकित है। काले महोदय ने भरतवाक्य में वर्णित अवन्तिवर्मा को कन्नौज का मौखरी राजा अवन्तिवर्मा और म्लेच्छों को हूण स्वीकार किया है।

अवन्तिवर्मा के समय हूण

इस आक्रमण का ज्ञान बाणभट्ट लिखित *हर्षचरित* नामक ग्रन्थ से भी होता है। *हर्षचरित* के अनुसार कन्नौज के मौखरी राजा अवन्तिवर्मा के पुत्र ग्रहवर्मा का विवाह थानेश्वर के राजा प्रभाकरवर्धन की पुत्री राज्यश्री के साथ हुआ था। इस प्रकार अवन्तिवर्मा और प्रभाकरवर्धन समकालीन थे। *हर्षचरित* में दो बार हूणों से सम्बन्धित उद्धरण आबद्ध हैं, जिनसे प्रभाकरवर्धन के शासनकाल में दो बार हूणों के साथ संघर्ष का ज्ञान होता है। प्रारम्भ में बाण ने प्रभाकरवर्धन को 'हूणहरिणकेसरी' अर्थात हूण रूपी मृगों के लिए शेर कहा है। इस आधार पर वासुदेवशरण अग्रवाल की धारणा है कि हूणों के साथ प्रभाकरवर्धन की भिड़न्त 575 ई. के लगभग हुई होगी। दूसरे उल्लेख के अनुसार प्रभाकरवर्धन की मृत्यु से कुछ समय पूर्व उत्तरापथ में हूणों को मारने के लिए उसने अपने ज्येष्ठ पुत्र राज्यवर्धन को सेना सहित भेजा था। उत्तरापथ को 'कैलास की प्रभा से भासित'

तथा 'हिमाच्छादित पर्वतों के समीप' कहा गया है। राजकुमार हर्षवर्धन भी अपने बड़े भाई के साथ गया था लेकिन कुछ पड़ावों के पश्चात हिमालय की तराई में, जहाँ सिंह, वराह आदि का बाहुल्य था, शिकार खेलने के लिए रुक गया और राज्यवर्धन तुषारशैल अर्थात हिमानी पर्वतों की ओर चला गया। यह घटना 605 ई. के आसपास की है।

हर्षचरित के उद्धरणों से यह स्पष्ट है कि मौखरी अवन्तिवर्मा के शासनकाल में उत्तरापथ में हूण विद्यमान थे। यह उत्तरापथ कन्नौज और थानेश्वर राज्यों के मध्यवर्ती उत्तरी सीमान्त पर स्थित होना चाहिए। आधुनिक उत्तर प्रदेश का भीतरी भाग तथा हरियाणा-पंजाब पर थानेश्वर के राजा शासन करते थे। अत: इन दोनों के मध्य और उत्तर में यमुना-गंगा के उद्‌गम स्थल का पहाड़ी क्षेत्र हूणों के अधिकार में था। हर्षचरित में कैलास शब्द का प्रयोग यह संकेत करता है कि कैलास-मानसरोवर के हूणियाँ ही इस आक्रमण से सम्बन्धित थे।

उत्तरकाशी के विश्वनाथ मन्दिर के प्रांगण में स्थापित शक्ति के नाम से प्रसिद्ध एक त्रिशूल पर तीन पंक्ति का एक लेख है जिसके अनुसार गणेश्वर नामक राजा ने हिमालय के शिखरों के समान विशाल शिव मन्दिर का निर्माण करवाया था। उसकी मृत्यु के उपरान्त उसका पुत्र श्रीगुह गद्‌दी पर बैठा। राजा श्रीगुह ने शत्रुओं को परास्त करने के उपलक्ष्य में शिवमन्दिर के प्रांगण में शक्ति का निर्माण करवाया था। इस लेख की लिपि छठी-सातवीं सदी ई. में प्रचलित उत्तर गुप्तकालीन ब्राह्मी है और हर्षवर्धन के बाँसखेड़ा ताम्रपत्र की लिपि से कुछ प्राचीन है। अतएव *अपसद्*-लेख और *हर्षचरित* में वर्णित उत्तरापथ के हूणों को उत्तरकाशी वाले शक्ति-लेख के राजाओं से मिलाया जाए तो लिपि की दृष्टि से कोई कठिनाई नहीं है। मिहिरकुल की तरह गणेश्वर और श्रीगुह भी शिव के भक्त थे। मिहिरकुल के सिक्कों पर अंकित त्रिशूल और श्रीगुह के त्रिशूल को देखकर यह स्पष्ट होता है कि दोनों एक ही परम्परा के अनुयायी थे। एटकिंसन के अनुसार उत्तरकाशी में आज तक यह मान्यता है कि विश्वनाथ के त्रिशूल का निर्माण हूणदेश के राजा ने करवाया था। ऐसी स्थिति में यह माना जा सकता है कि हूण देश से निलंग दर्रे के मार्ग से हूण उत्तरकाशी पहुँचे। वहाँ से उन्होंने गंगा के किनारे-किनारे आगे बढ़ना शुरू किया। छठी सदी के अन्तिम भाग में उन्होंने गढ़वाल को केन्द्र बनाकर यमुना-तट से थानेश्वर के राजा प्रभाकरवर्धन और गंगा-तट से कन्नौज के राजा सर्ववर्मा मौखरी के राज्य पर आक्रमण किए जिनमें उन्हें सफलता नहीं मिली।

शक्ति-लेख के अन्त में श्रीगुह द्वारा शत्रु का मन्थन करने वाली कीर्ति के स्थायित्व की कामना की गई है। ये कथन इस तथ्य की ओर संकेत करते हैं कि किसी महत्त्वपूर्ण युद्ध में सफलता मिलने पर इस शक्ति का निर्माण किया गया होगा। *केदारखंड* (*स्कन्दपुराण*) से भी ज्ञात होता है कि इस शक्ति का निर्माण एक महान युद्ध की स्मृति में किया गया है। यदि *हर्षचरित* में वर्णित राज्यवर्धन के उत्तरापथ अभियान की भौगोलिक स्थिति का सर्वेक्षण किया जाए तो स्पष्ट हो जाता है कि देहरादून की उपत्यका में हर्षवर्धन शिकार करने रुक गया और राज्यवर्धन की सेना कालसी से गंगोत्री को जाने वाले मार्ग से उत्तरकाशी पहुँची होगी और उत्तरकाशी में ही राज्यवर्धन और श्रीगुह के मध्य युद्ध हुआ होगा। हर्षचरित के अनुसार पिता की मृत्यु के उपरान्त राज्यवर्धन हूणों को जीतने वाले युद्ध में घायल होकर थानेश्वर लौटा था और उसके शरीर के घावों पर लम्बी सफेद पट्टियाँ बँधी हुई थीं। दोनों पक्षों के दावों को देखते हुए यह माना जा सकता है कि उत्तरकाशी का युद्ध निर्णायक नहीं था।

ह्वेनसांग के यात्रा-विवरण से भी इस समस्या पर प्रकाश पड़ता है। थानेश्वर से लगभग साढ़े 66 मील उत्तर पूर्व की ओर चलने पर वह यमुना नदी के किनारे स्थित स्रुग्घ्ननगर में पहुँचा। वहाँ उसे हिमालय के पहाड़ दिखलाई पड़े। स्रुग्घ्न से लगभग 133 मील का मार्ग तय करने पर वह गंगा नदी के उद्गम स्थल अर्थात उत्तरकाशी जिले में स्थित गंगोत्री पहुँचा। इस सन्दर्भ में उसने लिखा है—

> गंगा नदी को पार कर पूर्वीतट में आने पर भी 'मो-ति-पु-लो' (मतिपुर) राज्य मिला जो 6000 ली (1000 वर्गमील) के क्षेत्र में फैला हुआ है, उसकी राजधानी 20 ली के घेरे में बसी हुई है। वहाँ अनाज, फल और फूलों का आधिक्य है। जलवायु बहुत रमणीय है। निवासी ज्ञान का आदर करते हैं, जादू-टोने में निपुण हैं, बौद्ध तथा अन्य धर्मों में बराबर विभक्त हैं।
>
> इस देश का राजा शूद्रकुल का है। वह बौद्ध धर्म पर विश्वास नहीं करता वरन देवताओं की पूजा करता है। वहाँ लगभग आठ सौ भिक्षुओं से युक्त बीस संघाराम हैं। अधिकांश भिक्षु हीनयानी हैं और सर्वास्तिवादी विचारधारा से सम्बन्धित हैं। इस देश में पचास से अधिक देवताओं के मन्दिर हैं। मतिपुर के नगर से चार-पाँच ली की दूरी पर एक संघाराम है जिसमें लगभग पचास भिक्षु रहते हैं। प्राचीनकाल में प्रसिद्ध बौद्ध-विद्वान

> गुणप्रभ ने इसी स्थान पर शास्त्र तथा अन्य सैकड़ों ग्रन्थ लिखे थे। उसने महायान विचारधारा की कटु आलोचना की थी। गुणप्रभ के संघाराम के उत्तर में लगभग तीन-चार ली की दूरी पर एक विशाल संघाराम है जिसमें दो सौ के करीब हीनयानी भिक्षु रहते हैं। यह वही स्थान है जहाँ प्रसिद्ध शास्त्रज्ञ संघभद्र की मृत्यु हुई थी।
>
> मतिपुर के उत्तर-पश्चिम में गंगा नदी के पूर्वी तट पर 20 ली के क्षेत्र में 'मो-यु-लो' (मयूर) नामक नगर है जिसके समीप गंगा नदी से संलग्न एक विशाल देव मन्दिर है। उसके विषय में अनेक गाथाएँ प्रचलित हैं। इस मन्दिर से संलग्न एक जलकुंड है जो गंगा नदी के पानी से भरा रहता है, उसे 'गंगाद्वार' कहते हैं। यह स्थान धार्मिक कार्यों के अनुष्ठान हेतु पवित्र समझा जाता है। वहाँ असहायों और अनाथों के लिए धर्मप्रेमी राजाओं ने पुण्यशालाएँ बनवाई हैं जिनमें मुफ्त भोजन और चिकित्सा की व्यवस्था है।

ह्वेनसांग के इस वर्णन से निश्चित है कि उत्तरकाशी-लेख में वर्णित गणेश्वर और श्रीगुह के राज्य का नाम ही मतिपुर था। हर्षवर्धन (606-640 ई.) के शासनकाल में उसकी दो राजधानियों—थानेश्वर तथा कन्नौज के मध्य उत्तर में स्थित हरिद्वार पर हूणों का प्रभुत्व कायम रखना भी यह स्पष्ट करता है कि श्रीगुह और राज्यवर्धन का युद्ध निर्णायक नहीं था।

उत्तरकाशी के शक्ति-लेख के अतिरिक्त इस अवधि का एक दूसरा लेख भी उपलब्ध है। देहरादून जिले में जौनसार के अन्तर्गत यमुना नदी के दाहिने तट पर लाखामंडल नामक स्थान में गुप्तकालीन लिपि में एक खंडित शिलालेख मिला है। लेख के अवशिष्ट अंश से ज्ञात होता है कि प्राचीनकाल में जयदास नामक राजा था। उसके वंश में क्रमशः गुहेश, अचल, छागलेशदास, रुद्रसेन और छागलकेतु राजा हुए। जयदास और अचल के उत्तराधिकारियों के नाम खंडित हो गए हैं। इस प्रकार आठ राजाओं ने पाँचवी-छठी सदी ई. में इस क्षेत्र पर शासन किया था। अन्तिम नरेश छागलकेतु को छगलेश तथा अजेश्वर भी कहा गया है। इस लेख की अन्तिम तेरह पंक्तियों के खंडित हो जाने से इस वंश का इतिहास अज्ञात हो गया है। लाखामंडल लेख के प्रारम्भ में पशुपति को स्मरण किया जाना इस बात की ओर संकेत करता है कि वे शासक भी उत्तरकाशी के शक्ति-लेख में वर्णित राजाओं के समान शैव थे। डॉ. कान्ति प्रसाद नौटियाल ने गुहेश, श्रीगुह आदि

नामों में साम्य, लिपि, शैवधर्म में आस्था तथा स्थानों की समीपता के आधार पर लाखामंडल लेख के राजाओं को उत्तरकाशी के शक्ति-लेख में वर्णित राजाओं का पूर्वज माना है।

भारतीय समाज और हूण

आक्रमण और पराजय के घटनाचक्र से भारत के विविध-स्थानों पर हूणों की बस्तियाँ स्थापित हो गईं और उन हूण बस्तियों ने भारतीय राजनीति एवं समाज को लगभग छह सौ वर्षों तक प्रभावित किया। ये हूण बस्तियाँ बंगाल, राजस्थान, मध्यप्रदेश और गुजरात तक फैली हुई थीं।

मध्यप्रदेश में इन्दौर, महू और होशंगाबाद के आसपास की भूमि हूणों के आवास के कारण हूण मंडल नाम से प्रसिद्ध हो गई। परमार-वंश के प्रसिद्ध शासक वाक्पति द्वितीय (मुंज) के गाओनी-अभिलेख में यह कहा गया है कि उसने हूण-मंडल के अन्तर्गत वाणिका ग्राम ब्राह्मणों के लिए दान किया था। मालवा के परमार राजा सीवक, वाक्पति और सिन्धुराज के साथ हूणों ने निरन्तर युद्ध किए। *नवसाहसांकचरित* के अनुसार सीयक ने हूण-राजकुमारों को मारकर उनके रनिवासों को वैधव्यगृहों में परिवर्तित कर डाला। चालुक्यराज विक्रमादित्य पंचम के कौथेय-अभिलेख में वाक्पति मुंज को हूण-विजय का श्रेय दिया गया है। सिन्धुराज की हूण-विजय का उल्लेख *नवसाहसांकचरित* तथा उदयपुर-प्रशस्ति में मिलता है। परमारों के सन्दर्भ में हूणराज और हूण राजकुमारों का उल्लेख मिलना यह संकेत करता है कि मध्य प्रदेश में हूणों का एक स्वतंत्र राज्य था जिसने अपनी स्वतंत्रता कायम रखने के लिए कई पीढ़ी तक परमार-वंश के साथ युद्ध किए। परमारों के विरुद्ध संघर्ष के कारण ही सम्भवत: हूणों के राजा ने बाद में परमारों के शक्तिशाली शत्रु चेदिराज लक्ष्मीकर्ण से अपनी राजकुमारी आवल्लदेवी का विवाह किया और उसकी अधीनता भी स्वीकार कर ली। कलचुरी राजा नरसिंह के भेड़ाघाट-अभिलेख और जयसिंह के करनवेल-अभिलेख में उनके पूर्वज लक्ष्मकर्ण की हूणों पर प्रभुता का उल्लेख मिलता है।

राजस्थान में मेवाड़ के पास हूणों का एक लघुराज्य था। मेवाड़ के एक लेख (953 ई.) में यह वर्णित है कि वहाँ के एक मन्दिर की प्रबन्ध-समिति का सदस्य एक हूण सरदार भी था और ऊँचे वर्ग में समादर पाता था। मेवाड़ के गुहिल राजा

अल्लट ने एक हूण राजा की पुत्री हरियादेवी से विवाह किया जिससे उत्पन्न पुत्र नरवाहन का विवाह एक चाहमान राजकुमारी से हुआ।

गुजरात में काठियावाड़ के समीप हूणों का राज्य था। काठियावाड़ के दक्षिणी छोर पर स्थित उना नामक स्थान से प्राप्त एक लेख में कन्नौज के प्रतिहार राजा महेन्द्रपाल के सामन्त चालुक्यवंशीय बलवर्मा ने जज्जय आदि राजाओं को मारकर हूण-जाति से पृथ्वी को मुक्त करने का दावा किया है। यह लेख 863 ई. का है। अत: इस अवधि से पूर्व ही गुजरात में हूण सत्ता समाप्त हो गई होगी।

बंगाल में भी हूणों का एक राज्य था। बादल-अभिलेख में कहा गया है कि मंत्री केदार मिश्र के परामर्श को स्वीकार करने से गौड़ नरेश देवपाल हूणों को परास्त करने में सफल हुआ। देवपाल के नालन्दा-लेख और नारायणपाल के भागलपुर लेख में भी हूणों का उल्लेख है।

अभिलेखों के अतिरिक्त हूणों का उल्लेख *बृहत्कथामंजरी, पुरातनप्रबन्धसंग्रह लंकावतार* आदि अनेक ग्रन्थों में मिलने से यह प्रतीत होता है कि हूण भारतीय समाज के एक चर्चित अंग बन गए थे। व्याकरण के लेखक तक हूण-समस्या से प्रभावित रहे। चन्द्रगोभि ने अपने व्याकरण में जाटों द्वारा हूणों की पराजय का उल्लेख किया है। हूण-आक्रमण से भारत की असंख्य जनता मारी गई, तक्षशिला, पाटलिपुत्र, कौशाम्बी, ब्रह्मपुर, स्रुघ्न आदि राजधानियाँ खंडहर हो गईं। व्यापारी उजड़ गए, समृद्धि जाती रही। इसी महाविनाश के कारण हूणों के विरुद्ध एक भारतव्यापी संघर्ष प्रारम्भ हुआ। हूण वास्तव में एक वीर जाति थी। स्कन्दगुप्त से लक्ष्मकर्ण तक, प्राचीन भारत के अनेक शक्तिशाली राजाओं के साथ हूणों ने डटकर युद्ध किया और हूणों को पृथ्वी से समाप्त करने का दावा करने वाले राजाओं के राजवंश नष्ट हो गए लेकिन हूण पूर्ववत अपना अस्तित्व बनाए रहे। बारहवीं सदी में जब कल्हण ने *राजतरंगिणी* लिखी उस समय तक कश्मीर में हूणों के द्वारा भारतीय नगरों के विध्वंस की कहानियाँ प्रचलित थीं। हूण नरेश मिहिरकुल के अभियान के सन्दर्भ में कल्हण ने लिखा है—

> उसके चले जाने पर उन राजधानियों के अर्धभग्न प्रासादों एवं टूटी-फूटी गृह श्रेणियों ने अपने राजाओं के पराभव का हाल बता दिया।

खजुराहो-लेख के खष

खजुराहो-लेख में चन्देल राजा यशोवर्मा (925-50 ई.) को गौड़, खष, कौशल, कश्मीर, मिथिला, मालव, चेदि, कुरु और गुर्जरों को परास्त करने का श्रेय दिया गया है। खष के सन्दर्भ में यह कहा गया है कि उसने खषों की सेना को रौंद दिया था—तुलितखसबल:। लेख में प्रयुक्त 'तुलित' शब्द का विद्वानों ने कई तरह से अर्थ किया है। प्रो. कीलहार्न के अनुसार तुलित का अर्थ 'तुलना को प्राप्त' होना चाहिए। खषों की सेना प्राचीन भारत में विशेष पराक्रमी समझी जाती थी। अत: चन्देल नरेश ने उसकी समता का दावा किया है। साधारणतया राजप्रशस्तियों में देवताओं और दानियों के साथ राजाओं की समता के उल्लेख मिलते हैं। दिग्विजय के सन्दर्भ में किसी सेना के साथ तुलित शब्द का प्रयोग पराजय का प्रतीक माना जाना चाहिए। इसी आधार पर डॉ. रमेशचन्द्र मजुमदार के अनुसार खजुराहो-लेख में यशोवर्मा ने खषों की सेना को परास्त करने का दावा किया है।

खजुराहो-लेख से यह प्रमाणित होता है कि दसवीं शताब्दी के पूर्वार्द्ध में कन्नौज के गुर्जर-प्रतिहार, मालवा के परमार, चेदि के कलचुरी, गौड़ के पाल आदि की तरह खष भी भारतवर्ष का एक प्रमुख राज्य रहा होगा। राजपूतकाल में खष राज्य के अस्तित्व का ज्ञान अन्य साधनों से भी होता है। गुजरात में शिरीष शवक नामक स्थान में उपलब्ध गुर्जर राजा दद्द प्रशान्तराग के 685 विक्रमी के ताम्रपत्र में खषों का उल्लेख है। बंगाल के राजा देवपाल (810-850 ई.) के नालन्दा-लेख में मालव हूण, खष आदि का उल्लेख मिलता है। उसी प्रकार बंगाल के राजा नारायणपाल (853-916 ई.) के भागलपुर-दानपत्र में गौड़, मालव, खष, हूण, कर्णाट, लाट आदि को भूमिदान की सूचना दी गई है। कल्याण के परवर्ती चालुक्य राजा सोमेश्वर

प्रथम (1040-1068 ई.) के अभिलेखों में बंग, मगध, नेपाल, पंचाल, कुरु, खष आदि को परास्त करने का दावा किया गया है। उसी प्रकार कल्याण के कलचुरि राजा सोमेश्वर (1168-1177 ई.) को भी खष, कलिंग, तुरुष्क, चेर, सौराष्ट्र आदि को परास्त करने का श्रेय दिया गया है। *राजतरंगिणी* के अनुसार खषों ने अनेक बार कश्मीर पर आक्रमण कर वहाँ अव्यवस्था उत्पन्न कर दी थी। हिमाचल प्रदेश में चम्बा के राजा विदग्ध के सुंगल ताम्रलेख में भूमिदान की सूचना राजकर्मचारियों के साथ खषों को भी गई है। इस प्रकार आठवीं से ग्यारहवीं सदी तक कुमाऊँ-गढ़वाल में शासन करने वाले कार्तिकेयपुर के राजा ललितशूर, पद्मटदेव और सुभिक्षराज के पांडुकेश्वर ताम्रपत्रों में भी भूमिदान की सूचनाएँ राजकर्मचारियों के साथ खष, किरात, द्रविड़, कलिंग, हूण आदि को दी गई हैं।

अब प्रश्न उठता है कि गुजरात, कल्याण, बंगाल और खजुराहो के राजाओं द्वारा उल्लिखित राजपूत काल का खष राज्य किस भू-भाग में स्थित था? डॉ. गांगुली ने खजुराहो-लेख में वर्णित खष को कश्मीर में लोहरिन (प्राचीन लोहर) के खष वंश से मिलाया है और वे लोहार के चण्डराज को चन्देल राजा यशोवर्मा का समसामयिक मानते हैं। (*दि एज ऑफ इम्पीरियल कन्नौज,* पृ. 84) इस तादात्म्य में यह शंका व्यक्त की गई है कि लोहर, *राजतरंगिणी* के अनुसार कश्मीर का ही एक भाग था और वहाँ के शासक कश्मीर के अधीन थे। खजुराहो-लेख के साथ-साथ *बृहत्संहिता* और पुराणों में कश्मीर और खष दो भिन्न स्थानों के नाम बतलाए गए हैं, अतएव कश्मीर के लोहरिन में सातवीं से बारहवीं शताब्दी तक एक स्वतंत्र एवं शक्तिशाली खष राज्य को मानना असंगत प्रतीत होता है। इसके विपरीत *काव्यमीमांसा,* बोधगया-शिलालेख और *पद्मावत* के आधार पर कुमाऊँ के कार्तिकेयपुर को खषों की राजधानी माना जा सकता है। जिस तरह कन्नौज के प्रतिहार राजा अपने लिए अभिलेखों में 'गुर्जर' शब्द का प्रयोग नहीं करते और अन्य समकालीन राजवंशों के लेख उन्हें गुर्जर कहते हैं, लगभग वही स्थिति कार्तिकेयपुर के राजाओं की भी प्रतीत होती है।

खष-राज्य की स्थापना

तालेश्वर ताम्रपत्रों से विदित होता है कि छठी सदी ई. में कुमाऊँ पर ब्रह्मपुर के सोमवंशी राजाओं का प्रभुत्व था। अल्मोड़ा जिले के तालेश्वर नामक स्थान

पर एक दीवार के निर्माण हेतु भूमि खोदने के समय पृथ्वी की सतह से एक फीट से भी कम गहराई में दो ताम्रपत्र उपलब्ध हुए थे जो एपिग्राफिका इंडिका के तेरहवें खंड (109-121) में प्रकाशित हैं। ये पर्वताकर राज्य में शासन करने वाले परमभट्टारक महाराजाधिराज द्युतिवर्मा के राज्यकाल के पाँचवें वर्ष एवं उसके पुत्र विष्णुवर्मा द्वितीय के राज्यकाल के अट्ठाइसवें वर्ष में क्रमश: प्रसारित किए गए हैं। दोनों ताम्रपत्रों के साथ एक-एक राजमुद्रा भी संयुक्त है। यद्यपि द्युतिवर्मा के लेख से संलग्न मुद्रा विष्णुवर्मा के लेख से संलग्न मुद्रा से आकार में बड़ी है किन्तु दोनों मुद्राएँ राजा द्विजवर्मा की हैं और उनमें अंकित लेख, वृषभ, गरुड़, नाग, मत्स्य आदि की आकृतियों में पूर्ण साम्य है। राजमुद्राओं में अंकित चार पंक्ति के लेख से पता चलता है कि सोमवंश से उत्पन्न विष्णुवर्मा के प्रपौत्र, वृषवर्मा के पौत्र तथा अग्निवर्मा के पुत्र राजा द्विजवर्मा का यह आज्ञापत्र है। राजमुद्राओं में अंकित लिपि गुप्तकालीन है, उसे किसी भी तरह पाँचवीं शताब्दी ई. से पश्चात का स्वीकार नहीं किया जा सकता। इसके विपरीत ताम्रपत्रों की लिपि छठी शताब्दी के मध्य से सातवीं सदी के उत्तरार्ध के आसपास की है। ताम्रलेखों से द्युतिवर्मा के पिता अग्निवर्मा और पुत्र विष्णुवर्मा द्वितीय के नाम ज्ञात होते हैं।

चीन के इतिहास से ज्ञात होता है कि कन्नौज नरेश हर्ष की मृत्यु के समय एक चीनी राजदूत ने तिब्बत और नेपाल के राजाओं के साथ कन्नौज पर आक्रमण का प्रयास किया था। हिमालय में इसी राजनीतिक अस्त-व्यस्तता के मध्य खषों ने कार्तिकेयपुर में अपनी सत्ता स्थापित की होगी।

बागेश्वर-लेख में इस नवस्थापित राज्य के प्रथम शासक का नाम बसन्तनदेव है। उसकी उपाधि 'परमभट्टारक महाराजाधिराज परमेश्वर' यह प्रमाणित करती है कि वह सार्वभौम एवं स्वतंत्र शासक था। बागेश्वर-लेख से केवल इतना ही ज्ञात होता है कि उसने स्वर्णेश्वर नामक गाँव आधुनिक बागेश्वर के समीपवर्ती क्षेत्र में एक देवमन्दिर को प्रदान किया था। लेख के भग्न हो जाने से बसन्तनदेव के पुत्र और उत्तराधिकारी का नाम अस्पष्ट हो गया है और अब उसे 'शाय स्वैर देव' ही पढ़ा जा सका है। उसे 'परममाहेश्वर' कहा गया है तथा व्याघ्रेश्वर का शिवमन्दिर उसके भूमिदान लेख में वर्णित है। उसे अनेक सड़कें बनवाने का भी श्रेय दिया गया है।

खर्परदेव का वंश

बसन्तनदेव के पश्चात बागेश्वर-लेख में खर्परदेव के वंशजों का दानलेख उत्कीर्ण है। यह ज्ञात नहीं है कि बसन्तनदेव के वंश का पतन कैसे हुआ? इसी अवधि में कन्नौज के राजा यशोवर्मन ने हिमालय के देवदारु वनों तक विजय का दावा किया है। *राजतरंगिणी* के अनुसार कश्मीर का प्रतापी राजा ललितादित्य भी केदारमंडल में गया था। उसे काली नदी तक विजय का श्रेय दिया गया है। (*राजतरंगिणी* 2/18) सम्भवत: इसी संघर्ष से खर्परदेव सत्तारूढ़ हुआ होगा। खर्परदेव के पश्चात उसकी रानी कल्याणी देवी से उत्पन्न पुत्र कल्याणराज गद्दी पर बैठा। कल्याणराज और महारानी लद्धादेवी का पुत्र त्रिभुवनराज इस वंश का अन्तिम ज्ञात राजा है।

बागेश्वर-लेख के अनुसार राजा त्रिभुवनराज ने एक किरात के पुत्र के साथ सन्धि की और साक्षी के रूप में दोनों ने व्याघ्रेश्वर देवता के निमित्त भूमि प्रदान की—असीत् किरातोत: तस्य पुत्रेण शाकं बद्धसंबद्ध:। किरातपुत्र के लिए कोई राजकीय उपाधि प्रयुक्त नहीं है। फिर भी परमभट्टारक महाराजाधिराज परमेश्वर त्रिभुवनराज ने जिसके साथ सन्धि की हो, वह किरातपुत्र राजपरिवार से सम्बन्धित होना चाहिए। ग्वालियर लेख के अनुसार कन्नौज के प्रतिहार राजा नागभट द्वितीय (815-33 ई.) ने किरातों के एक पहाड़ी दुर्ग को बलपूर्वक छीन लिया था। बदरीनाथ-लेखों में भूमिदान की सूचना राजकर्मचारियों के साथ खष, हूण, किरात आदि को भी दी गई है। एटकिंसन ने यह प्रतिपादित किया है कि कुमाऊँ में चौगर्खा, छखाता, भाबर, अस्कोट, जोहार और नेपाल के डोटी में किरातों के वंशज रहते हैं। ग्रियर्सन ने भी कुमाऊँ की दरमियाँ, चौदांग्सी, व्यांग्सी, जंगली आदि जनबोलियों को किरात जाति के वंशजों में स्वीकार किया है। किरातों के प्रतिनिधियों के रूप में सबसे महत्त्वपूर्ण जाति अस्कोट की वनरौत जाति बतलाई जाती है जिसके लोग पिथौरागढ़ जिले के डीडीहाट तहसील में अस्कोट से दस मील पर कौंल, आठ मील पर चौरानी (धुरा), पाँच मील पर कुट्टा और लीस्या तथा जौलजीवी से तीन मील दूर किमखोला नामक गाँवों में शेष रह गए हैं। वनरौत का अर्थ है—वन का प्रशासक। वनरौत आज भी यह परम्परा मानते हैं कि वे राजा कटपुरनिलकपाल के वंशज हैं। शेरिंग के अनुसार वनरौत अपने को अस्कोट के कत्यूरी रजवारों से श्रेष्ठ मानते हैं और उनका सम्मान नहीं करना चाहते। अस्कोट की परम्परा के अनुसार सरयू नदी से पूर्व का समस्त क्षेत्र—रौत्यौश प्रारम्भ में वनरौतों का राज्य

था और नेपाल के डोटी प्रान्त तक विस्तृत था। नेपाल और कुमाऊँ की तराई के थारू भी किरातों के वंशज हैं। ऐसा प्रतीत होता है कि उस समय पश्चिम में सरयू नदी से लेकर पूर्व में नेपाल तक उत्तर में जोहार से लेकर दक्षिण में तराई-भाबर तक किरातों का राज्य था। यह माना जा सकता है कि प्रतिहार नागभट्ट द्वितीय के किरात दुर्ग पर आक्रमण के समय किरात राजा की मृत्यु हुई होगी और उसके पुत्र ने त्रिभुवनराज की शरण ली होगी।

किरात-राज्य के साथ-साथ उस समय खष राज्य को बाह्य आक्रमण का सामना करना पड़ा था। देवपाल के नालन्दा-लेख में उसके पिता धर्मपाल (770 से 810 ई.) को गढ़वाल में केदारनाथ तक अपनी सेना ले जाने और वहाँ धार्मिक अनुष्ठान करने का श्रेय दिया गया है-

केदारे विधिनोपयुक्तपयसां गंगा समेताम्बुधौ।
गोकर्णादिषु चाप्यनुष्ठितवतान्तीर्थेषु धर्म्याः क्रिया॥

[*प्रा.भा.अ.अ,* पृ. 160]

धर्मपाल की केदारयात्रा के आसपास खष राज्य में त्रिभुवनराज के शासन का समापन हुआ और एक नए राजवंश ने कुमाऊँ-गढ़वाल पर अधिकार स्थापित किया।

निम्बर का वंश

निम्बर के लिए बागेश्वर, बदरीनाथ और कंडारा लेखों में 'अपनी भुजाओं के बल पर राज्य उपार्जित करने' का उल्लेख है, किन्तु कोई राजकीय उपाधियाँ प्रयुक्त नहीं हैं। निम्बर और नाथूदेवी का पुत्र इष्टगण इस वंश का प्रथम शासक है जिसके लिए अभिलेखों में 'परमभट्टारक महाराजाधिराज परमेश्वर' का विरुद प्रयुक्त किया गया है। इष्टगण के पश्चात उसकी पत्नी वेगवेदी से उत्पन्न पुत्र ललितशूर 832 ई. में कार्तिकेयपुर की गद्दी पर आसीन हुआ। कार्तिकेयपुर से प्रसारित ललितशूर के 21वें और 22वें राज्य-वर्ष के दो ताम्रपत्र बदरीनाथ में सुरक्षित हैं जिन्हें अभी तक पुरातत्त्ववेत्ता पांडुकेश्वर ताम्रपत्र कहते हैं। वास्तव में इनको बदरीनाथ ताम्रपत्र कहा जाना चाहिए। डॉ. यशवन्त सिंह कठोच ने चमोली जिले में मन्दाकिनी घाटी के बाईं ओर स्थित कंडारागढ़ से प्राप्त ललितशूरदेव का तीसरा ताम्रपत्र प्रकाशित किया है। (*उत्तराखंड भारती,* 1977/2/19-24) ललितशूर की महारानी सामदेवी ने गोरुन्निसा

नामक स्थान पर (आधुनिक पारवी) एक नारायण-मन्दिर बनाया था। इन दोनों मन्दिरों की व्यवस्था के लिए ललितशूर ने भूमि प्रदान की थी।

ललितशूर के पश्चात उसकी रानी सामदेवी से उत्पन्न पुत्र भूदेव गद्दी पर बैठा। उसके राज्यकाल के चौथे वर्ष का एक दानलेख बागेश्वर से मिला है, जिसमें उसे 'समस्त भूपतियों के मुकुटों को झुकाने वाला, 'परमब्रह्मपरायण' और 'परमबुद्धश्रमणारिपु' कहा गया है। इस कथन से तीन तथ्यों की ओर संकेत मिलता है—

1. भूदेव जगद्गुरु शंकराचार्य द्वारा स्थापित ज्योतिर्मठ को राजकीय संरक्षण देकर ही परमब्रह्मपरायण की उपाधि प्रयुक्त कर सकता था।
2. हिमालय की विजय का दावा करने वाले तिब्बत और बंगाल के बौद्ध राजाओं को परास्त कर ही 'परमबुद्धश्रमणरिपु' की उपाधि सम्भव थी।
3. भूदेव के शासनकाल में कुमाऊँ-गढ़वाल में बौद्ध धर्म का पतन हुआ होगा।

सलोणादित्य का वंश

भूदेव के पश्चात पुनः कार्तिकेयपुर के राजवंश में परिवर्तन हुआ। अपने वंश के अन्य राजाओं की तरह इस नए राजवंश के संस्थापक सलोणादित्य के लिए राजकीय उपाधि प्रयुक्त नहीं है। जबकि उसकी पत्नी सिंहवली को राज्ञी महादेवी कहा गया है।

इस वंश के दो ताम्रपत्र बदरीनाथ से तथा एक बालेश्वर (चम्पावत) से उपलब्ध हैं। ये ललितशूर के ताम्रपत्र की प्रतिकृति लगते हैं। राजाओं की उपाधि, कुलदेवता (नन्दादेवी और शिव), राजकर्मचारियों की सूची और भाषा-शैली को देखकर यह नहीं लगता कि निम्बर और सलोणादित्य के वंशज दो भिन्न राजवंशों के थे, वरन वे एक ही वंश के प्रतीत होते हैं।

सलोणादित्य और रानी सिंहवली का पुत्र इच्छटदेव इस वंश का प्रथम शासक है जिसके लिए लेखों में 'परमभट्टारक महाराजाधिराज परमेश्वर' की उपाधि प्रयुक्त की गई है। इच्छटदेव के पश्चात उसकी रानी सिन्धुदेवी से उत्पन्न पुत्र देशटदेव गद्दी पर बैठा। उसके पाँचवें राज्यवर्ष का ताम्रपत्र चम्पावत के बालेश्वर मन्दिर में था जिसके अनुसार देशटदेव ने ईशाल-विषय के अन्तर्गत यमुना नामक गाँव को विजयेश्वर नामक मन्दिर को प्रदान किया था।

देशटदेव और महारानी पद्मलदेवी का पुत्र पद्मटदेव बड़ा प्रतापी शासक था। बदरीनाथ-लेख में उसे 'चारों समुद्रों से घिरी हुई पृथ्वी का एकमात्र' शासक कहा गया है। उसे दिग्विजय का भी श्रेय दिया गया है और उसकी तुलना चन्द्रगुप्त आदि शक्तिशाली सम्राटों से की गई है। उसके राज्यकाल के पच्चीसवें वर्ष का एक ताम्रपत्र पांडुकेश्वर से मिला है जिसके अनुसार उसने बदरीनाथ को भूमि प्रदान की थी। तिथिक्रम के अनुसार कार्तिकेयपुर का खष राजा पद्मटदेव चन्देल नरेश यशोवर्मा का समकालीन था अत: खजुराहो-लेख में उसी की सेना के साथ यशोवर्मा ने अपनी तुलना की है।

पद्मटदेव के पांडुकेश्वर-लेख में 'टंकणपुर विषय' (आधुनिक चमोली जिले का टंकनी) में राजराजन्यक, राजपुत्र, राजामात्य, सामन्त, महासामन्त, महाकर्त्ताकृतिका, महादंडनायक, महाप्रतिहार, महासामन्ताधिपति, महाराजप्रभातार, शरभंग, कुमारामात्य, उपरिक, दुस्साध्यसाधनिक, दशापराधिक, चौरोद्धरणिक, शौल्लिक, गौल्मिक, तदायुक्तक, विनियुक्तक, पट्टकोपचारिक, हस्त्यश्वोष्ट्रबलव्यापृतक, दूतप्रेषणिक, दंडिक, दंडपाशिक, विषयव्यापृतक, गमागमिक, खड्गक, त्वरमाणक, राजस्थानीय, विषयपति, भोगपति, कांडपति, नरपति, अश्वपति, खंडरक्ष, स्थानाधिकृत, वर्त्मपाल, कोट्टपाल, घट्टपाल, क्षेत्रपाल, प्रान्तपाल, ठक्कुर, महामनुष्य, किशोर-वडवा-गो-महिष्याधिकृत, भट्ट, महत्तम, आभीर, वणिक्, श्रेष्ठि, पुरोगान्, अष्टादशप्रकृत्यधिष्ठानीय, खष, किरात, द्रविड़, कलिंग, गौड़, हूण, चांडाल, भट, चाट, सेवक आदि नियुक्त और एकत्रित समुदाय को राजा के बदरिकाश्रम को दिए गए भूमिदान की सूचना दी गई है। इससे यह निश्चित है कि चन्देलों की अपेक्षा खषों का प्रशासन और सेना उच्चस्तरीय थी तथा यशोवर्मा का उनसे तुलना का दावा अनुचित नहीं था।

सुभिक्षराज और महमूद ग़ज़नवी

पद्मटदेव और यशोवर्मा को समकालीन मानने पर यह समस्या उत्पन्न होना स्वाभाविक है कि जिस तरह चन्देल यशोवर्मा के वंशज धंग, गंड और विद्याधर ने ग़ज़नी के सुल्तान महमूद के आक्रमण के समय वीरता प्रदर्शित की, उसी तरह कार्तिकेयपुर के खषों ने भी तुर्क-आक्रमण के समय कोई राष्ट्रीय व्यवहार किया अथवा नहीं? मुस्लिम इतिहासकार इस बात पर एकमत हैं कि प्रतिहार राजा

राज्यपाल द्वारा महमूद की अधीनता स्वीकार किया जाना चन्देल सह नहीं सके और चन्देलों ने राज्यपाल को मारकर महमूद के विरुद्ध जमकर युद्ध किया। चन्देलों की तरह ही खषों ने भी महमूद के विरुद्ध अभियान किए और बहराइच के युद्ध में महमूद के भाँजे मसूद को सेना सहित मारकर दो शताब्दी के लिए उत्तरी भारत को तुर्क-प्रभुत्व से बचा लिया। इस सन्दर्भ में निम्नलिखित तथ्य ध्यान देने योग्य हैं—

पद्मटदेव के पुत्र और उत्तराधिकारी सुभिक्षराज के लिए उसके बदरीनाथ ताम्रपत्र में 'भुवन-विख्यात-दुर्मदाराति-सीमन्तिनी-वैधव्यदीक्षादानदक्षैक गुरु' (विश्व विख्यात भयंकर शत्रु की औरतों को विधवा करने के लिए दीक्षा देने में सफल हुए) का विशेषण प्रयुक्त है। कुमाऊँ-गढ़वाल से प्राप्त किसी भी राजा के लिए अभी तक ऐसा विशेषण नहीं मिला है। इस तरह का विशेषण गहड़वाल अभिलेख में ग़ज़नी के अमीर के सन्दर्भ में निम्नवत मिलता है—

भुवनदलनहेलाहर्म्यहम्मीरनारी
नयनजलधिधारा श्रान्त भूलोकताप:।

ऐसी स्थिति में यह निश्चित है कि अपने राज्यकाल के चौथे वर्ष सुभिक्षराज ने ग़ज़नी के महमूद के विरुद्ध किसी भारतीय राजा की सहायता की थी। दसवीं सदी के भारत में केवल ग़ज़नी के महमूद को ही 'भुवन-विख्यात-दुर्मदाराति' कहा जा सकता है।

मध्यकालीन इतिहासकारों के अनुसार 412 हिजरी (1034 ई.) में चन्देल राज्य की ओर जाती महमूद की सेना पर रहब नदी के तट पर एक आक्रमण हुआ था। कत्यूरी जागरों और तारीख़-ए-मुबारकशाही के अनुसार रहब नदी आधुनिक कुमाऊँ की पश्चिमी रामगंगा नदी का मध्यकालीन नाम था। (पर्वतीय इतिहास परिषद् की शोध-पत्रिका, 1/53-86) उत्वी और निज़ामुद्दीन से ज्ञात होता है कि काबुल के राजा आनन्दपाल का पुत्र पुरु-जयपाल इस सेना के साथ था जो पहले कई बार महमूद के सामने से भाग चुका था और अब चन्देलों की सहायता करने आया था। उसने सुल्तान के सामने नदी के दूसरी ओर डेरे लगाए। निज़ामुद्दीन यह स्पष्ट लिखता है कि पुरु-जयपाल महमूद के साथ युद्ध के बाद 'कुछ काफ़िरों के साथ बचकर भाग गया।' (*इलियट*, द्वितीय खंड, पृ. 334) राजपूतकाल की समस्त ऐतिहासिक सामग्री को देखते हुए यही एकमात्र सम्भावना है कि काबुल के विनष्ट राजवंश के राजकुमार 'पुरु जयपाल' को कार्तिकेयपुर के खष राजा सुभिक्षराज ने

ही रहब नदी के तट पर महमूद की सेना के विरुद्ध खड़ा किया था और 1034 ई. की इस लड़ाई के बाद ही उसने बदरीनाथ को भूमि दान की।

बैजनाथ (अल्मोड़ा) के पुरातत्त्व गोदाम में दो शिलालेख हैं। पहले लेख में बैजनाथ-कार्तिकेयपुर के परमभट्टारक महाराजाधिराज परमेश्वर लखनपालदेव का भूमिदान अंकित है और दूसरे में त्रिभुवन पालदेव का। इन लेखों से एक तीसरे राजा रुद्रपाल का नाम भी ज्ञात होता है। बैजनाथ के एक धारे (जलस्रोत) से संलग्न प्रस्तर पर उदयपाल, चरूनपाल, झकाथदेव, अगपरदेव, महीपाल आदि राजाओं के नाम हैं। द्वाराहाट में कालिका देवी की मूर्ति पर अनन्तपाल का 1122 ई. का अभिलेख है। कुमाऊँ में कत्यूरी-साम्राज्य के बारह रजवारों में से एक अस्कोट का रजवार माना जाता था, जिसकी वंशावली में राजाओं के नाम के अन्त में 'पाल' शब्द का प्रयोग होने से उसे अस्कोट का पाल कहते थे। इनके पूर्वजों में पिथौराशाही (पृथ्वीपाल), दूलाशाही (धामदेव) और मालूशाही नाम मिलते हैं जो काबुल के शाही राजकुमार पुरु जयपाल के कुमाऊँ में बस जाने की ओर संकेत करते हैं।

मुगल सम्राट जहाँगीर (1605-27 ई.) के दरबारी लेखक अब्दुर्रहमान चिश्ती की पुस्तक *मीरात-ए-मसूदी* से भी इस समस्या पर प्रकाश पड़ता है। इस पुस्तक में महमूद ग़ज़नवी के भाँजे और शहीद शहजादे मसूद के भारत पर आक्रमण तथा बहराइच के युद्ध में पहाड़ी राजा सहरदेव द्वारा उसकी पराजय का विवरण है। बहराइच (उ.प्र.) में आज भी मसूद की क़ब्र है जो वहाँ का एक चर्चित स्मारक माना जाता है। ऐतिहासिक परम्परा के अनुसार उस स्थान पर, जहाँ आजकल मसूद की क़ब्र है, प्राचीनकाल में सूर्य मन्दिर था। दरगाह के अहाते को बनाने वाला दिल्ली का तुग़लक़ सुल्तान फिरोज़शाह बताया जाता है। मध्यकालीन दरबारी लेखकों ने अनेक बार दिल्ली के सुल्तानों द्वारा मसूद की दरगाह के दर्शन करने का उल्लेख किया है। सीतापुर जिले के विस्वां नामक स्थान पर सालार मसूद के अनुयायियों के कई मक़बरे हैं जिनमें 'हकरतिया का रौजा' बहुत प्रसिद्ध है।

अब्दुर्रहमान चिश्ती के अनुसार ग़ज़नी के सुल्तान महमूद ने कन्नौज के गुर्जर प्रतिहार राजा राज्यपाल को परास्त कर उत्तरी भारत के विस्तृत इलाके को अपने कब्जे में कर लिया। अपने सत्रह आक्रमणों की सफलता के पश्चात उसने अपनी बहन के पति सिपहसालार शाहू को अजमेर का शासक नियुक्त किया और सालार शाह के पुत्र मसूद को कन्नौज का राज्यपाल बनाया। मसूद को कन्नौज के क्षेत्र से निकालने के लिए हिंदू राजाओं ने एक संघ बनाया। बहराइच के इलाके में पहाड़ी

राजा सहरदेव के नेतृत्व में तुर्कों के साथ दीर्घकाल तक युद्ध होते रहे। कन्नौज, बरेली, सीतापुर, पीलीभीत और बहराइच तक युद्ध होते रहे। अन्त में सहरदेव के नेतृत्व में हिंदू सेना विजयी रही। बहराइच के घमासान युद्ध में मसूद को मारकर सहरदेव नामक जिस पहाड़ी राजा ने गंगा-यमुना की उपत्यका से ग़ज़नी का प्रभुत्व समाप्त कर दिया, वह कार्तिकेयपुर के खष राजा सुभिक्षराज के नाम का ही मुस्लिम रूपान्तर प्रतीत होता है। अब्दुर्रहमान चिश्ती यह भी बताता है कि इस विजय के कारण ही अजमेर से भी तुर्कों का प्रभुत्व समाप्त हो गया। सहरदेव के सन्दर्भ में उसने निम्न तथ्य का उल्लेख किया है, जिसकी ओर अभी तक मध्यकालीन भारत पर इतिहास की पाठ्य-पुस्तकें तैयार करने वाले लेखकों ने ध्यान नहीं दिया—

> इस पुस्तक के लेखक ने मसूद का इतिहास पढ़ा। उससे पहले वह जहाँगीर के आदेश से प्राय: उत्तरी प्रदेश में पर्वतों के नीचे जाया करता था। वहाँ पहाड़ के राजा का प्रतिनिधि आचार्य मली भदूर (मलभद्र) एक बार मुझसे मिलने आया और हम संयोगवश शहीद शहज़ादे के विषय में बातें करने लगे। वह ब्राह्मण हिंदू इतिहासकारों के ग्रन्थों का अच्छा ज्ञाता था। उसने अपने इतिहासकारों के आधार पर मुझे मसूद के इतिहास का विस्तारपूर्वक वृत्तान्त कह सुनाया। उसकी भारत में प्रवेश से मृत्यु तक की कहानी कही और उन युद्धों का वर्णन किया जो उसने काफ़िरों के साथ लड़े थे। उसने यह भी कहा कि शहीद शहज़ादे को मारने के बाद राय सहरदेव अपने डेरे में वापस गया तो स्वप्न में शहज़ादे की आत्मा देखी...। कुछ वर्ष पश्चात मुल्ला मुहम्मद ग़ज़नवी की तवारीख़ मेरे हाथ लगी। उसमें मैंने पढ़ा तो जो कुछ उस ब्राह्मण ने मुझसे कहा था, उसकी पुष्टि हो गई। ब्राह्मण का कहना है कि पहाड़ों के वर्तमान राजा का वंश राय सहरदेव से ही चला है और इन लोगों के पुस्तकालय में जो भारतीय इतिहास है वे उस ब्राह्मण ने पढ़े थे। (*इलियट*, द्वितीय खंड, पृ. 376-394)

उपरोक्त तथ्यों के सन्दर्भ में ढूँढ़-खोज करने पर भविष्य में सुभिक्षराज और महमूद ग़ज़नी के दीर्घकालीन संघर्ष का इतिहास ज्ञात किया जा सकता है।

हिमाचल प्रदेश का प्राचीन इतिहास और 'राजतरंगिणी'

राजतरंगिणी के लेखक कल्हण ने कश्मीर के आँचलिक इतिहास को अपनी शोधपरक शैली और अगाध ज्ञान के कारण ऐसे परिवेश में प्रस्तुत किया है जिससे प्राचीन भारत के प्रत्येक युग और प्रत्येक स्थान की ऐतिहासिक गतिविधियों के सम्बन्ध में लेखक का दृष्टिकोण स्पष्ट हो जाता है। उसने कन्नौज, बंगाल, नेपाल, उज्जैन आदि की तरह ही आधुनिक हिमाचल प्रदेश के अन्तर्गत स्थित प्राचीन त्रिगर्त, जालन्धर, कुलूत, चम्पा आदि राज्यों से सम्बन्धित कुछ ऐसी घटनाओं का उल्लेख किया है जिनका ज्ञान हिमाचल प्रदेश से उपलब्ध ऐतिहासिक सामग्री से नहीं हो पाता है।

हिमाचल प्रदेश का सबसे प्राचीन राज्य है—त्रिगर्त्त। आधुनिक काँगड़ा जिले में अब स्थित त्रिगर्त्त राज्य की राजधानी सुशर्मपुर हिमालय की सबसे प्राचीन बस्तियों में से एक है। इस नगर की स्थापना संसप्तक जाति के राजा सुशर्मा ने की थी। त्रिगर्तराज सुशर्मा का *महाभारत* में विस्तार से वर्णन किया गया है। मत्स्यराज विराट और इन्द्रप्रस्थ के राजा युधिष्ठिर के विरुद्ध उसने हस्तिनापुर के राजा दुर्योधन की सहायता की और दो बार उसके पक्ष में युद्ध किए। कुरुक्षेत्र के प्रख्यात युद्ध में अर्जुन के साथ त्रिगर्त्त-सेना ने जो घमासान युद्ध किया, उससे यह प्रमाणित होता है कि त्रिगर्त्त-राज्य का महाभारतकालीन राजनीति में महत्त्वपूर्ण स्थान था। *राजतरंगिणी* में कल्हण ने कलिसंवत से गणना की है। इसी गणना को प्रामाणिक मानने पर त्रिगर्तराज सुशर्मा का समय 3102 ई.पू. के लगभग मानना पड़ेगा।

त्रिगर्त्त को प्राचीन-काल में जालन्धर भी कहते थे। आधुनिक पंजाब का जालन्धर त्रिगर्त-राज्य की दक्षिणी राजधानी था। उत्तरी भारत का व्यापारिक मार्ग जालन्धर से होकर गुजरने से यह नगर त्रिगर्त्त की समृद्धि का प्रतीक था इसीलिए

त्रिगर्त्त के पर्याय के रूप में लेखकों ने जालन्धर का बार-बार उल्लेख किया है। *अभिधानचिन्तामणि* (कांड-4) में जालन्धर और त्रिगर्त को पर्यायवाची घोषित किया गया है—

जालन्धरास्त्रिगर्त्ता: स्युस्तायिकास्तर्जिकाभिधा:।
कश्मीरास्तु माधुमता: सारस्वता विकर्णिका:॥ 24॥

बैजनाथ-प्रशस्ति (काँगड़ा) से भी जालन्धर और त्रिगर्त्त के पर्यायवाची होने का पता चलता है। *राजतरंगिणी* में दोनों शब्दों का समान रूप से प्रयोग किया गया है—

कश्मीर से पूर्वी भारत के लिए जाने पर सबसे पहले जालन्धर मिलता था। अत: कश्मीर के पर्यटक और तीर्थयात्री, व्यापारी और सार्थवाह, राजदूत और विद्यार्थी सभी को जालन्धर से होकर गुजरना पड़ता था। पड़ोसी राज्य होने के कारण कश्मीर और त्रिगर्त्त के राजपरिवारों में वैवाहिक सम्बन्ध होते रहते थे। राजतरंगिणी के अनुसार जालन्धर के राजा इन्दुचन्द्र की पुत्री सूर्यमती का विवाह कश्मीर के राजा अनन्तदेव के साथ हुआ था। इन्दुचन्द्र को 'जालन्धराधिप' कहा गया है—

जालन्धराधिपस्येन्दुचन्द्रस्येन्दुमुखी सुताम्॥ 150॥

[*सप्तम तरंग*]

उसकी बड़ी लड़की आसमती उदभांडपुर के अन्तिम शाही राजा त्रिलोचनपाल के पुत्र रुद्रपाल को ब्याही थी। ग़ज़नी के सुल्तान महमूद के आक्रमण से दसवीं सदी के अन्त में शाही राज्य के पतन के पश्चात कश्मीर और जालन्धर के राजाओं ने शाही-राजकुमारों को अपने यहाँ शरण दी थी। इन्दुचन्द्र के दो पुत्र कल्लन (आशाचन्द्र) और सिल्लन के नाम भी कल्हण ने दिए हैं। इस वैवाहिक सम्बन्ध से राजा अनन्तदेव के शासनकाल में कश्मीर पर त्रिगर्त्त का प्रभाव फैल गया। त्रिगर्त्त का निवासी केशव नाम का ब्राह्मण कश्मीर का मंत्री बनाया गया—(मंत्री ततोऽभवत्साधुस्त्रैगर्त: केशवो द्विज॥20॥) त्रिगर्त्त के राजकुमार आशाचन्द्र के नाम से कश्मीर में अग्रहार सहित मठ का निर्माण करवाया गया। अनन्तदेव की मृत्यु के पश्चात त्रिगर्त्त की राजकुमारी से उत्पन्न पुत्र कलश कश्मीर का राजा बना। उसने लौकिक वर्ष 4163 (1061 ई.) में अपनी राजधानी श्रीनगर में पर्वतीय राजाओं का एक सम्मेलन बुलाया जिसमें चम्पा (चम्बा) का राजा आसट भी उपस्थित था।

राजतरंगिणी से ज्ञात होता है कि जब-जब कश्मीर के राजा शक्तिशाली हो

गए, उन्होंने जालन्धर को जीतकर अपने अधीन कर लिया। आठवीं सदी में कश्मीर नरेश ललितादित्य मुक्तापीड ने अपनी दिग्विजय के पश्चात जालन्धर में अपने एक सेवक को राजा बनाया—

जालन्धर लोहरं च मंडलानीतराणि च।
प्रसादीकृत्य विदधे राजत्वं सोऽनुजीविनाम्॥ 177॥

[*चतुर्थ रंग*]

नौवीं सदी में कश्मीर नरेश शंकरवर्मा की विजयों से आतंकित होकर त्रिगर्तराज पृथ्वीचन्द्र ने उसकी अधीनता स्वीकार कर ली और अपने पुत्र भुवनचन्द्र को जमानत के रूप में शंकरवर्मा के दरबार में रख दिया।

राजतरंगिणी से यह भी ज्ञात होता है कि कश्मीर के राजा के शत्रु त्रिगर्त्त में एकत्र होते थे और वहाँ से अनेक बार कश्मीर के विरुद्ध विद्रोह की योजनाएँ बनीं और बिगड़ीं। उत्तराधिकार के युद्ध में असफल राजकुमार, राजा द्वारा निष्कासित सेनापति और उच्च राज्यकर्मचारी हिमाचल प्रदेश में शरण लेते थे और वहीं अपनी भावी योजनाएँ तैयार करते थे। मातृगुप्त के शासनकाल में प्रवरसेन ने पहले त्रिगर्त्त में शरण ली, फिर उस राज्य पर अपना प्रभुत्व स्थापित कर कश्मीर की राजगद्दी के लिए प्रयास किया। (*राजतरंगिणी*) कश्मीर नरेश सुस्सल और उसके पुत्र जयसिंह के शासनकाल में भिक्षाचर ने जो विद्रोह किए, उन्हें जालन्धर का पूर्ण समर्थन प्राप्त था। जयसिंह द्वारा सेनापति के पद से हटाया गया सुज्जित जालन्धर जाकर भिक्षाचर से मिला था। (*राजतरंगिणी* 8/1670)

राजतरंगिणी से उपरोक्त तीन प्रवृत्तियों के अतिरिक्त हिमाचल प्रदेश के मौर्य, मालव, कुषाण और हूण—इन चार साम्राज्यों के अन्तर्गत की स्थिति पर भी प्रकाश पड़ता है। चम्पा, कुलूत और वल्लालपुर के सामन्त-राज्यों पर भी कल्हण ने प्रकाश डाला है। केवल कीर राज्य का कल्हण ने उल्लेख नहीं किया है जो विचारणीय है। बैजनाथ-प्रशस्ति से ज्ञात होता है कि काँगड़ा में बैजनाथ मन्दिर कीरग्राम नामक राजधानी का ही एक अंग था—

कीरग्रामोऽभिरामो गुणगणनिलयो वर्ततेधित्रिगर्त्त।
सोऽयं राजानकेन प्रबलभुजयुजारक्षितो लक्ष्मणेन॥

बैजनाथ-प्रशस्ति में कीर के दस राजाओं—कंड, बुद्ध, विग्रह, ब्रह्म, डोम्बक,

भुवन, कल्हण, विल्हण, राम और लक्ष्मणचन्द्र के नाम ज्ञात हैं जिन्होंने छठी से नौवीं सदी तक शासन किया था। इसी लेख के अनुसार त्रिगर्त्त के राजा हृदयचन्द्र की पुत्री लक्षणिका के साथ कीर के राजा विल्हण का विवाह हुआ था और कीर का राजा लक्ष्मणचन्द्र जालन्धर के राजा जयचन्द्र का प्रभुत्व मानता था।

प्रारम्भ में जालन्धर के राजा शक्तिशाली थे और कीर के राजा उनकी अधीनता में राजानक की उपाधि धारण करते थे। सातवीं सदी में जालन्धर के एक राजा ने चीनी पर्यटक ह्वेनसांग की रक्षा के लिए उसके साथ अपनी एक सैनिक टुकड़ी भेज दी थी। ह्वेनसांग ने अपने यात्रा-वृत्तान्त में उस राजा का उल्लेख किया है। इस बौद्ध धर्मावलम्बी शासक के समय हिमाचल प्रदेश में बौद्ध-धर्म की विशेष प्रगति हुई। परवर्तीकाल में जालन्धर-राज्य की अपेक्षा कीर का महत्त्व बढ़ गया। कीर नामक स्थान का सर्वप्रथम उल्लेख *बृहत्संहिता* (14/29) में मिलता है। राजपूतकालीन अभिलेखों में त्रिगर्त्त और जालन्धर की अपेक्षा कीर राज्य का उल्लेख होना यह संकेत करता है कि नौवीं सदी में कीरग्राम के राजा ही हिमाचल प्रदेश के वास्तविक शासक बन गए और जालन्धर के राजाओं की स्थिति लगभग वैसी हो गई जैसी सतारा में शासन करने वाली शिवाजी के वंशजों की पेशवाओं के शासनकाल में हो गई थी। बंगाल के राजा धर्मपाल और कलचुरी राजा गांगेयदेव ने कीर तक विजय का दावा किया है। खजुराहो-लेख के अनुसार भोटनाथ (तिब्बत का राजा) के साथ कीर के राजा की मित्रता थी। भोटनाथ ने कैलास से बैकुण्ठ की एक मूर्ति मित्रता के कारण कीरराज को दे दी थी। शाही राजा हेरम्बपाल ने अपनी सेना के बल पर कीरराज से वह मूर्ति छीन ली। हेरम्बपाल के पुत्र देवपाल से वह मूर्ति लेकर चन्देल राजा यशोवर्मा ने उसे खजुराहो में प्रतिष्ठित किया। (ए.ई. 1/126-28)

कल्हण ने कीर शब्द का प्रयोग नहीं किया और वह जालन्धर तथा त्रिगर्त्त शब्दों का ही प्रयोग करता रहा। इसी तरह उसने हूण शब्द का भी प्रयोग नहीं किया है। वह हूण के स्थान पर म्लेच्छ शब्द का प्रयोग करता रहा। वह इतिहासकार की अपेक्षा अपने लिए महाकवि शब्द का प्रयोग कर गया और इसी कारण उसने ऐतिहासिक क्रम को यथावत न मानकर अपनी इच्छा से उसे परिवर्तित कर डाला। यदि वह तथ्यपरक अधिक होता तो नौवीं सदी के पश्चात कीर शब्द का जरूर प्रयोग करता।

कत्यूरी-राज्य का तिथि-क्रम

अल्मोड़ा जिले में बैजनाथ-गरुड़ के आसपास के क्षेत्र को कत्यूर कहते हैं, यहाँ रणचूलाकोट, तैलीहाट और गढ़सेर तक प्राचीन र्कात्तिकेयपुर नगर के खंडहर विद्यमान हैं। बागेश्वर मन्दिर की दीवार पर कार्तिकेयपुर में शासन करने वाले तीन राजवंशों की वंशावली उत्कीर्ण मिली है जिससे पता चलता है कि ब्रह्मपुर के सोमवंशी राजाओं के पतन के पश्चात आठवीं सदी में कार्तिकेयपुर के राजाओं ने उत्तराखंड में शासन किया। यह राज्य चौदहवीं सदी तक विद्यमान था। कुमाऊँ-गढ़वाल की लोकगाथाओं में इसे कत्यूरी-राज्य कहा जाता है।

बागेश्वर-लेख के अनुसार कार्तिकेयपुर का पहला राजा बसन्तदेव था, उसके बाद खर्परदेव, त्रिभुवनराज और कल्याणराज गद्दी पर बैठे। इन राजाओं के नाम के अतिरिक्त कोई विवरण ज्ञात नहीं है। इनकी उपाधि परमभट्टारक महाराजाधिराज परमेश्वर होने से यह प्रतीत होता है कि ये महत्त्वपूर्ण शासक थे। बागेश्वर-लेख के अनुसार त्रिभुवनराज ने एक किरात के पुत्र के साथ सन्धि की और सन्धि के साक्षी के रूप में दोनों ने व्याघ्रेश्वर देवता के निमित्त भूमि प्रदान की।

निम्बर का वंश

त्रिभुवनराज के पश्चात कार्तिकेयपुर में एक नया राजवंश सत्तारूढ़ हुआ जिसमें चार राजाओं-निम्बर, इष्टगण, ललितशूर और भूदेव के नाम ज्ञात हैं। इस वंश का इतिहास जानने के लिए भूदेव के बागेश्वर-लेख के अलावा ललितशूर के तीन ताम्रपत्र भी उपलब्ध हैं। इन लेखों में निम्बर के अपनी भुजाओं के बल पर राज्य प्राप्त करने का उल्लेख है किन्तु उसके नाम के साथ कोई राजकीय उपाधि नहीं

है। निम्बर और महारानी नाथू देवी का पुत्र इष्टगण इस वंश का प्रथम शासक है जिसके लिए अभिलेखों में 'परमभट्टारक महाराजाधिराज परमेश्वर' की उपाधि प्रयुक्त है। इष्टगण के पश्चात उसकी पत्नी धरादेवी से उत्पन्न पुत्र ललितशूर 832 ई. में कार्तिकेयपुरी की गद्दी पर बैठा। कार्तिकेयपुर से प्रसारित ललितशूर के 21वें और 22वें राज्यवर्ष के दो ताम्रपत्र चमोली गढ़वाल में पांडुकेश्वर मन्दिर से मिले हैं और एक कंडारा से मिला है। ललितशूर की रानी सामदेवी ने एक नारायण-मन्दिर का निर्माण करवाया था। इस मन्दिर को दिए गए भूदान की सूचना राजकर्मचारियों के अतिरिक्त खष, किरात, हूण, गौड़, आन्ध्र आदि जिलों के निवासियों को भी दी गई है। ललितशूर (832-854) के पश्चात उसकी पत्नी सामदेवी से उत्पन्न पुत्र भूदेव कार्तिकेयपुर की गद्दी पर बैठा। उसके राज्यकाल के चौथे वर्ष के बागेश्वर-लेख में उसे बौद्ध और जैनों का कट्टर शत्रु (परमबुद्धश्रमणरिपु) कहा गया है।

सलोणादित्य का वंश

भूदेव के पश्चात कार्तिकेयपुर में पुन: राजवंश में परिवर्तन हुआ। अपने वंश के अन्य राजाओं की तरह इस नए राजवंश के संस्थापक सलोणादित्य के लिए राजकीय उपाधि प्रयुक्त नहीं है जबकि उसकी पत्नी सिंहवली को 'राज्ञी महादेवी' कहा गया है। इस वंश के दो ताम्रपत्र चमोली जिले में पांडुकेश्वर से तथा एक चम्पावत के बालेश्वर मन्दिर से मिले हैं। ये ललितशूर के ताम्रपत्र की प्रतिकृति लगते हैं। राजाओं की उपाधि, कुलदेवता, राजकर्मचारियों की सूची और भाषा-शैली को देखकर यह नहीं लगता कि निम्बर और सलोणादित्य के वंशज दो भिन्न राजवंशों के थे। वरन वे एक ही वंश के प्रतीत होते हैं।

सलोणादित्य और रानी सिंहवली का पुत्र इच्छटदेव इस वंश का प्रथम शासक है जिसके लिए लेखों में 'परमभट्टारक महाराजाधिराज परमेश्वर' की उपाधि प्रयुक्त की गई है। इच्छटदेव और रानी सिन्धु देवी के पुत्र देशटदेव के पाँचवें राज्य वर्ष का ताम्रपत्र चम्पावत के बालेश्वर मन्दिर में था जिसके अनुसार देशटदेव ने ईशाल विषय के अन्तर्गत यमुना नामक गाँव को विजयेश्वर मन्दिर को प्रदान किया था। यह ताम्रपत्र अब खो गया है। केवल एटकिंसन के *हिमालय गजेटियर* में इसका उल्लेख है। देशटदेव और महारानी पद्मालदेवी के पुत्र पद्मदेव के राज्यकाल के

पच्चीसवें वर्ष का ताम्रपत्र पांडुकेश्वर मन्दिर से मिला है। यह एक दानी शासक था। दानकर्ताओं में इसकी तुलना चन्द्रगुप्त से की गई है जो गुप्त सम्राट चन्द्रगुप्त द्वितीय (375-413) रहा होगा। पांडुकेश्वर लेख के अनुसार पद्मदेव ने तंगणपुर विषय के अन्तर्गत बदरीनाथ के लिए भूमिदान की थी। यह तंगणपुर चमोली जिले में टंकनी नामक स्थान पर रहा होगा। पद्मदेव के पुत्र सुभिक्षराज का समय ग्यारहवीं सदी का पूर्वार्द्ध है। पांडुकेश्वर से प्राप्त इसका ताम्रपत्र सुभिक्षपुर नामक नगर से जारी किया गया है। यह नगर इसने अपने नाम से बसाया होगा। पिथौरागढ़ जिले में लोहाघाट के समीप सुई-बिसंग में बाणासुर के किले के नाम से प्रसिद्ध एक ग्यारहवीं सदी का किला है और उसके आसपास प्राचीन नगर के खंडहर विद्यमान हैं। यह सम्भव है कि सुई में ही सुभिक्षराज ने अपने नाम से सुभिक्षपुर बसाया होगा। पांडुकेश्वर ताम्रपत्र में सुभिक्षराज ने एक विश्वविख्यात भयंकर शत्रु की औरतों को विधवा करने के लिए दीक्षा देने में अपने को सफल गुरु (भुवन-विख्यात दुर्भराराति-सीमन्तिनी वैधव्यदीक्षादानदक्षैक गुरु) कहा है। यह समय ग़ज़नी के सुल्तान महमूद का है अत: उसी को पांडुकेश्वर लेख में भुवनदुर्भराराति कहा गया होगा। *मीरात-ए-अल मसूरी* ग्रन्थ से पता चलता है कि सहरदेव नामक पर्वतीय राजा ने महमूद के भाँजे और सेनापति मसूद को बहराइच के युद्ध में परास्त कर उत्तरी भारत को ग़ज़नी के प्रभुत्व से मुक्त किया। बहराइच में आज भी शहीद शहज़ादा मसूद की कब्र है अत: बहराइच के युद्ध में सफल होने के बाद सुभिक्षराज ने सुभिक्षुपुर बसाया होगा।

पालवंश

सुभिक्षराज के पश्चात, कत्यूर पर पालवंश का अधिकार हो गया। बैजनाथ में लखनपाल और त्रिभुवनपाल के शिलालेख मिले हैं।

अशोकचल्ल की दिग्विजय

दिल्ली के सुल्तान नसीरुद्दीन महमूद और गयासुद्दीन बलबन के शासनकाल में कत्यूरी राजा अशोकचल्ल (1253 से 1276 ई.) ने बोधगया को तुर्कों से मुक्त किया। उसके गोपेश्वर-लेख में उसे दिग्विजय का श्रेय दिया गया है। उसके समय

के तीन लेख बोधगया से मिले हैं। उसे सपादलक्ष और खषदेश का राजा कहा गया है। उसके अधीन कुमाऊँ में पुरुषोत्तमसिंह राजा था। उसने बोधगया पर आक्रमण का प्रस्ताव अशोकचल्ल के सामने रखा।

आसन्तिदेव का वंश

आसन्तिदेव के वंश को ही लोकगाथाओं में कत्यूरी अथवा कन्थापुरी कहा गया है। आसन्तिदेव के पूर्वज चमोली जिले में जोशीमठ में शासन करते थे। नाथपन्थी जोगी नरसिंह के परामर्श से आसन्तिदेव ने जोशीमठ से राजधानी हटाकर कत्यूर पहुँचाई। आसन्तिदेव के वंशजों में प्रीतमदेव, धामदेव और ब्रह्मदेव के नाम विशेष चर्चित हैं। प्रीतम देव को पिथौराशाही और धामदेव को दुलासाही भी कहा जाता है। धामदेव की माँ जियारानी ने नैनीताल जिले में रानीबाग और अल्मोड़ा जिले में रानीखेत बसाए। धामदेव ने बिजनौर जिले में धामपुर बसाया। उसके पुत्र मालूशाही को वैराट का राजा कहा जाता है। उसने दारमा के शुनपति शौका की लड़की राजुला के साथ विवाह किया।

लखनपुर का राजा ब्रह्मदेव अन्तिम कत्यूरी राजा माना जाता है। 1442 ई. में कत्यूरी-राज्य मल्ल और पालों में बँट गया।

कत्यूरी-साम्राज्य का तिथिक्रम ज्ञात करने के लिए पर्याप्त ऐतिहासिक साधन मौजूद हैं और उनसे विदित होता है कि मध्य हिमालय में सतलज से गंडकी तक कत्यूरी-साम्राज्य फैला हुआ था और ग्यारहवीं से सोलहवीं सदी तक यह एक शक्तिशाली हिंदू साम्राज्य के रूप में कायम रहा। इसका तिथिक्रम ज्ञात करने में सबसे महत्त्वपूर्ण सहायता मुगल सम्राट जहाँगीर (1605-27 ई.) के दरबारी लेखक अब्दुर्रहमान चिश्ती की पुस्तक *मीरात-ए-मसूदी* से मिलती है। इस पुस्तक में महमूद ग़ज़नवी के भाँजे और शहीद शहज़ादे मसूद के भारत पर आक्रमण तथा बहराइच के युद्ध में कत्यूरी राजा शहरदेव द्वारा उसकी पराजय का विवरण है।

इस विवरण से स्पष्ट होता है कि बहराइच के युद्ध में महमूद ग़ज़नवी के भाँजे को परास्त कर उत्तरी भारत में अजमेर तक हिंदू सत्ता की पुनः स्थापना करवाने वाला राय सहरदेव कुमाऊँ-गढ़वाल की पहाड़ी भूमि का राजा था और उसके

वंशजों ने जहाँगीर के समय तक पहाड़ पर शासन किया। इस प्रकार सहरदेव का वंश ग्यारहवीं से सत्रहवीं सदी तक पहाड़ में सत्तारूढ़ रहा। अभिलेख और वंशावलियों के अनुसार इस अवधि में बैराट के कत्यूरी, श्रीनगर के पँवार और चम्पावत के चन्द-ये तीन राजवंश पहाड़ में थे। चन्दवंश के नाम के पीछे चन्द शब्द का प्रयोग मिलता है। जैसे ज्ञानचन्द, रुद्रचन्द, लक्ष्मणचन्द तथा पृथ्वीचन्द। श्रीनगर के पँवारों के नाम के पीछे शाह शब्द का प्रयोग होता था। जैसे, मान शाह, श्याम शाह, महिपति शाह आदि। केवल रजवार अस्कोट के यहाँ सुरक्षित कत्यूरी राजाओं के नाम के साथ देव शब्द का प्रयोग हुआ है जैसे अशाल देव, अशोक देव, आसन्ति देव, धाम देव, ब्रह्मदेव आदि। अत: सहरदेव कत्यूरी वंश का ही माना जा सकता है।

पर्वतीय परम्परा के अनुसार कत्यूरी राजाओं ने झूसी (इलाहाबाद) के राजकुमार सोम चन्द्र को अपनी लड़की के दहेज में चम्पावत की जागीर और धारा के पँवार कनकपाल को अपनी लड़की के दहेज में चाँदपुर की जागीर देकर पहाड़ में बसाया। गढ़वाल के पँवार वंश का सबसे लोकप्रिय राजा अजयपाल माना जाता है। *रामायण प्रदीप* के अनुसार अजयपाल को कत्यूरियों का सोने का सिंहासन मिला था, जिसे वह चाँदपुर से श्रीनगर ले आया था—

> यत्कैतिरातोधिगतम् सुवर्णसिंहासनम् चारुतरम महार्ध्यम्॥ 21॥
> आनीयात् श्रीनगरे वरेण्यमारुह्य चैतत्सकलैर्नुतोभूत॥ 22॥

अजयपाल का पौत्र मानशाह जहाँगीर का समकालीन था। डॉ. शिवानन्द नौटियाल द्वारा संकलित *तीलू रौतेली लोकगाथा* में मानशाह के समय गढ़वाल में कत्यूरी सत्ता के विरुद्ध विद्रोह का उल्लेख मिलता है। कुमाऊँ-गढ़वाल के पहाड़ों के पाद पर रानीबाग, खैरागढ़, रामनगर, कोटद्वार तथा कालसी आदि में कत्यूरियों की वीरता और तुर्कों की पराजय से सम्बन्धित मेले लगते हैं। चिश्ती को इस क्षेत्र में जहाँगीर के समय में भी कत्यूरी जागरों का कोई ज्ञाता मिला होगा, जिसका नाम उसने मलिअदूर (मलय भद्र) लिखा है। कत्यूरी जागरों में तुर्कों को परास्त करने, अखंड पृथ्वी पर शासन करने तथा नौ लाख सेना होने का दावा भी यह स्पष्ट करता है कि उनके पूर्वज सहर देव ने महमूद ग़ज़नवी के भाँजे मसूद को ससैन्य मारकर उत्तरी भारत को उसके हमले से बचाया था।

भारतीय इतिहास की अब तक की पाठ्य-पुस्तकों के अनुसार मध्यकालीन भारत में विजयनगर, मेवाड़, ग्वालियर आदि ही उल्लेखनीय हिंदू राज्य थे, लेकिन बोधगया से प्राप्त अशोकचल्ल के तीन अभिलेखों से यह निश्चित है कि मध्यकालीन भारत का सबसे बड़ा हिंदू राज्य कत्यूरियों का सपादलक्ष नामक राज्य था जिसके अन्तर्गत आधुनिक कुमाऊँ, गढ़वाल, रुहेलखंड, नेपाल, पश्चिमी तिब्बत तथा उनसे संलग्न भू-भाग थे।

कुमाऊँ की परम्परा के अनुसार अयोध्या से शालिवाहन नामक एक सूर्यवंशी राजकुमार अल्मोड़ा जिले के कत्यूर नामक स्थान में आकर वहीं बस गया। कत्यूर का निवासी होने के कारण शालिवाहन के वंशज कत्यूरी कहलाए। बाद में कत्यूरी जाति के अन्तर्गत मल्ल, शाही, बम, पाल, रजवार, मनराल, रौतेला आदि उपजातियाँ बन गई जो आज कुमाऊँ, गढ़वाल और पश्चिमी नेपाल में पाई जातीं है। इन जातियों में अपने पूर्वजों की प्रशस्तियों को पितृ-पूजा के अवसर पर गवाने की परम्परा है जिसे 'जागर' कहा जाता है। कत्यूरी जागरों के अनुसार कत्यूरी-राज्य पश्चिम में मालिनी नदी (बिजनौर) से लेकर पूर्व में सचनी-नागनी (नेपाल) तक फैला हुआ था। इस साम्राज्य की राजधानी अलमोड़ा जिले के बैजनाथ के समीप रणचूलाकोट में थी जहाँ महाराजाधिराज रहता था। इस साम्राज्य के अन्तर्गत बारह छोटे राज्य थे जिनके शासक को जागरों में 'रजवार' अर्थात बारह राजाओं के ऊपर शासन करने वाला कहा जाता है। लखनपुर, जोशीगठ, बैराट, डोटीगढ़, खैरागढ़, उदयपुर, मणिकोट, सीरा, अस्कोट, चाँदपुर, चम्पावती और पीलीभीत के बारह रजवारों में से जो आयु में सबसे बड़ा होता था, उसी को रणचूलाकोट में महाराजाधिराज बना दिया जाता था। कत्यूरी जागरों में इस साम्राज्य की सेना की संख्या नौ लाख कत्यूर बताई जाती है जो अतिशयोक्ति भी हो सकती है। जोशीमठ से प्राप्त हस्तलिखित ग्रन्थों में भी कत्यूरी धामदेव की सेना की संख्या सर्वत्र नौ लाख कत्यूर ही लिखी हुई है। डॉ. प्रयाग जोशी द्वारा संकलित कत्यूरी जागरों में नौ लाख सेना का वर्णन मिलता है—

जोत राजा कत्यूरां की!!
जदोल मनुसोर करमचाको पाट
फीणी कत्यूर रणचूलीहाट!
सचनी नागरी पूरब

मालिनी पछम लागो ढाऊँ।
रहब सला जोड़ो कठतिया को खानूँ।
एकै बीड़ा सब लोगन को बानूं!
सोला से कठडू राजा को ज्यूनार!
धौली जाके खाणू पखलो!
हंसला घोड़ी में सवार!!
छारछारी बार रजबारी!
नौ लाख कत्यूरां ले तपायो!
धरती को तीसरो बानूँ!!

[पर्वतीय इतिहास परिषद् की शोध-पत्रिका, 1/67]

कत्यूरी राजा अशोकचल्ल द्वारा तुर्कों के प्रभुत्व से बोधगया की मुक्ति तथा समरकन्द के शहंशाह तैमूरलंग के विरुद्ध कत्यूरी ब्रह्मदेव की शिवालिक में लड़ाई के वृत्तान्तों से इतना निश्चित है कि कत्यूरियों के पास एक विशाल सेना थी जिसके बल पर उन्होंने बिजनौर में मंडावर से लेकर बिहार में बोधगया तक सपादलक्ष्य राज्य की बारहवीं से सोलहवीं सदी तक तुर्कों से रक्षा करने में सफलता प्राप्त की। मालिनी और रहब (आधुनिक रामगंगा) के तटों पर कत्यूरियों को निरन्तर युद्ध करने पड़े जिनका विस्तृत विवरण जागरों में सुरक्षित है। कत्यूरी राजवंश की वंशावलियाँ अस्कोट, डोटी, पालीपछाऊँ, रानीबाग और जोशीमठ से मिली हैं। पिथौरागढ़ जिले में अस्कोट के रजवारों के यहाँ सुरक्षित वंशावली में राजाओं का निम्न-क्रम है—

1. शालिवाहनदेव
2. संजयदेव
3. कुमारदेव
4. हरित्रयदेव
5. ब्रह्मदेव
6. शंखदेव
7. बज्रदेव
8. वृण्जयदेव
9. विक्रमजीतदेव
10. धर्मपालदेव
11. सारंगधरदेव
12. नीलपालदेव
13. भोजराजदेव
14. विजनयपालदेव
15. भुजेन्द्रदेव
16. समरसीदेव
17. अशालदेव
18. अशोकदेव
19. सारंगदेव
20. नगजावसिदेव

21. कामजयदेव	22. शालिनकुलदेव
23. गणपति पृथ्वीधर-देव	24. जयसिंहदेव
25. शंखेश्वरदेव	26. सोमेश्वरदेव
27. प्रसिद्धदेव	28. बिद्धिराजदेव
29. पृथ्वीश्वरदेव	30. बलकदेव
31. आसन्तिदेव	32. वासन्तिदेव
33. कटारमल्लदेव	34. सोनदेव
35. सिन्धुदेव	36. कीनदेव
37. रणकिनादेव	38. नीसरादेव
39. बज्रबाहुदेव	40. कार्यसिद्धिदेव
41. गौरांगदेव	42. सांडिल्यदेव
43. पतिनराजदेव	44. तिलंगराजदेव
45. उदकसीलादेव	46. प्रीतमदेव
47. धामदेव	48. ब्रह्मदेव
49. त्रिलोकपाल	50. अभयपाल।

शिवालिक राज्य

मध्यकालीन इतिहासकारों ने कत्यूरी-राज्य के लिए 'शिवालिक' शब्द का प्रयोग किया है और कत्यूरियों के बारह रजवारों को वे स्वतंत्र राजा समझते रहे हैं। इस सन्दर्भ में फ़रिश्ता का निम्नलिखित विवरण ध्यान देने योग्य है—

> मालवा नरेश भोज के समकालीन कन्नौज नरेश वासुदेव की मृत्यु के दस वर्ष पश्चात उसका सेनापति रामदेव राठौर कन्नौज का स्वामी हो गया। उसने शिवालिक पहाड़ों पर आक्रमण किया और वहाँ के सभी ज़मींदारों से कर वसूल किया। कुमायूँ का राजा, जो शिवालिक पहाड़ों में सबसे महत्त्वपूर्ण व्यक्ति था और जिसके पूर्वजों ने दो हजार वर्षों से उस भूमि पर शासन किया था, रामदेव के विरुद्ध सेना लेकर निकला और दोनों के मध्य घमासान युद्ध हुआ। यह युद्ध प्रातःकाल शुरू हुआ और रात तक चलता रहा जिसमें दोनों पक्षों का भीषण संहार हुआ। रामदेव विजयी रहा और कुमाऊँ का राजा अपने शस्त्रास्त्र और हाथियों

को वहीं छोड़कर पहाड़ में चला गया। अन्त में कुमाऊँ के राजा से उसकी पुत्री और राज-कर लेकर रामदेव ने उसका राज्य लौटा दिया। (*इलियट*, खंड-6, परिशिष्ट, पृ. 561)

सवालाख

सहारनपुर जिले में शिवालिक नामक पहाड़ियाँ हैं जो छोटे-छोटे टीलों के रूप में एक-दूसरे से सटी हुई हैं। प्राचीन अनुश्रुति के अनुसार इन शिखरों की कुल संख्या सवा लाख होने से उन्हें 'सपादलक्ष' कहा जाने लगा। शिवालिक में शाकम्भरी देवी का एक प्राचीन मन्दिर है। मध्यकालीन भारत में बिजनौर जिले में मन्दावर नामक स्थान पर एक सुदृढ़ दुर्ग था जिसे मुस्लिम इतिहासकारों ने शिवालिक का मन्दूर दुर्ग कहा है।

पृथ्वीराज रासो के अनुसार दिल्ली, अजमेर के चौहानवंशी राजा पृथ्वीराज तृतीय (1178-92 ई.) के समय उत्तर दिशा में सवा लाख शैलों वाले कुमाऊँ गढ़ में कुमुदमणि नाम का राजा शासन करता था—

सवालष्प उत्तर सयल कुमाऊँ गढ़ दूरंग।
राजत राज कुमोदमनि हयगयद्रिव्व अभंग॥ 26॥

[*पद्मावती समय*]

गोर के सुलतान शहाबुद्दीन मुहम्मद की दिल्ली और कन्नौज-विजय से कत्यूरियों के सपादलक्ष राज्य की सीमा तुर्कों के नवस्थापित राज्य से मिली होगी। क़ुतुबुद्दीन ऐबक और इल्तुतमिश ने मन्दावर पर आक्रमण किया था। मिनहाजुस् सिराज की *तबकाते नासिरी* से ज्ञात होता है कि 1227 ई. में इल्तुतमिश ने शिवालिक में स्थित मन्दूर नामक दुर्ग पर आक्रमण किया और उसे बुरी तरह लूटा। फ़रिश्ता के अनुसार मन्दूर के पतन के पश्चात समस्त शिवालिक पहाड़ी भी जीत ली गई।

कमादेश

बिहार के गया नामक तीर्थ में विष्णुपाद के समीप एक जलकुंड है जिसे 'दक्षिण-मानस' (दक्षिणी मानसरोवर) कहा जाता है। उस जलकुंड के पश्चिमी छोर पर

स्थित सूर्य मन्दिर में एक प्राचीन शिलालेख सुरक्षित है जिसे पंडित भगवानलाल इन्द्र ने 1981 ई. में भारतीय पुरातत्त्व सर्वेक्षण विभाग की पत्रिका 'दि इंडियन एंटिक्विटी' (पृ. 341-46) में प्रकाशित किया था। 25 पंक्तियों के इस विशाल अभिलेख के अन्त में परिनिर्वाण संवत 1813 (भगवति परिनिर्वते सम्वत् 1813 कार्तिक वादि 1 बुधे) अंकित होने से यह निश्चित है कि इस अभिलेख को गौतम बुद्ध की मृत्यु के 1813 वर्ष पश्चात उत्कीर्ण कराया गया होगा। सिंहली परम्परा के अनुसार गौतमबुद्ध की मृत्यु 544 ई.पू. में हुई, अत: गया के उस लेख के अंकन की तिथि 1268 ई. (1813-544=1268) स्वीकार की जा सकती है।

इस अभिलेख के अनुसार बोधगया के भ्रष्ट हो जाने पर कमादेश के राजा पुरुषोत्तम सिंह ने सपादलक्ष के राजा अशोकचल्ल और छिन्दनरेन्द्र से विनयपूर्वक आग्रह किया कि तीनों मिलकर बोधगया का उद्धार करें। पीलीभीत जिले के देवल नामक स्थान से प्राप्त एक शिलालेख के अनुसार छिन्दवंश के राजा पीलीभीत और उसके पास-पड़ोस में शासन करते थे। अशोकचल्ल का एक लेख चमोली जिले के गोपेश्वर मन्दिर के प्रांगण में स्थित गणपतिनाग के त्रिशूल पर अंकित है जिसमें उसने अपनी दिग्विजय के अन्त में शिव मन्दिर के प्रांगण में स्थित स्तम्भ को उखड़वा कर पुन: उसे पूर्ववत स्थापित करने का उल्लेख किया है—

> ऊँ स्वस्ति॥ कृत्वा दिग्विजयं महालयमहादेवास्त्रसंस्थामिमां
> राज्ये श्रीमदशोकचल्लनृपति: स्तम्भच्छलान्नीतवान्॥
> पश्चाच्च प्रतिरोध्य तत्र विजयस्तंभप्रतिष्ठाम
> गादुत्वात प्रतिरोपणं हि महतां युक्तं नातानां पुन॥

इस लेख में यह स्पष्ट कहा गया है कि गोपेश्वर अशोकचल्ल के राज्य के अन्तर्गत था। ऐसी स्थिति में सपादलक्ष से तात्पर्य शिवालिक (गढ़वाल सहित बिजनौर और सहारनपुर की भूमि) से और कमादेश से तात्पर्य कुमाऊँ से मानना पड़ेगा।

बोधगया के इस लेख से यह निष्कर्ष निकलता है कि 1268 ई. में कुमाऊँ में पुरुषोत्तम सिंह, रुहेलखंड में छिन्दनरेन्द्र और गढ़वाल-सहारनपुर में अशोकचल्ल का शासन था। दिल्ली के तुर्क सुल्तान नासिरुद्दीन महमूद और गयासुद्दीन बलबन के शासनकाल में शिवालिक से सेना ले जाकर बोधगया पर अधिकार करना एक महत्त्वपूर्ण घटना रही होगी। तभी उसे पुरुषोत्तम सिंह की बोधगया-प्रशस्ति में 'कलियुग का एक आश्चर्य' और गोपेश्वर-लेख में 'दिग्विजय' कहा गया है।

बोधगया-अभियान में पुरुषोत्तम सिंह की पुत्री रत्नश्री का पुत्र माणिक्य सिंह वीरतापूर्वक लड़ते हुए मारा गया। अत: उसकी वीरता के सम्मान में पुरुषोत्तम सिंह ने गन्धकुटी का निर्माण करवाया जिसे अब दक्षिण मानस और सूर्य मन्दिर कहते हैं। इस विवरण से निश्चित है कि 1268 ई. में पुरुषोत्तम सिंह की आयु काफी रही होगी। उसका सम्भावित राज्यकाल 1250 से 1270 ई. माना जा सकता है। अभिलेख में पुरुषोत्तम सिंह के पिता कामदेव सिंह और पितामह जयतुंग सिंह को तीनों लोकों में सबसे उत्तम राजा कहा गया है। यदि एक के लिए औसतन बीस वर्ष का राज्यकाल माना जाए तो जयतुंग सिंह ने 1210 ई. से 1230 ई. और कामदेव सिंह ने 1230 से 1250 ई. तक शासन किया होगा। कुमाऊँ की परम्परा के अनुसार बोधगया-अभियान में पवनवेग से शत्रु को परास्त करने के कारण पुरुषोत्तम सिंह को पौनराजा (पवनराजा) के नाम से पुकारा जाने लगा। सूर्यवंशी राजाओं की परम्परा के अनुसार पुरुषोत्तम सिंह की मृत्यु के उपरान्त जब अल्मोड़ा जिले के जागेश्वर नामक स्थान पर उसका देवकुल बनाया गया तो उसकी प्रतिमा में 'धर्मदीप' भी अंकित किया गया। उसने बोधगया में पचास वर्ष से खंडित बुद्ध के धर्मदीप को पुन: प्रज्वलित किया था, उसी की स्मृति में यह अंकन हुआ है। मिश्रित धातु से बनी 112 किलोग्राम वजन वाली पौनराजा की मूर्ति भारत की उत्कृष्टतम धातु-प्रतिमाओं में से एक है। (इस मूर्ति की चोरी और उपलब्धि का विवरण मूर्ति के चित्र सहित *धर्मयुग* के 28 नवम्बर, 1976 के अंक में पृष्ठ 7 पर प्रकाशित है) शीश पर रत्नजड़ित कलापूर्ण मुकुट है, कानों के पास घुँघराले काले केश झूल रहे हैं। गले में सुन्दर माला और बाँहों में वलय पड़ा है। शरीर पुष्ट है और सुरुचिपूर्ण ढंग से धोती धारण किए हुए है। मूर्ति की अधखुली आँखों पर चाँदी का प्रयोग किया गया है और मन्द-मन्द मुस्कराते होठों पर ताँबे की परत का। चेहरे पर भाव वैसे ही हैं जैसे भगवान के द्वार पर गए भक्त के चेहरे पर होते हैं। दोनों हाथ छाती के पास अंजलि बनाकर जुड़े हैं और उन पर ताँबे का कटोरानुमा दीपक रखा गया है। कुमाऊँ में आज भी पौनराजा की गया में दीपक जलाने की गाथा को 'दियोड़' नाम से गाया जाता है। जिसमें निम्नलिखित पद बार-बार दुहराया जाता है—

गढ़ रे कत्यूरिया दियड़ो जलाय!
गया में पौनराजा दियड़ो जलाय!!

कुछ विद्वानों के अनुसार नयचन्द्र के नाटक *रम्भामंजरी* का नायक इक्ष्वाकुवंशी

राजा जैलसिंह कमादेश का राजा जयतुंग सिंह था और व्याकरण-ग्रन्थ *भाषावृत्ति* का लेखक पुरुषोत्तम कमादेश का राजा पुरुषोत्तम सिंह था।

पुरुषोत्तम सिंह के बोधगया-अभियान से बंगाल और उड़ीसा में भी कत्यूरियों की प्रतिष्ठा स्थापित हो गई। *साहित्य दर्पण* (4/305) में पहले राजा पुरुषोत्तम सिंह के बारे में चर्चा है और बाद में अलाउद्दीन खिलजी (4/326) के बारे में। पुरुषोत्तम की बुद्धि की प्रशंसा करते हुए साहित्यदर्पणकार ने लिखा है—

अनन्यसाधारणधीर्धृता तखिलवसुन्धर:।
राजते कोऽपि जगति स राजा पुरुषोत्तम:॥

विशेष बात यह है कि जिस तरह कुमाऊँ-गढ़वाल और नेपाल के लोकगीतों में कत्यूरी राजाओं का वर्णन है, उसी तरह बंगाल में भी एक लोकगीत में कत्यूरी के राजा की लड़की के स्वयंवर का उल्लेख है। (देखिए : 'फोक लिटरेचर ऑफ बंगाल, पृ. 103-113/लेखक-श्री दिनेशचन्द्र सेन, 1920 का संस्करण') गया में आज भी एक बाजार का नाम कतरीसराय (कत्यूरी सराय) है, जहाँ पुरुषोत्तम सिंह के समय कत्यूरी ठहरे होंगे।

सपादलक्ष

पुरुषोत्तम सिंह की बोधगया-प्रशस्ति में अशोकचल्ल को 'प्रख्यातं हि सपादलक्ष शिखरिक्ष्मापालचूड़ामणिम्' कहा गया है। इस राजा के शासनकाल के दो अन्य लेख भी गया से मिले हैं। पहला लेख बंगाल नरेश लक्ष्मणसेन के बोधगया क्षेत्र में शासन समाप्ति के 51 वर्ष बाद का है। (श्रीमल्लक्ष्मण सेनस्यातीत राज्ये सं. 51-ए.ई. 12/27-28) लक्ष्मणसेन को बख्तियार खिलजी ने 1202 ई. में परास्त कर बिहार पर अधिकार किया था। अत: उपरोक्त लेख 1253 ई. का मानना पड़ेगा। इस लेख से ज्ञात होता है कि कश्मीर के विद्वान भदन्त अभय, राजगुरु पंडित मूसल, शंकरदेव, त्रैलोक्य ब्रह्म आदि ने अशोकचल्ल से आज्ञा लेकर बोधगया में बुद्ध प्रतिमाओं का निर्माण करवाया और महाबोधि के सिंघलसंघ आदि द्वारा तीन चैत्यों पर प्रतिदिन नैवेद्य चढ़ाने तथा दीप जलाते रहने का प्रबन्ध किया गया। इस प्रकार 1253 ई. तक कश्मीर और लंका के बौद्धों को अशोकचल्ल द्वारा बोधगया के उद्धार का पता चल गया था और बोधगया के नवनिर्माण में सहायता करने वे भी

आ पहुँचे थे। ऐसी स्थिति में 1250 ई. के लगभग बोधगया पर कत्यूरी अधिकार मानना पड़ेगा।

कत्यूरी दीर्घकाल तक बोधगया पर अपना अधिकार स्थापित रखने में सफल रहे। वहाँ से प्राप्त भाण्डागारिक सहणपाल के लेख के अन्त में 'श्रीमल्लक्ष्मणसेनदेवपादानामतीत राज्ये सं. 74' अर्थात 1276 ई. (74+1202) अंकित है। इस लेख से ज्ञात होता है कि 'सपादलक्षशिखरिखषदेश' के राजाधिराज अशोकचल्ल ने अपने छोटे भाई राजकुमार दशरथ को बोधगया का प्रशासक नियुक्त किया था। (ए.ई. 12/29-30)

तुर्कों के साथ संघर्ष

अशोकचल्ल के चारों लेखों में दिल्ली के तुर्क सुल्तानों का उल्लेख नहीं है। फिर भी तिथिक्रम के अनुसार वह नासिरुद्दीन महमूद और बलबन का समकालीन था। ऐसा प्रतीत होता है कि बोधगया के युद्ध में असफल हो जाने पर नासिरुद्दीन ने अशोकचल्ल के पश्चिमी साम्राज्य पर आक्रमण किया। *तबकाते नासिरी* के अनुसार 1245 ई. में सुल्तान नासिरुद्दीन की सेना ने शिवालिक पर आक्रमण किया। पश्चिमी भाग को रौंदते हुए उसकी सेना ने मायापुर (हरिद्वार) में गंगा नदी पार की और पहाड़ों की जड़ से होती हुई पूर्व की ओर रहब नदी तक बढ़ती गई। इस आक्रमण के अन्त में रहब नदी के पूर्व और पहाड़ों की जड़ पर तंकलबाली नामक स्थान पर स्थानीय जनता और तुर्क-सेना का घमासान युद्ध हुआ जिसमें तुर्क सेनापति इज्जुद्दीन दरम्शी मारा गया। इस पराजय का बदला लेने के लिए बाद में नासिरुद्दीन ने कैथर (कत्यूर) पर आक्रमण करने की आज्ञा दी, ताकि वहाँ की जनता पुन: ऐसा दुस्साहस न कर सके।

हरिद्वार से पहाड़ों की जड़ पर पूर्व की ओर बढ़ती हुई तुर्क सेना निश्चय ही दक्षिण गढ़वाल में प्रविष्ट हुई होगी। रहब के किनारे कालागढ़ के समीप आज भी कत्यूरियों की विजय का उत्सव मनाया जाता है। सम्भवत: कालागढ़ के पास ही दरम्शी मारा गया होगा।

मिनहाज ने सुल्तान नासिरुद्दीन की पराजय का स्पष्ट उल्लेख नहीं किया है। फिर भी उसके वर्णन में इतना निश्चित है कि तंकलबाली के पास तुर्क सेना पूरी तरह परास्त हो गई थी और नासिरुद्दीन को यह पराजय अपमान प्रतीत हुई

थी। कैथर पर आक्रमण किया गया अथवा नहीं, इस पर वह मौन है। इससे प्रतीत होता है कि नासिरुद्दीन ने दो बार अशोकचल्ल के पश्चिमी सीमान्त पर आक्रमण किए थे और दोनों में ही वह असफल रहा। इन पराजयों से बिजनौर से बदायूँ तक तुर्क-सत्ता निर्बल पड़ गई। कैथर के आक्रमण का वर्णन देने की अपेक्षा मिनहाज यह बताता है कि 1255 ई. में बलबन ने शिवालिक की सुरक्षा-व्यवस्था का संगठन किया था और 1257 ई. में नासिरुद्दीन के कुछ विद्रोही सरदारों ने शिवालिक में शरण ली थी।

पीलीभीत के छिन्द और कटेहर-विद्रोह

जिस तरह अस्कोट के रजवार को पाल, उदयपुर के रजवार को ब्रह्म, सीरा के रजबार को मल्ल और डोटी के रजवार को शाही कहा जाता था, उसी तरह पीलीभीत के रजवार छिन्द जाति के थे। मध्यप्रदेश में आज भी इस जाति का नाम छिन्दवाड़ा (छिन्दों का बगीचा) जिले के नाम में सुरक्षित है। छिन्दों के अधिकार में आधुनिक रुहेलखंड-मंडल तथा उसके पास-पड़ोस की भूमि थी। छिन्दराज्य को मुस्लिम इतिहासकारों ने 'कटेहर' कहा है। पीलीभीत जिले के देवल नामक स्थान से छिन्दवंशी राजा लल्ल की प्रशस्ति मिली है, जिसके अनुसार छिन्द सूर्यवंशी क्षत्रिय थे और उनकी उपाधि 'महामंडलाधीश' थी। इस राजवंश की स्थापना वीरवर्गा ने की थी। उसके दो पुत्र थे—भूषण और मल्हण। मल्हण के पुत्र लल्ल ने कठ नदी को अपनी राजधानी तक खुदवाया—

गंगा भगीरथेनेव येन मार्गोपदेशिना।
स्वपुरीसन्निधौ रम्या पुष्पा कठनदी कृता॥

[ए.इ., 1/75-85]

कठ नदी का तादात्म्य आधुनिक गौला नदी से किया जा सकता है, जिसे स्थानीय लोग काठगोला के नाम से जानते हैं। यह नैनीताल जिले में भीमताल के तालाब से निकाली गई है और उसके तट पर रानीबाग में उतरैणी को प्रतिवर्ष बैराट के कत्यूरी सम्राट धामदेव की माता जियारानी के सम्मान में मेले का आयोजन किया जाता है। कठ नदी के तटवासी होने से छिन्द-राज को कत्यूरी जागरों में कठड़ू राजा कहा जाने लगा। कठ नदी के कारण कठायत नाम भी प्रचलित हुआ

जिसका पहाड़ी रूपान्तर कठैत है। लल्ल के लेख की तिथि संवत्सरसहस्त्र 1049 है। इसे विक्रम संवत मानने पर लल्ल का समय 992 ई. होगा। लल्ल ने इस वंश की प्रतिष्ठा में पर्याप्त वृद्धि की। गंगा-यमुना के मैदान की ओर से पर्वतों पर आक्रमण करने वाली सेनाओं के लिए छिन्द-राज्य प्रहरी का कार्य करता था।

पुरुषोत्तम सिंह की बोधगया-प्रशस्ति से ज्ञात होता है कि अशोकचल्ल के बोधगया-अभियान में छिन्दनरेन्द्र ने सहायता की थी। इसी छिन्दनरेन्द्र ने दिल्ली के सुल्तान गयासुद्दीन बलबन के शासनकाल में बदायूँ और अमरोहा तक अपना अधिकार स्थापित कर लिया था। जियाउद्दीन बर्नी ने अपने ग्रन्थ—*तारीख़े फ़िरोज़शाही* में इस संघर्ष का इस प्रकार वर्णन किया है—

> सुल्तान को सूचना मिली कि कटेहर में परेशानी उत्पन्न हो गई। रैय्यत के घरों को लूट लिया गया है। बदायूँ और अमरोहा में विद्रोह की आग इतनी भड़क गई कि वहाँ के अमीरों से शान्ति स्थापित होना सम्भव नहीं है और वे बड़े संकट में हैं। सुल्तान ने अपनी मुख्य सेना को कूच के लिए आदेश दिया और यह अफ़वाह फैला दी कि वह पहाड़ों में शिकार के लिए जा रहा है। वह दिल्ली से अपनी सेना के साथ बिना शाही शिविर के ही चल पड़ा। तीन दिन और दो रात में द्रुतगति से यात्रा करने पर उसने कटेहर में गंगा नदी पार की। वहाँ से उसने पाँच हजार धनुषधारियों को आगे भेजा और उन्हें आज्ञा दी कि वे कटेहर को जलाकर नष्ट कर दें, प्रत्येक आदमी को मार डालें, स्त्रियों और बच्चों के अतिरिक्त किसी को जीवित न छोड़ें। उन लड़कों को भी जीवित न छोड़ें जिनकी आयु आठ वर्ष से अधिक हो गई हो। सुल्तान कुछ दिनों तक कटेहर में रहा और कत्लेआम का संचालन करता रहा। इस नरसंहार से रक्त के नाले बह गए, गाँवों और जंगलों के पास लाशों के ढेर लग गए और गंगा नदी तक लाशों की बदबू फैल गई। इस नरसंहार से त्रस्त होकर कुछ विद्रोहियों ने आत्मसर्मपण कर दिया। जंगलों को साफ कर सड़कें बनाई गईं और उन सड़कों से आगे बढ़कर सेना ने हिंदुओं पर अपना प्रभुत्व स्थापित कर लिया। इस भयंकर दमनचक्र से कटेहर शान्त हो गया और भविष्य में बलबन के शासनकाल तक कटेहर के लोगों के आतंक से बदायूँ, अमरोहा और सम्भल के लोग मुक्त रहे।

इस विवरण से यह स्पष्ट है कि अशोकचल्ल और उसके अधीनस्थ पीलीभीत के छिन्दनरेन्द्र ने बलबन के शासनकाल में बदायूँ और अमरोहा में लूटपाट की थी। दिल्ली के सुल्तानों और शिवालिक के कत्यूरियों के बीच कटेहर, बदायूँ, अमरोहा आदि में निरन्तर युद्ध होते रहे। मुहम्मद तुग़लक़, फिरोज तुग़लक़, खिज्रखाँ, शेख मुबारक शाह सैयद आदि के शासनकाल के सन्दर्भों में मध्यकालीन लेखकों ने जिन कटेहर विद्रोहों का वर्णन किया है, वे कत्यूरियों के तुर्क-साम्राज्य पर आक्रमण प्रतीत होते हैं। फ़िरोज़ तुग़लक़ के समय कटेहर के विद्रोह का नेता खड़गू और खिज्रखाँ के समय हरसिंह पीलीभीत के छिन्दवंशी राजा रहे होंगे, जिन्होंने परास्त होने पर कुमाऊँ में शरण ली थी।

तारीख़-ए-मुबारकशाही के अनुसार 1380 ई. में सुल्तान फ़िरोज़शाह तुग़लक़ के समय कटेहर के हिंदू ज़मींदार खड़गू ने विद्रोह किया और बदायूँ के शासक सैयद मुहमद और उसके भाई सैयद अलाउद्दीन को मार डाला। जब फ़िरोज़शाह खड़गू के दमन के लिए कटेहर आया तो उसने कुमाऊँ की पहाड़ियों में शरण ली। फ़िरोज़ तुग़लक़ भी उसका पीछा करता हुआ आया और उसने कुमाऊँ पर आक्रमण किया। उसे खड़गू के विरुद्ध स्थायी सफलता नहीं मिली थी। यह कहा गया है कि शिकार के बहाने वह प्रतिवर्ष कटेहर जाता था और उसे खंडहर कर देता था। (*इलियट*, 4/14)

तुग़लक़ वंश के पतन के पश्चात कटेहर में हिंदू पुनः शक्तिशाली हो गए। *तारीख़-ए-मुबारकशाही* से विदित होता है कि 1418 ई. में दिल्ली के शासक खिज्रखाँ सैयद के विरुद्ध कटेहर में हरसिंह ने विद्रोह किया। खिज्रखाँ ने सेनापति मलिक ताजुल-मुल्क को बड़ी सेना के साथ हरसिंह का विद्रोह कुचलने के लिए कटेहर भेजा। शाही सेना ने गंगा नदी पार की तो हरसिंह अन्वालों के जंगल में भाग गया। अन्वालों की बस्तियों के पास का यह जंगल कटेहर की सीमा से कुल चौबीस कोस की दूरी से शुरू हो जाता था। शाही सेना ने जंगलों के बीच तम्बू डाल दिए। हरसिंह खड़गू की तरह ही कुमाऊँ की ओर आया। शाही सेना विजयी हुई और उसने हरसिंह के देश की समस्त कुमुक तथा बीस हजार लड़ाकू घोड़े हथिया लिए। गंगा पार करने के दूसरे दिन शाही सेना ने रहब नदी पार की और कुमाऊँ की सीमा के भीतर प्रवेश करने की कोशिश की परन्तु हरसिंह नहीं मिला। पाँचवे दिन शाही सेना अपना अपरिमित जन-धन खर्च कर वापस लौट आई।

खिज्रखाँ की यह विजय क्षणिक सिद्ध हुई। *तारीख़-ए-मुबारकशाही* के अनुसार

1423 ई. में हरसिंह पुनः कटेहर का राजा था और तीन वर्ष से उसने राजकर नहीं दिया था। खिज्रखाँ का पुत्र शेख मुबारकशाह सैयद 1424 ई. में कटेहर के विद्रोही राजा हरसिंह का पीछा करते हुए कुमाऊँ में आया और वहाँ कुछ समय तक रहा। जब मौसम खराब हो गया तो वह रहब नदी के किनारे-किनारे जाने वाले मार्ग से कुमाऊँ से वापस गया और गंग नामक स्थान पर उसने गंगा नदी पार की। (*इलियट,* 4/49-61)

कत्यूरी जागरों में वर्णित 'रहब सला जोड़ो कठतिया को खानू' से यह निश्चित है कि कटेहर की रक्षा के लिए रहब नदी के मार्ग से कत्यूरी राजाओं ने सेना भेजी थी और जागर में वर्णित कठडू राजा सम्भवतः कटेहर का राजा हरसिंह था। कुमाऊँ में जिस प्रकार कत्यूरी राजाओं के जागर प्रचलित हैं, उसी प्रकार राजा हरु अथवा हरसिंह के भी जागर गाए जाते हैं। उनमें राजा हरु की विजयों का वर्णन है और यह भी कहा गया है कि कत्यूरियों की राजधानी वैराट में जाकर उसने राजा प्रीतमदेव-धामदेव के साथ मित्रता स्थापित की। हरू, सैम और गोरिया का जागर कुमाउँनी लोकगाथाओं का सबसे विशाल इतिवृत्त है, जिसको रचने का श्रेय धरमदास को दिया जाता है। यह धरमदास कत्यूरी नरेश धामदेव की माँ जियारानी के गुरु खैरीदास का छोटा भाई था।

तुर्क और कत्यूरियों की समसामयिकता प्रतिपादित करने के लिए रानीबाग की परम्परा उल्लेखनीय है। नैनीताल जिले में काठगोदाम रेलवे स्टेशन से एक मील उत्तर की ओर रानीबाग नामक स्थान के लिए कुमाऊँ में यह अनुश्रुति प्रचलित है कि वहाँ पर जियारानी ने एक बगीचा लगवाया था, जिससे रानीबाग नाम प्रचलित हुआ। रानीखेत में इसी रानी का कृषि-फार्म था। रानीबाग में गौला नदी के तट पर चित्रेश्वर महादेव का मन्दिर और जियारानी की गुफा बड़े चर्चित स्थान हैं। मन्दिर के सामने गौला नदी में एक विशाल शिला पर विविध रेखाएँ अंकित हैं। उसे चित्रशिला कहा जाता है। परम्परा के अनुसार जियारानी इसी शिला पर बैठकर स्नान करती थी। रानीबाग में मार्कंडेय, गर्ग और शार्दूल ऋषि के आश्रम भी थे जिनके खंडहर विद्यमान हैं। प्रतिवर्ष उत्तरायणी की पूर्व रात्रि में कत्यूर की जनता रानीबाग में एकत्र होती है और जियारानी के सम्मान में एक मेले का आयोजन किया जाता है। कत्यूरी दरबार के चारण और भाटों के वंशज तथाकथित जगरिये इस अवसर पर एकत्रित समुदाय को जियारानी की कथा सुनाते हैं। इस कथा के अनुसार कत्यूरी राजा प्रीतमदेव (अस्कोट और पालीपछाऊँ की वंशावली में

इसे प्रीतमदेव, डोटी की वंशावली में पृथ्वीराजदेव, जागरों में पृथ्वीपाल, पिथिर, पिथौरा, पिथौराशाही, पृथ्वीशाही, प्रीमदेव, पीरामदेव आदि नामों से पुकारा गया है) की छोटी रानी मोलादेवी मायापुरहाट के राजा अमरदेव पुण्डीर की लड़की थी और पति से रुष्ट होकर रानीबाग में रहने लगी थी। उसी समय रानीबाग पर तुर्कों का आक्रमण हुआ और मोलादेवी कैद कर ली गई। किन्तु बाद में प्रीतमदेव के भतीजे और लखनपुर के राजा ब्रह्मदेव के नेतृत्व में कत्यूरी-सेना ने तुर्कों को परास्त कर मोलादेवी को मुक्त किया। इसी मोलादेवी का पुत्र धामदेव दुलाशाही था जो प्रीतमदेव के पश्चात रणचूलीहाट का राजा बना। धामदेव के शासनकाल के प्रारम्भ में मोलादेवी ने ब्रह्मदेव के साथ मिलकर संरक्षिका के रूप में शासन किया था। जिससे उसका नाम बाद में जियारानी अर्थात माँ रानी (जिया = माँ) पड़ गया। रानीबाग में कत्यूरियों की इस विजय के उपलक्ष्य में कुमाऊँ में उत्तरायणी के दिन प्रतिवर्ष पुष्युड़िया (घुघुतिया) नाम से एक उत्सव मनाया जाता है और आटे की ढाल-तलवार बनाकर उसकी माला को गले में पहनकर, बच्चे विजय के गीत गाते हैं।

मध्यकालीन लेखक हतीकी के अनुसार राय पिथौरा समरकन्द के शहंशाह तैमूरलंग का समकालीन था। (*इलियट*, द्वितीय खंड, पृ. 300) अत: यह माना जा सकता है कि 1398 ई. में तैमूर के हरिद्वार पर आक्रमण के समय कत्यूरी राजगद्दी पर पिथौराशाही था और उसी ने कटेहर के राजा हरसिंह को भी सहायता की थी। तैमूर की जीवनी और ज़फ़रनामा में शिवालिक के जिस राजा बहरुज का उल्लेख है—वह पिथौराशाही का भतीजा ब्रह्मदेव रहा होगा, जिसे वीरदेव भी कहा जाता है। इस प्रकार अस्कोट की वंशावली में वर्णित कत्यूरी राजा प्रीतमदेव, धामदेव और ब्रह्मदेव का समय 1368 से 1424 ई. के लगभग माना जा सकता है।

बोधगया से छिन्दों की वंशावली भी एक अभिलेख में मिली है, जिसके अनुसार इस वंश में वल्लभराज, देशराज, आदित्य, संघ, सिद्ध, धर्म, सामन्त, पूर्णभद्र आदि राजा हुए। इस क्षेत्र में छिन्दों के एक नगर उद्दंडपुर का भी उल्लेख है। (*इंडियन एंटीक्वेरी,* 10/345)

नृत्याध्याय

बोधगया, शिवालिक और कटेहर के युद्धों में उलझे रहने के बावजूद अशोकचल्ल

ने नाट्यशास्त्र पर *नृत्याध्याय* नामक ग्रन्थ की रचना की, जिससे ज्ञात होता है कि वह उच्च कोटि का कवि और नृत्यवेत्ता था। महाराज अशोकचल्ल विरचित नृत्याध्याय को सर्वप्रथम प्रकाश में लाने का श्रेय महाराज सयाजीराव विश्वविद्यालय बड़ोदा को है। श्री बी.जे. सन्देशर के प्रधान सम्पादकत्व में यह ग्रन्थ गायकवाड़ ओरियंटल सीरीज संख्या 141 में 1963 को प्रकाशित हुआ था। इस ग्रन्थ की मूल हस्तलिखित प्रति ओरियंटल इंस्टिट्यूट, बड़ौदा के हस्तलेख संग्रह में सुरक्षित थी। नृत्याध्याय के हिंदी अनुवादक श्रीवाचस्पति गैरोला के अनुसार, "प्रस्तुत ग्रन्थ के अध्ययन से ऐसा प्रतीत होता है कि वह नाट्यशास्त्र विषयक किसी विशाल ग्रन्थ का एक अंश है।" इस ग्रन्थ में नाट्यशास्त्रीय परम्परा के आचार्य भरतमुनि, तण्डुवायुसूनु कोहल, कीर्तिधर, अभिनवगुप्त आदि के मत दिए हैं। इससे स्पष्ट है कि अशोकचल्ल ने युद्धों में उलझे रहने पर भी नाट्यशास्त्र के ग्रन्थों के अध्ययन और मनन के लिए समय निकाला।

उसने नृत्याध्याय में अपने लिए अशोकेन पृथ्वीवेन्द्रण अशोकमल्लेन भूभुजा, अशोकमल्लो नृपाग्रणी, नृपाशोकमल्लेन आदि का चौदह से भी अधिक स्थानों पर उल्लेख किया है। अपने को राजाओं का अग्रणी (नृपाग्रणी) संग्राम में धैर्य धारण करने वाले पुरुषों में श्रेष्ठ और शत्रुओं को परास्त करने वाला महिपति कहना इस बात की ओर संकेत करता है कि अशोकमल्ल ने बोधगया-अभियान में सफलता के पश्चात ही *नृत्याध्याय* लिखा होगा और जिन शत्रुओं को परास्त करने का दावा किया गया है, वे दिल्ली के सुल्तान नासिरुद्दीन महमूद और गयासुद्दीन बलबन रहे होंगे। पुरुषोत्तम सिंह की प्रशस्ति से यह ज्ञात होता है कि बोधगया के पुनर्निमाण के पश्चात वहाँ नृत्यगीत की प्राचीन व्यवस्था को भी पुनर्जीवित किया गया था।

आसलदेव

अस्कोट की कत्यूरी-वंशावली में अशोकदेव से पहले आसलदेव या आशलदेव नामक राजा का नाम है। डॉ. रामसिंह के संकलन में पिथौरागढ़ से प्राप्त एक ताम्रपत्र की प्रतिलिपि है जिसे उदयपुर के बमराजा शक्ति वर्मा ने शाके 1259 (1337 ई.) में वासुदेव नामक ब्राह्मण के नाम जारी किया है। इस ताम्रपत्र में आशलदेव और सुहेलदेव नामक जिन राजाओं के नाम हैं, उनमें आशलदेव को अशोकदेव का पूर्ववर्ती असालदेव माना जा सकता है।

आसन्तिदेव

ब्रिटिश शासनकाल में डोटी, अस्कोट और पाली पछाऊँ के रजवारों से प्राप्त कत्यूरी राजवंश की तीन वंशावलियाँ प्रकाशित की गई थीं। एटकिंसन और शेरिंग ने यह स्वीकार किया है कि वंशावली के साथ काबुल से नेपाल तक प्रभुत्व की परम्परा है लेकिन परवर्ती लेखकों ने इस कथन की ओर कोई ध्यान नहीं दिया है। डॉ. प्रयाग जोशी ने कत्यूरी जागरों को संकलित करते समय लोक गायकों से एक वंशावली लिखवाई थी। द्वाराहाट के समीप भिरैं गाँव के गायक भिद्दे रामदास से संकलित गाथा के अनुसार कत्यूरी राजा आसन्तिदेव ने जोशीमठ में अपना स्वर्ण महल नरसिंह नाम के जोगी को दान कर दिया था और उसी की सलाह पर राजधानी जोशीमठ से कत्यूर में हटा दी थी। इस गाथा में आसन्तिदेव को 'कथापूरी' कहा गया है। (पर्वतीय इतिहास परिषद् की शोध पत्रिका, 1/55) मेरे एक शिष्य सुरेशराम आर्य ने चमोली जिले के रतगाँव, नेग्वाड़, पीपलकोटी आदि से जोशीमठ के नरसिंह मन्दिर से सम्बन्धित जो हस्तलिखित पुस्तकें संकलित की हैं, उनमें से एक पुस्तक में कई स्थानों पर गुरु खेकदास और राजा धामदेव का नाम है। धामदेव की वंशावली के आरम्भ में कन्तापुरी शब्द है। वंशावली निम्नलिखित है—

जै धरती फुर का पाट।
अगीनीवराई का पाट
फीणवराई का पाट
सुवतीवराई का पाट
कंव मा डोलो कसवराई का पाट
बगड़ मा डोलो बगड़वराई का पाट
असन्तीराई का पाट
वासन्तीराई का पाट
गोरा राई का पाट
साबोलाराई का पाट
इलयणदेव का पाट
तीलड़देव का पाट
अबैरीता पीतमदेव का पाट
दुला राजा धामदेव का पाट।

इस पुस्तक के अनुसार जोशीमठ के कन्तापुरी राजवंश में निम्नलिखित तेरह राजा सत्तारूढ़ हुए—

1. अग्निवराय
2. फेणवराय
3. सुवतीवराय
4. केशवराय
5. बगड़वराय
6. आसन्तीराय
7. वासन्ती राय
8. गोराराय
9. सौवलाराय
10. इलयणदेव
11. तीलणदेव
12. पीतमदेव
13. धामदेव दुलाशाह।

अग्निवराय से आसन्तीदेव तक छह राजाओं ने जोशीमठ में शासन किया। वृद्धावस्था में आसन्तीराय ने जोशीमठ से राजधानी पहले कत्यूर में हटाई बाद में चौखुटिया के समीप बैराट में स्थायी रूप से कत्यूरी रहने लगे। आसन्तिदेव ने द्वाराहाट में दोरमंडल का भी निर्माण करवाया था।

बदरीनाथ के यात्रापथ पर स्थित जोशीमठ जगद्गुरु शंकराचार्य द्वारा स्थापित ज्योतिर्मठ का अपभ्रंश माना जाता है। आज जोशीमठ में वासुदेव और नरसिंह के दो महत्त्वपूर्ण मन्दिर हैं जहाँ साधारण पर्यटक के लिए नरसिंह मन्दिर को भगवान विष्णु के नृसिंह अवतार से जोड़ दिया जाता है। वहीं चमोली जिले के दास-जगरिए उसे गोरखनाथ के अनुयायी और कत्यूरी राजा आसन्तिदेव के गुरु नरसिंह नामक जोगी की गद्दी मानते हैं। नवरात्रि के अवसर पर जोगी नरसिंह का जागर आयोजित किया जाता है और उसी अवसर पर आसन्तिदेव का पुस्तनामा भी गाया जाता है।

कुमाऊँ-गढ़वाल की दास जाति आज दलित वर्ग के अन्तर्गत स्वीकार की जाती है लेकिन कत्यूरी-युग के विवरणों के अनुसार वे कत्यूरी-शासनकाल में दरबारी भाटों के वंशज थे और राजदरबार में उन्हें 'गुरु' का पद प्राप्त था। कत्यूरी-वंशावली के साथ-साथ उनके भाटों की वंशावली भी उपरोक्त पुस्तक में लिखी हुई है, जो निम्नवत है—

आलू भाट को नाती!
तालू भाट को नाती!
लाईदास को नाती!
ऊँकादास को नाती!

जलकौल को नाती!
थलभाट को नाती!
वीदीया परसाद कंकालीभाट!
गुरु कासमीरी खेकदास!
गुरु कालूदास गुरु रायीदास!
गुरु बिणदास!

खेकदास को कई पांडुलिपियों में गुरु कासमीरी तथा खैरीदास भी लिखा हुआ है। पौड़ी (गढ़वाल) के समीप कंडारा की झाली-माली देवी के जागरों से सम्बन्धित हस्तलिखित पुस्तकों में भी उसे कासमीरी कहा गया है। रानीबाग में जागर लगाने वाले भी अपने को खेकदास का वंशज मानते हैं। कुमाऊँ में हरु, सैम और गोरिया का जागर लगाने वाले अपने को खेकदास के पुत्र धरमदास का वंशज मानते हैं। अल्मोड़ा जिले के बारामंडल परगने में लखनपुर के कत्यूरी राजा ब्रह्मदेव (वीरदेव) का जागर लगाने वाले अपने को खेकदास के पुत्र बिणदास का वंशज मानते हैं।

चमोली जिले के अधिकांश गाँवों में नरसिंह, भैरौ, मैमन्दा, हणमन्त आदि की पूजा की जाती है और उनकी पूजा से सम्बन्धित पुस्तकों को गुरुपादुका तथा गुसाईंपादुका कहा जाता है। इन ग्रन्थों से यह प्रतीत होता है कि आसन्तिदेव ने अपने राजमहल के साथ ही साथ शंकराचार्य के ज्योतिर्मठ को भी नाथपन्थी जोगी नरसिंह को प्रदान किया था और उसके बाद नरसिंह के नौ अनुयायी क्रमशः जोशीमठ के गुरुपद पर आसीन हुए, जिनमें मैमन्दा, भैरौं, हणमन्त और अजेपाल के नाम विशेष उल्लेखनीय हैं। इन ग्रन्थों में नरसिंह की माँ का नाम बागेसुरी, मैमन्दा की माँ का नाम तुरकण, भैरौं की माँ का नाम कालिका और हणमन्त की माँ का नाम अंजनी लिखा हुआ है। सभी ग्रन्थ इस बात में एकमत हैं कि जोशीमठ का गोरखपन्थी गुरु हणमन्त कत्यूरी राजा धामदेव, उसके सेनापति निरसंग महर और दरबारी कवि खेकदास का समकालीन था। गुरुपादुका में यह बात ध्यान देने की है कि उसमें शृंगेरीमठ, गोवर्धनमठ, शारदामठ और जोशीमठ के साथ जोगी नरसिंह को जोड़ा जाता है। उल्लेख निम्नवत मिलता है—

नौ नाथ चौरासी सिद्धों को आदेश!
पूरब दिशा गोवर्धन मठ को आदेश!
दषीण दिशा सगेरी सगेरा मठ को आदेश!

पछीम दिशा सारदा मठ को आदेश!
उत्र दीशा जोशीमठ को आदेश!
ताहा वैसी जोगी नरसीग!
तामा की पत्री! लुवा की फाउड़ी!
रूपा की सीगी!
काली घोड़ी, कालौ पलाण!!

इस उल्लेख से यह संकेत मिलता है कि कत्यूरी-शासनकाल में नाथपन्थ को राजधर्म के रूप में स्वीकार किया गया था और ज्योतिर्मठ में शंकर सम्प्रदाय के आचार्यों को हटाकर नाथपन्थी गुरुओं को अभिषिक्त किया गया था। जिस तरह रानीबाग में तुर्क आक्रमण की चर्चा की जाती है, उसी तरह *गुरुपादुका* में सुल्तान को नौ लाख नब्बे हजार घुड़सवार और चार लाख चौरासी हजार हाथी वाली सेना के आक्रमण का वर्णन है। मैमन्दा अली और सुलेमान पीर के नाथपन्थ स्वीकार करने की चर्चा है। आसन्तिदेव और उसके गुरु नरसिंह के समय में जिस सुल्तान के आक्रमण का वर्णन है, वह दिल्ली का सुल्तान मुहम्मद तुग़लक़ रहा होगा। तुग़लक़ इतिहास के साधनों से ज्ञात होता है कि मुहम्मद तुग़लक़ ने 'कारांजल' नाम की पहाड़ी पर आक्रमण किया था जो कुमाऊँ के कूर्मांचल नाम से साम्य रखती है।

उपरोक्त तथ्यों के आधार पर यह कहा जा सकता है कि सुभिक्षराज से लेकर अजयपाल तक का समय मध्य-हिमालय में कत्यूरी-युग के नाम से पुकारा जा सकता है। धामदेव के पुत्र मालूशाही, पौत्र मल्योहीत और प्रपौत्र हरूहीत के समय तक गढ़वाल पर कत्यूरी-प्रभुत्व के प्रमाण कंडारा, दशौली और उरगम में मिलते हैं।

चन्दकालीन इतिहास पर नई नज़र

पिथौरागढ़ जिले के छाना गाँव (पट्टी-चंडाक) के हरीशचन्द पांडे के घर पर सुरक्षित दो प्राचीन ताम्रपत्रों को हाल ही में मुझे देखने का अवसर मिला। पहला ताम्रपत्र 1458 ई. का राजा प्रतापवर्मा का है। यह निम्नवत है—

> श्रीशाके 1380 समये मार्गसिर सुदि सप्तम्यां शनि वासरे राजाधिराज प्रतापवर्म पादान्चिरं जयन्तु। रजवार पाय संकल्प करि पला2 फुलेदो पशाकियो सुर्जु पाडे हरिराम पाडे शान्तिकर पाडे ले पायो। फुलेदा लागो गाउ घट्ट लेक इजर घर कुडि वण छोडि राणा का पाय कूटा का घाय आकाश को ढीडो पाताल की निधि नाठ नठालि पैठ गडेलि पेटिलि सर्व्वकर अकर सर्वस्रोत्रसमन्वित भै संकल्पि पशाकि। प्रतापब्रह्म का सन्तान भुचाउणी पाडे की सन्तान भुचणी। अन्यथा नास्ति। अत्र साक्षिण: सुर्णजुब्रह्म कुसब्रह्म ज्यु। कालू बिष्ट जैत भडारि। हर्ष माणिक महर देवब्रह्म भडारि। सिवराज भाट। चार थान पन्थराज जौष्ट हि जुन की कुभैल जु करणो प्रतापब्रह्म शक्तिब्रह्म मन्या का पाप पाहुया। स्वदत्तां पर दत्तां वा यो हरेत् वसुन्धरां। पष्टिर्वर्ष सहस्त्राणि बिष्टायां जायते क्रिमि। लिखितमिदं पत्रं शम्भुदास पंडितेण॥ सुभं भवतु॥

दूसरा ताम्रपत्र 1643 ई. का राजा बाजबहादुरचन्द का है जो निम्नवत है—

> महाराजाधिराज श्री राजा बाजबहादुर चन्ददेव ले संकल्पपूर्वक करी सूर्यग्रहण कौ भूमी दीनि भगीरथ पाडे योग्य वोगसाड़ी का परेगना मात्र मौ: सीमला दीनु थानसीग वालो दीनु धरा डडा सुदा पाई सर्वकर अकर सर्वद्वंद्वविसुध करी पाई घोरालों कुकरालो वाजनीया गडेली पेटीली

नाठनठली सर्ग की ढिडो पाताल की नीधी सव तोड़ी पाई श्री महाराजा बाजबहादुरचन्द देव की सन्तति ले भुचाउनु भगीरथ पाडे की सन्तति ले भुचनु पत्र साछी माधव विस्वरूपं पाडे महेश पन्थ वीठल जगति गुसाई सिकदार चन्द्रभान राडत प्रागदास जोईसी गौर्याकादड़ मौनी जैमल वोरो चैकुनुकादड़ भंडारि परसुराम पाडे भोगती तड़ागी सत्रुसिंग चौधरी सालीवान कार्की भागीडत वोरा चकरुपदार्थ भडारी नकुल सेज्याली चीता कुमा साउ कासी परमा रतगली लीषीतं नरोत्तम जोईसी

आसीतकल्याणचन्द्रो रणाविजितरिपुस्तत्सुतो रुद्रचन्द्र। शूरो विद्वान्विवेकी मनुरिव महितस्तत्सुतो लक्ष्मणेंदु तत्पुत्रो नीलचन्द्रः क्षितिपति तिलकस्तद सुतो वातचन्द्रस्तेन प्रत्यर्थिकांताकचकुचकवरी हंस शोभाहराण॥

प्रजागदा सोदजनादिशर्मान्या वाजकत्रधरणी धवेना।
ग्राम प्रदभ सीमलाभिधान सुजेपि रोर्ध्य भगीरथाय॥
भूमी यः प्रतिगृहणाती भूमिं यश्च प्रयछति।
ता उभौ पुण्य कर्माणौ नीयत स्वर्गगामीनौ
श्री शाके 1565 समये जेष्ठ सु 10 गुरो उतघाटीत मनी सुदार

उपरोक्त दोनों ताम्रपत्रों की जानकारी होने के बाद चम्पावत और अल्मोड़ा के चन्द राजवंश तथा पिथौरागढ़ के ब्रह्म राजवंश के सम्बन्धों के सन्दर्भ में अधिक विस्तृत सामग्री उपलब्ध हुई है।

स्मृतिकौस्तुभ की वंशावली

एटकिंसन, वाल्टन, बदरीदत्त पांडे, राहुल सांकृत्यायन आदि अतीतवेत्ताओं ने कुमाऊँ के इतिहास पर जो पुस्तकें प्रकाशित की हैं, उनमें रुद्रचन्द के पुत्र का नाम लक्ष्मीचन्द और बाजबहादुर के पिता का नाम नीलगुसाई दिया है। उसके विपरीत *स्मृतिकौस्तुभ* के लेखक अनन्तदेव ने रुद्रचन्द के पुत्र का नाम लक्ष्मणचन्द तथा बाजबहादुरचन्द के पिता का नाम नीलचन्द दिया है। वंशावली निम्नवत है—

यः पूर्वजन्मार्जितपुण्यभारैः
संलब्धया दिव्यधियावनीशान्।
वशेऽकरोच्छीतकरोच्चवंशे

स ज्ञानचन्द्रो नृपतिर्बभूव॥1॥
कल्याणकर्ता सकलप्रजानां
कल्याणचन्द्रस्तत आविरासीत।
कदापि दण्ड्या न यदीयराज्ये
बभूवुरेषां क्वनु दण्डवार्ता॥2॥
प्रतापेन रुद्रो यम: स्वच्छकीर्त्या
समाह्लादयन्यो जनांश्चन्द्रतुल्य:
सदा सर्वविद्वद्गुणीज्ञो वदान्योऽभवच्च वंशे
तातो रुद्रचन्द्र:॥3॥
श्रीरुद्रस्य षडानन: शशधरस्यासीद्यथा वा बुध:।
श्रीमल्लक्ष्मणचन्द्रनामकसुतोऽभूद्रुद्रचन्द्रस्य य:॥4॥
तेनानेकहिमाचलस्थनृपतीन्दुष्टान्विजित्य स्वके।
राज्ये वृद्धिरकारि तुष्टिरमिता
चाधायि विद्वद्धृदि॥5॥
तस्त्रिमल्लचन्द्रोऽभूद्भूपो रूपोद्भटो भुवि।
काशीस्थविद्वदादिभ्यो धनराशीनदात्सदा॥6॥
तस्मिन्कुलेऽजनि तत: किल नीलचंद्रो
यस्तीर्थसज्जननिषेवणभूरिपुण्यै:।
तेजो दधार परमं पुरुषोत्तमाख्यं
धत्ते यथेन्द्रदिशि नीलगिरि: परं तत्॥7॥
श्री बाजबहादुरचन्द्रनृस्पततोऽभू-
च्चन्द्रान्वय: स भुवि भूरियशोऽकरोद्य:।
सर्वावनिस्थविदुषामवनं प्रकुर्व-
न्योऽस्मिन्कलावपि ररक्ष
समस्तशास्त्रम्॥8॥

अर्थात *चन्दवंश* में ज्ञानचन्द नाम का एक बुद्धिमान राजा हुआ जिसने पूर्वजन्म में अर्जित पुण्य के कारण अपने बुद्धि-चातुर्य से समस्त राजाओं को वश में कर लिया। उसके पश्चात प्रजा का कल्याण करने वाला दयालु राजा कल्याणचन्द हुआ। तदन्तर प्रताप में शिव के समान, विद्वानों के गुणों का आदर करने वाला और उदार रुद्रचन्द नामक राजा चन्दवंश में उत्पन्न हुआ। जिस तरह शिव का

बुद्धिमान पुत्र कोर्तिकेय था, उसी तरह रुद्रचन्द का लक्ष्मणचन्द नामक पुत्र हुआ। उसने हिमालय के अनेक दुष्ट राजाओं को परास्त कर अपने राज्य की वृद्धि की और विद्वानों के लिए निरन्तर धनराशि दिया करता था। तत्पश्चात उस कुल में नीलचन्द पैदा हुआ, जिसने बहुत तीर्थयात्राएँ कीं। उसके बाद बाजबहादुरचन्द नामक राजा पृथ्वी पर हुआ जिसने कलियुग में समस्त शास्त्रों की रक्षा की और विद्वानों को सम्मानित किया।

इस वंशावली के पश्चात चार श्लोकों में राजा बाजबहादुरचन्द की अत्युक्तिपूर्ण प्रशंसा की गई है और उसके बाद लेखक ने अपने पूर्वजों का विवरण दिया है। उसके अनुसार गोदावरी नदी के तट पर वेदों का ज्ञाता और कृष्णभक्त एकनाथ नामक ब्राह्मण रहता था। उसका पुत्र आपदेव समस्त शास्त्रों का ज्ञाता था। आपदेव का पुत्र अनन्तदेव मीमांसा और नीति का पंडित था। अनन्तदेव के पुत्र आपदेव ने न्यायप्रकाश का निर्माण किया था। आपदेव का पुत्र अनन्तदेव द्वितीय वैदिक शास्त्र का ज्ञाता था। उसने बाज नामक राजा के कहने पर स्मृतिकौस्तुभ नामक निबन्ध की रचना की। इस वंशावली के अनुसार लेखक का पुस्तक्रम निम्नवत प्रतीत होता है। एकनाथ-आपदेव प्रथम-अनन्तदेव प्रथम-आपदेव द्वितीय-अनन्तदेव द्वितीय।

स्मृतिकौस्तुभ के विवरण से यह स्पष्ट है कि अनन्तदेव दक्षिण भारत की नदी गोदावरी के तट का निवासी था और उसके आश्रयदाता राजा बाजबहादुर के पूर्वज हिमालय में शासन करते थे।

महाराष्ट्र में गोदावरी के तट पर रहने वाले अनन्तदेव ने बाजबहादुरचन्द के समय हिमालय में आकर उसकी आज्ञा से धर्मशास्त्रों पर निबन्ध के रूप में स्मृतिकौस्तुभ की रचना की और इस ग्रन्थ में मंगलाचरण के पश्चात बाजबहादुरचन्द की जो वंशावली दी है, वह तत्कालीन चन्द दरबार में उपलब्ध विवरण होने से अधिक प्रामाणिक है। *स्मृतिकौस्तुभ* 1909 ई. में निर्णयसागर प्रेस से छप चुका था। बाजबहादुरचन्द के छाना ताम्रपत्र से उसमें दो नाम अधिक हैं—वंश-संस्थापक ज्ञानचन्द और बाजबहादुरचन्द के ताऊ त्रिमल्लचन्द।

सोमचन्द 1815 ई. में गोरखा युद्ध में विजयी होने पर अंग्रेज़ कुमाऊँ के अधिपति बने। यह स्वाभाविक है कि अपने नवविजित क्षेत्र को समझने के लिए अंग्रेज़ों ने इसके भूगोल और इतिहास का लेखा तैयार करने की कोशिश की। अंग्रेज़ों की सरकारी खोज के परिणामस्वरूप एटकिंसन का हिमालयन गजेटियर तथा अल्मोड़ा और नैनीताल के जिला गजट प्रकाशित हुए। इनमें बाजबहादुरचन्द

के पिता का नाम नीलगुसाई तथा रुद्रचन्द के पुत्र का नाम लक्ष्मीचन्द दिया है। चूँकि अनन्तदेव बाजबहादुर का दरबारी लेखक था अतः वह अपने आश्रयदाता के पिता का नाम गलत नहीं लिखेगा। उसने बाजबहादुरचन्द के पिता का नाम नीलचन्द और लक्ष्मीचन्द के स्थान पर लक्ष्मणचन्द नाम दिया है। उसने ज्ञानचन्द से वंशावली शुरू की है, यह भी एक विचारणीय तथ्य है।

1979 ई. में सम्पूर्णानन्द संस्कृत विश्वविद्यालय, वाराणसी से कुमाऊँ के राजा रुद्रचन्द द्वारा लिखी गई संस्कृत नाटिका *उषारागोदय* प्रकाशित हुई है। उसके अनुसार चम्पावत के चन्दवंश का मूल पुरुष सोमचन्द इलाहाबाद के समीप झूसी के पास स्थित प्राचीन प्रतिष्ठान नामक स्थान का रहने वाला था और शालिवाहन के वंश में उत्पन्न हुआ था। वह अपने पुरोहित हरिहर पांडेय तथा राजकर्मचारियों सहित बद्रीनाथ की तीर्थयात्रा के लिए पहाड़ में आया था और यहाँ के सूर्यवंशी राजा अर्जुनदेव ने अपनी पुत्री का विवाह सोमचन्द के साथ करके उसे चम्पावत के समीप एक छोटी-सी जागीर दे दी थी। उसने चम्पावती नगर में सुदृढ़ दुर्ग का निर्माण करवाया था। *उषारागोदय* के सम्पादक गौरीनाथ शास्त्री एवं जनार्दन पांडेय ने चम्पावती में सोमचन्द के राज्यारोहण की तिथि 685 ई. स्वीकार की है। बदरीदत्त पांडे ने सोमचन्द का शासनकाल 700-721 ई. स्वीकार किया है। एटकिंसन और वाल्टन ने सोमचन्द के शासन का प्रारम्भ 953 ई. में माना है। सोमचन्द की तिथि के बारे में पर्याप्त मतभेद होते हुए भी यह तथ्य सभी साधनों से पुष्ट होता है कि वह चम्पावत क्षेत्र में एक छोटा-सा जागीरदार था। काशीपुर के पुस्तनामे के आधार पर बदरीदत्त पांडे ने सोमचन्द के वंशजों का निम्न क्रम माना है—

1. आत्मचन्द (721-40 ई.)
2. पूर्णचन्द (740-758 ई.)
3. इन्द्रचन्द (758 से 778 ई.)
4. संसारचन्द (778-813 ई.)
5. सुधाचन्द (813 से 833 ई.)
6. हमीरचन्द (833-856 ई.)

खष प्रभुत्व

काशीपुर की वंशावली के अनुसार 869 से 1065 ई. तक का समय चम्पावत में खष-प्रभुत्व का समय है। कुमाऊँ-गढ़वाल के इतिहास में यह काल कार्तिकेयपुर के खष राजाओं का युग माना जाता है। इससे पूर्व की अवधि ब्रह्मपुर के सोमवंशी

राजाओं की रही है। कुमाऊँ-गढ़वाल के इतिहास का तिथिक्रम देखते हुए मानना पड़ेगा कि तालेश्वर ताम्रपत्रों में वर्णित ब्रह्मपुर से शासन करने वाले पर्वताकर राज्य के सोमवंशी राजाओं के शासनकाल में चम्पावत में सोमचन्द और उसके वंशजों ने शासन किया होगा। बालेश्वर मन्दिर से कार्तिकेयपुर के राजा देशटदेव का ताम्रपत्र मिला है। अत: सोमवंश के पतन के बाद खषों ने चम्पावत में चन्दों की जागीरदारी समाप्त कर एक नया जागीरदार घराना स्थापित किया होगा जिसने 1065 ई. तक शासन किया। वंशावली के अनुसार खष-प्रभुत्व के पश्चात निम्नलिखित राजाओं ने चम्पावत में शासन किया था—

1. वीरचन्द (1065-1080 ई.)
2. रूपचन्द (1080-1093 ई.)
3. लक्ष्मीचन्द (1093-1113 ई.)
4. धर्मचन्द (1113-1121 ई.)
5. कर्मचन्द, (1121-1140 ई.)
6. बल्लालचन्द (1140-1149 ई.)
7. निर्भयचन्द (1149-1170 ई.)
8. नरचन्द (1170-1177 ई.)
9. नानकीचन्द (1177-1195 ई.)
10. रामचन्द (1195-1205 ई.)
11. भीष्मचन्द (1205-1226 ई.)
12. मेघचन्द (1226-1233 ई.)

बदरीदत्त पांडे के अनुसार भीष्मचन्द को छखाता (नैनीताल) के ढुङसिल गाँव में एक खष राजा ने मार डाला था। बालेश्वर ताम्रपत्र के अनुसार नेपाल के दुलू नामक स्थान के मल्ल राजा क्राचल्लदेव ने 1223 ई. में कुमाऊँ पर आक्रमण किया था। सम्भवत: इसी युद्ध का संकेत वंशावली में भीष्मचन्द की मृत्यु के लिए किया गया होगा।

छोरचन्द

मेघचन्द के पश्चात ध्यानचन्द (1233-1251 ई.) तथा परबतचन्द (1251-1261 ई.) गद्दी पर बैठे। परबतचन्द के उत्तराधिकारी छोरचन्द की अनेक कहानियाँ कुमाऊँ में प्रचलित हैं। उसे थोरचन्द और थोहरचन्द भी कहा गया है। पिथौरागढ़ के गंगोली क्षेत्र के गाँवों में प्रचलित एक कहानी के अनुसार कुमाऊँ के नि:सन्तान राजा ने अपने मित्र झूसी के राजा से आग्रह किया कि अपने एक पुत्र को चम्पावत भेज दे। झूसी का कोई राजकुमार पहाड़ में आने के लिए तैयार नहीं था। एक गर्गगोत्रीय चौबे ब्राह्मण ने ज्योतिष गणना के आधार पर यह भविष्यवाणी की कि झूसी के

राजा के ग्वाले का राजयोग है अत: उसी को छोरचन्द नाम से कुमाऊँ भेज दिया गया। छोरचन्द के पश्चात निम्नलिखित जागीरदार सत्तारूढ़ हुए—

1. कल्याणचन्द (1275-1296 ई.)
2. डमरुचन्द (1296-1321 ई.)
3. धर्मचन्द (1321-44 ई.)
4. अभयचन्द (1344-1574 ई.)

चम्पावत के बालेश्वर मन्दिर के प्रांगण में एक स्तम्भ पर अभवीन्द्रचन्द का शाके 1293 (1371 ई.) का लेख है। अभवीन्द्र चन्द अभय चन्द का ही दूसरा नाम रहा होगा। तेरहवीं सदी के मध्य में अशोकचल्ल के नेतृत्व में मल्लों ने गढ़वाल में गोपेश्वर से लेकर बिहार में बोधगया तक एक विशाल साम्राज्य स्थापित किया। बोधगया लेख से ज्ञात होता है कि अशोकचल्ल की अधीनता में कुमाऊँ में पुरुषोत्तम सिंह का शासन था। उसके पिता कामदेव सिंह और पितामह जयतुंग सिंह को भी कुमाऊँ का शासक बताया गया है। (*हिमालय का इतिहास,* भाग-1, पृ. 86-87) इन्हीं की अधीनता में चम्पावत में चन्दों की जागीरदारी रही होगी।

ज्ञानचन्द

अभयचन्द का उत्तराधिकारी ज्ञानचन्द प्रारम्भ में एक छोटा शासक था। 1389 ई. के मादली ताम्रपत्र (पहाड़ 2/30) में उसे केवल राजा कहा गया है लेकिन 1418 ई. के मादली और 1422 ई. के सिलौनी ताम्रपत्र में उसे राजाधिराज महाराज कहा गया है। इससे स्पष्ट है कि ज्ञानचन्द चम्पावत के चन्दवंश का पहला स्वतंत्र शासक था। इसी कारण अनन्तदेव ने *स्मृतिकौस्तुभ* में उसी से वंशावली प्रारम्भ करते हुए लिखा है कि "चन्दवंश में ज्ञानचन्द नाम का एक बुद्धिमान राजा हुआ जिसने पूर्वजन्म में अर्जित पुण्य के कारण अपने बुद्धि-चातुर्य से समस्त राजाओं को वश में कर लिया।" सिलौनी ताम्रपत्र से ज्ञात होता है कि उसने पिथौरागढ़ के राजा विजयब्रह्म को 1422 ई. में परास्तकर अपनी अधीनता स्वीकार कराई थी।

बदरीदत्त पांडे के अनुसार दिल्ली के सुल्तान मुहम्मद तुग़लक़ ने उसके द्वारा तराई में गरुड़ मारने के कारण उसे 'गरुड़' उपाधि से सम्मानित किया था। इसी कारण वह गरुड़ज्ञानचन्द के नाम से प्रसिद्ध हुआ। मुहम्मद तुग़लक़ के शासनकाल

की तिथि 1325 से 1351 ई. है और ज्ञानचन्द के शासनकाल की तिथि पांडे जी ने 1374 से 1419 ई दी है। अत: यह तथ्य गलत है कि मुहम्मद तुग़लक़ ने ज्ञानचन्द को गरुड़ की उपाधि दी थी। विगत वर्षों में ज्ञानचन्द के अनेक शिलालेख और ताम्रपत्रों का पता चला है लेकिन किसी भी अभिलेख में उसके नाम के साथ गरुड़ शब्द का प्रयोग नहीं है। ज्ञानचन्द की अनेक लोकगाथाएँ कुमाऊँ-गढ़वाल में प्रचलित हैं जिनमें उसे गुरु ज्ञानचन्द कहा जाता है। (ओकले तथा गैरोला, *हिमालय की लोकगाथाएँ*, पृ. 25) मध्यकालीन भारत में गोरखनाथ के अनुयायियों के लिए गुरु शब्द का प्रयोग किया जाता था। अत: यह प्रतीत होता है कि ज्ञानचन्द नाथपन्थ का अनुयायी था।

लोकगाथाओं के अनुसार ज्ञानचन्द को पहलवानों से मल्लयुद्ध कराने का बड़ा शौक था। अजुवा बम्पाला, कला भण्डारी, कुंजीपाल, मनी पडियार, मालू, सालू आदि वीरों के गीतों को भड़ौ कहा जाता है। उन्होंने ज्ञानचन्द के मल्लयुद्ध आयोजन में भाग लेकर यश कमाया था। कुमाऊँ और गढ़वाल में प्रचलित क्षेत्रपाल की गाथा के अनुसार कुंजीपाल के पुत्र क्षेत्रपाल ने ज्ञानचन्द की हत्या की थी।

बाजबहादुरचन्द के छाना ताम्रपत्र की तरह ही भारतीचन्द के मढ़ ताम्रपत्र (1444 ई.) में भी चन्दों की वंशावली दी गई है जिसका प्रारम्भ ज्ञानचन्द से किया गया है और उसे त्रिभुवनविजयी कहा गया है। (*पिथौरागढ़ : संस्कृति और पुरातत्त्व*, 1/35) वंशावली निम्नवत है—

ज्ञानचन्द
ध्यानचन्द
धर्मचन्द
हरिश्चन्द्रप्रतापमाला
भारतीचन्द

ज्ञानचन्द के मादली ताम्रपत्र (शाके 1311) में श्री गर्सू शर्मा को 'भाभर' सहित भूमिदान किया गया है। इससे स्पष्ट है कि आधुनिक नैनीताल जिले के टनकपुर क्षेत्र के भाभर पर ज्ञानचन्द का अधिकार था। कला भंडारी की कहानी से भी इस क्षेत्र पर ज्ञानचन्द के अधिकार की पुष्टि होती है। *तारीख़-ए-मुबारकशाही* के अनुसार 1418 ई. में आधुनिक उत्तर प्रदेश की रुहेलखंड कमिश्नरी के अन्तर्गत कटेहर (बदायूँ/शाहजहाँपुर) में हरसिंह ने दिल्ली के सुल्तान खिज्रखाँ के विरुद्ध विद्रोह

किया और परास्त होने पर कुमाऊँ में शरण ली। 1424 ई. में उसने पुन: दिल्ली के सुल्तान मुबारक शाह के विरुद्ध कटेहर में विद्रोह किया और पुन: कुमाऊँ में शरण ली। कुमाऊँ में हरु, सैंम, गोरिल आदि की गाथाएँ प्रचलित हैं जिन्होंने ज्ञानचन्द के समय चम्पावत के समीप गोरिलचौड़ और जागेश्वर के समीप झांकरसैम को केन्द्र बनाकर राजनैतिक गतिविधियों का संचालन किया। कटेहर के ज़मींदार हरसिंह को दिल्ली के सुल्तान के विरुद्ध सहायता देने के कारण ही ज्ञानचन्द को मढ़ ताम्रपत्र में त्रिभुवन विजयी कहा गया है। अल्मोड़ा जिले में जागेश्वर से प्राप्त एक लेख में भी ज्ञानचन्द का नाम है। अल्मोड़ा नगर के समीप पूर्व की ओर छह किलोमीटर की दूरी पर ज्ञानचन्द का 1397 ई. का लेख होने से यह स्पष्ट है कि आधुनिक अल्मोड़ा नगर पर भी ज्ञानचन्द का प्रभुत्व था। (*ध्यानम,* पृ. 28) ज्ञानचन्द की वीरगाथाएँ पौड़ी-गढ़वाल में भी प्रचलित रही हैं।

मार-फर्त्याल

कुमाऊँ में ब्रिटिश शासनकाल तक समस्त गाँव दो राजनैतिक दलों में विभक्त थे जिन्हें मार धड़ और फर्त्याल धड़ कहा जाता था। पिथौरागढ़ के समीप कुमौड़ गाँव के महर फर्त्याल धड़ के अन्तर्गत माने जाते थे और बिण गाँव के महर मार धड़ के। ज्ञानचन्द के मादली ताम्रपत्र में राहु फर्त्याल का उल्लेख होने से यह स्पष्ट है कि चन्द दरबार की दलबन्दी की प्रथा उसके समय विद्यमान थी। इस दलबन्दी की उत्पत्ति के सम्बन्ध में कुमाऊँ में निम्नलिखित कथा प्रचलित है—

मारा और फर्त्याल दो सगे भाई थे। कुमूपति राजा उनका भाँजा लगता था। वे झाँसी से अपनी बहन (रानी) से भेंट करने आ रहे थे। उन दिनों राजा विषंग (लोहाघाट के समीप) में रहता था। रानी के कोट में नाग घुस गया था। द्यौली और सिमल्टा गाँव के पांडे जाति का पूर्वज भी उनके साथ आ रहा था। जब वे धुनघाट के समीप खेतीखान में पहुँचे तो पांडे ने कहा 'यहाँ पर खाना बनाना बेकार है, यहाँ कोरा भात (सुक भात) खाना पड़ेगा।' आगे चलते हैं, ढेरनाथ में शिकार-भात खाएँगे। रानी को बारह वर्ष से सन्तान नहीं हुई थी, नौले में रहने वाले नाग के कारण गर्भ नहीं ठहर रहा था। नाग के आवास वाला नौला बाहर से अभेद्य फटकशिला से बन्द था।

ढेरनाथ में पहुँचते ही एक जड़यो (बारहसिंगा) दिखाई दिया। उसे मारकर

शिकार भात बनाया। विषंग में पहुँचने पर छोटे भाई ने फटकशिला तोड़ी अत: वह फरत्र्याल कहलाया। बड़े भाई ने नाग को मारा अत: वह मार कहलाया। इस कार्य से प्रसन्न होकर राजा ने उन दोनों से कहा कि आज से मैं महल में रहकर ही शासन व्यवस्था करूँगा, बाहर का राज्य तुम दोनों सम्भालो। इसी कारण कुमाऊँ का सारा राज्य मार और फर्त्याल धड़ों में बाँट दिया गया। गाँव और बुंगा तय कर दिए गए। कोई भी व्यक्ति घूमते-घूमते किसी गाँव में चला जाए और रास्ता पूछे कि मारों का बुंगा किधर है या फर्त्यालों का बुंगा किधर है तो कोई भी उसे रास्ता बता सकता था। विषंग में नाग के मरते समय दर्शक के रूप में ढेक, देव, कार्की, तड़ागी, बोरा और चौधरी बैठे हुए थे। ढेक किनारे (तिर्) में बैठा था। नई व्यवस्था में उसे अधिकारी बनाया गया।

मार ने कहा—नाग मैंने मारा अत: राज्य मेरा होगा।

फर्त्याल ने कहा—'फटिकशिला मैंने तोड़ी अत: राज्य मेरा होगा।'

राजा ने बराबर बँटवारे का आदेश दिया, तब द्विधड़ (दो दल) हो गए। मार-फर्त्यालों में शक्ति-परीक्षण के लिए 'बग्वाल' खेली जाने लगी। उनकी टकराहट से परेशान होकर कुमूपति राजा पशुपतिनाथ (नेपाल) को नरबलि देने का बहाना बनाकर भाग गया।

पिथौरागढ़ के समीप बलकोट गाँव के रावल मार धड़ में रखे गए और थरकोट गाँव के रावल फर्त्याल धड़ में रखे गए। जाख गाँव के भट्ट और गिरि मार धड़ में थे। पुरान गाँव के जोशी फर्त्याल धड़ में थे और भूल मार धड़ में।

बमों के साथ संघर्ष

पिथौरागढ़ जिले के मुख्यालय के उत्तर पश्चिम में स्थित पहाड़ी को उदयपुर कहा जाता है और स्थानीय लोग इसे सोर के बम राज्य का मुख्य केन्द्र मानते हैं। पिथौरागढ़ के दक्षिणी छोर पर स्थित 'बमधौन' को भी बम राजवंश का आवास बताया जाता है। थरकोट के समीप 'हाट' के नौले के निर्माण का श्रेय बमराजा को दिया जाता है। पिथौरागढ़ में सिलौनी, उर्ग, टकौर, गणकोट, विषाड़, मढ़, टेड़ा, मझेड़ा, ऐंचोली, छाना आदि गाँवों में बम राज्य के समय गाँव के बसाए जाने के किस्से हैं। नकुलेश्वर, मोष्टामांडू, मरसोली, काशिनी, दिड़ारस् हाट, घुंस्यारी, बास्ते, बाँस, सातशिलिंग, चौपख्या आदि के मन्दिर, मूर्तियाँ, नौले और बिरखमों

के साथ बम राज्य की स्मृति जुड़ी हुई हैं। एटकिंसन और बदरीदत्त पांडे ने सोर के बम राजाओं के नाम निम्नवत दिए हैं—

1. कराकील बम	2. काकील बम
3. चनरी बम	4. आर्कि बम
5. ज्ञानी बम	6. शक्ति बम
7. विजय बम	8. हरि बम

यह तथ्य भी नवीन ऐतिहासिक सामग्री से गलत सिद्ध हो जाता है कि चम्पावत के राजा रत्नचन्द (1450-1488 ई.) ने सोर के बम राज्य का अन्त किया था। रत्नचन्द के पिता भारती चन्द का बमों की राजधानी उदयपुर के समीपस्थ हुड़ेती गाँव से शाके 1373 (1451 ई.) का एक ताम्रपत्र मिला है, जिससे रत्नचन्द के सम्बन्ध में दो बातें सिद्ध होती हैं—

बदरीदत्त पांडे ने रत्नचन्द के राज्यारोहण का समय 1450 ई. स्वीकार किया है। हुड़ेती ताम्रपत्र के अनुसार 1451 में रत्नचन्द का पिता भारतीचन्द शासन कर रहा था। अत: रत्नचन्द के राज्याभिषेक की तिथि 1451 ई. के बाद ही स्वीकार की जानी चाहिए।

सोर का बम राज्य रत्नचन्द से पहले ही समाप्त हो चुका था।

नवीन ऐतिहासिक सामग्री के अनुसार ज्ञानचन्द से रत्नचन्द तक चम्पावत के सभी शासक बमों के साथ संघर्ष करते रहे। बम राज्य काली नदी के दोनों तटों पर स्थित सोर (पिथौरागढ़) और सोराड़ (नेपाल) तक फैला था। बमों का पहला ताम्रपत्र बास्ते गाँव से मिला है जिसमें महाराजाधिराज शक्तिवर्मा ने शाके 1265 (1343 ई.) में वासुदेव ब्राह्मण को भूमि दी जो पहले आसलदेव-सुहलदेव नामक राजाओं ने दी हुई थी। बमराज्य को दक्षिण में चन्द और उत्तर में अस्कोट के 'पाल' वंश से भी निरन्तर उलझना पड़ा। घुंसेरा-ताम्रपत्र से ज्ञात होता है कि 1398 ई. में पिथौरागढ़ पर रजवार भारतीपाल का अधिकार था और उससे पूर्व नागपाल और विक्रमपाल सोर पर शासन कर चुके थे। बास्ते और घुंसेरा-ताम्रपत्रों के अनुसार पिथौरागढ़ नगर में निम्नवत शासकों का प्रभुत्व रहा—

आसलदेव
सुहलदेव
शक्तिवर्मा (1343 ई.)

नागपाल (ऊकू शिलालेख की तिथि 1238 ई.)

विक्रमपाल

भारतीपाल (1398 ई.)

पिथौरागढ़ के वड्डा के समीप सिलौनी गाँव से ज्ञानचन्द और विजयब्रह्म का एक सम्मिलित दानपत्र मिला है जिसमें जना जोशी को सेरा-खड़कोट में एक ज्यूली भूमि दान की गई है। इसकी तिथि 1422 ई. है। ज्ञानचन्द को राजाधिराज महाराज कहा गया है लेकिन विजयब्रह्म के लिए कोई राजकीय उपाधि प्रयुक्त नहीं है। भूमिदान के साक्षी के रूप में पहला नाम परिब्रह्म का है। इससे निश्चित है कि 1422 ई. से पहले विजयब्रह्म ने पालों से सोर वापस ले लिया था और ज्ञानचन्द द्वारा परास्त होने पर उसकी अधीनता स्वीकार कर ली थी। ज्ञानचन्द की मृत्यु के पश्चात विजयब्रह्म ने चन्दों की अधीनता समाप्त कर दी। उसके 1427 ई. के मझेड़ा ताम्रपत्र में किसी चन्द राजा का उल्लेख नहीं है और विजयब्रह्म के लिए 'राजा' की उपाधि है। इस ताम्रपत्र के अनुसार विजयब्रह्म ने विमलु पाटिणी को दो ज्यूली भूमि दी थी। इस लेख में भी सिलौनी ताम्रपत्र की तरह ही साक्षी के रूप में हरिब्रह्म का नाम सबसे पहले अंकित है—

> ॐ स्वस्ति श्रीशाके 1344 मसानि 2 शुक्ल पक्षे एका
> दश्यां तिथौ। रविवासरे राजाधिराजमहाराज श्रीग्यान
> चन्देण तथा विजयब्रह्मेण स्वहस्तेन भूमिः संकल्पं दत्ता
> सेरा-खड़कोट की जिउली। लेखी दिन्ही जना जोईसी ले पा
> ई आकाश को ढिढो पाताल की निधि नाठू नटाली गडिली
> पेटिली वेटूगाडूघरकुडीवणछोड़ी समस्त पाउणी अन्य
> था नास्ति अत्र साक्षी हरिब्रह्म साइजिड़ा। नारसिंह विर
> सिघ जोइशि काथु विडजाट देशक रूउपद्वैत आटविरर
> का वूढ़ा जैना उत् विरसिघदेउ लडिज्ञासदेव गुलेलू
> हरजोगी स्वदत्तां वा यो हरदवसुंधरां षष्ठिवर्षसह
> स्त्राणि विष्टायां जायते क्रिमि लिषितं स्वहस्तेक्षा। सुभं।

सिलौनी से प्राप्त दूसरे ताम्रपत्र से ज्ञात होता है कि 1440 ई. में बमों को परास्त कर कुँवर धन्यचन्द ने सोर पर अधिकार कर लिया। प्रारम्भ में यह ज्ञात नहीं हो सका लेकिन धन्यचन्द के मढ़ ताम्रपत्र से ज्ञात होता है कि वह भारतीचन्द

का भाई था। इस ताम्रपत्र के शीर्ष पर धन्यचन्द के लिए 'येति व्रति' लिखा है अत: यह प्रतीत होता है कि सोर की विजय के पश्चात धन्यचन्द ने संन्यास ले लिया और उसके कुछ समय पश्चात भारतीचन्द ने पुन: इस भूमिदान को स्वीकृति प्रदान की। इस ताम्रपत्र के अनुसार कुँवर धन्यचन्द ने खलु जोशी को आठ विशा भूमि दान की थी। भूमिदान के साक्षियों में सबसे पहला नाम विमलु पाटिणी का है। पिथौरागढ़ के समीप हुड़ेती गाँव से भारतीचन्द का 1551 ई. का ताम्रपत्र मिला है। जिसमें मढ़ ताम्रपत्र में वर्णित उसके भाई धन्यचन्द, प्रबोधचन्द और आदित्यचन्द का साक्षी के रूप में नाम नहीं है। साक्षियों में पहला नाम भारतीचन्द के पुत्र रत्नचन्द का है।

पिथौरागढ़ के सोर परगने में रत्नचन्द का कटकू अथवा सेना का गीत प्रचलित है। खेतों की गुड़ाई करते समय हुड़का बजाकर कृषकों के मनोरंजन के लिए यह गीत गाया जाता है अत: इसे 'गुड़ौल' भी कहते हैं। रत्नचन्द के कटकू के अनुसार डोटी से युद्ध करने के लिए चम्पावत से सेना रामेश्वर में पहुँची। खूटी और बौतड़ी गाँव के रौल जागीरदार सरयू और रामगंगा नदियों पर सेना को पार कराने की व्यवस्था करते थे। आजकल खूटी में मार जाति रहती है। रत्नचन्द के समय पति ध्यूड़ खूटी में जागीरदार था, जिसको उसने दंडित किया। वहाँ से सेना जाख पहुँची। उस गाँव में धूमाकोट नामक स्थान पर एक जागीरदार रहता था। अपना असन्तोष व्यक्त करने के लिए रत्नचन्द ने जाख में धुमकोटी रौल के सिर पर ढोल रखवाकर बजवाया। जाख से सेना ऐंचोली में पहुँची। यहाँ पर सेना की कमजोरी सामने आ गई। पिठौरागढ़ के समीप ऐंचोली गाँव में चन्दों का अन्न-भंडार था। अन्न निंगाल की विशाल टोकरियों में रखा जाता था। जिन्हें 'पुतके' कहा जाता था। पांडे जाति के लोग इस अन्न भंडार के प्रबंधक थे। यह अन्न भंडार दो भागों में बाँटा गया था—

मौपाल : यह लघु भंडार था और सेना के प्रयाण के समय पहले इसी का प्रयोग किया जाता था।

पृथ्वीपाल : यह विशाल भंडार था। मौपाल के समाप्त होने के पश्चात ही इससे अन्न लिया जाता था।

ऐंचोली के पांडे ने रात्रि भोज के पश्चात रत्नचन्द को बताया कि पहले जब सेनाएँ आती थीं, तब बड़ा अन्न भण्डार (पृथ्वीपाल पुतका) समाप्त हो जाता था। इस बार छोटा अन्न भण्डार (मौपाल) भी समाप्त नहीं हो पाया। ऐंचोली से

सेना काशिनी, भड़कट्या आदि गाँवों से होती हुई कालीनदी के तट पर झूलाघाट पहुँची। डोटी के साथ रत्नचन्द का बारह वर्ष तक युद्ध चला। सेना के साथ बूढ़ा पहलवान चिम सौन था जो युद्ध के योग्य नहीं रह गया था। इस कारण बारह वर्ष तक युद्ध में रत्नचन्द को सफलता नहीं मिली। अन्त में युवा पहलवान मैद सौन के नेतृत्व में रत्नचन्द की सेना को सफलता मिली।

लोकगाथा में रत्नचन्द के विरोधी राजा का नाम नहीं मिलता। छाना ताम्रपत्र के अनुसार 1458 ई. में प्रतापवर्मा शासन कर रहा था। उसे 'राजाधिराज' कहा गया है अत: उसी ने रत्नचन्द को परास्त किया होगा।

सोर पर चन्दों के प्रभुत्व की स्थापना और बमराज्य के अन्त पर प्रकाश डालने के लिए चार ताम्रपत्रों का परीक्षण आवश्यक है—

ज्ञानचन्द और विजयब्रह्म का सिलौनी ताम्रपत्र

1422 ई. के इस ताम्रपत्र में वर्णित विजयब्रह्म और हरिब्रह्म ही सोर के बम राजा विजयबम और हरिबम हैं, जिनको बिना किसी राजकीय उपाधि के ही ज्ञानचन्द के भूमिदान विवरण में सम्मिलित किया गया है। इसका अर्थ है 1422 ई. से कुछ पहले ज्ञानचन्द ने सोर को जीतकर बमों को अपना अधीनस्थ बनाया था।

विजयब्रह्म का मझेड़ा ताम्रपत्र

मझेड़ा गाँव (पिथौरागढ़) के जगदीश चन्द पाटनी के पास सुरक्षित विजयब्रह्म के मझेड़ा ताम्रपत्र में शाके 1349 (1427 ई.) की तिथि है। उसमें किसी चन्द राजा का उल्लेख नहीं है और विजयब्रह्म के लिए राजा शब्द का प्रयोग है। इससे यह स्पष्ट है कि 1422 ई. के लगभग ज्ञानचन्द की मृत्यु के पश्चात विजयब्रह्म ने विमलु पाटणी को दो ज्यूली भूमि दी थी। इस लेख में भी सिलौनी ताम्रपत्र की तरह ही साक्षी के रूप में हरिब्रह्म का नाम सबसे पहले अंकित है।

धन्यचन्द का सिलौनी ताम्रपत्र

आशा जोशी के संकलन में कुँवर धन्यचन्द का शाके 1362 (1440 ई.) का एक

ताम्रपत्र है जिसके अनुसार कुँवर धन्यचन्द ने खलु जोशी को आठ विशा भूमि दान की है और भूमिदान के साक्षियों में सबसे पहला नाम विमल पाटिणी का है। ऐसी स्थिति में यह मानना पड़ेगा कि सोर के बम राज्य का अन्त कुँवर धन्यचन्द ने किया था। यह स्पष्ट नहीं है कि कुँवर धन्यचन्द चम्पावत के चन्द राजवंश का था अथवा नेपाल के डोटी क्षेत्र का राजा था? धन्यचन्द के ताम्रपत्र के एक ओर भारतीचन्द ने धन्यचन्द द्वारा प्रदत्त भूमि के प्रतिपालन का आश्वासन दिया है, ऐसा संकेत अभी तक पिठौरागढ़ से प्राप्त अन्य ताम्रपत्रों में नहीं मिलता। धन्यचन्द का नाम चम्पावत के राजाओं की किसी भी वंशावली में न मिलने से यह अधिक सम्भावना है कि वह डोटी क्षेत्र का शासक रहा होगा।

भारतीचन्द का हुड़ेती ताम्रपत्र

इससे संकेत मिलता है कि धन्यचन्द को परास्त कर भारतीचन्द ने 1451 ई. से पूर्व ही सोर पर अधिकार कर लिया होगा।

कत्यूरी और चन्द

चमोली गढ़वाल में जोशीमठ के समीप कन्तापुर नाम का नगर था। आसन्तिदेव के कत्यूर पर अधिकार करने के बाद कुमाऊँ-गढ़वाल की लोकगाथाओं में उसके वंशजों को कन्तापुरी और कत्यूरी कहा जाने लगा। इस वंश के राजा पिथौराशाही की रानी मोला देवी को नैनीताल जिले के रानीबाग नामक स्थान पर तुर्क सेना ने कैद कर लिया था। पिथौराशाही का दूसरा नाम प्रीतमदेव था। उसकी रानी मोलादेवी जियारानी के नाम से भी प्रसिद्ध है। प्रीतमदेव का पुत्र धामदेव ज्ञानचन्द का समकालीन था। नेपाल में डोटी, पिथौरागढ़ में अस्कोट और अल्मोड़ा में पालीपछाऊं से प्राप्त वंशावलियों से धामदेव के विशाल साम्राज्य का पता चलता है। यह सम्भव है कि घुंसेरा लेख का रजवार भारतीपाल और मझेड़ा लेख का राजा विजयब्रह्म कत्यूरी राजा धामदेव के अधीनस्थ रहे हों। जोशीमठ की गुरुपादुका के अनुसार दिल्ली के सुल्तान ने धामदेव के राज्य पर आक्रमण किया था। धामदेव के पश्चात उसके पुत्र मालूशाही के बजाय लखनपुर के राजा ब्रह्मदेव को कत्यूरी-साम्राज्य का प्रधान बनाया गया।

प्रयाग जोशी द्वारा संकलित एक लोकगाथा के अनुसार चम्पावत के चन्द राजा विक्रमचन्द और लखनपुर के कत्यूरी राजा ब्रह्मदेव के मध्य युद्ध हुआ था। जब ब्रह्मदेव तराई-भाबर की ओर गया हुआ था, उस समय विक्रमचन्द ने उसकी राजधानी लखनपुर को घेर लिया था। यह लखनपुर आधुनिक अल्मोड़ा जिले के बारामंडल परगने के अन्तर्गत बाड़ेछीना के समीप स्थित है। उस समय कत्यूरियों की कई शाखाएँ कुमाऊँ, गढ़वाल और नेपाल में शासन कर रही थीं। अल्मोड़ा जिले के चौखुटिया नामक स्थान पर मध्यकाल में वैराट नाम का नगर था, वहाँ का राजा प्रीतमदेव लखनपुर के राजा ब्रह्मदेव का चाचा था। प्रीतमदेव के पुत्र धामदेव और पौत्र मालूशाही के शासनकाल में ब्रह्मदेव कत्यूरी-राज्य का एक चर्चित व्यक्तित्व था। पिठौरागढ़ जिले के अस्कोट में रजवार और पश्चिमी नेपाल के डोटीगढ़ के रैका भी कत्यूरी राजवंश से सम्बन्धित थे। विक्रमचन्द का 1423 ई. का बालेश्वर ताम्रपत्र है। लखनपुर अभियान से चन्द और कत्यूरियों का जो संघर्ष शुरू हुआ, वह कई पीढ़ियों तक चलता रहा। वास्तव में कत्यूरी-साम्राज्य के पतन का सबसे बड़ा कारण ज्ञानचन्द के नेतृत्व में चम्पावत का अभ्युदय था। विक्रमचन्द के उत्तराधिकारी भारतीचन्द और रत्नचन्द को डोटी के विरुद्ध दीर्घकाल तक संघर्ष करने पड़े। ब्रह्मदेव के भाई उत्तम देव के पुत्र हंसाकुँवर के साथ रत्नचन्द की पुत्री सरु कुम्याण के विवाह की गाथा भी प्रचलित है।

पालों के साथ संघर्ष

बम और कत्यूरियों की तरह अस्कोट के पाल-वंश के साथ भी चन्दों का संघर्ष दीर्घकालीन रहा। लोककथाओं में खड़कपाल के चम्पावत दरबार में जाने से पहले थलकेदार में नौला बनवाने तथा रायपाल के विरुद्ध गोपी ओझा द्वारा चन्दों की सेना लेकर अस्कोट में कत्लेआम करवाने का विवरण मिलता है। भारतीपाल के समय घुंसेरा तक पालों का प्रभुत्व था। इससे पन्द्रह किलोमीटर उत्तर की ओर भेटा (बीसाबजेड़) गाँव से दो ताम्रपत्र मिले हैं। जिनसे पाल और चन्दों के सम्बन्धों पर प्रकाश पड़ता है। पहला ताम्रपत्र महाराजाधिराज कल्याणचन्द का 1545 ई. का है जिसमें उसके पूर्ववर्ती शासक भीष्मचन्द द्वारा दान देने का उल्लेख है। ताम्रपत्र निम्नवत है—

ऊँ स्वस्ति श्री शाके 1467 संवत 1602 वर्ष जेठ सुदी 10 गुरु दिने दसहरा पुण्यकाल महाराजाधिराज श्री कल्याणचन्द देव ले संकल्प पूर्वक जीर्णोधार करि राजा भीष्मचन्द की दिनी विसा6 भेटा का मध्ये रामधा कलपानि का दिना नरि पाडे ले पाया उस भूमि लगति घर कुडिवनछोड़ि गाडघर लेकइजर आकास को ढिढो पाताल की निधि गडिली पेटिली नाट नहाली घोडालो कुकरालो सब हरि पंक्तियाँ सर्वकर अकरि सर्वतधिपश्व करि राजा कल्याणचन्द की सन्तति ले भुचाउनि नरि पाडे की सन्तति ले भुचानि प्रधान वसुनेग दिविश्रते साक्षि महाराजकुमार कसनचन्द (कृष्णचन्द) विसु गुसाइ कर रौतान सुरतान मौनि पवन बोहरो भाउसु भडारि महाराज राउत पुर्षु पाडे विनि बिष्ट भोज तड़ागि गनेस चौधरि कुमु कार्कि ससारु बोहरा जोगु फुरत्याल सुपा महरा मनुभान महर सुरताज रावल मोरु खड़ायत रुद वाडि...शिवराज सेटि ज्ञानधानिक लिखितं पुर्खू जोइसि कंडारि तंसु गुसाई।

दूसरा ताम्रपत्र लक्ष्मणचन्द और कल्याणपाल का 1603 ई. का सम्मिलित दानपत्र है। इस लेख के अनुसार रजवार कल्याणपाल और कुँवर महेन्द्रपाल ने लक्ष्मणचन्द की अधीनता स्वीकार कर ली थी। कल्याणपाल ने महानन्द वैद्य को दोलक गाँव पहले दान किया था, उसे पुनः राजा लक्ष्मणचन्द ने स्वीकृति प्रदान की।

उपरोक्त दोनों ताम्रपत्रों से स्पष्ट है कि जिस स्थान पर पहले भीष्मचन्द ने व्यवस्था की, वह पालों ने गड़बड़ा दी। पुनः कल्याणचन्द ने उस स्थान को अपने अधिकार में किया। बाद में अस्कोट के रजवार कल्याणपाल ने चन्दों से बीसाबझेड़ छीन लिया। लक्ष्मणचन्द ने उसे परास्त कर 1603 ई. में बीसाबझेड़ अपने अधिकार में ले लिया। लक्ष्मणचन्द को मानोदय काव्य में चम्पावत का राजा कहा गया है। श्रीनगर के रजवार मानशाह ने चम्पावत को घेर कर लक्ष्मणचन्द को परास्त किया था।

अनन्तदेव ने बाजबहादुरचन्द की आज्ञा से पुस्तक लिखने की चर्चा की है—

तस्यात्मजं वैदिकशास्त्रविज्ञं सत्तोऽसकृत्प्राहुरनन्तदेवम्।
बाजाह्वराज्ञो वचसाविधेयं निबन्ध सारोद्धरणं त्वयेति॥

ऐसी स्थिति में यह प्रतीत होता है कि चन्दवंश के कानून और दंड व्यवस्था

को शास्त्रसम्मत बनाने का बाजबहादुरचन्द ने प्रयास किया होगा। अनन्तदेव ने स्मृतिकौस्तुभ के अतिरिक्त राजधर्मकौस्तुभ, सिद्धान्ततत्त्व, संस्कारकौस्तुभ आदि अन्य ग्रन्थ भी लिखे हैं। सिद्धान्ततत्त्व में उसने बाजबहादुरचन्द का उल्लेख नहीं किया है। चम्पावत (जिला-पिठौरागढ़) में बालेश्वर मन्दिर के पुजारी के पास बाजबहादुरचन्द नामक राजा का शाके 1586 (1664 ई.) का एक ताम्रपत्र सुरक्षित है जिसमें राजा द्वारा हंसगिरि के मठ को दान देने का उल्लेख है।

लक्ष्मणचन्द का पिथौरागढ़ के समीप बड़ालू से एक ताम्रपत्र मिला है। जिसमें द्वाराहाट के समीप सुरै गाँव दान किया है अत: समस्त कुमाऊँ पर उसका प्रभुत्व स्थापित हो गया था। उसकी मृत्यु 1621 ई. में हुई। 1622 ई. के ताम्रपत्र में अस्कोट के रजवार महेन्द्रपाल ने अपने को राजाधिराज कहा है। इससे स्पष्ट है कि भीष्मचन्द से लेकर लक्ष्मणचन्द तक निरन्तर चम्पावत के राजाओं को अस्कोट के पाल राजाओं के साथ उलझना पड़ा। वाल्टन ने *अल्मोड़ा गजेटियर* में आधुनिक अल्मोड़ा नगर के भीष्मचन्द की तिथि 1555 से 1560 ई. तथा चम्पावत से राजधानी अल्मोड़ा स्थापित करने वाले कल्याणचन्द की तिथि 1560 से 1565 ई. दर्ज की है। (पृ. 170)भेटा ताम्रपत्र के अनुसार भीष्मचन्द 1545 ई. में मर चुका था और कल्याणचन्द का पुत्र कृष्णचन्द शासन कर रहा था। भेटा ताम्रपत्र में कल्याणचन्द के पुत्र कृष्णचन्द को महाराजाकुमार कहा गया है और छाना ताम्रपत्र में रुद्रचन्द को कल्याणचन्द का उत्तराधिकारी बताया गया है। इससे स्पष्ट है कि युवराज कृष्णचन्द की मृत्यु पिता के राज्यकाल में ही हो गई थी। तल्ला चौकोट के बूढ़ा केदार मन्दिर (अल्मोड़ा) से रुद्रचन्द का 1568 ई. का ताम्रपत्र मिला है (पहाड़ 2/33) जिसमें कल्याणचन्द द्वारा अनेक राजाओं को परास्त करने का उल्लेख है।

पृथ्वीचन्द

पिठौरागढ़ जिले के गंगोलीहाट के समीप गणाई से पृथ्वीचन्द रजवार का शाके 1532 (1610 ई.) का एक ताम्रपत्र मिला है जिसके अनुसार पृथ्वीचन्द ने ताँबे की खानों की व्यवस्था के लिए विशु उपाध्याय को अठिगाँव के अन्तर्गत अधाली भूमि दान की।

ताम्रपत्र निम्नवत है—

ऊँ श्रीशाके 1532 मासे मार्गशीर शादि द्वितीया वधे
श्री राजाधिराज पृथ्वीचंद्र रजवार पाय ले मया वितो
इ विशु उपध्या अठिगाउ माज अधालि। तमो
टा कि हुनि दिनि सवंकर अर्कार सवंदोष निदोषी
कै गणौ वितिप। इउइ अधालि लगानि गाड की वगडी
लेक की इजर कै पाइ तथा शर्दुल गुशाई सुपाय ले
दिनि पिपलमुडन लाऊं तिरिछि जदत करि पाई शकि
चार चौधरिक पुरु गुशाई संग्राम राउत षिउराज मतो
षुलमन लिखितं विशौनाथ पंडितेन शुभमस्तु
पृथ्वीचंद्र रजवार ले दिनि वलिक
ले पाई अधालि।

ताम्रपत्र के प्रारम्भ में दाहिने शीर्ष पर गोल मुहर उत्कीर्ण है जिसमें पृथ्वीचन्द जयश्री के साथ 1528 (1606 ई.) अंकित है जो पृथ्वीचन्द के राज्याभिषेक की तिथि रही होगी। मुहर के नीचे दाईं ओर निम्न लेख है—

भूमि य: प्रतिगृहीत यच्च भूमिं
प्रयच्छति तौ उभौ पुण्यकर्माणौ।
नियत्च स्वर्गगामिनौ
शाकि महेशपादौ।

उपलब्ध सामग्री से ऐसा प्रतीत होता है कि मध्यकाल में पिठौरागढ़ जिले की भूमि में चन्द उपनाम धारी राजाओं के तीन केन्द्र थे—

कुमूपति चन्द

ये चम्पावत के राजा माने जाते थे।

मणिकोटी चन्द

गंगोलीहाट के समीप एक टीले का नाम आज भी मणिकोट है। इसे प्राचीन मणिकोटी राज्य का केन्द्र माना जाता है।

सोराड़ी चन्द

नेपाल में कालीनदी का तटवर्ती क्षेत्र सोराड़ कहा जाता है। इस क्षेत्र के निवासी होने के कारण चन्दों को सोराड़ी चन्द कहा जाता है।

बदरीदत्त पांडे के अनुसार मणिकोटी राजाओं में निम्न के नाम ज्ञात हो सके हैं—

1. कर्मचन्द
2. सीतल चन्द
3. ब्रह्मचन्द
4. हिंगुलचन्द
5. पुन्यचन्द
6. अनीचन्द
7. नारायणचन्द

उन्होंने यह तो स्वीकार किया है कि मणिकोट के बाकी राजाओं के नाम ज्ञात नहीं हो सके हैं लेकिन उन्होंने इस राज्य का अन्त चम्पावत के राजा बालो कल्याणचन्द (1560-1568 ई.) के द्वारा मणिकोटी राजा नारायणचन्द के शासनकाल में माना है। पृथ्वीचन्द के अठिगाँव ताम्रपत्र से यह प्रतीत होता है कि वह मणिकोट के उपरोक्त राजाओं का वंशज रहा होगा और मणिकोटी राज्य का अस्तित्व कल्याणचन्द के पुत्र रुद्रचन्द और पौत्र लक्ष्मणचन्द के समय तक विद्यमान रहा होगा।

रुद्रचन्द

बदरीदत्त पांडे ने रुद्रचन्द की तिथि 1568-1597 ई. दी है। विलियम फॉस्टर ने अपनी पुस्तक *अर्ली ट्रेवल्स इन इंडिया* में 1608 से 1611 ई. तक भारत का भ्रमण करने वाले यूरोपीय पर्यटक विलियम फिंच के यात्रा-वृत्तान्त के आधार पर यह स्वीकार किया है कि फिंच ने कमो पर शासन करने वाले जिस शक्तिशाली राजा राडरो का उल्लेख किया है वह रुद्रचन्द ही था। फिंच के अनुसार रुद्रचन्द की और गढ़वाल के राजा मानशाह के राज्य की सीमा उत्तर में चीन से मिलती थी। 1588 ई. में रुद्रचन्द मुगल दरबार में गया और लाहौर में उसने अकबर से भेंट की। उसकी मृत्यु के पश्चात भी कुमाऊँ में शासक के विषय में फिंच की पूछताछ करने पर उसी का नाम सुनने को मिला होगा। रुद्रचन्द को उसके द्वारा विरचित उषारागोदय नाटिका में कूर्मगिरि का राजा कहा गया है—इति श्रीकूर्मगिरिवरेश्वर श्रीमत्प्रतापवारितारितमोभास्कर श्रीमद्रुद्रचन्द देवविरचितो...। पर्वतीय परम्परा में आज दो शब्द प्रचलित हैं—

कुमू

यह चम्पावत क्षेत्र का लोक प्रचलित नाम है। काली नदी का अंचल होने से इसे कभी-कभी कालि कुमू भी कहा जाता है। स्थानीय परम्परा के अनुसार चम्पावत के समीप कानदेव नामक पहाड़ी पर कृतयुग में विष्णु भगवान का कूर्म अवतार हुआ था। कूर्म की भूमि होने से पहाड़ी भाषा में कुमू और संस्कृत में कूर्मांचल, कूर्मगिरि, कूर्मालय आदि नामों का प्रयोग हुआ। बालेश्वर मन्दिर के पुजारी के पास सुरक्षित गोरखा सूबेदार महावीर थापा के ताम्रपत्र में कूर्मालय विषय नाम का उल्लेख है।

कुमाऊँ

जहाँ कुमू नाम पिठौरागढ़ जिले की चम्पावत तहसील (वर्तमान में चम्पावत जिला) की भूमि के लिए प्रचलित है, वहीं कुमाऊँ नाम आधुनिक उत्तरप्रदेश के अल्मोड़ा, पिठौरागढ़ और नैनीताल जिलों की भूमि के लिए लोक-भाषा में प्रचलित रहा है। *पृथ्वीराज रासो* में दिल्ली, अजमेर के चौहान राजा पृथ्वीराज तृतीय (1178-1192 ई.) के समय कुमऊगढ़ में कुमोदमनि नामक राजा के शासन करने का उल्लेख है—

सवालष्ष उत्तर सयल कुमऊंगढ़ दूरंग।
राजत राज कुमोदमनि हय गय दिव्व अभंग॥ 26॥

इससे स्पष्ट है कि चन्दवंश की सत्ता के विस्तार से पूर्व भी कुमाऊँ शब्द प्रचलित था। बोधगया के एक शिलालेख में कमादेश शब्द का प्रयोग है—

अगाधगुणसम्पन्नः सर्वसौख्यैरलङ्कृतः।
सुवेशश्च कमादेशो वसेत्पूर्वप्रदेशतः॥ 2॥

शिवालिक पर्वत में कमादेश तेरहवीं सदी तक विद्यमान थी और इसी के लिए लोकभाषा में कुमाऊँ शब्द का प्रयोग होता था। चन्द राज्य के विस्तार से कमादेश का प्रयोग समाप्त हो गया और उसके स्थान पर कूर्मांचल शब्द का प्रयोग होने लगा।

रुद्रचन्द साहित्य का विशेष प्रेमी था। उसने संस्कृत भाषा में चार पुस्तकों की रचना की है—

उषारागोदय—नाटिका।

श्यैनिकशास्त्रम्—शिकार के अनुभवों पर सात परिच्छेद और चार सौ श्लोकों की यह पुस्तक रायल एशियाटिक सोसाइटी, कलकत्ता से छपी है।

त्रैवर्णिकधर्मनिर्णय—अभी तक अप्रकाशित है।

ययातिचरितम्—नाटक।

लक्ष्मणचन्द

रुद्रचन्द के उत्तराधिकारी का नाम बदरीदत्त पांडे ने लक्ष्मीचन्द और अनन्तदेव ने लक्ष्मणचन्द दिया है। अनन्तदेव के कथन की पुष्टि दो अन्य साधनों से भी होती है—

1. मानोदय काव्य—गढ़वाल और कुमाऊँ दोनों पड़ोसी क्षेत्र हैं। आठवीं से तेरहवीं सदी तक कार्तिकेयपुर के खषराज्य के अन्तर्गत दोनों क्षेत्र सम्मिलित थे। इस राज्य के अभिलेख पांडुकेश्वर (चमोली गढ़वाल), बागेश्वर (अल्मोड़ा) और बालेश्वर (चम्पावत) से मिले हैं। खषराज्य के पतन के पश्चात कत्यूरी राजवंश के अन्तर्गत भी दोनों सम्मिलित थे। जिस तरह चम्पावत में खष और कत्यूरी-राज्य के अन्तर्गत चन्दवंश की जागीरदारी थी, उसी तरह चमोली जिले के अन्तर्गत आदि बदरी मन्दिर के समीप चाँदपुर में पवारों की एक छोटी-सी जागीर थी। चन्दवंश के संस्थापक सोमचन्द की तरह पवार वंश के संस्थापक कनकपाल की भी अनेक गाथाएँ गढ़वाल में प्रचलित हैं। जिस तरह ज्ञानचन्द ने कत्यूरी-राज्य के विघटन से लाभ उठाकर चम्पावत में एक स्वतंत्र राज्य की स्थापना की उसी तरह गढ़वाल में कनकपाल के वंशज अजयपाल ने स्वतंत्र राज्य की स्थापना की। पहले उसने चांदपुर से राजधानी हटाकर देवलगढ़ में स्थापित की और बाद में श्रीनगर को राजधानी बनाया। अजयपाल के पुत्र सहजपाल का देवप्रयाग के रघुनाथ मन्दिर के घंटे पर शाके 1483 (1561 ई.) का लेख है और अजयपाल के पौत्र मानशाह के देवप्रयाग के रघुनाथ मन्दिर से दो लेख मिले हैं जिनकी तिथि शाके 1530 (1608 ई.) तथा विक्रमी 1667 (1610 ई.) है। यूरोपियन पर्यटक विलियम फिंच ने 1608 से 1611 ई. के मध्य भारत-यात्रा के समय मानशाह के शासन का उल्लेख किया है। मानशाह के दरबारी कवि भरत ने मानोदय काव्य की रचना की है। शिव प्रसाद डबराल ने अपनी ग्रन्थमाला में मानोदय काव्य के तथ्यों का पहली बार उपयोग किया है। *मानोदय काव्य* के अनुसार मानशाह ने विशाल सेना लेकर कूर्मांचल पर आक्रमण किया। उस समय कूर्मांचल में कई छोटे-छोटे राजा थे जो मानशाह के

आक्रमण से भयभीत हो गए। मानशाह ने रुद्रचन्द के पुत्र लक्ष्मणचन्द को परास्त कर चम्पावती नगर को अपने अधिकार में कर लिया था—

अथ रथगजवाहोद्धतधूलीकदम्बैर्गगनतलमवाप्तैर्गुप्तमार्तण्डविम्ब:।
असि निशित शरौघोद्दण्डकोदण्डचण्डा: प्रलयशमन भीमो निर्ययौ मानशाह:॥
कतिचिदवनिपालास्तत्र कूर्माचलस्था: पटुमति सचिवौधानित्थमूचु: प्रवाच:।
अयमतिशयदक्षो मानशाह: समक्ष: कथय कथमिदानी दुर्गरक्षाविधेया॥
विपुल पयनुदुर्गे रुद्रभूपालजन्मा वलमथ चतुरंग लक्ष्मणो वीक्ष्यमाण:
निज नगरवलोघान् नन्दिनभूंग्यादि मुख्यान् कवचपिशित गात्रान् दिशद्योहुकामान्
नन्दी जगादमपितिष्ठति युद्धभूमौ मागवंमुद्वह निजे हृदये मूधेति।
ज्येष्यामि रुद्रतनयंश्चरतैव पश्चत् चंपावती। निजवशं सहसा करिष्ये॥

कुमाऊँ के चन्दवंश का अभी तक जिन पुस्तकों में इतिहास छपा है, उन्हें *मानोदय काव्य* का ज्ञान नहीं था। वे यह नहीं जानते थे कि गढ़वाल नरेश मानशाह कुमाऊँ के राजा लक्ष्मणचन्द का समकालीन था और उसकी विशाल सेना कूर्मांचल में लूटपाट करती हुई चम्पावत तक पहुँची थी। इसी कथन से ऐसा प्रतीत होता है कि लक्ष्मणचन्द के समय तक चन्दों की राजधानी चम्पावत में ही थी। बदरीदत्त पांडे ने रुद्रचन्द के पिता बालो कल्याणचन्द द्वारा 1563 ई. में आलमनगर (अल्मोड़ा) को राजधानी बनाने का उल्लेख किया है जबकि मानोदय काव्य में लक्ष्मणचन्द की राजधानी चम्पावती बताई गई है।

बदरीदत्त पांडे ने कुमाऊँ की लोक-परम्परा खतडुवा का प्रारम्भ रुद्रचन्द के पुत्र लक्ष्मीचन्द के शासनकाल से माना है। यह त्योहार प्रतिवर्ष आश्विन संक्रान्ति के दिन मनाया जाता है। चम्पावत में यह मान्यता है कि जिस समय गढ़वाल के राजा का आक्रमण हुआ, चन्द राजा अपनी रानी के साथ चौपड़ खेल रहा था। गढ़वाली सेना ने गायें लूट लीं। इसी स्मृति में खतडुवा के दिन गाय, ककड़ी, घर आदि की सुरक्षा की व्यवस्था करने के उपरान्त एक टीले में जाकर गढ़वाल के राजा का पुतला जलाने की परम्परा थी। *स्मृतिकौस्तुभ* में लक्ष्मणचन्द द्वारा हिमालय के दुष्ट राजाओं को परास्त करने का उल्लेख है। ऐसा संकेत अन्य राजाओं के लिए नहीं किया गया है। अत: यह स्पष्ट है कि बाजबहादुरचन्द के शासन काल में भी लक्ष्मणचन्द की स्मृति जीवित थी और महाराष्ट्र से कुमाऊँ दरबार में आए अनन्तदेव को तभी इस तथ्य की जानकारी मिली होगी।

2. बड़ालू ताम्रपत्र— पिथौरागढ़ जिले के वड्डा के समीप बडालू गाँव में लछिमनचन्द नामक राजा का एक ताम्रपत्र सुरक्षित है। इसमें कोई तिथि नहीं है।

इस प्रकार *स्मृतिकौस्तुभ, मानोदयकाव्य* और बडालू ताम्रपत्र के आधार पर यह माना जा सकता है। कि रुद्रचन्द के पुत्र और उत्तराधिकारी का नाम लक्ष्मणचन्द था। रुद्रचन्द का सेनापति पुरुष पन्त भी गढ़वाल की लड़ाई में मारा गया था। मानोदय काव्य में मानशाह और लक्ष्मणचन्द की समसामयिकता को देखते हुए कुमाऊँ के चन्द और गढ़वाल के पवार राजाओं की निम्नवत समसामयिकता स्वीकार की जा सकती है—

गढ़वाल	—	कुमाऊँ
अजयपाल	—	भीष्मचन्द
सहजपाल	—	कल्याणचन्द
बलभद्रशाह	—	रुद्रचन्द
मानशाह	—	लक्ष्मणचन्द
महीपतिशाह	—	त्रिमल्लचन्द

पर्वताकर राज्य

1914 ई. में अल्मोड़ा जिले की रानीखेत तहसील के अन्तर्गत बुंगीधार पोस्ट ऑफिस के समीप तालेश्वर मन्दिर की एक दीवार के निर्माण के लिए खुदाई के समय दो ताम्रपत्र मिले जिन्हें तालेश्वर-ताम्रपत्र कहा जाता है। ये ताम्रपत्र अल्मोड़ा संग्रहालय में सुरक्षित हैं। इनमें से पहला ताम्रपत्र पर्वताकर राज्य में शासन करने वाले पौरव वंशी राजा द्युतिवर्मा के राज्यकाल के पाँचवें वर्ष का है और दूसरा उसके पुत्र राजा विष्णुवर्मा के राज्यकाल के अट्ठाइसवें वर्ष का है। दोनों ताम्रपत्र पर्वताकर राज्य की राजधानी ब्रह्मपुर से जारी किए गए हैं और उसे देवताओं की नगरी अमरावती की तरह श्रेष्ठ नगर बताया गया है।

पाँचवीं-छठी शताब्दी की उत्तर गुप्तकालीन ब्राह्मी लिपि में अंकित तालेश्वर ताम्रपत्र कुमाऊँ-गढ़वाल से प्राप्त सबसे प्राचीन ताम्रपत्र हैं। वाई.आर. गुप्ते ने *एपिग्राफिका इंडिया* में इनका सम्पादन करते हुए इन्हें जाली घोषित किया है क्योंकि दोनों ताम्रपत्रों के साथ जो मुहरें संलग्न हैं, वे लिपि की दृष्टि से ताम्रपत्र से लगभग एक सौ वर्ष पुरानी हैं। दोनों ताम्रपत्रों में संलग्न मुहर राजा द्विजवर्मा की है जिसे राजा विष्णुवर्मा का प्रपौत्र, वृषवर्मा का पौत्र तथा अग्निवर्मा का पुत्र कहा गया है। मुहर में इस वंश को सोमवंश कहा गया है। जबकि ताम्रपत्रों में सोम और दिवाकर का वंशज पौरववंश को बताया गया है।

वेणी प्रसाद ने वाई.आर. गुप्ते की धारणा को गलत माना। उनके अनुसार प्राचीन भारत के राज्यों की प्रशासनिक व्यवस्था की जानकारी के लिए ये ताम्रपत्र विशेष लाभकारी हैं। दिनेशचन्द्र सरकार ने भारतीय विद्याभवन से प्रकाशित पुस्तक *एज ऑफ इम्पीरियल कन्नौज* में तालेश्वर ताम्रपत्रों को कुमाऊँ-गढ़वाल के प्राचीन इतिहास का महत्त्वपूर्ण साधन स्वीकार किया है। किरण कुमार थपलियाल ने अपनी पुस्तक

सील्स इन एंशिएंट इंडिया में तालेश्वर-ताम्रपत्रों की मुहरों का मूल्यांकन किया है।

मुहर और ताम्रपत्र की लिपि की समस्या का निराकरण दोनों अभिलेखों में दिया हुआ है। पहले लेख के अनुसार सोमवंशी राजाओं के कुल-देवता वीरणेश्वर को कई राजाओं ने भूमि दी थी और उसका विवरण ताम्रपत्र पर लिखवाकर रखा हुआ था लेकिन आग लग जाने से वे सब अभिलेख नष्ट हो गए। अत: समस्त देव मन्दिरों की भूमि के प्रबन्धक-महासत्रपति एकाकी स्वामी ने मंत्री भद्रविष्णु से आग्रह किया कि वे पुराने राजाओं के द्वारा दी हुई समस्त भूमि का नया विवरण तैयार कर दें क्योंकि अभिलेख के अभाव में लोग मन्दिरों की भूमि पर कब्जा कर लेते हैं। दूसरे ताम्रपत्रों के अनुसार गौगोलिक परिषद के प्रधान भारपति शर्मा ने महासत्र (सदावर्त्त) के लिए पुराने राजाओं द्वारा दी गई भूमि का सम्मिलित ताम्रपत्र बना देने का आग्रह किया है। पुरानी मुहरें आग लगते समय बच गई होंगी। अत: उन्हें नए ताम्रपत्रों के साथ संलग्न कर दिया होगा। इस प्रकार मुहरों में वर्णित राजा-विष्णुवर्मा प्रथम, वृषवर्मा, अग्निवर्मा और द्विजवर्मा ने पहले शासन किया है और ताम्रपत्रों में वर्णित राजा अग्निवर्मा, द्युतवर्मा और विष्णुवर्मा द्वितीय ने बाद में शासन किया होगा।

शासन प्रबन्ध

ब्रह्मपुर के राजाओं की उपाधि परमभट्टारक महाराजाधिराज थी। यह उपाधि गुप्त सम्राटों ने भी धारण की थी जिनका विशाल साम्राज्य था। ऐसी स्थिति में यह माना जा सकता है कि छठी सदी में हूण आक्रमण से गुप्त-साम्राज्य के पतन से लाभ उठाकर पौरववंश के राजा विष्णुवर्मा प्रथम ने कुमाऊँ-गढ़वाल में एक नए राजवंश की नींव डाली जिसका नाम था—पर्वताकर राज्य (पर्वत+आकर अर्थात पर्वतों का समूह)। एक राजा के शासनकाल के लिए औसतन बीस वर्ष का समय माना जाए तो पौरववंश के सात राजाओं ने लगभग 140 वर्ष कुमाऊँ-गढ़वाल में शासन किया होगा। यह समय 550-690 ई. तक का माना जा सकता है।

इस शासन-व्यवस्था में मंत्री को अमात्य कहा जाता था, उसके कार्यालय को अधिकरण कहते थे। मंत्री का कार्यालय ऊँचे टीले पर रहा होगा इसीलिए उसे कोटाधिकरण कहा है। मंत्री के बाद दंडोपरिक (न्यायाधीश), प्रमातार (राजस्व का

सचिव), प्रतिहार (रक्षा अधिकारी), कुमारामात्य (युवराज का सचिव), पीलुपति (हाथी की सेना का प्रधान), अश्वपति (घुड़सवार सेना का प्रधान), सूपकारपति (खाद्यसचिव) आदि कर्मचारी होते थे।

सारा राज्य विषयों में बँटा हुआ था जो आधुनिक जिलों में बराबर होते थे। विषय के प्रधान अधिकारी को विषयपति कहते थे। विषय से छोटी प्रशासनिक इकाई कर्म्मान्त नगर और ग्राम थी। गाँव में कुटुम्ब रहते थे जिनके प्रधान को कुटुम्बिन अथवा गुग्गुलि कहते थे। इसकी एक परिषद होती थी जिसे गौग्गुलिक परिषद कहते थे।

ब्रह्मपुर

पर्वताकर राज्य की राजधानी ब्रह्मपुर की निश्चित स्थिति के लिए इतिहासवेत्ताओं में मतभेद है। चीनी यात्री ह्वेनसांग 629-644 ई. के मध्य भारत में घुमते समय कालसी, गंगोत्री, हरद्वार और मयूर-नगर (मोरध्वज) के बाद ब्रह्मपुर पहुँचा और छह माह यहाँ रहा। उसने यहाँ दस देव मन्दिर और पाँच बौद्ध-बिहार देखे। तालेश्वर ताम्रपत्रों में भी वीरणेश्वर, नारायणदेवकुल, वरुणाश्रम, गुणेश्वर, अरिष्टाश्रम, ब्रह्मेश्वर देवकुल, कपिलेश्वर, तुलाकण्टकयक्ष, निश्चितला देवी, वामनस्वामी आदि का उल्लेख है। दोनों ताम्रपत्रों में कार्तिकेयपुर का भी उल्लेख है जो अल्मोड़ा जिले के बैजनाथ के समीप था। वीरणेश्वर अल्मोड़ा के समीप बिनसर, महासत्र का स्थान सत्राली वरुणाश्रम बौ..सी, ब्रह्मेश्वर बमसर तथा नारायण मन्दिर बाड़ेछीना के समीप बिनसर गाड़ के किनारे नैणी के समीप ब्रह्मपुर नगर रहा होगा। कुछ विद्वानों ने उत्तरकाशी, श्रीनगर, ढिकुली आदि को ब्रह्मपुर माना है लेकिन श्री गुह के उत्तरकाशी त्रिशूल लेख, कल्याणवर्मा के पलेठी शिलालेख और सर्ववर्मा के सिरौली लेख से पता चलता है कि गढ़वाल इस समय हूण आक्रमण की चपेट में था और कन्नौज के मौखरी राजा सर्ववर्मा ने उसे जीत लिया था। वीरण प्रजापति का उल्लेख कूर्म पुराणों में है, वे दक्ष के ससुर थे, उन्हीं के कारण वीरणेश्वर नाम चला।

रैका राजवंश

पिथौरागढ़ जिले के डीडीहाट तहसील में स्थित सीराकोट को रैका अथवा रैनका राजवंश की राजधानी माना जाता है। रैका शब्द का अर्थ है—राइयों का शासक। रैका कत्यूरियों की मल्ल शाखा के थे और नेपाल के डोटीगढ़ तक पूर्व में इनका राज्य था।

अस्कोट वंशावली

अस्कोट के रजवारों की वंशावली के अनुसार अन्तिम कत्यूरी राजा ब्रह्मदेव के उत्तराधिकारी त्रिलोकपाल के दो पुत्र—अभयपाल और निरंजनदेव में साम्राज्य का विभाजन हो गया। निरंजनदेव के वंशज मल्लों को नेपाल का हिस्सा मिला। उसका पुत्र नागमल्ल पहला मल्ल राजा था।

क्राचलदेव

चम्पावत के वालेश्वर मन्दिर में राजा देशटदेव के ताम्रपत्र के पीछे दुलू के राजा क्राचल्लदेव का 1223 ई. का लेख अंकित है। दुलू नेपाल में है। इटली के प्रसिद्ध इतिहासकार टुच्ची के अनुसार रैका दुलू अभिलेख के मल्लवंशी राजा पृथ्वीमल्ल के वंशज थे। क्राचल्लदेव ने दुलू से कुमाऊँ तक एक विस्तृत राज्य की नींव डाली थी।

अशोकचल्ल

टुच्ची के अनुसार क्राच्चलदेव के उत्तराधिकारी अशोकचल्ल का नाम दुलू स्तम्भ-लेख में है। इसी राज्य के गोपेश्वर से एक और बोधगया से तीन लेख मिले हैं।

कटारमल्ल

कत्यूरियों की वंशावली से कटारमल्ल, सिंहमल, फाणीमल, निफिल आदि के नाम मिलते हैं। अल्मोड़ा के समीप कटारमल की स्मृति में एक सूर्य मन्दिर है।

ताम्रपत्र

पिथौरागढ़ जिले की डीडीहाट तहसील में गडेरा से प्राप्त रिपुमल्ल के 1410 ई. के ताम्रपत्र में सबसे पहले 'रैकाज्यू' शब्द का प्रयोग मिलता है। रिपुमल्ल के लिए राजाधिराज की उपाधि प्रयुक्त है। यह ताम्रपत्र कुमाउँनी भाषा में अंकित है। पिथौरागढ़ जिले से 'रैकाज्यु' उपाधि से युक्त अन्तिम उपलब्ध ताम्रपत्र राईमल्ल का 1539 ई. का चमलोड़ी ताम्रपत्र है। इस प्रकार 1410 से 1539 ई. तक पिथौरागढ़ जिले की डीडीहाट तहसील में रैकाज्यू उपाधि वाले मल्ल राजाओं का अधिकार था।

रिपुमल्ल के पश्चात आनन्दमल्ल गद्दी पर बैठा। गडेरा से उसका 1438 ई. का ताम्रपत्र मिला है। इसमें उसके लिए बलिनारायण की उपाधि भी अंकित है। आनन्दमल्ल के पश्चात संसारमल्ल गद्दी पर बैठा। उसके 1442 ई. के बल्यूली ताम्रपत्र में उसके लिए 'महाराजाधिराज बलिनारायण चौवालीस राई राजान का भर्तार' उपाधि प्रयुक्त है। इसका अर्थ है संसारमल्ल का राज्य चौवालीस छोटे राजाओं में विभक्त था जिनको 'राई राजा' कहा जाता था। जागरों में हलराई, झलराई, असान्तिराई, बसन्तिराई आदि राजाओं के नाम मिलते हैं।

संसारमल्ल के पश्चात कल्याणमल्ल गद्दी पर बैठा, उसके अगन्त्या और अलगाड़ गाँव से 1443 ई. में जारी दो ताम्रपत्र मिले हैं। अगन्त्या ताम्रपत्र में कल्याणमल्ल को 'महाराजाधिराज महाराज रैकाज्यू' कहा गया है। कल्याणमल्ल के 1443 ई. के ताम्रपत्र के बाद दीर्घकाल तक रैकाओं के ताम्रपत्र डीडीहाट क्षेत्र से नहीं मिले हैं। अन्तिम ताम्रपत्र राईमल्ल का चलमोड़ी ताम्रपत्र है।

बसेड़ा विद्रोह

एटकिंसन ने अपने *हिमालय गजेटियर* (1882 से 1886 ई.) में सीरा के राजाओं को तीन वंशों का माना है। उसके अनुसार प्रारम्भ में सीरा में रावत जाति के राजा शासन करते थे। उसने तीन रावतवंशी राजाओं के नाम—अधि रावत, भीष्म रावत और भक्ति रावत दिए हैं। उसके अनुसार सीरा का पहला मल्ल राजा धीरमल्ल था। उसके बाद क्रमश: जगजीतमल्ल, रिपुमल्ल, भूपतिमल्ल, भारतीमल्ल, दातामल्ल, आनन्दमल्ल, राजमल्ल, कल्याणमल्ल, जुर्बानमल्ल, अर्जुनमल्ल, नागमल्ल और बलिनारायण मल्ल गद्दी पर बैठे। बलिनारायण मल्ल के पश्चात डुंगरा बसेड़ा ने सीराकोट पर अधिकार कर लिया। उसके उत्तराधिकारी मदनसिंह बसेड़ा और रायसिंह बसेड़ा थे। रायसिंह के पश्चात शोभामल्ल ने पुन: सीराकोट पर अधिकार कर लिया उसका वंशज हरिमल्ल था। उससे चम्पावत के चन्द राजा रुद्रचन्द ने सीराकोट छीन लिया।

एटकिंसन द्वारा उल्लिखित उपरोक्त वंशावली में संसारमल्ल का नाम नहीं है और भूपतिमल्ल को कल्याणमल्ल से पहले रखा गया है। भूपतिमल्ल का नेपाल के डोटी के समीप सिलगड़ी से 1558 ई. तक का ताम्रपत्र मिला है अत: भूपतिमल्ल राईमल्ल के पश्चात गद्दी पर बैठा होगा।

हरिमल्ल और पुरुषपन्त

सीराकोट के आसपास के गाँवों में अन्तिम रैका राजा हरिमल्ल और रुद्रचन्द के सेनापति पुरुष पन्त के दीर्घकालीन युद्ध की कहानियाँ आज भी प्रसिद्ध हैं। 1558 ई. के आसपास रुद्रचन्द ने पुरुष पन्त के नेतृत्व में सीरा पर घेरा डाला। यह घेरा दीर्घकाल तक चला, प्रारम्भ में हरिमल्ल विजयी रहा, बाद में पुरुष पन्त को सफलता मिली।

बत्यूली की बहियाँ

बत्यूली गाँव में कुमाऊँ के चन्द-राजवंश की भूमि-व्यवस्था की पाँच बहियाँ सुरक्षित हैं। एक बही के अन्तिम पृष्ठ में आठ मल्ल राजाओं के नाम अंकित

हैं—रैका भूपतीमल्ल, रैका अर्जुनमल्ल, राजा कल्याणमल्ल, राजा त्रिलोकमल्ल, राजा प्रद्युम्नमल्ल, राजा अजीतमल्ल, राजा संसारमल्ल और राजा हरिमल्ल। यह क्रम भी ताम्रपत्रों से मेल नहीं खाता।

मल्ल और गढ़वाल

कल्याणमल्ल के अलगड़ा ताम्रपत्र (1443 ई.) में 'गढ़देसी' अर्थात गढ़वाल के निवासी दो ब्राह्मणों को भूमिदान कर चंडिका मन्दिर में पुजारी नियुक्त करने का उल्लेख़ है। बत्यूली की राजस्व बहियों में भूपतिमल्ल द्वारा गढ़वाल के बदरीनाथ मन्दिर को तथा अर्जुनमल्ल द्वारा केदारनाथ़ को दान में दी गई विस्तृत भूमि का विवरण है। इससे यह प्रतीत होता है कि मल्लों के राज्य के अन्तर्गत गढ़वाल भी रहा होगा।

शाही

मल्लों के पतन के बाद डोटी में शाही-वंश का अधिकार हुआ। डोटी की वंशावली के अनुसार मल्लों की तरह शाही भी कत्यूर वंश से सम्बन्धित थे। निरंजनदेव के बड़े पुत्र नागमल्ल से मल्लवंश तथा छोटे पुत्र अर्जुनशाही से शाहीवंश चला। अर्जुनशाही के वंशज भूपतिशाही, हरिशाही, रामशाही, प्रवरशाही आदि के नाम वंशावली में दिए हैं। इनकी चम्पावत के चन्दवंशीय राजाओं के साथ दीर्घकाल तक लड़ाई चली। डोटी से रुद्रशाही का 1637 ई. का ताम्रपत्र मिला है। यह कुमाऊँ के चन्दवंशीय राजा बाजबहादुरचन्द का समकालीन होगा।

निष्कर्ष

कुमाऊँ में 1223 से 1545 ई. तक चम्पावत के चन्द, सोर-पिथौरागढ़ के बम, गंगोली के मणिकोटी, अस्कोट के पाल आदि के ताम्रपत्र मिले हैं लेकिन महाराजाधिराज की उपाधि रैका संसारमल्ल और कल्याणमल्ल के ताम्रपत्रों में ही प्रयुक्त है। अत: यह कहा जा सकता है कि रैका ही इस अवधि में सार्वभौम शासक थे। रैकाओं से पहले संस्कृत भाषा में ताम्रपत्र उत्कीर्ण किए जाते थे, राज्य विषय में बँटा

होता था। भूमि की नाप द्रोणवाय और कुल्यवाप थी। रैकाओं ने विषय के स्थान पर गर्खा को प्रशासनिक इकाई बनाया और विषयपति की जगह नेगी को गर्खा का प्रधान नियुक्त किया। बहियों से पता चलता है कि मल्ल शासन में भूमि की नाप-जोख की गई थी, प्रत्येक खेत का नाम तय किया गया था।

रैका राजा दिल्ली के तुर्क सुल्तानों के समकालीन थे जो निरन्तर हिमालय क्षेत्र पर आक्रमण करने का प्रयास कर रहे थे। रैका काल में कुमाऊँ में जाति-प्रथा का जो स्वरूप तय हुआ, वह चन्द, गोरखा, अंग्रेज़ों के समय यथावत रहा और आज भी वे ही जातियाँ पर्वतीय क्षेत्र में हैं जिनका उल्लेख रैकाओं के ताम्रपत्रों और बहियों में है।

गढ़वाल का पँवार वंश

जिस तरह कुमाऊँ में चन्द राजवंश का संस्थापक झूसी के राजकुमार सोमचन्द को माना जाता है, उसी तरह गढ़वाल के पँवार राजवंश का संस्थापक कनकपाल को माना जाता है। यह धार मालवा से बदरीनाथ की यात्रा के लिए गढ़वाल में आया और चमोली जिले में चाँदपुरी में बस गया। कत्यूरी-साम्राज्य के विघटन के समय गढ़वाल 52 छोटे-छोटे गढ़पतियों में विभक्त हो गया था। कनकपाल के वंशज अजयपाल ने बावन गढ़ों को जीतकर गढ़वाल राज्य की स्थापना की।

अजयपाल

अजयपाल की निश्चित तिथि ज्ञात नहीं है। हरिकृष्ण रतूड़ी ने अपनी पुस्तक गढ़वाल का इतिहास में अजयपाल का शासनकाल 1500-1519 ई. दिया है। गढ़वाल में प्रचलित लोकगाथाओं के अनुसार अजयपाल ने दीर्घकाल तक शासन किया अत: उसका शासनकाल 1500 से 1545 ई. तक माना जाना चाहिए। नाथपन्थी साहित्य में अजयपाल को गुरु अजयपाल अथवा बाबा अजयपाल कहा जाता है। जोशीमठ की गुरु पादुका के अनुसार वह कुछ समय तक नाथपन्थी जोगी के रूप में जोशीमठ में रहा। उसकी दो रानियों अजया और विजया के नाम भी गुरु पादुका में दिए हैं। अजयपाल की रक्षावली (झाड़-फूँक) भी प्रचलित है।

श्रीनगर

पँवार पहले चाँदपुर गढ़ी में रहते थे, वहाँ से अजयपाल ने देवलगढ़ में राजधानी

बनाई। अन्त में उसने पौड़ी जिले के श्रीनगर में अलकन्दा के किनारे अपना राजमहल बनाया। रामायण प्रदीप नामक ग्रन्थ के अनुसार अजयपाल कत्यूरियों का सोने का सिंहासन श्रीनगर ले गया था। मानोदय काव्य के अनुसार अजयपाल ने श्रीनगर की स्थापना की थी। अजयपाल के राज्यारोहण के समय चम्पावत के राजा कीर्तिचन्द ने गढ़वाल पर आक्रमण किया था लेकिन बाबा सत्यनाथ की कृपा से अजयपाल अपने राज्य के विस्तार में सफल रहा।

मानशाह

भरतकवि के मानोदय काव्य के अनुसार अजयपाल के पश्चात उसका पुत्र सहजपाल और पौत्र मानशाह क्रमश: गद्दी पर बैठे। मानशाह के देवप्रयाग के रघुनाथ मन्दिर से 1608 और 1611 ई. के दो लेख मिले हैं।

गढ़वाल के पँवारवंशी राजाओं में मानशाह एक शक्तिशाली राजा था। फ्रांस के पर्यटक विलियम फिंच ने उसका उल्लेख किया है। *मानोदय* काव्य में मानशाह के राज्य का वर्णन किया है। इस काव्य के अनुसार श्रीनगर के समीप अलकनन्दा के दूसरे तट पर मानशाह ने अपने नाम से मानपुर नामक नगर बसाया था। उसने चम्पावत के राजा लक्ष्मणचन्द को परास्त कर कुमाऊँ में लूटपाट की, तभी से कुमाऊँ में खतड़ुवा नामक त्योहार मनाया जाता है। मानशाह ने तिब्बत पर भी आक्रमण किया।

मानशाह का उत्तराधिकारी श्यामशाह मुगल बादशाह जहाँगीर के दरबार में गया था। श्यामशाह के पश्चात महीपति शाह गद्दी पर बैठा जिसके सेनापति माधोसिंह भंडारी और रिखोली लोदी की अनेक गाथाएँ गढ़वाल में प्रचलित हैं। महीपतिशाह ने तिब्बत और कुमाऊँ पर आक्रमण किए।

रानी कर्णावती

1631 ई. में महीपति शाह की मृत्यु के समय उसका लड़का पृथ्वीशाह अल्पवयस्क था। अत: उसकी माँ कर्णावती ने शासन का भार अपने ऊपर ले लिया, इस रानी के समय मुगल बादशाह शाहजहाँ ने गढ़वाल पर आक्रमण किया। मुगल सेनापति नजावत खाँ परास्त हुआ, रानी कर्णावती ने कई मुगल सैनिकों के नाक कटवाकर

उन्हें वापस भेज दिया। इसी कारण यह रानी 'नककटी रानी' के नाम से प्रसिद्ध हो गई।

सुलेमान शिकोह की शरण

1658 ई. में शाहजहाँ के पुत्रों में उत्तराधिकार का युद्ध छिड़ा। औरंगज़ेब विजयी रहा और दाराशिकोह परास्त हो गया। दाराशिकोह के पच्चीस वर्षीय पुत्र सुलेमान शिकोह ने गढ़वाल के राजा पृथ्वीपति शाह के यहाँ शरण ली। औरंगज़ेब ने राजा जयसिंह के माध्यम से पृथ्वीपति शाह के पुत्र मेदिनीशाह को अपनी ओर मिला लिया। मेदिनीशाह को औरंगज़ेब के साथ दीर्घकालीन युद्ध से गढ़वाल को नुकसान होने की शंका थी। अत: उसने सुलेमान शिकोह को 1661 ई. में मैदान में ले जाकर राजा जयसिंह के पुत्र रामसिंह को सौंप दिया। मेदिनीशाह स्वयं भी मुगल दरबार में गया और औरंगज़ेब ने उसे दो हजार जात और एक हजार सवार का मनसबदार बना दिया।

1661 ई. में मेदिनीशाह की दिल्ली में मृत्यु हो गई। औरंगज़ेब ने पृथ्वीपतिशाह को उसके पुत्र की मृत्यु पर संवेदना का एक पत्र भेजा।

फतेहपतिशाह

पृथ्वीपतिशाह (1631-1667 ई.) के पश्चात उसका पौत्र (मेदिनीशाह का पुत्र) फतेहशाह गद्दी पर बैठा। रतन कवि ने हिंदी भाषा में उसके जीवन पर *फतेप्रकाश* नामक काव्य की रचना की है। उसके समय में सिक्खों के गुरु गोविन्द सिंह ने औरंगज़ेब के दमन के कारण गढ़वाल के हेमकुंड लोकपाल में शरण ली। फतेहशाह ने मुगल साम्राज्य पर धावे मारे और 1692 में सहारनपुर छीन लिया। उसने देहरादून में सिक्खों के गुरु रामराय को शरण दी। हिंदी के कवि भूषण और मतिराम भी फतेहपतिशाह के दरबार में गए। इस राजा के चाँदी के सिक्के मिले हैं।

फतेहशाह के पश्चात उपेन्द्रशाह, प्रदीपशाह, ललितशाह, जैकृतशाह और प्रद्युम्नशाह क्रमश: गद्दी पर बैठे।

गोरखा आक्रमण

प्रद्युम्नशाह के शासनकाल में नेपाल की गोरखा सेना ने 1790 ई. में कुमाऊँ पर अधिकार करने के उपरान्त गढ़वाल पर आक्रमण किया। 1805 ई. में देहरादून के खुड़बुड़ा नामक स्थान पर लड़े गए युद्ध में प्रद्युम्नशाह मारा गया और उसके पुत्र सुदर्शन शाह ने अंग्रेज़ों के यहाँ शरण ली।

टिहरी रियासत

1815 ई. में अंग्रेज़ों ने गोरखा सेना को परास्त करने के बाद गढ़वाल के दो हिस्से कर दिए। पौड़ी और टिहरी। टिहरी तथा उत्तरकाशी का इलाका सुदर्शनशाह को दे दिया। सुदर्शनशाह के वंशज 1947 तक अंग्रेज़ों के अधीन टिहरी में राज्य करते रहे। अन्तिम टिहरी नरेश मानवेन्द्रशाह के समय टिहरी रियासत को स्वतंत्र भारत में मिला दिया गया।

इस प्रकार 1500 से 1804 ई. तक गढ़वाल में पँवार वंश ने शान्ति और सुव्यवस्था कायम की।

खंड 2

गढ़वाल : टीलों से जुड़ा इतिहास

गढ़वाल के इतिहास को कहाँ से शुरू किया जाए, इस प्रश्न पर संस्कृति और पुरातत्त्व के विद्वानों का अलग-अलग उत्तर हो सकता है। हरिराम धस्माना और भजन सिंह 'सिंह' ने जहाँ आर्यों के आदि देश से गढ़वाल का इतिहास शुरू किया है, वहीं डॉक्टर शिवप्रसाद डबराल मलारी के अवशेषों से ऐतिहासिक अध्ययन की शुरुआत मानते रहे हैं। जहाँ तक ग्रामीण अंचलों का सम्बन्ध है, वहाँ स्थानीय गढ़ों के किस्सों और निवासियों से ही लोग-बाग अतीत का चिट्ठा शुरू करते हैं। यद्यपि इतिहास की पुस्तकों में गढ़वाल के बावन गढ़ों के नाम छपे हैं, जिनके कारण गढ़देश और गढ़वाल शब्द का प्रयोग होने लगा है। लेकिन बधाण से टौंस तक सर्वेक्षण करने पर हर गाँव के इर्द-गिर्द कोई न कोई तराशा हुआ टीला दिख जाता है, जिसके साथ एक रोचक इतिहास जुड़ा होता है। ऐसा ही एक टीला है—गढ़वाल के पश्चिमी छोर पर स्थित कन्द्रालागढ़, जो रवाईं क्षेत्र के अनेक किस्से-कहानियों का केन्द्र रहा है।

1966 ई. की बात है, उत्तरकाशी जिले की पुरोला तहसील के मुख्यालय से डॉ. प्रयाग जोशी के साथ मैं कन्द्राला गढ़ के अवशेषों को देखने जा रहा था। मालगाड़ को पार कर हम करड़ा गाँव की छानियों की ओर बढ़े। गाड़ के बाएँ किनारे पर एक स्त्री कपड़े धो रही थी। लकड़ी की पाली में राख पड़ी थी और साबुन के झाग की तरह उसका प्रयोग हो रहा था। दाएँ किनारे पर एक अधेड़ स्त्री पीतल का कसेरा पानी से भर रही थी। मैंने पूछा, 'वह कपड़े किससे धो रही है?' वह महिला जरा मुस्कुराई और बाएँ कूल पर खड़ी औरत की ओर देखा और अन्त में बोली, छार!

हम आगे बढ़े। करड़ा की क्यारियाँ आ गई थीं। धान कट चुका था। बीच

में स्थित धान के कुन्यू को देखकर कौतूहल जगा। पानी भरकर वह औरत हमारे पीछे-पीछे आ रही थी। जोशी जी ने पूछ लिया, 'इस कुनड़े में कितना खल्डा धान होगा।'

कुमाऊँ में तब धान की माप कुथले या सूप से होती थी। रवाईं में कुथले की परम्परा का खल्डा प्रचलित था। वह बकरे की खाल से बनाया जाता है। रवाईं क्षेत्र में 'ट' प्रत्यय का विशेष प्रयोग होता है। रवाईं में लोग अपने को रवाल्टा कहते हैं और अपनी बोली को रवाल्टी। उस क्षेत्र की सबसे लोकप्रिय गाथा—इन्द *वाण* के जागर में एक तुर्क महिला को तुर्केटी बीबी कहा गया है। इसी तरह खाल से बनी बड़े आकार की थैली को खल्डा कहा जाता है। वह बोली—'सात-आठ खल्डा।'

क्यारियों, छानियों और उनके बाद एक थका देने वाली डंगार पार कर करड़ा गाँव मिला। वहाँ पता चला कि रवाईं क्षेत्र के प्रसिद्ध लोकगीत छोड़ा के सबसे अच्छे ज्ञाता शिकारू गाँव के कर्म्या और गजे सिंह माने जाते हैं।

करड़ा गाँव में सबसे पहले बाजगी (वादक) का घर मिला। बरामदे में बैठा वह पुराने गद्दे की मरम्मत कर रहा था। तीन ढोल टँगे थे। उसका नाम देवदास था। उसने बताया कि उसके पूर्वज मूल रूप से भाट जाति के ब्राह्मण थे। लेकिन अब कुछ पीढ़ियों से वह बाजगी जाति का हरिजन माना जाता है। रवाईं में बाजगी अपने नाम के साथ दास शब्द का प्रयोग करते हैं। हर गाँव का एक बाजगी होता है। जैसे पुरोला गाँव का बाजगी गौरदास व सिरकोट गाँव का बाजगी नयनदास। प्राचीनकाल में राजदरबारों में जिस तरह भाट और चारण राजकुलों का इतिवृत्त सुनाते थे। इसी तरह बाजगी ग्रामीण इतिवृत्त को पीढ़ी दर पीढ़ी सुरक्षित रखे हुए हैं।

बाजगी के पास ही एक रावत बैठे थे। उन्होंने बताया कि वे करड़ा गाँव के खटलाक जाति के रौत हैं और उनके पूर्वज इस गाँव के सबसे पुराने बाशिन्दे थे। उन्होंने मुंगरा के रौतेलों से भी अपना सम्बन्ध बतलाया और अपने कुल को दिल्ली के पास किसी गढ़ से आया कहा। उनके अनुसार इन रौतों का एक गीत भी है जिसे बाबर के देवाल लोग जानते हैं।

पास ही एक व्यक्ति एक लकड़ी के बने बड़े-से टब में खड़ा था। सामने गड़े एक लट्ठे को उसने हाथ में पकड़ रखा था और टब में पड़े कम्बल को पैरों से कुचल रहा था। यह कम्बलों को धोने की स्थानीय विधि है। उसने बताया कि करड़ा वालों का एक देवता शिकारू नाग पुजेली नामक गाँव में है। वह शिकारू में मारा गया था। उसने इस गाँव का असली (ईष्ट) देवता नौगाँव के काश्मीर

देवता को बतलाया। यह देवता काश्मीर से आया था। इस कारण यह नाम पड़ा। रवाईं-जौनसार और बाबर, इन तीनों अंचलों में कुलू-काश्मीर का सांस्कृतिक प्रभाव परिलक्षित होता है। यमुनोत्री से चार मील नीचे खरसाली गाँव में सोमेश्वर देवता को भी कुलू-कश्मीर से आया हुआ मानते हैं। अनोल के सिब्बू बाजगी द्वारा गाये गए एक बाबरी लोकगीत में 'राजा तो बड़ा कुलु कश्मीर दा' का भी उल्लेख मिला। जौनसार-बाबर का सबसे लोकप्रिय देवता महासू भी कश्मीर से गढ़वाल में आया हुआ माना जाता है। शिब्बू बाजगी ने टौंस के किनारे अनोल के महासू मन्दिर से कश्मीर तक के रास्ते का निम्नवत वर्णन किया—

आगे-आगे उजर नागा!
तब लागैं नीजर गाड़
तब लागैं काल भमोल
तब लागैं सीसियापदाल को देश
तब औरें बूट चटस्मिरी खेलें
तब सूखे बोट, बौटूरि खेलें
तब लगैं काँथी-करौथी
तब लागैं जुग-जुत थाणी-पाणी
थूकों की कौड़ी बाजी
सीसें मुडाल गाढ़व
सर्प लू की पा छुवात
तब लागैं काश्मीर को बण

गोपेश्वर (चमोली) में बैतरणी के पास काश्मीरी हाट नामक एक बस्ती के दबे होने की जनश्रुति है। गढ़वाल में भी काश्मीर की तरह श्रीनगर नामक स्थान है। नृवंश के आधार पर भी काश्मीर से यमुना घाटी तक हिमालय में एक गौर वर्ण की जाति का प्रसार स्पष्ट है। अब समस्या यह उत्पन्न होती है कि काश्मीर से गढ़वाल तक यह जातीय प्रसार मात्र सांस्कृतिक रहा है अथवा इसके पीछे किसी विशाल पर्वतीय साम्राज्य की भूमिका रही है? इस समस्या के निराकरण से गढ़वाल के इतिहास का अध्ययन एक नए धरातल पर आ सकता है। इस समस्या पर तर्क-वितर्क करते हम शिकारू गाँव की ओर बढ़े। सामने इस क्षेत्र में पुरोहिताई से उदर पूर्ति करने वाले पंडित सदानन्द पीतल का कसेरा लिये आ रहे

थे। उन्होंने बताया कि सबसे पहले करड़ा में खनार रौत रहते थे। गाँव के ऊपर एक टीला उन्होंने दिखाया, जिसे आज भी खनार कहते हैं। जिसके ऊपर श्रीकुल देवता की स्थापना की गई है। रवाईं में लकड़ी के खम्भे के ऊपर एक छत्र का आकार बनाकर उसे भूमि में स्तम्भ की तरह गाड़ देते हैं, वही श्रीकुल देवता मान लिया जाता है।

जंगल और डांडों को पार कर हम पहले धड़ौली और फिर शिकारू गाँव पहुँचे। कर्म सिंह ने शिकारू का इतिहास निम्नवत सुनाया—

> खलाड़ी के सात भाई रौत रवाईं के सात स्थानों में बस गए। जिनमें से एक शिकारू है। एक भाई भेड़ों को चुगाने पर्वत गया। उसने वहाँ कणक (गेहूँ) बो दिए। गेहूँ अधिक हो जाने पर उसने वहीं रहने का निश्चय किया। वह अपने छोटे भाई को भी वहाँ ले गया। शिकारू में उन्हीं भाइयों का एक वंशज लेवाड़ (पर्वत) से लौटकर आया। वर्तमान शिकारू के निवासी लेवाड़ी रौत कहलाते हैं। खलाड़ी में रौत जाति कन्द्रालागढ़ से आई। छोड़ा विशेषज्ञ कर्मसिंह के अनुसार रवाईं का सबसे पुराना गढ़ कन्द्रालागढ़ है। यह गढ़ शिकारू से नीचे की दुर्गम पहाड़ी पर स्थित है। यह खलाड़ी गाँव से भी सामने दिखता है। मन्दिर की तरह तराशे गए उस टीले में जाने के लिए केवल एक ही रास्ता है। गढ़वाल के पँवार राजवंश की स्थापना से पहले ही कन्द्रालागढ़ उजड़ गया था क्योंकि पँवार राज्य में खलाड़ी का रौत 15 गाँवों का सयाना (मालगुजार) था और मालगुजारी के ऐतिहासिक दस्तावेज गाँव में सुरक्षित थे। खलाड़ी के रौतों का मूल पर्वत 'वेणी' कन्द्राला से खलाड़ी आकर बस गया था।

2

गढ़ों के किस्से-कहानियों के साथ-साथ गढ़वाल में उसी के इर्द-गिर्द स्थित आश्रम के किस्से-कहानी भी लोकवार्ता के अंग रहे हैं। रवाईं में जिस तरह कन्द्रालागढ़ को सबसे पुराना गढ़ माना जाता है, उसी प्रकार गुन्दियाट गाँव में स्थित कपिल मुनि के आश्रम को सबसे पुराना आश्रम माना जाता है। ऐसा प्रतीत होता है कि जिस तरह बुद्ध, महावीर अथवा शंकराचार्य ने अपने शिष्यों के लिए भारत के अनेक स्थानों पर विहार और मठों की स्थापना की, उसी तरह वैदिक काल में हर ऋषि

ने अपने शिष्यों के लिए देश के अनेक भागों में आश्रम स्थापित किए। पुराणों और *केदारखंड* में गढ़वाल के जिन आश्रमों का वर्णन मिलता है, आज कण्वाश्रम को छोड़कर लगभग सभी स्थानों में प्राचीन मन्दिर के साथ ऋषि का नाम जीवित है। कण्वाश्रम की निश्चित स्थिति का विवाद गढ़वाल के अतीतवेत्ताओं के लिए ही नहीं, अपितु प्राचीनकाल के लेखकों के लिए भी एक समस्या रही है।

ऋषियों के असंख्य आश्रमों की स्मृति के कारण ही हरिराम धस्माना (ऋग्वैदिक इतिहास, लखनऊ, 1954) ने गढ़वाल को आर्यों का आदि देश माना है। वेद और पुराणों से जिस आर्य जाति का पता चलता है, वह देव और असुर दो भागों में बँटी हुई थी। देवों के उपासक के रूप में ऋषियों का उल्लेख मिलता है। अत: आर्यों का मूल निवास ऋषियों की तपस्थली नहीं हो सकती। इस सम्बन्ध में पार्जीटर की धारणा ठीक है कि पश्चिमी तिब्बत में कैलास-मानसरोवर की भूमि ही आर्यों की मूल भूमि थी। उसके लिए उत्तर कुरु शब्द का प्रयोग यूनान और रोम के पुराने साहित्य में भी मिलता है। तब आधुनिक नन्दादेवी पर्वत को मेरु पर्वत कहते थे और आधुनिक बल्ख का नाम उत्तरमद्र था। जहाँ के लोगों ने कश्मीर और अफगानिस्तान की ओर से आकर पंजाब में मद्र और बाह्लीक नामक बस्तियों की नींव डाली थी। कैलास से बल्ख तक की भूमि में कई देवासुर संग्राम लड़े गए और उन्हीं के परिणामस्वरूप असुर जाति ईरान, सीरिया और मिश्र की ओर पलायन कर गई, जिस तरह बाद में इसी क्षेत्र से कुषाण, शक, हूण और तुर्कों का प्रसार हुआ। ऋग्वेद की रचना से पूर्व सूर्य और चन्द्र वंश के क्षत्रिय, आर्यों के उत्तराधिकारी के रूप में तिब्बत से अयोध्या और हस्तिनापुर में बस चुके थे। उन्हीं के संरक्षण में गढ़वाल में ऋषियों के आश्रम स्थापित हुए। यह निश्चित है कि ऋषियों ने अपने आश्रम जंगलों में बस्तियों से बहुत दूर स्थापित किए थे।

गढ़वाल का आश्रम युग पौराणिक गणना के अनुसार कृत युग कहलाएगा और पुरातत्त्व की गणना के अनुसार नवीन पाषाणकाल। आज से लगभग दस हजार वर्ष पहले के प्रागैतिहासिक शैलचित्र, मृदभाण्ड और अश्म उपकरणों की एक संस्कृति भारत भर में अब आसानी से पहचानी जा सकती है। जिस तरह मध्यकालीन भारत में तुर्क विजेताओं और राजपूत पराजितों की बिलकुल भिन्न संस्कृतियाँ लम्बे संघर्ष के बावजूद बरकरार रहीं, वही स्थिति कृतयुग में उत्तर कुरु और उत्तर मद्र से आए वीरों एवं पाषाणकालीन बस्तियों में रहने वाले देशी लोगों के बीच स्वीकार की जा सकती है। सूफी सन्तों और भक्ति-आन्दोलन के

प्रवर्तकों की तरह वैदिककालीन ऋषियों का वर्ग भी दोनों वर्गों से आया होगा। इसी कारण ऋग्वेद में अन्धे और कृष्ण वर्ण के कण्व ऋषि का उल्लेख है जो आर्य विजेताओं में से न होकर पाषाण युगीन बस्तियों से सम्बन्धित रहे होंगे। यह विशेष ध्यान देने की बात है कि गढ़वाल में दो कण्वाश्रम थे—

चमोली जिले में नन्दप्रयाग के पास कनापू में स्थित कण्वाश्रम का उल्लेख केदारखंड में मिलता है। जिसके अवशेष नन्दाकिनी के बाढ़ में बहने के किस्से जीवित हैं।

पौड़ी जिले में कोटद्वार के समीप मालिनी नदी के तट पर स्थित कण्वाश्रम का उल्लेख महाकवि कालिदास ने किया है जिसके अवशेष सिद्धबली मन्दिर में हैं।

1974 ई. की बात है। भाबर के जगरियों की पूछताछ करता मैं कोटद्वार से लगभग चार किलोमीटर की दूरी पर स्थित शिवनगर गाँव के अस्सी वर्षीय जगरिये दौलत सिंह बिष्ट के पास पहुँचा। उन्होंने बताया कि कोटद्वार के पास पड़ोस में पहले कण्व ऋषि के सिद्ध के रूप में जागर लगते थे। उनके अनुसार कोटद्वार के समीप तीन किस्से बहुत प्रसिद्ध हैं—सिद्धबली का कण्व सिद्ध, नाबूगढ़ का नाबू देवता और गेन्दी मेले को शुरू करने वाली खैरागढ़ के राजा पिथौरा साही की पत्नी मौला जिया। एक लोकगायक होने के नाते उनका यह विश्वास था कि आज भी भाबर के क्षेत्र में ध्यान लगाने पर कालागढ़ के समीप स्थित खैरागढ़ की नौबत की अनुगूँज सुनाई देती है। उसके अनुसार खैरागढ़ के कत्यूरी राजाओं में पिथौरा शाही, उसका पुत्र दुलाशाही और पौत्र मालू शाही बहुत प्रसिद्ध रहे हैं। उनकी कथा गेन्दी के मेले के अवसर पर भड़ैलों में चलती है जो निम्नवत प्रारम्भ की जाती है—

बाँका खैरागढ़ में राजा पिथौरा!!
धरती धाकला!
पृथ्वी चाकला!
आकाश की गैड़ी झाड़ी!
पाताल की नागणी सादी!!

बिष्ट के अनुसार, कुमाउँनी बोली का 'ईजा' शब्द जिया का पर्यायवाची है। जियारानी का अर्थ है—राजमाता। अपने पुत्र दुलाशाही की संरक्षिका बनकर मौला देवी ने कत्यूरी-साम्राज्य की देखभाल की। तभी से वह जियारानी कहलाई। वास्तविक

नाम मौलादेवी था। वे हरिद्वार के समीप मायापुर हाट के राजा अमरदेव पुण्डीर की पुत्री थीं। बिष्ट के अनुसार, आज भी जब कत्यूरियों की पूजा के अवसर पर देव नृत्य का आयोजन किया जाता है तो लखनपुर के राजा बिरम देव का अभिनय एक पैर से किया जाता है। उसका एक पैर राजा पिथौरा ने कटवा दिया था।

पौराणिक मालिनी नदी को अब मालन कहते हैं। बिष्ट के अनुसार मालन नदी के तट पर नाबूगढ़ है। इसी के समीप गेन्दी का मेला लगता है। इस मेले के जागर में नाबूगढ़ की भी कहानी है। कहानी के अनुसार नाबूगढ़ में नाबू नाम का देवता रहता था। उसकी आवाज़ बड़ी तेज थी। जब कभी भी शत्रु मालन नदी पार करने की कोशिश करता, नाबू की आवाज़ आसपास के इलाके में सुनाई पड़ती और लोग एकत्र होकर शत्रु का मुकाबला करते। शत्रु परास्त हो जाता। अन्त में छल से किसी तरह नाबू को विष दिलाकर शत्रु ने उसकी आवाज़ बन्द कर दी, तब मालन पार करने में सफल हुआ। उसके अनुसार श्रीनगर के पँवार वंश और खैरागढ़ के कत्यूरी राजवंश के पहले ही नाबूगढ़ का पतन हुआ था।

1964 ई. में प्राचीन कण्वाश्रम को चौकी घाटा में पुनर्जीवित किया गया है, जहाँ मालन नदी पहाड़ों को छोड़कर मैदान में उतरती है वहाँ ऋषि कण्व उनकी दत्तक पुत्री शकुन्तला और चक्रवर्ती राजा भरत की संगमरमर की मूर्तियाँ भी स्थापित की गई हैं। जगह की खुदाई से प्राप्त एक-दो तराशे पत्थर भी वहाँ मिले हैं। मालिनी की बाढ़ में एक शिव-मन्दिर के बहने की परम्परागत कथा भी चौकीघाटा में मिलती है। लेकिन जिस तरह नारायण, रुद्र, अत्रि, देवल, जमदग्नि, कपिल आदि ऋषियों के आश्रमों के अवशेष हैं, उस तरह चौकीघाटा में न कोई पुरातत्त्व है और न कोई पवित्रता का बोध। इसके विपरीत गढ़वाल के पुराने मन्दिरों के शीर्ष पर पाए जाने वाले विशाल पत्थर के शीर्ष कमल के ग्यारह नमूने सिद्धबली मन्दिर में सुरक्षित हैं जो यह प्रमाणित करते हैं कि पहले वहाँ आदिबदरी की तरह कम-से-कम ग्यारह मन्दिर रहे होंगे। सिद्धबली में दो प्राचीन मूर्तियाँ भी हैं—एक हनुमान की और एक छोटी मूर्ति किसी दाढ़ी वाले बाबा की है जो आज सिद्धबली के नाम से पूजी जाती है। यह मूर्ति कण्व ऋषि की भी हो सकती है क्योंकि दाढ़ी से यह एक ऋषि की प्रतिमा लगती है। यह भी ध्यान देने की बात है कि सिद्धों को आकाशचारी और वायु रूप माना जाता है। इस कारण कुमाऊँ-गढ़वाल में सिद्धों को मूर्ति के बजाय लोहे के त्रिशूल, दीए और चिमटे से प्रतिष्ठित किया जाता है। सिद्धों के थान होते हैं, मन्दिर नहीं। मालन से सिद्धबली तक प्राचीन कण्वाश्रम की भूमि रही होगी

तभी दस हजार शिष्यों के भोजन हेतु अन्न, फल और ईंधन प्राप्त हो सकता था। यह भी एक समस्या है कि कालिदास कण्व को ब्रह्मचारी मानते हैं और ऋग्वेद उनकी पत्नी, पुत्र और वंशजों की सूची देता है।

3

गढ़ और आश्रम की तरह गढ़वाल के इतिहास में सर्वेक्षण का तीसरा क्षेत्र है—पुर। पुराकाल में ब्रह्मपुर, कार्तिकेयपुर, सुभिक्षपुर, मतिपुर, टंकणपुर, हर्षपुर, नागपुर, चाँदपुर, मानपुर आदि नगरों के अस्तित्व का पता चलता है। कहीं-कहीं गाँवों के नाम के साथ भी 'पुर' शब्द का प्रयोग हो रहा है। उत्तरकाशी की पुरोला तहसील के पास मुल्टाड़ी और कुटी के बीच धामपुर नाम का गाँव है। यद्यपि 'नगर' और 'पुर' पर्यायवाची है फिर भी एक अभिलेख में श्रीनगर-पुर शब्द का प्रयोग किया गया है। यह आश्चर्य की बात है कि गढ़ों की तरह पुरों की निश्चित स्थिति ज्ञात नहीं है। सबसे विवादास्पद स्थिति ब्रह्मपुर की है जो पाँचवीं से सातवीं सदी ई. के लगभग कुमाऊँ-गढ़वाल की राजधानी थी। सेंट मार्टिन ने अलकनन्दा के तट पर स्थित आधुनिक श्रीनगर के स्थान पर ब्रह्मपुर नगर की स्थिति स्वीकार की थी। आज भी गढ़वाल के अतीत पर अध्ययन-मनन करने वाले बहुत से विद्वान और शोध-छात्र इस तादात्म्य को सही मानते हैं। इस तादात्म्य की सत्यता का परीक्षण करने के लिए तीन बिन्दुओं पर ध्यान देना जरूरी है—

1. श्रीनगर के पास-पड़ोस का पुरातत्त्व,
2. तालेश्वर ताम्रपत्रों में वर्णित स्थल,
3. ह्वेनसांग का यात्रा विवरण।

भौगोलिक दृष्टि से अलकनन्दा के तट पर श्रीनगर में एक विशाल नगर की सम्भावना है। बदरी-केदार के यात्रापथ पर इतनी समतल उपत्यका अन्यत्र नहीं है। इसी कारण पन्द्रहवीं सदी में राजा अजयपाल ने देवलगढ़ से हटाकर श्रीनगर में अपनी राजधानी बनाई। स्थानीय परम्परा के अनुसार प्राचीन राजमहल शंकरमठ के समीप उस स्थान पर था जहाँ आजकल आई.टी.आई. तथा पॉलीटैक्निक है। श्री अर्थात लक्ष्मी से इस नगर का सम्बन्ध रहा है। नगर के ऊपर श्रीकोट नाम का गाँव है और अलकनन्दा में श्रीयंत्र की परम्परा मानी जाती है। यहाँ के भक्त्याणा

मुहल्ले के एक शिलालेख में गुसाई सम्प्रदाय के स्वामी माधवदास को महालक्ष्मी का अवतार कहा गया है।

बाढ़, भूकम्प और गोरखा युद्ध के कारण इस नगर में आज पुराने स्मारक बहुत कम बचे हैं लेकिन जो भी हैं, वे अजयपाल से प्रद्युम्नशाह तक, पँवार राजवंश के स्मृति चिन्ह हैं। श्रीनगर में महीपतिशाह के समय का केशोराय मठ, पृथ्वीपति शाह के समय का भक्त्याणा का रघुनाथ मन्दिर, गोरखा युग का गोरखनाथ जी की गुफा का मंडप, केदारखंड में वर्णित कमलेश्वर मन्दिर, शंकरमठ और जैन मन्दिर के पुरातत्त्व में कहीं भी कोई ऐसा चिह्न नहीं है जिसे छठी-सातवीं ई. के ब्रह्मपुर युग से जोड़ा जा सके।

श्रीनगर की अपेक्षा अलकनन्दा के दूसरी ओर स्थित राणीहाट में प्राचीन बस्ती के प्रमाण हैं। मानोदय काव्य से ज्ञात होता है कि अजयपाल के पौत्र मानशाह ने मानपुर नाम का नगर बसाया था। राणीहाट में मानशाह के मानपुर की एक कहानी प्रचलित है। कहानी के अनुसार मानशाह और श्यामशाह नामक दो भाई थे। श्यामशाह श्रीनगर में रहता था। वर्तमान आई.टी.आई. भवन के पास उसका महल था। मानशाह का महल राणीहाट से उत्तर की ओर राणीहाट और नैथाणा गाँव के बीच में स्थित एक पीपल वृक्ष के पास था। वहाँ पर आज भी प्राचीन भवन की बुनियाद के विशाल पत्थर पड़े हैं। मानशाह के महल की दासी नित्य प्रात: अलकनन्दा से मुँह अँधेरे ही पानी लाने जाती थी। उसी पानी से रानी नहाती थी। अँधेरे में साढ़े चार बजे के लगभग जब दासी घड़े में पानी भरकर नदी से लौटने लगती तो उसे आवाज़ सुनाई देती थी—"मैं भी आऊँ?" आखिरकार एक दिन इसी तरह की आवाज़ सुनने पर उसने रानी को यह बात सुनाई। रानी ने मानशाह को बताया तो उसने दासी से कहा—"अगर फिर इसी तरह सुने तो आवाज़ की ओर देखकर उत्तर देना—"अगर आवाज़ देने वाला कोई देवी-देवता है तो जरूर उसके साथ आए, अगर भूत-प्रेत है तो मत आना।" जब दूसरे दिन राजा के आज्ञानुसार दासी ने आवाज़ का उत्तर दिया तो उसकी गगरी इतनी भारी हो गई कि वह उसे ढोने में असमर्थ हो गई और उसने वह कलश उसी स्थान पर रख दिया जहाँ पर आजकल राजराजेश्वरी देवी का मन्दिर है।

कहते हैं, इस घटना के कारण ही मानशाह ने राणीहाट में राजराजेश्वरी देवी का मन्दिर बनवाया। इससे पहले देवलगढ़ में राजराजेश्वरी का मन्दिर था जो पँवार राजवंश की कुलदेवी थी।

राणीहाट में एक विशाल पीपल वृक्ष के पास एक छोटा-सा प्राचीन स्तम्भ है—बिरखम की परम्परा का। उसके आगे खेतों के बीच एक मन्दिर प्रवेश द्वार तक मिट्टी में दबा हुआ है। राजराजेश्वरी का मन्दिर एक बड़े से अहाते से घिरा है। जिसमें एक विशाल शिवलिंग तथा विष्णु की बलुआ पत्थर की प्रतिमा विशेष उल्लेखनीय है। चहारदीवारी में अनेक लघु मन्दिर हैं जिन्हें गढ़वाली भाषा में 'दुरनी' कहा जाता है। पुजारी के अनुसार मानशाह ने राणीहाट में तीन दिन और तीन रात में 160 मन्दिर बनवाए थे।

राजराजेश्वरी देवी के जगरिए कड़ाकोट गाँव में रहते हैं जो मानशाह के मानपुर की उपरोक्त कथा को विस्तार से सुनाते हैं। जब राजराजेश्वरी का जागर लगता है और देवी का डोला उठाया जाता है तो उसमें एक हुणिया देवता भी नाचता है। राणीहाट में एक खेत के पास हुणिया देवता का स्थान माना जाता है। स्थानीय लोगों के अनुसार यह हुणिया देवता पश्चिमी तिब्बत के हूण देश से प्राचीनकाल में यहाँ आया था।

राणीहाट में एक खेत में गढ़वाल विश्वविद्यालय के पुरातत्त्व विभाग ने उत्खनन किया जिसमें घड़ों के टुकड़े, चूड़ियों के मनके, सिक्के आदि के साथ मौर्यकालीन ईंटें मिलीं। इससे यह प्रमाणित होता है कि मानशाह के द्वारा मानपुर के निर्माण से पहले भी वहाँ पर पुरानी बस्ती थी। बदरी-केदार की यात्रा के पथ पर स्थित होने से यहाँ बस्ती का होना स्वाभाविक है।

1914 ई. में अल्मोड़ा जिले के तालेश्वर नामक स्थान से पत्थर की एक दीवार के लिए उत्खनन करते समय ब्रह्मपुर नगर से प्रसारित पर्वताकर राज्य के राजा द्युतिवर्मा और उसके पुत्र विष्णु वर्मा के दो ताम्रपत्र मिले हैं जिनमें तत्कालीन दस मन्दिरों और अनेक गाँवों के नाम दिए हुए हैं। तालेश्वर ताम्रपत्रों में वर्णित वीरणेश्वर, गुणेश्वर, वारुणाश्रम, नारायणदेव कुल, अरिष्टाश्रम, ब्रह्मेश्वर, कपिलेश्वर, वामन स्वामी, तुलाकष्टक यक्ष और निश्चिता देवी के दस मन्दिरों में से किसी के भी नाम अथवा अवशेष श्रीनगर के पास-पड़ोस में नहीं पाए जाते हैं। इसके ठीक विपरीत यदि द्युतिवर्मा के तालेश्वर ताम्रपत्र को पकड़कर आधुनिक अल्मोड़ा नगर के समीप बाड़ेछीना नामक स्थान पर खड़ा होकर चारों ओर के मन्दिर और गाँवों को देखा जाए तो अधिकांश मन्दिर और गाँव के नाम स्पष्ट हो जाते हैं।

1970 ई. में ताराचन्द्र त्रिपाठी और भुवनलाल साह के साथ मैंने लखु ओड्यार के प्रागैतिहासिक शैलचित्रों का अध्ययन करते समय जब इस क्षेत्र के गाँवों और

मन्दिरों का सर्वेक्षण किया तो यह पता चला कि गाँवों के नामों में सातवीं सदी से आज तक कोई विशेष परिवर्तन नहीं हुआ है। जैसे ताम्रपत्र में वर्णित मालाखान को अब मालखान, सूर्प्या को सुपें, पल्ली को पल्युँ, बंजालि को बजोली, चोरपानी को चोरपानी कहते हैं। मालखान गाँव की निश्चित स्थिति ज्ञात होने पर उसके सामने की विनसर पहाड़ी पर स्थित अनन्तनाग के मन्दिर को ब्रह्मपुर के सोमवंशी राजाओं का कुलदेवता वीरणेश्वर का मन्दिर माना जा सकता है। ताम्रपत्र में ब्रह्मपुर को मालखान से सुपैं के बीच रखा गया है। अत: आधुनिक बमन तिलाड़ा गाँव में खेतों के बीच दबे अभिलेखयुक्त नौले से लेकर सुयाल नदी के किनारे स्थित बमनस्वाल के मन्दिर-समूह तक की भूमि में प्राचीन ब्रह्मपुर नगर रहा होगा। इस प्रकार बिनसर पहाड़ी के दोनों ओर के गाँव और मन्दिरों का तालेश्वर ताम्रपत्रों में उल्लेख हुआ है। ताम्रपत्र में मालखान के पास जिस नारायण देवकुल का उल्लेख हुआ है उसके अवशेष मालखान के समीप नैणी गाँव में विद्यमान हैं। यहाँ के चतुर्मुखी शिवलिंग, नौला, शेषशायी नारायण की मूर्ति के आसपास बिखरी कलाकृतियों में छठी-सातवीं सदी का पुरातत्त्व आसानी से पहचाना जा सकता है। तालेश्वर लेख में जिस वारुणाश्रम का उल्लेख है, वह आधुनिक बौणासी मन्दिर है जिसकी दीवारों के अभिलेख उसकी प्राचीनता सिद्ध करते हैं। अल्मोड़ा के समीप कसार देवी में रुद्रेश्वर की सातवीं सदी की लिपि का लेख भी इस क्षेत्र को ब्रह्मपुर युग से जोड़ता है। हाल ही में कौशलकिशोर सक्सेना ने इस क्षेत्र से बौद्धों की देवी तारा की मूर्ति का पता लगाया। इसी तरह कपिलेश्वर की गंगामूर्ति को भी पुरातत्त्व वेत्ताओं ने सातवीं सदी का स्वीकार किया है। तालेश्वर के पहले ताम्रपत्र में जिस तरह वीरणेश्वर (आधुनिक विनसर) के मन्दिर को भूमि दान की गई है, उसी तरह दूसरे ताम्रपत्र में महासत्र के लिए दान किया है। बिनसर पहाड़ी के दूसरी ओर सत्राली नामक गाँव है जो प्राचीन महासत्र (सदावर्त) का स्थान हो सकता है। इस लेख में वर्णित ब्रह्मेश्वर मन्दिर आधुनिक हवालबाग के समीप की बमसर मन्दिर हो सकता है। इस मन्दिर के समीप रेशम के बुनकरों (पट्टवायक) द्वारा प्रदत्त भूमि का वर्णन है जो आधुनिक पाटिया गाँव में रहते होंगे।

चीनी यात्री ह्वेनसांग बौद्ध धर्म का अनुयायी था। *मानसखंड* के *रामेश्वर माहात्म्य* से पता चलता है कि आधुनिक पिथौरागढ़ जिले में चम्पावत के बालेश्वर मन्दिर के नीचे कैलास-मानसरोवर के यात्रापथ पर एक बौद्ध तीर्थ था। अत: ह्वेनसांग ब्रह्मपुर की यात्रा के समय इस तीर्थ में भी गया होगा।

4

ब्रह्मपुर को अल्मोड़ा जिले के बाड़ेछीना के समीप मान लेने से गढ़वाल और कुमाऊँ में चीनी पर्यटक ह्वेनसांग के यात्रापथ को स्पष्ट किया जा सकता है। अपनी पुस्तक *सी-यू-की* में उसने लिखा है कि वह पंजाब के थानेश्वर से छियासठ मीटर के लगभग उत्तर पूर्व की ओर चलकर स्रुग्घ्ननगर में पहुँचा जो पहाड़ों की जड़ पर यमुना नदी के किनारे बसा हुआ था। ह्वेनसांग ने स्रुग्घ्ननगर में अशोक मौर्य द्वारा निर्मित बौद्ध स्तूप का उल्लेख किया है। अत: उसके द्वारा वर्णित स्रुग्घ्ननगर आधुनिक देहरादून की चकरौता तहसील के अन्तर्गत स्थित कालसी में रहा होगा, जहाँ अशोक मौर्य के 14 अभिलेखों से युक्त शिला तथा उससे कुछ दूरी पर स्थित जगत ग्राम में वृषगण के राजा शीलवर्मा के इष्टिका लेख पुराने नगर के विस्तार को स्पष्ट करते हैं। बौद्ध ग्रन्थ महामयूरी के अनुसार स्रुग्घ्न देश में दुर्योधन-यक्ष की पूजा प्रचलित है। अत: आधुनिक उत्तरकाशी जिले की पंचगायी पट्‌टी में स्थित दुर्योधन का मन्दिर स्रुघ्न देश के अन्तर्गत रहा होगा।

ह्वेनसांग की जीवनी से ज्ञात होता है कि उसने शीत और आधी बसन्त ऋतु स्रुग्घ्ननगर में व्यतीत की। आधी बसन्त ऋतु के पश्चात अर्थात वैशाख के महीने में वह स्रुग्घ्न से चला और लगभग 133 मील का मार्ग तय करने पर गंगा नदी के उद्‌गम स्थल गंगोत्री पहुँचा। मोटर मार्ग बनने से पूर्व पंजाब की ओर से तीर्थयात्री कालसी-बड़कोट मार्ग से गंगोत्री जाते थे। यमुना नदी के किनारे-किनारे पर्वतों की ओर जाने वाला यह पैदल मार्ग प्राचीनकाल से ही प्रयुक्त प्रतीत होता है। इसके किनारे कालसी, लखवाड़, लाखामंडल, बड़कोट, गंगनानी, उत्तरकाशी आदि के प्राचीन अवशेष प्रमाणस्वरूप विद्यमान हैं। हाल ही में गढ़वाल विश्वविद्यालय के पुरातत्त्व विभाग ने उत्तरकाशी की पुरोला तहसील में एक बौद्ध स्तूप का उत्खनन कर वहाँ कुलिन्द और कुषाणकालीन अवशेष ज्ञात किए हैं। ह्वेनसांग बौद्ध भिक्षु था अत: पुरौला भी उसका जाना सम्भव है। बड़कोट से राणी का जंगल पार कर वह उत्तरकाशी पहुँचा होगा। ह्वेनसांग ने गंगा नदी को स्रुग्घ्न और मतिपुर राज्य की सीमा बताया है।

सी-यू-की के अनुवादक वाटर्स ने हरिद्वार के समीप मतिपुर, गंगाद्वार और मयूर इन तीन नगरों को मिला दिया है। हरिद्वार से ह्वेनसांग पुरानी कंडी रोड से कोटद्वार के समीप कण्वाश्रम में आया होगा। वहाँ से ढिकुली तक वह भाबर के

मार्ग से पहुँचा होगा। फिर कोसी नदी के तटवर्ती मार्ग से वह हवलबाग के समीप बमसर और पिल्ख होते हुए ब्रह्मपुर पहुँचा होगा। बाड़ेछीना से चम्पावत के बौद्ध तीर्थ में उसका जाना स्वाभाविक है। यह मार्ग सरयू और रामगंगा के संगम पर स्थित रामेश्वर होकर भी जाता है।

तथापि स रघूणां वै कुलकर्मस्म शुभम्।
हिमवन्तं गिरिं पुण्यं सर्व्वतो मुनिसत्तम। 32
मत्वा जगाम राजर्षिस्तदूयमानो महर्षिभिः।
स राजा मुनिशार्दूल विलध्य वसति त्रयम्। 33
सरयूरामसारितोर्मध्ये क्षेत्रं महोत्तमम्॥
प्राप्य स्वेनैव वपुषा गन्तुमैच्छन्स्वमाश्रमम्। 34
शंकरं पूजयामास कृत्वा लिंगमयोदितम्॥
स्वनाम्ना चाङ्किकतं लिंगं संस्थाप्य मुनिसत्तमाः। 35
तेनैव वपुषा रामो ययौ वैकुण्ठ मन्दिरम्॥
प्रसादाद्देवदेवस्य शंकरस्य तपोधना। 36

[*मानसखंड*, 95]

वाल्मीकि रामायण में राम के सरयू में जल-समाधि लेने का उल्लेख है। लेकिन उस स्थल को स्पष्ट नहीं किया गया है। प्राचीन कोसल राज्य उत्तर में हिमालय तक फैला था और आधुनिक कुमाऊँ-गढ़वाल उसके अंग थे। अपने शासनकाल में राम ने अनेक बार इस पर्वतीय क्षेत्र का भ्रमण किया होगा। श्रीनगर के कमलेश्वर, देवप्रयाग, रघुनाथ मन्दिर, उत्तरकाशी में रामासिराई पट्टी के रामेश्वर, बनाल पट्टी के रघुनाथ मन्दिर आदि से भी राम का नाम जुड़ा हुआ है। पिथौरागढ़ जिले का आधुनिक रामेश्वर, कैलास-मानसरोवर के प्राचीन पैदल मार्ग का एक पड़ाव था। यहाँ उद्योत चन्द्र के ताम्रपत्र से ज्ञात होता है कि नित्य भोग लगता था।

चम्पावत से देवीधूरा जाते हुए ह्वेनसांग सेनापानी गया होगा। जहाँ दूसरी सदी ई.पू. के शुंगकालीन भरहुत शैली के स्तूप के अवशेष हैं। वहाँ से वह काशीपुर के समीप गोविषाण में पहुँचा और वहाँ से बरेली जिले के अहिच्छत्र की ओर चला।

ह्वेनसांग के उपरोक्त यात्रापथ के वर्णन से सातवीं सदी के उत्तरार्द्ध (629-644 ई.) में कुमाऊँ गढ़वाल में तीन सत्ताओं का पता चलता है—

स्रुघ्न और ब्रह्मपुर में वह किसी भी राजा के शासन का उल्लेख नहीं करता।

डॉ. रमाशंकर त्रिपाठी के अनुसार, ह्वेनसांग ने सभी स्थलों के राजाओं का उल्लेख किया है, केवल वे ही स्थान छोड़ दिए हैं जहाँ कन्नौज के राजा हर्षवर्द्धन (606-647 ई.) का साम्राज्य फैला हुआ था। ऐसी स्थिति में आधुनिक देहरादून, टिहरी, उत्तरकाशी, अल्मोड़ा, पिथौरागढ़ और नैनीताल में हर्षवर्धन का प्रभुत्व रहा होगा।

मतिपुर राज्य में पौड़ी, चमोली, सहारनपुर और बिजनौर सम्मिलित रहे होंगे। जहाँ शूद्र कुल का राजा शासन करता था।

ह्वेनसांग के अनुसार ब्रह्मपुर के उत्तर में स्थित हिमाच्छादित पर्वतों में सुवर्णगोत्र नाम का राज्य था, जहाँ महिलाओं के शासन पर एकाधिकार के कारण उसे 'स्त्री राज्य' कहते थे। यह स्थान नन्दादेवी पर्वतमाला के नीचे आधुनिक चमोली, अल्मोड़ा और पिथौरागढ़ जिलों की उत्तरी सीमा पर रहा होगा। इसमें तिब्बत का भी कुछ भाग सम्मिलित था।

किस्सा कुमाऊँ के इतिहास का

मानसखंड और अनन्त देव

ऑल इंडिया रेडियो और *टाइम्स ऑफ इंडिया* के लखुओडियार के शिलालेखों से सम्बन्धित समाचार से नैनीताल के जिन अतीत-प्रेमियों ने सुयाल नदी की घाटी को देखने की इच्छा व्यक्त की, उनमें ठा. देबसिंह बिष्ट राजकीय महाविद्यालय, नैनीताल के संस्कृत विभागाध्यक्ष पं. गोपालदत्त पांडे का नाम विशेष उल्लेखनीय है। उन दिनों नैनीताल में तीन चर्चित संकलन थे, जिन्हें लघु संग्रहालय कहा जा सकता था। उनमें से एक संकलन गोपालदत्त के आवास पर श्री नित्यानन्द स्मारक निधि वाराणसी के अन्तर्गत था। ताराचन्द्र त्रिपाठी ने उसका नाम कूर्मांचल संग्रहालय रखा हुआ था क्योंकि उसमें अल्मोड़ा के चन्द राजवंशों से सम्बन्धित संस्कृत पंडितों के विवरण भरे-पड़े थे। कुमाऊँ के अतिरिक्त नेपाल से संकलित हस्तलिखित ग्रन्थ भी उसमें थे जिन्हें कुमाऊँ के विद्वानों ने लिखा था।

गोपालदत्त के संग्रह को देखने जो भी उनके यहाँ जाता, उसे संस्कृत साहित्य में कुमाऊँ का योगदान शीर्षक के अन्तर्गत सबसे पहले अल्मोड़ा के समीप पाटिया गाँव के निवासी विश्वेश्वर पांडे के ग्रन्थों—*मन्दारमंजरी, अलंकारकौस्तुभ, व्याकरणसिद्धान्तसुधानिधि* आदि का परिचय दिया जाता था। फिर लक्ष्मीधर की पुस्तकों—*अब्दुल्लाचरित, फर्रुखशेयरचरित, लिपिमालिकाचम्पू, नृपतिनीतिगर्भवृत्तम्* आदि की चर्चा कर यह बताया जाता था कि लक्ष्मीधर ने अपनी रचनाओं में अल्मोड़ा के चन्द राजाओं और मुगल शासकों के आपसी सम्बन्धों का वर्णन करते समय किस प्रकार राजनीति में अपनी दक्षता का परिचय दिया है। रुद्रचन्द, प्रेमनिधि पन्त, आदि के ग्रन्थों प्राणमंजरी की चर्चा के पश्चात *मानसखंड* की दो हस्तलिखित प्रतियाँ दिखलाई जाती थीं।

मानसखंड कुमाऊँ का ऐतिहासिक भूगोल और पौराणिक विवरण है। यह *स्कन्दपुराण* का अंश बताया गया है। लेकिन वास्तविकता यह है कि चम्पावत के किसी चन्द राजा ने अपने दरबारी पंडितों से इसे लिखवाया है। टनकपुर से मानसरोवर-यात्रा का मार्ग और उस मार्ग में स्थित प्राचीन मन्दिरों का इसमें माहात्म्य है। पिथौरागढ़ जिले के बरसायत (बेरीनाग के समीप) गाँव के (स्व.) तारादत्त पन्त के संकलन में *मानसखंड* की एक प्रति थी। जिसे उन्होंने पिथौरागढ़ के प्रथम जिलाधीश जीवनचन्द्र पांडे को समर्पित कर दिया था। (स्व.) लक्ष्मीचन्द्र जोशी, मुंसिफ पिथौरागढ़ के संकलन में भी *मानसखंड* की एक हस्तलिखित प्रति थी। उस संकलन में नन्दादेवी का गीत भी था। अल्मोड़े में नन्दा देवी के मेले के अवसर पर जो गाथा सुनाई जाती थी, वह एक कागज पर लिखी हुई थी।

यह एक समस्या है कि नन्दा और नैना देवियों की पूजा कुमाऊँ में कब से शुरू हुई और अल्मोड़ा-नैनीताल में नन्दा को चन्द राजा की पुत्री मानने वाला लोक विश्वास किस तिथि से शुरू हुआ? बद्रीनाथ के चारों ताम्रपत्रों में कार्तिकेयपुर के खष राजाओं ने नन्दा को अपनी कुलदेवी बताया है, जिन्होंने आठवीं से ग्यारहवीं सदी तक कुमाऊँ-गढ़वाल पर शासन किया था। इंडो-ग्रीक और कुषाण जिस नैना देवी की पूजा करते थे, वह हिमालय की आधुनिक नैना देवी हो सकती है। आज जिस पर्वत को नन्दा देवी पर्वत कहा जाता है उसे प्राचीन विवरणों में सुमेरु पर्वत कहा गया है। कुषाण और हूण आक्रमण के बाद ही सुमेरु पर्वत को नन्दादेवी पर्वत कहा जाने लगा। नन्दा के गीत के बाद एक और कागज दिखलाया जाता था, जिसमें महाराष्ट्र निवासी कवि अनन्तदेव द्वारा रचित कुमाऊँ के चन्द राजाओं की वंशावली लिखी थी।

मुगल सम्राट शाहजहाँ के शासनकाल में अनन्तदेव महाराष्ट्र में गोदावरी नदी के तट से पैदल कुमाऊँ में आया था। उसने कुमाऊँ के राजा बाजबहादुरचन्द की आज्ञा से *स्मृतिकौस्तुभ* की रचना की जो चन्द राजाओं का धर्मशास्त्र था अर्थात कानून की व्याख्या।

स्मृतिकौस्तुभ के प्रारम्भ में अनन्त देव ने चन्दों के नाम निम्नवत दिए हैं—ज्ञानचन्द, कल्याणचन्द, रुद्रचन्द, लक्ष्मणचन्द, त्रिमल्लचन्द, नीलचन्द, बाजबहादुरचन्द।

आज तक कुमाऊँ के इतिहास पर जिसने भी पुस्तक लिखी, वे अनन्त देव की सामग्री से वंचित रहे हैं। लेखक बाजबहादुरचन्द का दरबारी था। उसने स्पष्ट

लिखा है—'बाजाह्वराज्ञो वचसाविधेयं निबंधसारोद्धरणम् त्वयेति।'

ऐसी स्थिति में बाजबहादुरचन्द के पूर्वजों का नाम और विशेष रूप से उसके पिता, पितामह, प्रपितामह के नाम गलत देना उसके लिए सम्भव नहीं है। एटकिंसन और उसकी परम्परा के पहाड़ी चिन्तकों के लिए यह वंशावली एक चुनौती है क्योंकि वे रुद्रचन्द के पुत्र का नाम लक्ष्मीचन्द मानते रहे हैं जबकि इसमें लक्ष्मणचन्द नाम दिया हुआ है। उस परम्परा में बाजबहादुरचन्द के पिता का नाम नील गुसाईं बताते हुए यह कहा गया है कि वह राजगद्दी पर नहीं बैठा था।

अनन्त देव के अनुसार त्रिमल्ल चन्द ने काशी के विद्वानों को आर्थिक सहायता दी थी और उसके पिता लक्ष्मण चन्द ने हिमालय के अनेक दुष्ट राजाओं का परास्त कर अपने राज्य का विस्तार किया था—

श्रीरुद्रस्य षडाननः शशधरस्यासीद्यथा वा बुधः।
श्रीमल्लक्ष्मणचन्द्रनामकसुतोऽभूद्रुद्रचन्द्रस्य यः॥
तेनानेकहिमाचलस्थनृपतीन्दुष्टान्विजित्य स्वके।
राज्ये वृद्धिरकारि तुष्टिरमिता चाधायि विद्वद्धृदि॥

लक्ष्मणचन्द के विषय में एक ध्यान देने की बात यह है कि गढ़वाल से प्राप्त चर्चित ऐतिहासिक ग्रन्थ *मानोदय काव्य* में भी कूर्मांचल के राजा रुद्रचन्द के पुत्र का नाम लक्ष्मण बताया गया है—

विपुलपयनुदुर्गो रुद्रभूपालजन्मा।
बलमथ चतुरंगम् लक्ष्मणे वीक्ष्यमाणः।

मानोदय काव्य के आधार पर यह कहा जा सकता है कि अनन्तदेव ने हिमालय के जिन राजाओं के साथ लक्ष्मणचन्द के युद्ध का उल्लेख किया है, उनमें से एक राजा श्रीनगर का मानशाह था। उसमें मानशाह के कूर्मांचल पर आक्रमण और चम्पावती को वश में करने के प्रयास का विस्तार से वर्णन किया गया है। *मानोदय काव्य* यह भी कहता है कि उस समय कूर्मांचल में कई राजा थे। रुद्रचन्द का पुत्र चम्पावती पर शासन करता था। (जेष्यामि रुद्रतनयेश्वरतैव पश्चात चम्पावतीं निजवशं सहसा करिष्ये)।

लक्ष्मणचन्द और मानशाह के संघर्ष की लम्बी कहानी जीवनचन्द्र पांडे सुनाते थे और फिर सारा किस्सा खतड़ुवा के त्योहार के साथ जोड़ दिया जाता था।

चम्पावती का घेरा डाले हुए मानशाह की फौजें। मंत्रियों को दुर्ग की रक्षा की समस्या और ग्रामीणों को गाय और ककड़ियों की चिन्ता। संस्कृत पंडितों के लहजे में जब जीवनचन्द्र कहते—"कथं, कथमिदानीं दुर्गरक्षाविधेया" तो सुनने वालों को थोड़ी देर के लिए लगता, कहीं वह स्वयं भी तो मानशाह के घेरे में नहीं आ गया।

उन्हीं दिनों नैनीताल में अखंड उत्तराखंड का नारा कहीं से आ टपका और कुमाऊँ-गढ़वाल की सांस्कृतिक एकता में बाधक खतड़ुवे के त्योहार को यमुनादत्त वैष्णव 'अशोक' ने *धर्मयुग* के तीर से स्पार्टा और ऐथेंस की ओर फेंक दिया। या यूँ कहिये कि खतड़ुवे का भी खतड़ुवा कर दिया। उनकी संकल्पना से पूर्व खतड़ुवा दिल्ली दरबार तक ही पहुँच पाया था। जहाँगीर के विवरणों से ज्ञात होता है कि मानशाह का भाई श्यामशाह और रुद्रचन्द का पुत्र लक्ष्मणचन्द दोनों मुगल दरबार में गए थे। गढ़वाल के इतिहास का भी एक रोचक किस्सा है। इतिहासकार बनने की हड़बड़ाहट में कुछ लेखकों ने श्यामशाह के भाई मानशाह को श्यामशाह का पिता घोषित कर दिया है। केवल श्रीनगर के समीप राणीहाट, भक्तियाणा, मण आदि गाँव वाले ही इस तादात्म्य को नहीं मानते।

इस सन्दर्भ की कई बातें ऐसी हैं, जिन्हें जीवनचन्द्र पांडे 'खुसुक कै' परम्परा के अन्तर्गत कान में ही सुनाते थे।

कानाफूसी वाले इतिहास में कई और भी तथ्य मेरे हाथ तब लग गए थे जब मैंने चम्पावत क्षेत्र के सर्वेक्षण के दौरान ज्ञात इस जानकारी से उन्हें कुरेद दिया था कि खतड़ुवे की सूचना जिस समय चम्पावत पहुँची, लक्ष्मणचन्द बुंगा में अपनी रानी के साथ चौपड़ खेल रहा था।

स्मृतिकौस्तुभ का लेखक अनन्तदेव *मानसखंड* की परम्परा से जुड़ सकता था। चन्दवंश में बाजबहादुरचन्द का नाम कैलास-मानसरोवर के साथ जुड़ा हुआ है। आज भी *मानसखंड* में वर्णित मन्दिरों में बाजबहादुर के दानपत्र देखने को मिलते हैं। चम्पावत में बालेश्वर मन्दिर के पुजारी के पास बाजबहादुरचन्द का शाके 1586 (1664 ई.) का ताम्रपत्र मैंने 1965 ई. में देखा था। उसमें हंसगिरी के मठ को भूमिदान का विवरण था। डॉ. प्रयाग जोशी के संकलन में अल्मोड़ा जिले के गणानाथ मन्दिर में सुरक्षित बाजबहादुरचन्द के ताम्रपत्र की प्रतिलिपि थी।

कुमाऊँ के इतिहास में दो चन्दवंशों के शासन का पता चलता है— (1) काश्यप-गोत्रीय तथा (2) गौतमगोत्रीय।

गौतमगोत्रीय चन्दों को अब 'सोराड़ीचन्द' भी कहते हैं। बाजबहादुर

काश्यपगोत्रीय चन्द था। इस वंश के राजाओं के दानपत्र के ऊपर एक छोटी-सी कटार अंकित मिलती है। गौतम गोत्रीय चन्दों के दानपत्र में कटार का अंकन नहीं मिलता। इसका पता मुझे सबसे पहले पृथ्वीचन्द के अठिगाँव ताम्रपत्र से लगा। एक अन्तर यह भी है कि गौतम गोत्रीय चन्दों की उपाधि 'रजवार' थी और उनके अभिलेखों में रजवार शब्द अंकित मिलता है। काश्यम गोत्रीय चन्द अपने नाम के साथ रजवार शब्द का प्रयोग नहीं करते थे।

रैमजे कमिश्नर का भूत

जब डॉ. प्रयाग जोशी को यह पता चला कि एक सादे कागज पर ही कुमाऊँ के प्रागैतिहासिक शैलचित्रों की घोषणा कर दी गई है तो उन्हें हार्दिक वेदना हुई। वे यह चाहते थे कि भारत सरकार के रेडियो से इन शैलचित्रों की घोषणा होने से पूर्व एक बार लखुओडयार के समीप एक रात रहा जाए और उसके पश्चात कुमाऊँ के इतिहास प्रेमियों से उनके सम्बन्ध में पूछताछ कर ली जाए। एक लम्बी सूची इनके पास थी, जिसमें नित्यानन्द मिश्र, डॉ. त्रिलोचन पांडे, डॉ. रामसिंह और मुनीशचन्द्र जोशी के नाम भी सम्मिलित थे। पांडे जी जबलपुर (मध्यप्रदेश) में थे। रामसिंह जी पिथौरागढ़ में और जोशी जी दिल्ली में। केवल मिश्रा जी नैनीताल में थे और उनसे पूछने के लिए भी बिड़ला कॉलेज तक की चढ़ाई और उतार को भोगना पड़ता।

मल्लीताल की विलायत कॉटेज में रात के बारह बजे तक डॉ. जोशी इलियट और डाउसन की पोथियों से हरु, सैम, गोरिया और कत्यूरियों की गाथाओं के लिए तिथिक्रम ढूँढ़ते रहते और सुबह नौ बजे तक लम्बी तान कर सोये रहते थे। सोने से पहले और उठने के बाद वे एक बार मेरी इस गलती पर एक नया व्यंग्य जरूर छेड़ते थे और यह व्यंग्य तभी बन्द हुआ जब मैंने बिड़ला पब्लिक स्कूल में ले जाकर नित्यानन्द मिश्र के ऐतिहासिक संकलन से उनका परिचय करा दिया।

नैनीताल में डॉ. पुत्तूलाल शुक्ल और डॉ. राकेश जैसे लब्ध प्रतिष्ठ विभागाध्यक्षों के रहते प्रयाग जोशी ने जबलपुर जाकर डॉ. त्रिलोचन पांडे की देखरेख में शोध कार्य शुरू किया था और इस कार्य के कारण वे मेरी श्रद्धा के पात्र तो थे ही। 1966 ई. में देहरादून और उत्तरकाशी जिले के सर्वेक्षण के समय उन्होंने जिस साहस के साथ रात्रि में चलने तथा दिन में ऐतिहासिक स्थलों पर नोट्स तैयार करने की व्यवस्था की थी, उससे मैं बेहद प्रभावित भी था। जोशी जी को एक नहीं

अनेक बार मैं कुमाऊँ के इतिहास के साथ अपने बन्धन का किस्सा सुना चुका था और जोशी जी जब-तब मुझे छेड़ने के लिए उस किस्से को टेढ़ा-मेढ़ा बनाकर कुरेदते रहते थे। किस्सा आज सोलह वर्ष पुराना हो गया है फिर भी कुमाऊँ के इतिहास पर किए गए पहले शोध कार्य से सम्बन्धित होने से इसे अब शोध कार्य की भूमिका ही माना जा सकता है। किस्सा निम्नवत है—

> जनवरी 1965 की बात है। मैं अपनी दैनिक परम्परा के अनुसार गाँव में संध्याकालीन पानी लाने नौले की ओर जा रहा था। आधे रास्ते पर कुछ बच्चे आग सेक रहे थे। कई मुहल्लों के बच्चे, लकड़ी, कागज, घास इत्यादि जलाकर वहाँ पर देर रात तक बैठे गपशप करते थे। उस दिन आग में जलाने के लिए दो बच्चे अपने घरों से कुछ हस्तलिखित ग्रन्थों के पर्ण ले आए थे। खैर की काली स्याही से पहाड़ी कागज पर लिखे डेढ़-दौ सौ वर्ष पुराने ग्रन्थों पर जब आग लगी तो एकाएक नीली लौ फूटने लगी। बच्चों ने ज्यों ही पास से गुजर रहे मुझको वह लौ दिखाई, मेरे अन्दर का इतिहास का छात्र कुलबुला गया। पानी के लिए हाथ में पकड़ी गगरी से जल्दी से आग दबाकर मैंने अधजले पन्नों को टटोला, *अमरकोष, रघुवंश, भागवत* आदि के पन्ने झुलस गए थे। उस अग्निलीला के बीच केवल दो आदेश पत्र नष्ट होने से बच गए थे। उन्हें अपनी जेब में डालकर मैं पानी लेने मंघरू के नौले की राह चल पड़ा।

पहला पत्र कुमाऊँ के अंग्रेज़ कमिश्नर रैमजे की ओर से तारादत्त भट्ट के नाम जारी किया गया था, जिसमें कैलास-मानसरोवर यात्रापथ पर हाट के मन्दिरों के पत्थर और मूर्तियों को आसपास के गाँवों में वितरित करने वाले जोगी रतनगिरि पर 1857 ई. के गदर के नेता नाना राव पेशवा होने की सम्भावना व्यक्त की गई थी और सरकारी तहक़ीक़ात में पूर्ण सहायता देने पर तारादत्त भट्ट को आधा नैनीताल पुरस्कार में देने का वायदा किया गया था।

दूसरा पत्र एक तफ़सील था। जिसमें शेरिंग सैप के दौरे के समय पटवारी लक्ष्मीदत्त पन्त द्वारा नकुलेश्वर की मूर्तियों को कन्धे पर डोली बनाकर ऐंचोली गाँव में लाने के लिए कुली बेगार न देने पर विशाड़ गाँव के प्रत्येक परिवार पर दो रुपये का आर्थिक दंड लगाया गया था। ये दोनों पत्र 1971 के शरदोत्सव में नैनीताल के फ्लैट्स में आयोजित प्रदर्शनी में लगाए गए थे।

मैं तब एम.ए उत्तरार्द्ध का छात्र था और इन दोनों पत्रों को समझना मेरे बूते की बात नहीं थी। तब आज की तरह कुमाऊँ-गढ़वाल में साप्ताहिक पत्र पहाड़ की संस्कृति और इतिहास पर किसी तरह की ऐतिहासिक सूचना नहीं छापते थे। नजीबाबाद रेडियो स्टेशन भी तब नहीं था, जिससे पर्वतीय संस्कृति के सुबह-शाम दर्शन कराने वालों से मन भरा रहता है। बम्बई के कूर्मांचल से लेकर जनकपुरी के उत्तरीय तक कुमाउँनी संस्कृति के उद्धारकों के पंजीकृत संस्थान भी तब नहीं थे। कहने का तात्पर्य यह है कि तत्कालीन पर्वतीय परिवेश में 'हाट' के मन्दिरों के पत्थर और मूर्तियों को कई गाँवों के बीच बँटवा देने वाले रतनगिरि जोगी के विषय में जानने के लिए कोई साधन नहीं था। शीतावकाश के पश्चात नैनीताल जाकर मैंने इतिहास के विभागाध्यक्ष डॉ. इन्द्रकृष्ण गंजू से इस रहस्य का जिक्र किया तो उन्होंने मुझे एम.ए. की परीक्षा के पश्चात अप्रैल में एक कैमरा लेकर टनकपुर से धारचूला तक कैलास के प्राचीन यात्रापथ का ऐतिहासिक सर्वेक्षण करने की सलाह दी और उसी के आधार पर कुमाऊँ के इतिहास पर शोधकार्य के लिए रूप-रेखा बना देने का आश्वासन दिया।

मेरे इस किस्से के बीच डॉ. जोशी के ठोस प्रश्न बनते थे—डॉ. गंजू के बदले डॉ. जुयाल की देखरेख में शोध कार्य करना और रैमजे कमिश्नर के पत्र को पढ़कर शोध कार्य का शीर्षक 'कुमाऊँ-गढ़वाल का राजनैतिक इतिहास (प्रारम्भ से 13वीं ई. तक)' बना लेना। शोध प्रबन्ध आगरा विश्वविद्यालय को भेजने के बाद भी जब मैं रतनगिरि छोड़कर लखुओड्यार में उलझने लगा तो भी जोशी कशमशा रहे थे। दूसरे दिन सुबह उठते ही बोले, "रात को नाली पर खड़े एक भूत ने खिड़की से अपना हाथ लम्बा कर अपनी अँगुलियों से कनपटी को छूकर जगा दिया।"

विलायत कॉटेज के भूत की चर्चा अकसर होती थी। मैं गम्भीरता से उनका चेहरा ताकने लगा तो जोशी जी खितक पड़े, 'रैमजे कमिश्नरौक् भूत हुनौलो'। दरअसल जोशी जी गलत रास्ता अपनाने के कारण हमारे साथ लखुओड्यार नहीं जाना चाहते थे और रैमजे का भूत एक बहाना मात्र था।

जागेश्वर लेख का हर्षवर्द्धन

बिड़ला पब्लिक स्कूल के हैड मास्टर आवास के प्रांगण में नित्यानन्द मिश्र से प्रयाग जोशी का परिचय कराते हुए मुझे लगा कि कुमाउँनी इतिहास के दो

युग मेरे सामने हाथ मिलाकर खड़े हैं। यू.पी. हिस्टोरिकल सोसायटी के जर्नल (खंड 9) में 1936 ई. में *मालूशाही* को प्रकाशित कर मिश्र ने कुमाउँनी लोकगाथाओं के ऐतिहासिक, सांस्कृतिक और साहित्यिक महत्त्व से अंग्रेज़ी भाषा के पुराविदों की आँखें खोलने की जिस परम्परा को शुरू किया, उस परम्परा की पूर्णाहुति प्रयाग जोशी ने *कुमाउँनी लोकगाथा* नाम से दो खंडों में कुछ ही वर्ष पहले पुस्तक प्रकाशित करके दी है। पावेल प्राइस और अमलानन्द घोष की परम्परा से जुड़े नित्यानन्द मिश्र कुमाऊँ के पहले पुरातत्त्ववेत्ता हैं। जागेश्वर, बागेश्वर, बैजनाथ, द्वाराहाट, ढिकुली और काशीपुर का ऐतिहासिक सर्वेक्षण कर उन्होंने गिरि-गह्वरों की सांस्कृतिक थाती से भारतीय पुरातत्त्व सर्वेक्षण विभाग का सम्बन्ध ही नहीं जोड़ा, अपितु कुमाऊँ मंडल के मुख्यालय, नैनीताल में यूरोपीय परम्परा का पहला संग्रहालय बनाया, जिसमें अल्मोड़ा जिले के ताम्रपत्रों की प्रतिलिपि और मन्दिर-मूर्तियों के फोटो के संकलन को देखकर यह सहज ही अनुमान लगाया जा सकता था कि उन्होंने सी.आर.एस.टी. और बिड़ला स्कूल की अध्यापकी में मिलने वाले अल्प वेतन में से कितना अधिक रुपया कुमाउँनी संस्कृति के सर्वेक्षण में लगा दिया था।

भारतीय पुरातत्त्व सर्वेक्षण विभाग के महानिदेशक अमलानन्द घोष के मुँह से मैंने नित्यानन्द मिश्र की प्रशंसा सुनी है। फिर भी पुरातात्त्विक लेखों के अलावा उन्होंने कुमाऊँ की संस्कृति पर कोई पुस्तक प्रकाशित नहीं की, जबकि मैंने उनकी अलमारी में कई पुस्तकों की सामग्री देखी है।

वे अंग्रेज़ी परम्परा से बहुत प्रभावित थे और शोध छात्रों तथा शोध परिषदों को अधिक से अधिक सहयोग देना अपना पुनीत कर्तव्य मानते थे। पहाड़ के कलमघिसुओं ने उनके व्यक्तिगत संग्रह से अधिक से अधिक दबा देने की जिस प्रवृत्ति का परिचय दिया था, उसके बाद भी उन्होंने हेमचन्द्र पांडे (अध्यापक शेरवुड) को कुमाऊँ राज्य के अन्तिम उल्लेखनीय व्यक्ति हर्षदेव जोशी पर शोध कार्य के लिए प्रोत्साहित किया था। नैनीताल में तीन ऐतिहासिक प्रदर्शनियों के साथ काली नदी के किनारे मल्लिकार्जुन मन्दिर से लेकर कालिन्दी के किनारे अनोल के मास्सू मन्दिर तक कुमाऊँ-गढ़वाल का सर्वेक्षण कर नैनीताल में पर्वतीय इतिहास परिषद् की 1971 ई. में स्थापना की गई थी। एक दिन जाखनदेवी/अल्मोड़ा से नित्यानन्द मिश्र का कार्तिकेयपुर पर लेख और सदस्यता शुल्क मेरे पौड़ी के पते में देखकर मैं पर्वतीय संस्कृति के लिए उनके स्नेह की वर्षा से पूरी तरह भीग

गया और वही एकमात्र स्नेह था जिससे पर्वतीय इतिहास परिषद् के आठ अंकों के प्रकाशन के बाद ताराचन्द्र त्रिपाठी की इच्छा के अनुरूप हिमालय शोध परिषद् का वर्तमान स्वरूप सामने आ सका और आर्थिक समस्या के बावजूद नैनीताल की तरह ही कोटद्वार, पौड़ी, श्रीनगर और गोपेश्वर में ऐतिहासिक प्रदर्शनियों का आयोजन कर स्थानीय सांस्कृतिक धरोहर का पता लगाने में सफलता मिल सकी।

उस दिन रविवार था। धनेश पांडे ने शनिवार को ही मिश्र जी को हम सब लोगों के मिलने को आने की सूचना दे दी थी। अत: वे ऐतिहासिक दृष्टि से पूर्णतया तैयार थे। सबसे महत्त्व की बात यह थी कि वे अपने दीर्घकालीन सर्वेक्षणों से संचित ऐतिहासिक ज्ञान को हमें हस्तान्तरित करने के साथ-साथ विगत पाँच वर्षों से हम दोनों के सर्वेक्षणों के निष्कर्ष भी विस्तार से जानना चाहते थे। रिटायरमेंट समीप होने से उन्हें यह भी चिन्ता थी कि नैनीताल से अपना संग्रहालय कैसे अल्मोड़ा ले जाएँ? ताज्जुब की बात तो यह थी कि वे वृद्धावस्था को पर्वतीय संस्कृति के लिए दान करने का निश्चय किए हुए थे और जब *नैनीताल समाचार* में उनका 'बटोखर का युद्ध' पढ़ा तो 1965 से 71 ई. के बीच नैनीताल की शीताक्रान्त सड़कों में उत्साह से कहे गए उनके शब्दों की सत्यता से मन गद्‌गद् हो गया।

देवसिंह बिष्ट राजकीय स्नातकोत्तर महाविद्यालय, नैनीताल के प्राध्यापकों के ड्राइंग रूम से कई गुना अधिक सुसज्जित बिड़ला स्कूल के हेड मास्टर के ड्राइंग रूम में पर्वतीय संस्कृति पर चर्चा प्रारम्भ करने के उद्‌देश्य से मैंने भी मिश्र जी से पूछा, "आप कुमाऊँ के इतिहास के लिए अपनी सबसे बड़ी उपलब्धि क्या मानते हैं?"

उन्होंने एक बार तीखी नज़रों से मुझे और प्रयाग जोशी को देखा। उनके चेहरे पर एक ठहराव आ गया था। चिन्तन का ठहराव! कुछ ही क्षणों में समस्त कुमाउँनी इतिहास को मथकर उनका निर्णय सामने आ गया था। चिन्तन की झुर्रियों के बदले अब मुस्कान की ललाई उनके चेहरे पर छा गई थी। पावेल प्राइस और एटकिंसन ने जागेश्वर के जिस शिलालेख में माधवसेन शब्द पढ़ा था वह पूर्णतया गलत था और वह लेख हर्षवर्द्धन पूर्वदेशी का था। जागेश्वर के शिलालेखों पर जिस अधिकार के साथ उन्होंने चर्चा शुरू की, उससे ब्राह्मी-लिपि, शैव धर्म और हैमवती कला पर उनके अवगाहन ने प्रयाग जोशी को मुग्ध कर दिया। जोशी नैरात्म्यवादी थे। किसी के कर्म की प्रशंसा करना उनके सिद्धान्तों के खिलाफ था। घुर्या-घणोलिया से लेकर शिब्बू बाजगी तक लोकगायकों के प्रति जो श्रद्धा उन्होंने दिखाई थी, उसे छोड़कर कहीं भी उनके साथ भ्रमण में मुझे आस्था के स्वरों से साक्षात्कार

नहीं हुआ था। आज पहली बार उन्होंने कुमाऊँ में संस्कृति और इतिहास का एक विद्वान स्वीकार कर लिया था।

हर्षवर्द्धन की चार पंक्ति के लेख को *एपिग्राफिका इंडिया* में डॉ. दिनेशचन्द्र सरकार ने निम्नवत प्रकाशित कर दिया है—

> श्रीसदर्णव-गन्धहस्ति-वसंतलील
> हर्षवर्द्धन पक्षपात:
> पूर्वदेशी बलवर्मण:
> लिखितं ताम्रघटेन।

रुद्रक का कसार देवी शिलालेख

बिड़ला पब्लिक स्कूल से मल्लीताल रिक्शा स्टैंड तक सारे उतार में नित्यानन्द मिश्रा की ऐतिहासिक मान्यताओं पर हम एक-दूसरे की प्रतिक्रिया का आनन्द लेते रहे। इतिहास के प्रतिसर्ग सिद्धान्त का अनुयायी होने के कारण पहाड़ के किसी भी अतीतवेत्ता से मेरा एकमत होना सम्भव नहीं था और प्रयाग जोशी अतीत के अध्ययन के लिए पुरातत्त्व से अधिक लोकमानस को महत्त्व देते थे। ऐसे में भूचाल, अग्निदाह, बाढ़ और वाह्य आक्रमण की लूटपाट से बचे-खुचे पुरातत्त्व को ही पहाड़ का इतिहास समझने वाली विचारधारा से सहमत होना सम्भव नहीं था। वैचारिक धरातल सचमुच एक समस्या है और इसी समस्या के कारण दुनिया के हर देश का प्राचीन इतिहास विवाद का विषय बना हुआ है। चीनी पर्यटक ह्वेनसांग और अल्मोड़ा जिले से प्राप्त तालेश्वर ताम्रपत्रों में वर्णित ब्रह्मपुर के विवाद से मिश्रा भी जुड़े हुए थे। एटकिंसन ने जिस ब्रह्मपुर को उत्तरकाशी में और मुकुन्दीलाल ने श्रीनगर (गढ़वाल) में माना है, उसे मिश्रा नैनीताल जिले में रामनगर के पास ढिकुली में मान रहे थे। वे ब्रह्मपुर समस्या के लिए वीरणेश्वर (बिनसर) फार्मूले से खुश जरूर हुए थे लेकिन उनकी मन्द मुस्कान से हम यह तय नहीं कर पाए कि वे कुमाऊँ-गढ़वाल की जन-बोलियों के विनसर मन्दिरों को संस्कृत में वीरणेश्वर होने की सम्भावना के पक्ष में हैं अथवा विपक्ष में।

मल्लीताल के जूनियर हाईस्कूल के प्रांगण की सड़क तक उसी लम्बी चर्चा का हम दोनों पर प्रभाव था। बड़ा बजार की चहल-पहल के बीच भी हम सहज

नहीं हो पाए थे और जरा-सा एकान्त मिलने पर अपनी प्रतिक्रिया का अवशिष्ट अंश बाहर कर दे रहे थे। बाजार की ओर से ज्यों ही हम मुख्य सड़क पर पहुँचे हमारी वह ऐतिहासिक चर्चा बन्द हो गई और एक दूसरी ऐतिहासिक चर्चा के हम शिकार हो गए। कारण छोटे कद और धीमी चाल वाले शुकदेव पांडे ने हमें देख लिया था। अपने सन्ध्याकालीन भ्रमण के बाद वे अपनी दीना कॉटेज के लिए लौट रहे थे और हमें देखते ही उनको नव प्रकाशित पुस्तक *कूर्मांचल केसरी* की याद आ गई थी।

(स्व.) शुकदेव पांडे, 1937 ई. में *कुमाऊँ का इतिहास* नाम की मोटी पुस्तक प्रकाशित करने वाले पंडित बद्रीदत्त पांडे के भतीजे होने से कुमाऊँ के इतिहास के साथ चचेरे सम्बन्ध से जुड़े हुए थे। पिलानी (राजस्थान) से सेवानिवृत्त होने के पश्चात जब वे मल्लीताल की दीना कॉटेज में रहने लगे तो यह चचेरा सम्बन्ध नैनीताल के इर्द-गिर्द बिखर गया। जब वे प्रात: भ्रमण के लिए पहली बार निकले तो *विशाल भारत* के भूतपूर्व सम्पादक पंडित बनारसीदास चतुर्वेदी ने उन्हें चचेरे सम्बन्ध की याद दिलाई। उन दिनों बनारसीदास के एकमात्र सुपुत्र बुद्धिप्रकाश चतुर्वेदी, ठा. देव सिंह बिष्ट राजकीय स्नातकोत्तर महाविद्यालय, नैनीताल के इतिहास विभाग के प्राध्यापक थे और उनके यहाँ आने पर बनारसीदास नित्य प्रात: तल्लीताल से मल्लीताल तक घूमते थे। भ्रमण के बीच किसी भी व्यक्ति को पकड़ लेते थे और फिर बोट हाउस क्लब की बगिया में दूब पर लधरकर बतियाते थे। पहले डॉ. हेमचन्द्र जोशी के साथ और बाद में शुकदेव पांडे के साथ खूब अन्तर्राष्ट्रीय गप्पें चलती थीं। तीनों जीवन में खूब घुमक्कड़ रहे थे। आजादी के बाद भारत की समुचित उन्नति न होने से तीनों व्यथित थे। इसी तरह की एक मुलाकात में बैरिस्टर मुकुन्दीलाल भी जुड़े थे और उन्होंने पांडे जी को पिलानी की *मरु भारती* की तरह ही नैनीताल से *उत्तर भारती* नाम से एक सांस्कृतिक पत्रिका निकालने की राय दी। पंजीकरण की प्रक्रिया के बीच यह ज्ञात हुआ कि उत्तर भारती नाम से एक पत्रिका आगरा से पंजीकृत है। अत: बाद में नैनीताल से निकलने वाली पत्रिका का नाम *उत्तराखंड भारती* रखना पड़ा।

जिस तरह बैरिस्टर मुकुन्दीलाल ने *उत्तर भारती* का प्रस्ताव रखा, उसी तरह चतुर्वेदी जी ने कूर्मांचल केसरी बद्रीदत्त पांडे की जीवनी प्रकाशित करने के लिए उकसाया। उस समय कुछ पर्वतीय जिज्ञासुओं ने उनसे बद्रीदत्त पांडे के कुमाऊँनी इतिहास का नया संस्करण छाप देने का भी आग्रह किया था। नवम्बर 1969 ई.

में इतिहास परिषद् के तत्वावधान में एक ऐतिहासिक प्रदर्शनी का आयोजन हुआ। उसका उद्घाटन ह्यूमनिस्ट एसोसिएशन के नरसिंह नारायण द्वारा होना था लेकिन ऐन मौके पर उनके नैनीताल में उपस्थित न होने पर इतिहास परिषद् के पदाधिकारी शुकदेव पांडे जी को बुला लाए थे।

शुकदेव पांडे की डॉक्टर पन्त से चर्चा होती रही। प्रदर्शनी को देखकर दोनों को मैंने यह कहते सुना कि नैनीताल में जब तक विश्वविद्यालय की स्थापना नहीं हो जाती, तब तक इस सामग्री के लिए कुछ किया जाना सम्भव नहीं है। जब पन्त जी चले गए तब पांडे जी ने मुझसे चर्चा शुरू की। उस समय उनके मस्तिष्क में बद्रीदत्त पांडे के कुमाऊँनी इतिहास का नया और परिवर्तित संस्करण निकालने की योजना थी। यह कार्य संस्कृत के विभागाध्यक्ष गोपालदत्त पांडे द्वारा सम्पन्न होना था। मैंने इस योजना का पता चलते ही दोनों से यह कह दिया कि पुस्तक का यदि परिवर्तित संस्करण निकालना है तो उसके नाम में भी संशोधन कर दिया जाए और उसे 'कुमाऊँ का उत्तर मध्यकालीन इतिहास' शीर्षक दिया जाए। भूमिका में लेखक की मूल कृति का शीर्षक तथा संशोधन की योजना स्पष्ट कर दी जाए। प्रारम्भ में वे दोनों उसकी महत्ता पर जोर देते रहे, जब मैंने कसार देवी-लेख की चर्चा की तो दोनों को मौन हो जाना पड़ा। पं. बद्रीदत्त पांडे पाटिया गाँव के निवासी थे और उस गाँव से अल्मोड़ा जाने के लिए जो आम रास्ता है, उसी में कसार देवी का मन्दिर है। उस मन्दिर से थोड़ा नीचे पहाड़ी के ढाल में एक चट्टान पर छठीं-सातवीं ई. की ब्राह्मी लिपि में एक अभिलेख उत्कीर्ण है, जिससे यह पता चलता है कि बेतीला के पुत्र रुद्रक ने वहाँ पर रुद्रेश्वर की स्थापना की थी। अल्मोड़े में बैठकर कोई इतिहास लिखे और कसार देवी लेख का उल्लेख न करे तो *अमरकोष* के निर्माता अमरसिंह वाली किंवदन्ती स्वत: ही लागू हो जाएगी। यही किस्सा आमसौड़ के शिलालेख का भी है। दुगड्डे से कोटद्वार के बीच आमसौड़ का शिलालेख डॉ. डबराल के उत्तराखंड के इतिहास से अपने को उसी तरह बचा गया है जैसे कसार देवी लेख बद्रीदत्त पांडे की पुस्तक से और नींबू का पेड़ अमरसिंह के शब्दकोश से। इस चर्चा से कुछ समय तक शुकदेव पांडे नाखुश रहे लेकिन इस बार उनका व्यवहार बिलकुल भिन्न था। उन्होंने अपने आवास में ले जाकर *कूर्मांचल केसरी* की दो प्रतियाँ मुझे दीं और उनके पढ़ने के पश्चात अपनी प्रतिक्रिया दो-तीन दिन में उन्हें सुना जाने की बात भी कही।

कसार देवी का शिलालेख डॉ. दिनेशचन्द्र सरकार ने *एपीग्राफिया इंडिका* के खंड-34 (पृ. 248) में निम्नवत प्रकाशित किया है—

रुद्रेश्वर: प्रतिष्ठापित:
वेतिला-पुत्रेण रुद्रकेण

सेनापानी का बौद्ध स्तूप

जो लोग हल्द्वानी से टनकपुर वाली जंगलात की सड़क से गए होंगे, उन्हें सेनापानी की स्थिति ज्ञात होगी। नैनीताल, हल्द्वानी के श्रद्धालुजन टनकपुर की पुन्यागिरी देवी तथा ब्यानधुर के ऐड़द्यो मन्दिर के लिए इसी मार्ग से जाया करते थे। मार्ग में सेनापानी का क्रम निम्नवत है—हल्द्वानी-चोरगलिया-द्योलाशाल-कौलापानी (इसे भौरिया सिमल भी कहा जाता है)—दुगाड़ी-सेनापानी-कलौनी-छिन-टनकपुर।

भौरिया सिमल के दक्षिण की ओर कुछ दूरी पर वन विभाग की चौकी है जिसका नाम सुदली मठ है। दुगाड़ी से उत्तर की ओर की ऊँची पहाड़ी ब्यानधुरा कहलाती है जिसमें ऐड़ी का प्रसिद्ध थान है। ऐड़द्यो के जागर में इस क्षेत्र पर मुगल-आक्रमण का विवरण है। इस आक्रमण से पूर्व यह क्षेत्र सांस्कृतिक दृष्टि से महत्त्वपूर्ण रहा है। सुदली मठ से सेनापानी तक जंगल में लाल बलुआ पत्थर की एक इमारत के खंडहर जगह-जगह फैले हैं। भरहुत और मथुरा शैली की मूर्तिकला से यहाँ के खंडहरों में पर्याप्त समानता है। 1965 ई. के जनवरी माह में हल्द्वानी में लाल बलुआ पत्थर की लघु बुद्ध-प्रतिमाओं के इस मार्ग में मिलने की सूचना से मुझे पहले विश्वास नहीं आया। स्थानीय लोगों की यह धारणा थी कि प्रसिद्ध डाकू सुल्ताना ने कुछ समय तक इस क्षेत्र को अपना अड्डा बनाया था। हल्द्वानी के समीप गौलापार की कालीचौड़ की माई को भी सुल्ताना डाकू से जोड़ा जाता है।

यह मार्ग पैदल यात्रा के दिनों में देवीधुरा से भी जुड़ा हुआ था। कुमैय्यों का आधा भाग इसी ओर से माल भाबर में पशुओं को घेरने के लिए आता था। ऐतिहासिक दृष्टि से गर्साड़ की रक्षा देवी और रमक का सूर्य मन्दिर भी इसी क्षेत्र से जुड़े हैं। रक्षा देवी के मन्दिर में एक विशाल पत्थर पर चार पंक्ति का लेख है। यहीं खुना खाल नामक तालाब से जुड़ी प्राचीन सुरंग में पहाड़ी राजाओं के धन होने की किंवदन्तियाँ हैं। उस पहाड़ी पर जै चम नामक देवता का मन्दिर भी है।

रक्षा देवी के मन्दिर में प्रतिवर्ष सूर्य षष्ठी के दिन मेला लगता है। इस मन्दिर में देवी की दो मूर्तियों के मध्य सूर्य की बड़ी आकर्षक मूर्ति है।

इतिहास-प्रदर्शनी और लखुओड्यार के हल्ले के कारण वन विभाग के एक वरिष्ठ अधिकारी का ध्यान आकर्षित हुआ और एक दिन उन्होंने स्वयं महाविद्यालय में उपस्थित होकर प्राचार्य देवीदत्त पन्त को सूचित किया कि इतिहास विभाग के अध्यापकों को सेनापानी के खंडहर दिखाना चाहते हैं। प्राचार्य ने डॉ. (श्रीमती) द्विवेदी को अपने कार्यालय में बुलाकर सेनापानी जाने की तिथि तय करवा दी। जहाँ तक मुझे याद है, वन विभाग के उन वरिष्ठ अधिकारी का नाम था—डी.सी. पांडे। वे वन विभाग की जीप में हमें सर्वेक्षण की सुविधा दे रहे थे। मैं उस क्षेत्र से अच्छी तरह परिचित था। 1965 ई. के शीतकाल में तीन माह तक माल भाबर में ही भटकता रहा था। अत: मैंने यहाँ जाने से मना कर दिया। लखुओड्यार के सर्वेक्षण में जो फोटो खींची गई थीं, उसमें काफी व्यय होने से उस समय आर्थिक स्थिति भी ठीक नहीं थी। उसी बीच घरेलू काम से मुझे पिथौरागढ़ जाना पड़ गया। जब मैं लौटकर आया तो पता चला वन विभाग के अधिकारी महोदय मैडम को दुर्गम मार्ग होने के कारण कुमाऊँ के सबसे भयंकर समझे जाने वाले उस जंगल में सर्वेक्षण के लिए नहीं ले गए। वे शायद ताराचन्द्र त्रिपाठी और मुझे ही भाबर के जंगल में भटकने के योग्य समझ रहे थे और हमारे कन्नी काटने पर उन्होंने भी कुमाऊँ के इतिहास में एक बौद्ध स्तूप को जोड़ने की तमन्ना छोड़ दी। उन्होंने वन विभाग की ओर से पुरातत्त्व विभाग को भी सूचना दी थी। लेकिन उसका भी कोई परिणाम तुरन्त नहीं निकल पाया।

अगले सत्र में हेमचन्द्र पन्त ने डॉ. शाकम्भरी जुयाल के निर्देशन में 'बुद्धिज्म इन कुमाऊँ एण्ड गढ़वाल' विषय पर शोध कार्य शुरू किया तो वे सेनापानी जाकर वन विभाग के सौजन्य से एक पाषाण-स्तम्भ का टुकड़ा इतिहास विभाग के संग्रह के लिए ले आए। यह स्तम्भ 1970 ई. की इतिहास-प्रदर्शनी में प्रदर्शित किया गया था। उसकी फोटो ले जाकर मैंने नई दिल्ली के पुरातत्त्व कार्यालय में मुनीशचन्द्र जोशी को दिखाकर उनसे सेनापानी के सर्वेक्षण के सन्दर्भ में चर्चा की थी। 1973 ई. में जब मैं पुन: पुरातत्त्व-कार्यालय में गया तो जोशी ने सेनापानी का सर्वेक्षण करने के उपरान्त भारत सरकार के पुरातत्त्व विभाग को अपनी जो आख्या दी थी, उसकी प्रतिलिपि मुझे दिखाई। उस आख्या में उन्होंने सेनापानी में दूसरी सदी ई. के लगभग का एक बौद्ध स्तूप स्वीकार किया है।

अक्टूबर 1974 ई. में कुमाऊँ विश्वविद्यालय के प्रथम सेमिनार के अवसर पर मैंने सेमिनार के लिए आए हुए डॉ. के.पी. नौटियाल, मुनीशचन्द्र जोशी तथा डॉ. महेश्वर प्रसाद जोशी (अध्यक्ष, इतिहास विभाग, राजकीय स्नातकोत्तर महाविद्यालय, पिथौरागढ़) को सेनापानी से लाए गए उस प्रस्तर स्तम्भ को दिखाकर उसकी भरहुत शैली पर चर्चा की थी। तीनों पुरातत्त्ववेत्ताओं ने पाषाण पर अंकित आकृतियों को शुंगकालीन स्थापत्य से साम्य रखता हुआ स्वीकार किया।

इसी जुलाई माह में अल्मोड़ा के क्षेत्रीय पुरातत्त्व अधिकारी राकेश तिवाड़ी गोपेश्वर आए थे। उन्हें भी मैंने सेनापानी की फोटो दिखाकर पुरातत्त्व विभाग की ओर से वहाँ की देखरेख के सम्बन्ध में आग्रह किया। 3 जुलाई से 16 जुलाई तक बद्रीनाथ में तीर्थयात्रियों के लिए 'हिमालय संग्रहालय' नाम से एक ऐतिहासिक प्रदर्शनी भी लगाई थी। पहाड़ के इतिहास के प्रति मात्र जिज्ञासा के कारण ही ऐतिहासिक स्थानों का सर्वेक्षण, उनके सम्बन्ध में समाचार-प्रकाशन, उनसे ज्ञात निष्कर्षों पर प्रदर्शनी और लेख यह सब मेरी आदत में शामिल है। किसी के प्रति किसी तरह का दुराग्रह अथवा असम्मान प्रकट करना मेरा उद्देश्य नहीं है। 'किस्सा कुमाऊँ के इतिहास का' लिखने का एक मात्र उद्देश्य पहाड़ के इतिहास पर धड़ाधड़ लिखने वालों को सावधान होकर, अधिक श्रम के साथ लिखने के लिए सचेत करना मात्र है, आत्मश्लाघा या इतिहासकार बनने का ढोंग नहीं। नए शोध छात्र पहाड़ पर लिखी पुस्तकों की अपने प्रबन्धों में आँख मूँदकर नकल न करें, इसी आशय से जब-जब 'किस्सा कुमाऊँ के इतिहास का' में पुराने लेखकों का जिक्र कर दिया गया है। आज की विश्वविद्यालयी शोध प्रक्रिया में गुरु के गौरव से आतंकित छात्रों को राहत की साँस दिलाने के लिए अपनी गुरु डॉ. (श्रीमती) शाकम्भरी द्विवेदी का भी सन्दर्भ दिया है। उससे उनके प्रति श्रद्धा और सम्मान में कोई अन्तर समझना मात्र एक भ्रान्ति ही होगी।

[*नै.स.*,1 अक्टूबर, 1982]

पिथौरागढ़ : संस्कृति और इतिहास

किरातार्जुनीय का घटनास्थल

पिथौरागढ़ की संस्कृति और इतिहास का सर्वेक्षण करने और उसके अतीत के तथ्यों को बटोरने की इधर होड़-सी मची है। आज से 25 वर्ष पहले यह नगर ऐतिहासिक दृष्टि से समृद्ध नगर था और आज की तरह तब तथ्यों को बटोरने वाला कोई नहीं था। उस समय नगर छोटा था और किसी भी आदमी से भाटकोट के राजा-रानी की गुफा, हाट का एकहथिया नौला अथवा उदयपुर की स्थिति पूछी जा सकती थी। स्थानीय देवी-देवताओं और ग्रामवासियों के पूर्वजों के विषय में यह जानना बड़ा आसान था कि वे कहाँ से आकर सोर परगने में बसे। कुमाऊँ की संस्कृति और भाषा में पिथौरागढ़ की अपनी अलग पहचान है। मोस्टा, असुर और चमु के मन्दिर अल्मोड़ा और नैनीताल जिले में नहीं हैं। सोर की तरह हिलजात्र नाम का कृषि-नाटक भी अल्मोड़ा और नैनीताल के गाँवों में नहीं खेला जाता है। यहाँ के वनरौत भी एक विशिष्ट संस्कृति को सुरक्षित रखने में सफल रहे हैं। पिथौरागढ़ जिले के सोर परगने के गाँवों का अध्ययन करने से ऐसा आभास होता है कि प्राचीन और मध्यकाल में निरन्तर नेपाल की ओर से काली नदी को पार कर आदमी सोर में आकर बसने का प्रयास करता रहा है।

किरातों के पूर्व की ओर से नेपाल में आकर बसने के विवरण सुरक्षित हैं। अस्कोट के वनरौत यह मानते हैं कि नेपाल के वनरौत उनकी जाति-बिरादरी के हैं, अत: यह मानना पड़ेगा कि सबसे पहले नेपाल की ओर से किरात जाति पिथौरागढ़ में प्रविष्ट हुई और यहाँ के जंगलों में बस गई। उन्हीं की वंशज वनरौत जाति अब विद्यमान है। अस्कोट के वनरौत पिथौरागढ़ के सोर परगने के सबसे बड़े जंगल

थलकेदार को थाकिल धुर कहते हैं और उस जंगल में अपने बाप-दादाओं के जाकर रहने की बात स्वीकार करते हैं। अस्कोट में वनरौतों के एक गाँव का नाम किंखोला (पहाड़ी में किमख्वाल) है। पिथौरागढ़ से लगभग चार किलोमीटर की दूरी पर एक जंगल का नाम कमख्वाल है। इसी तरह वनरौतों के आवास चौरानी नाम के स्थान सोर परगने में भी हैं। पिथौरागढ़ के पास कपिलेश्वर, घुंस्यारी, सुकौली देवी, रैं, लटौड़, खंडेनाथ आदि गुफा की बहुलता मन्दिरों है। जंगली गुफाओं में किरातों के आवास के समय से ही ये मन्दिर विकसित प्रतीत होते हैं क्योंकि इन गुफाओं के अन्दर पानी की भी व्यवस्था है। घुंस्यारी की गुफा के अन्दर स्थित जलकुंड से यह स्पष्ट है कि यह पुराकाल में किसी परिवार का आवास रहा है।

तिब्बत पर चीन के प्रभुत्व से पहले कैलास-मानसरोवर की तीर्थयात्रा के लिए एक पैदल मार्ग पिथौरागढ़ जिले से होकर गुजरता था। टनकपुर के पास पुण्यागिरी से यह यात्रा प्रारम्भ होती थी। शांकर सम्प्रदाय की मान्यता के अनुसार, जगद्गुरु शंकराचार्य ने उत्तरी भारत और हिमालय में धार्मिक संगठन के लिए चमोली-गढ़वाल में जोशीमठ के समीप ज्योर्तिमठ की स्थापना की थी। ज्योर्तिमठ के लिए प्रधान देवता तय किए गए नारायण और अधिष्ठात्री देवी मानी गई पूर्णागिरी। गोपेश्वर गाँव के कुशलानन्द भट्ट के हस्तलिखित पुस्तकों के संग्रहालय में सुरक्षित एक पुस्तक में शंकराचार्य के ज्योर्तिमठ का पूरा इतिहास लिखा हुआ है। उसमें पूर्णागिरी देवी का वर्णन है। चम्पावत, रामेश्वर, घुघपौड़ और हंसेश्वर में शंकराचार्य ने गिरि सम्प्रदाय के साधुओं के मठ स्थापित किए, जो तीर्थयात्रियों और साधुओं की व्यवस्था करते थे। कैलास की यात्रा के समय हिमालय की चोटियों में किरातों के समूह देखने का उल्लेख प्राचीन साहित्य में बार-बार मिलता है। पुराण, *महाभारत* और *कुमारसम्भव* में कैलास-पथ पर किरातों का जो उल्लेख है वह पिथौरागढ़ जिले के वनरौतों के पूर्वजों का वर्णन होना चाहिए। रामेश्वर से पिथौरागढ़ की ओर पैदल मार्ग से लगी एक ऊँची चोटी का नाम अर्जुनेश्वर है। इसका दूसरा नाम झुणिंङ् भी है। थल-केदार की तरह झुणिंङ् भी इस क्षेत्र का घना जंगल है। स्थानीय परम्परा के अनुसार इसी स्थान पर महाभारत-काल में अर्जुन ने किरात वेशधारी शिव के साथ युद्ध किया था और परास्त होने पर उसने जिस शिवलिंग की स्थापना की थी, वही अर्जुनेश्वर का लिंग है। पहाड़ी पर अर्जुनेश्वर के दो मन्दिर हैं, एक को बुढ़ झुणिंङ् कहते हैं और दूसरे को बाल झुणिंङ्। बुढ़ झुणिंङ् में एक गुफा के अन्दर बन्दर की आकृति का एक शिवलिंग है। गर्दन में पीठ

की ओर एक चोट का निशान है। यही अर्जुन द्वारा स्थापित मूल लिंग माना जाता है। बाल झुणिंङ् माँसू गाँव में स्थित है। यह मन्दिर रतनगिरि नामक एक जोगी ने बनवाया था। बुढ़ झुणिंङ् के दुर्गम पहाड़ी और गहन जंगल के मध्य स्थित होने से भक्तों की सुविधा के लिए बाल झुणिंङ् की स्थापना की गई थी। इस मन्दिर की सबसे बड़ी विशेषता एक कुआँ है। जिस तरह चित्रकूट में पहाड़ी के शीर्ष पर कुआँ खुदा हुआ है, उसी तरह माँसू गाँव में भी सात हजार फीट की ऊँचाई पर पहाड़ी के शीर्ष पर एक गहरा सीढ़ीदार कुआँ खुदा हुआ है। यहाँ एक तालाब भी है। महाकवि भारवि के *किरातार्जुनीय* महाकाव्य का स्थल यही पहाड़ी प्रतीत होती है। आज भी बुढ़ झुणिंङ् की गुफा को देखकर लगता है कि कभी वनवासी मानव ने इस दुर्गम पहाड़ी पर वास किया होगा।

चम्पावत के बालेश्वर मन्दिर से कार्तिकेयपुर के राजा देशटदेव का ताम्रपत्र मिला है जिसमें राजा के भूमिदान की सूचना राज कर्मचारियों के साथ-साथ खश, किरात और हूणों को भी दी गई है। यह लेख दसवीं सदी ईसवी के आसपास का है। इससे स्पष्ट है कि चम्पावत के आसपास भी किरात रहते थे जिनके वंशज लोहाघाट के समीप शील बरूड़ी गाँव में रहते हैं। इसी अवधि के बागेश्वर शिलालेख से पता चलता है कि एक किरात-पुत्र के साथ बागेश्वर क्षेत्र के राजा त्रिभुवन राज ने सन्धि की थी। ग्वालियर-शिलालेख से ज्ञात होता है कि नवीं सदी ई. में पहाड़ी क्षेत्र में किरातों का एक स्वतंत्र राज्य था। रौत शब्द कुमाऊँ-गढ़वाल के अभिलेखों में जागीर के लिए प्रयुक्त होता रहा है। वनरौतों का यह विश्वास है कि वे अस्कोट क्षेत्र में पालवंश के रजवारों से पूर्व शासन करने वाले राजाओं के वंशज हैं। ऐसी स्थिति में यह माना जा सकता है कि कार्तिकेयपुर अभिलेखों (पांडुकेश्वर, बागेश्वर, बालेश्वर और कंडारा) में वर्णित किरातों ने पूर्व में नेपाल की ओर से आकर इस क्षेत्र पर अधिकार किया और दीर्घकाल तक पिथौरागढ़ में उनके आवास से यहाँ के स्थानीय देवता, गाँवों के नाम और जनबोली पर इनका प्रभाव रहा है।

[*नै.स.*, 1 दिसम्बर, 1984]

नाथपन्थ और गोल्ल देवता

पिथौरागढ़ नगर के पूर्वी भाग में कुमौड़ गाँव के समीप एक आकर्षक टीले पर

स्थित गोल्ल देवता का थान आजकल नगर का एक पिकनिक-स्थल बन गया है। इस देवता की पूजा के अवसर पर गाई जाने वाली लोकगाथा कुमाउँनी भाषा की सबसे बड़ी गाथा है। इस गाथा का मुख्य उद्द्देश्य गुरु गोरखनाथ के अनुयायी हरु, सैम और गोल्ल नामक तीन जोगियों द्वारा कुमाऊँ-गढ़वाल में कत्यूरी राजा प्रीतम देव और उनके पुत्र धामदेव के शासनकाल में नाथपन्थ के प्रचार के लिए किए गए संघर्ष का इतिवृत्त सुनाया जाना है। पिथौरागढ़ के सोर परगने में जागर नाम की लोकपूजा के अवसर पर कभी-कभी ग्यारह रात और ग्यारह दिन तक यह गाथा गाई जाती है। इस पद्धति को 'बाईसी' (बैसी) कहते हैं, जिसे वंशानुगत लोकगायकों द्वारा ढोल-दमुवे के स्वर के साथ अग्नि प्रज्वलित कर सुनाया जाता है।

कुमौड़ के गोल्ल देवता को चम्पावती गढ़ (आधुनिक चम्पावत) से महर अपने साथ सोर में लाए। इसी तरह नैनीताल के घोड़ाखाल में भी छखाता के महर इस देवता को चम्पावती गढ़ से अपने साथ ले गए। कत्यूरी-साम्राज्य में महर और फर्त्याल दो दलों में कुमाऊँ बँटा हुआ था और मेलों के अवसर पर आयोजित की जाने वाली 'मार' (एक प्रकार की पाषाण-वृष्टि) में ये दोनों दल अपनी शक्ति का परीक्षण करते थे। ब्रिटिश शासनकाल के प्रारम्भ तक चम्पावत के गोरिलचौड़ में चैत्र अष्टमी के अवसर पर प्रतिवर्ष मार का आयोजन किया जाता था। आज कुमाऊँ-गढ़वाल में गोल्ल देवता के असंख्य थान हैं, लेकिन सभी की यह परम्परा है कि चम्पावत में गौरिल चौड़ का थान इस देवता का मूल स्थान है। घोड़ाखाल के गोल्ल मन्दिर की पूजा-कथा में मेहरा गाँव की भागा महर के मुँह से बार-बार चम्पावत के गोल्ल अथवा गोरिया नामक देवता के थान का उल्लेख किया जाता है—

यो गोरिया।
कुम्भा राशि गोरिया
गढ़ चम्पावती थान तुमरो
यो गोरिया
निरधारी निराकारी।

गाथा में यह स्पष्ट कहा जाता है कि चम्पावत में एक जोगी के रूप में गोल्ल का आश्रम था। यह नाम जोग लेने पर रखा गया था। संन्यासी बनने से पूर्व गोरिया नाम था। कथा के अनुसार अन्त:पुर के षड्यंत्र के कारण धूमाकोट के राजा झलराय के पौत्र और राजा हलराय या हलराई के पुत्र को गोरी नदी मे फेंक

दिया गया था। एक नि:सन्तान धीवर के मछली पकड़ने वाले जाल में फँसने पर उस बालक का नाम धीवर ने गोरी नदी में मिलने से गोरिया रख दिया। धीवर के यहाँ बाल्यकाल में गाय चराने के लम्बे अनुभव के कारण उसे ग्वालज्यू भी कहा जाता है। विशेषकर अल्मोड़ा के समीप चितैं के थान को ग्वालज्यू कहा जाता है।

कुमाऊँ के इतिहास, लोक-साहित्य, संस्कृति आदि पर प्रकाशित पुस्तकों, विशेषांकों तथा स्थानीय पत्र-पत्रिकाओं में गोरिल, ग्वाल अथवा गोरिया के बारे में यह तथ्य गलत दिया रहता है कि उसके पिता हलराई का आवास चम्पावत में था। चम्पावत के अभिलेखों से यह निश्चित है कि वहाँ दीर्घकाल से चन्दवंश की प्रभुता थी। अत: वहाँ चौदहवीं सदी में राजा हलराइ का शासन स्वीकार नहीं किया जा सकता। पिथौरागढ़ के घुंस्यारी गाँव के निवासी चतुरा औजी के अनुसार राजा हलराई का धुमकोट पिथौरागढ़ जिले की गोरी छाल (गोरी नदी की घाटी) में आधुनिक मदकोट के समीप है। वैसे सोर परगने के कई गाँवों में ऊँचे टीलों के नाम धुमकोट हैं। जाखपुरान नामक गाँव के धुमकोट में एक प्राचीन सुरंग बनी हुई है जिससे संकट के समय गुप्त मार्ग का कार्य करने के साथ-साथ टीले में एक नौले से रस्सी के द्वारा पानी खीचने का भी कार्य किया जाता था।

भौगोलिक दृष्टि से भी मदकोट में जन्मे बालक को गोरी नदी में फिंकवाने वाला तथ्य सत्य प्रतीत होता है। चम्पावत में पैदा हुए बालक को काली, सरयू, पनार अथवा रामगंगा में न फिंकवाकर गोरी नदी तक ले जाना तर्कसंगत नहीं लगता। गोरी नदी जौलजीवी के समीप काली नदी में मिल जाती है। अत: चम्पावत को गोरिया का जन्म स्थान मानना उचित नहीं है। पिथौरागढ़ जिले में थल के समीप बत्यूली से प्रो. श्यामलाल ने शक संवत 1364 (1442 ई.) का एक ताम्रपत्र ज्ञात किया है, जिसमें महाराजाधिराज बलि नारायण अपने को 44 राई राजन भरतार कहता है। इससे यह प्रतीत होता है कि राई बहुत छोटे सामंत थे और उन्हें आधुनिक पट्टी के बराबर भूमि का शासक माना जाना चाहिए। 15वीं सदी में पिथौरागढ़ में चम्पावत के चन्द, उदयपुर के बम, अस्कोट के पाल, मणिकोट के रजवार, सीरा के मल्ल और भोट के शौकों के मध्य निरन्तर युद्ध चल रहे थे। काली के पूर्वी तट पर भी सोराड़, डोटी, जुमला, दूलु आदि में निरन्तर संघर्ष चलने से जन-जीवन अस्त-व्यस्त हो गया था। आदमी घाटियों में रहने के स्थान पर पहाड़ों के शीर्ष पर घर बनाकर रहना पसन्द करता था। उदयपुर, बमधौन, उच्चाकोट, डूंगराकोट जैसे ऊँचे स्थानों पर पानी की समस्या होना स्वाभाविक है। यहाँ अधिकांश गाँवों

में ऊँचे टीले हैं जिन्हें कोट कहा जाता है। इसी तरह का एक कोट धुमकोट भी रहा होगा। जहाँ राई अथवा राय वंश के राजा झलराय और उसके पुत्र हलराय ने शासन किया होगा। उस समय इस भूमि में खेती कम होती थी, जंगल अधिक थे। इस युग के वीर गीतों में बार-बार यह जिक्र आता है कि राजा जंगलों में शिकार के लिए भटकते रहते थे। राजा की अनुपस्थिति में उसके नवजात शिशु को गोरी नदी में फेंक दिया गया।

गोल्ल की पूजा-कथा में यह बताया जाता है कि गोल्ल के मामा हरु और सैम का जन्म गुरु गोरखनाथ के आश्रम में हुआ था। उनकी माँ को कालीनारा और बहिन को कालिका कहा जाता है। कालीनारा और उसके पिता निकन्दर के नाम फारसी नामों से प्रभावित लगते हैं। कहानी में राजा निकन्दर के राज्य का कोई उल्लेख नहीं है। इतना ही ज्ञात होता है कि वह हरिद्वार से अधिक दूर नहीं था। कालीनारा अकेली ही उत्तरायणी के मेले में हरिद्वार गई थी और वहाँ से गुरु गोरखनाथ के आश्रम में चली गईं। माँ की मृत्यु के पश्चात दोनों भाई नाथपन्थ में दीक्षित हो गए। सैम का सबसे बड़ा आश्रम जागेश्वर के समीप झाकरसैम में था, जिसकी स्मृति में आज भी वहाँ सैम का मन्दिर है।

हरु, सैम और गोल्ल पिथौरागढ़ जिले के ग्राम देवताओं में सबसे अधिक लोकप्रिय हैं। शैव, वैष्णव तथा शाक्त पद्धतियाँ पिथौरागढ़ जिले में मध्यकाल से पहले लोकप्रिय रही हैं लेकिन आज सभी सम्प्रदायों के अनुयायी नाथपन्थी जोगियों को भूमि देवता मानकर बड़े धूमधाम से उनकी पूजा करते हैं। जिस प्रकार गौतम बुद्ध ने देववाद का विरोध करने में अपना जीवन अर्पित कर दिया और महायानियों ने उसी बुद्ध को देवता के रूप में पूजना शुरू कर दिया, उसी तरह हरु, सैम और गोल्ल ने जीवन भर कुमाऊँ-गढ़वाल में देववाद पर आधारित अन्धविश्वास को समाप्त कर निर्गुण ब्रह्म की उपासना और योग के अभ्यास पर बल दिया और अन्त में स्वयं देवता के रूप में प्रतिष्ठित कर दिए गए। जागरों में इन देवताओं को प्रसन्न करने के लिए बलि दी जाती है। जागर वैदिक याग के आधुनिक रूप हैं। वैदिक काल में जिस तरह इन्द्र, सूर्य, वरुण, अश्विन आदि देवताओं के सम्मान में यज्ञों का आयोजन किया जाता था, उसी तरह आजकल कुमाऊँ के ग्रामीण लोग हरु, सैम, गोल्ल आदि के सम्मान में जागर का आयोजन करते हैं।

यह एक विचित्र तथ्य है कि हरु को जहाँ एक ओर नाथपन्थी जोगी के रूप में धर्म-प्रचारक बताया गया है, वहीं बार-बार उसे राजा हरिचन्द भी कहा जाता

है और सैम को उसका दीवान बताया जाता है। इस लोकगाथा में एक स्थान पर कत्यूरी राजा प्रीतम देव और उसके पुत्र धामदेव के शक्तिशाली शासन में उनकी राजधानी वैराट में हरु, सैम और गोल्ल के जाने का उल्लेख है। नैनीताल जिले के रानीबाग में प्रतिवर्ष उत्तरायणी के अवसर पर कत्यूरी राजा प्रीतम देव की रानी जिया के सम्मान में मेले का आयोजन किया जाता है। जियारानी की गाथा में रानीबाग पर तुर्क आक्रमण का उल्लेख आता है। इस आक्रमण के समय नि:संग महर नामक कत्यूरी सेनापति ने वीरता प्रदर्शित की थी। उसी के वंशज अब भीमताल के समीप मेहरागाँव में रहते हैं। इस युद्ध में अल्मोड़ा जिले में बाड़ेछीना के समीप लखनपुर कोट के राजा ब्रह्मदेव और उसके सेनापति भीमकठायत की वीरता का भी मेले के अवसर पर आयोजित जागर में उल्लेख किया जाता है। ब्रह्मदेव कत्यूरियों की लखनपुर शाखा का अन्तिम राजा था।

चम्पावत और बाड़ेछिना में राजा विक्रमचन्द की एक गाथा प्रचलित है, जिसके अनुसार चम्पावत के राजा विक्रमचन्द ने ब्रह्मदेव की अनुपस्थिति में लखनपुर को घेर लिया था। चम्पावत के बालेश्वर मन्दिर से विक्रमचन्द का 1423 ई. का एक ताम्रपत्र मिला है। ऐसी स्थिति में प्रीतमदेव, धामदेव, ब्रह्मदेव, जियारानी, निषंग महर, हरु सैम और गोल्ल को 15वीं सदी के आरम्भ में जीवित मानना पड़ेगा। *तारीख़े-ए-मुबारक शाही* नामक मध्यकालीन ऐतिहासिक ग्रन्थ में यह लिखा है कि 1418 और 1424 ई. के मध्य कटेहर (आधुनिक रुहलेखंड) के ज़मींदार हरसिंह ने दिल्ली के सुल्तान खिज्रखां सैयद और उसके पुत्र शेख मुबारक सैयद के विरुद्ध हिंदू किसानों के 'लगान न दो' आन्दोलन का नेतृत्व किया और शाही सेना से परास्त होने पर दो बार रहब नदी (रामगंगा) की ओर से कुमाऊँ में शरण ली क्योंकि कुमाऊँ में चन्दों का दीर्घकाल तक शासन रहा। पिथौरागढ़ जिले के लोकगायक कटेहर के राजा हरसिंह को हरिचन्द अथवा हरु के नाम से पुकारते रहे हैं। जागरों में हरु और गोल्ल का एक विद्रोही व्यक्तित्व दिखाया जाता है, जो नाथपन्थी सिद्धान्तों के प्रचार के माध्यम से तत्कालीन प्रशासक वर्ग और धार्मिक नेताओं से निरन्तर उलझते रहे। पिथौरागढ़ के उत्तरी छोर पर स्थित छिपुलाकोट में सैम के और जोशीमठ में गोल्ल के कैद किए जाने की कहानी इस बात की ओर संकेत करती है कि पहाड़ के शासक इन जोगियों को पकड़ना चाहते थे। अभी तक पिथौरागढ़ जिले की देव गाथाओं का अभिलेखों से मिलान करने का प्रयास नहीं किया गया है। इस तरह के अध्ययन से अधिकांश गाथाओं और देवता पद

पर आसीन लोक नायकों की तिथि आसानी से ज्ञात की जा सकती है। पिथौरागढ़ नगर के समीप चंडाक के आसपास के गाँवों में 'घरपाल जोगियों' का जागर लगाया जाता है, जिसमें यह कहा जाता है कि सोर राजा विजय बम के उदयपुर नामक दुर्ग पर गंगोली के मणिकोटी राजा के आक्रमण के समय गोरखनाथ, सुरपाली आदि जोगी मारे गए जो उस समय राजमहल में थे। चंडाक के पास मझेड़ा गाँव के जगदीश चन्द्र पाटनी के पास सुरक्षित एक ताम्रपत्र से ज्ञात होता है कि विजय ब्रह्म नाम का राजा 1427 ई. में पिथौरागढ़ में शासन कर रहा था। ताम्र लेख निम्नवत है—

> ऊँ स्वस्ति॥ श्री शाके 1349 ज्येष्ट दिनद्रिशेषे सोमवासरे अमावस्यां पुण्यतिथौ श्रीराजा बिजै ब्रह्म लयीदत्त पसाकियी विमलु पाटणि ले पाई जिंउलो 1 वृद्धिलिको शाउको जिउलो 1 साठ कोशलि कोठ को दुह जिउलो लागी लेक कि ईजरि गाउ की बगड़ि पाटनी ले पाउणि सर्वकर अकर सर्वकर अकर सर्वदोष निर्दोष करि पाई गडिली पोटिली नाठ नठाली आकाश को ढीडो पाताल की निधि पाटाणी लै पाडणि उपनुयालो डुम्यलहोत राजा को खंड पाटणि को अन्यथा नास्ति अत्र साक्षी दिवाकर उप्रेती हरिब्रह्म साउद नारसिंग बिष्ट सिडल कठायत देउ... सद् देवु गुयाल कीर्थू धनिक किलाकर जोईशी अठविसी पँदसद स्वहस्त लिषितां।

इस लेख से यह स्पष्ट है कि 1347 शाके (1427 ई.) में विजय ब्रह्म के शासनकाल में कुमाउँनी भाषा राजभाषा के रूप में प्रचलित थी। इस लेख के कुछ समय पश्चात ही माणिकोटी राजा का बमों के राजमहल पर आक्रमण हुआ होगा।

उत्तरापथ के स्मृति-चिह्न

पिथौरागढ़ नगर के समीप रामेश्वर से घुंसेरा तक उस प्राचीन पैदल मार्ग के स्मृति चिह्न बिखरे हुए हैं जिसे कौटिल्य के *अर्थशास्त्र* में 'हैमवत पथ' तथा *स्कन्द पुराण* के *मानसखंड* में 'उत्तरपथ' कहा गया है। बौद्ध ग्रन्थ *दिव्यावदान* और भाजा गुफा की मूर्तियों से पता चलता है कि राजा मान्धाता ने अयोध्या से कैलास तक एक दुर्गम मार्ग बनवाया था जिसमें वह स्वयं लाठी पकड़कर गया था। बदरीनाथ

मन्दिर में सुरक्षित कार्तिकेयपुर के राजाओं के ताम्रपत्रों में भी सतयुग के राजा मान्धाता का उल्लेख होने से यह सम्भावना है कि उसने अयोध्या से बद्रीनाथ तक का मार्ग भी बनवाया होगा।

सरयू और रामगंगा के संगम-स्थल पर स्थित रामेश्वर मन्दिर में अयोध्या के राजा राम की स्मृतियाँ जीवित हैं। मन्दिर के गर्भगृह में स्थापित लिंग के लिए यह कहा जाता है कि अपनी वृद्धावस्था में राम यहाँ आए, तीन दिन तक रहे और शिवलिंग की स्थापना की। मन्दिर में काले पत्थर की राम की मुकुट और जनेऊ से युक्त भव्य प्रतिमा है। साथ में दशावतार मूर्तियों के शीर्ष में अंकित किए जाने वाले आसनस्थ बुद्ध की भी मूर्ति है।

रामेश्वर मन्दिर में भोग की परम्परा थी। अत: उसमें पूरब और पश्चिम की ओर दो दरवाजे हैं। इस मन्दिर की व्यवस्था के लिए एक मन्दिर समिति प्राचीन काल से ही थी जिसमें पिथौरागढ़ के जीवी गाँव के चन्द कर्माधीश, मेलडुङरी गाँव के जोशी पुजारी, बिशाड़ गाँव के भट्ट आचार्य और चमडुङरा गाँव के गुसाईं महन्त के पद पर कार्य करते थे। ऐसी मन्दिर-समितियाँ राज्य के कानून से बाहर थीं और आर्थिक, राजनैतिक तथा कार्मिक दृष्टि से स्वायत्तशासी थीं। तालेश्वर-ताम्रपत्रों के अनुसार पर्वताकर राज्य (पाँचवी और छठी सदी ई.) में इस तरह की संस्था को 'अधिष्ठान' और चन्द-वंश के ताम्रपत्रों में 'चारथान' कहा जाता था। फसल के बाद आसपास के गाँवों के प्रत्येक परिवार से एक नाली अनाज वसूल कर यह समिति कैलास-मानसरोवर के तीर्थयात्रियों, साधु-संन्यासियों तथा विद्यार्थियों को एक बार का भोजन नि:शुल्क देती थी।

सरयू और रामगंगा के संगम से थोड़ा नीचे नदी में एक गहरा ताल है जिसे सूरजकुंड कहते हैं। उसके उत्तर की ओर एक गुफा में राम के चरणचिह्न स्थापित होने से उसे 'रामपौड़ी' कहते हैं। यह भगवान राम का जलसमाधि-स्थल माना जाता है। इसी कारण यह पिथौरागढ़ में श्मशान-स्थल के रूप में प्रसिद्ध है। रामपौड़ी के दूसरी ओर बैतड़ी गाँव में वशिष्ठ ऋषि के आश्रम के खंडहर हैं। वशिष्ठ ऋषि ब्रह्मा के पुत्र थे जो राजस्थान के पुष्कर में सरस्वती नदी के तट पर रहते थे। जब अयोध्या के राजा इच्छ्वाकु ने अपने राजकुमारों की शिक्षा के लिए हिमालय में एक आश्रम बनाने का आग्रह किया तो उन्होंने सरयू नदी के उद्गम से सर्वेक्षण किया और बैतड़ी को आश्रम के उपयुक्त पाया। इस आश्रम में उन्होंने 72 यज्ञ किए और इसी कारण इस स्थान का नाम बहत्तरी और फिर 'बौतड़ी' प्रचलित हुआ।

कृषि, पशुपालन और कुटीर उद्योग-धन्धों से शीघ्र ही वशिष्ठाश्रम वैदिक काल का चर्चित विद्यालय बन गया। अयोध्या के राजकुमारों को यहाँ शस्त्र और शास्त्र की शिक्षा दी जाती थी। इस आश्रम की नन्दिनी गाय की कहानियाँ बहुत प्रसिद्ध हैं। महाकवि कालिदास ने अपने *रघुवंश* महाकाव्य में वशिष्ठाश्रम और उनकी नन्दिनी गाय की अयोध्या के राजा दलीप द्वारा की गई सेवा का रोचक वर्णन किया है। महाभारत और पुराणों में कन्नौज के राजा विश्वामित्र द्वारा बलपूर्वक नन्दिनी के हरण तथा स्थानीय जनता द्वारा उनकी पराजय की कहानी दी हुई है। इस युद्ध के बाद विश्वामित्र राजपाट छोड़कर संन्यासी बन गए। बौतड़ी, खुटी और सेरा के उर्वर खेतों पर उनसे सटे जंगलों को देखकर लगता है कि कभी वशिष्ठाश्रम आर्थिक दृष्टि से सम्पन्न रहा होगा।

रामेश्वर क्षेत्र में आम की तरह का च्यूर का एक विशाल वृक्ष होता है जिसे संस्कृत में इंगुदी कहा जाता है। इससे घी, शहद और फल प्रचुर मात्रा में मिलने से इसे तपस्वियों का पेड़ कहा जाता था। च्यूर के फलों को तोड़कर गूदे को पीसने से तेल और घी बनता है। पकवान के अलावा यह दवाई का काम भी करता है, शरीर में कहीं पर कट जाने पर इंगुदी लगाने से घाव भर जाता है। कालिदास के अलावा *अमरकोष* और *वाल्मीकि रामायण* में भी इंगुदी का उल्लेख मिलता है।

रामपौड़ी से थोड़ा नीचे सेरा गाँव में जहाँ *बिल्वती* नामक गाड़ सरयू में मिलती है, संगम के समीप एक पेड़ के नीचे छठी सदी ई. की दो विशाल मूर्तिगाँ हैं। एक मूर्ति मन्दिर के प्रवेश-द्वार के शीर्ष की है जिसमें मानव-मुख के बगल में शेर और सुअर को लड़ते हुए दिखाया है। दूसरी मूर्ति में शिष्यों को उपदेश देते हुए बुद्ध का अंकन है।

रामेश्वर में अनेक धर्मशालाएँ हैं जिनमें कैलास के तीर्थयात्री रात्रिवास करते थे। यहाँ औषधियों के साथ-साथ पांडुलिपियाँ भी बनाई जाती थीं। माघ के महीने पूरे एक माह तक मेला लगता था। मन्दिर समिति की ओर से नदियों में अस्थायी पुल और खलिबगड़ में माघ नहाने वालों के लिए झोपड़ियाँ बनाई जाती थीं। 1857 ई. के प्रथम स्वतंत्रता संग्राम में पराजित होने के बाद पेशवा नाना साहब भी जूना अखाड़े के बाबा रतनगिरि के रूप में रामेश्वर में रहे। उनके साथ भिक्षाटन के समय पीछे से भूरे बाबा चलते थे। यद्यपि अभी तक इतिहासकारों का ध्यान नाना साहब की जीवनी की ओर नहीं गया था। नेपाल के राणा जंग बहादुर ने 1857 ई. की क्रान्ति को कुचलने में अंग्रेज़ों की सैनिक सहायता की थी अत: नेपाल में

अधिक दिन तक टिकना पेशवा के लिए सुरक्षित नहीं था। उस समय कालू माहरा लोहाघाट क्षेत्र में क्रान्तिकारियों का नेतृत्व कर रहे थे। यह निश्चित है कि क्रान्ति से पहले नाना साहब का कालू माहरा से गुप्त रूप से सम्पर्क बना होगा। अंग्रेज़ी सरकार के विवरणों के अनुसार कानपुर और लखनऊ की लड़ाई में परास्त होने के बाद नाना साहब अपने साथियों के साथ पीलीभीत तक आए और वहीं से नेपाल चले गए। इस समय वे तैंतीस वर्ष के थे और अविवाहित थे। अधिक सम्भावना यह है कि क्रान्ति से पहले नाना साहब ने गुप्त रूप से कैलास के यात्रापथ को देखा होगा और कालू माहरा से सम्पर्क के कारण ही वे पीलीभीत तक आए, वहीं से वे नेपाल चले गए। नेपाल जाकर उन्होंने संन्यास ले लिया। कुछ दिन तक पश्चिमी नेपाल के सोराड़ के सिद्ध, केदार, त्रिपुरासुन्दरी और देवलहाट के मन्दिरों में घूमने के बाद वे उत्तरायणी के मेले में अपने साथी भूरे बाबा के साथ रामेश्वर आ गए जो उनके पीछे चलते समय हमेशा एकतारा बजाता था। काली नदी के किनारे झूलाघाट के समीप देवलहाट के मन्दिरों में कई तलवारें रखी हैं। सम्भव है इसी मन्दिर में कुछ समय तक भारत और नेपाल की सीमा पर नाना साहब ने शरण ली हो। ऐसी भी अनुश्रुति है कि लखनऊ की बेगम हजरत महल भी पेशवा के साथ नेपाल गईं थीं और काशीबाई नाम से पगली बनकर काठमांडू स्थित पशुपतिनाथ के धरमशाले में रहती थी। जब भी नेपाल का राजपरिवार पशुपतिनाथ मन्दिर में आता था, वह जोर से चिल्लाकर कहती थीं—'पेशवा आया था।'

रतनगिरि बाबा जब रामेश्वर में आए, उस समय सरयू की भीषण बाढ़ से रामेश्वर का प्राचीन मन्दिर पूर्णतया बह चुका था, केवल शिवलिंग ही बचा था। बाबा ने भिक्षाटन से मन्दिर का पुनर्निर्माण कराया। उसके साथ ही उन्होंने अर्जुनेश्वर, थलकेदार और बिल्वेश्वर महादेव में बड़े मन्दिर और धर्मशालाएँ बनवाईं। अर्जुनेश्वर की पहाड़ी पर पेयजल की समस्या होने से उन्होंने मासू गाँव में सोलह सीढ़ी वाला कुआँ और बरसाती पानी के लिए दो भागों वाला तालाब बनवाया। बिशाड़ गाँव के श्रीरामदत्त भट्ट स्मृति पुस्तकालय में इनकी तलवार और खुखरी के साथ फारसी लिपि में लिखे पत्र सुरक्षित हैं।

रामेश्वर से भारुड़ी और जाख होते हुए कैलास के पदयात्री हाट पहुँचते थे जिसे पहले सोरहाट कहा जाता था। यहाँ का रानी का नौला कत्यूरी कला का श्रेष्ठ नमूना है। उसे कत्यूरी राजा पिथौरा (1380-1400) की तीसरी रानी मोलादेवी ने बनवाया जो जियारानी के नाम से अधिक प्रसिद्ध है। 1380 ई. में बदायूँ (प्राचीन बाधवगढ़)

के ज़मींदार खड़गू का पीछा करते हुए जब दिल्ली के सुल्तान फ़िरोज़शाहतुग़लक़ की सेना रानीबाग तक आ पहुँची तो राजधानी कार्तिकेयपुर (बैजनाथ) पर संकट के बादल मँडरा गए। जिस तरह चम्पावतीगढ़ पर दिल्ली के सुल्तान इस्लामशाह के विद्रोही सरदार खवासखाँ की शरणागति से संकट उत्पन्न होने पर कल्याणचन्द्र (1545-1568 ई.) ने राजधानी चम्पावत से अल्मोड़ा स्थानान्तरित की, उसी तरह प्रीतमदेव अथवा पृथ्वीशाही के नाम से चर्चित कत्यूरी राजा पिथौरा ने अपने नाम पर पिथौरागढ़ नाम से नई राजधानी का निर्माण किया। जिस तरह द्वाराहाट और गंगोलीहाट में मन्दिर और नौले हैं, उसी तरह सोरहाट में भी नौले के साथ कत्यूरी शैली के सात मन्दिर और मूर्तियाँ बनाई गईं।

उत्तरापथ की रक्षा के लिए ऊँचे पर्वत शिखरों को काटकर कोटपालों के आवास के लिए कोट बने हुए हैं। थरकोट, सुजानीकोट, खड़कोट, उच्चाकोट और भाटकोट में वर्षा के कारण बह जाने वाले काले और भूरे रंग के जो मृदभाण्ड पाए जाते हैं, वे कार्बन डेटिंग के अनुसार दूसरी सदी ई.पू. (शुंगकालीन) से लेकर चौदहवीं सदी तक के हैं। जाख गाँव के धूमाकोट में एक प्राचीन सुरंग बनी हुई है जो नौले से धूमाकोट तक चढ़ाई में रस्सी से बँधी गगरी द्वारा पानी खींचने के लिए बनाई गई है। कुमाऊँ की खष जाति प्राचीन युग में पाषाण-युद्ध 'बग्वाल' और सुरंग बनाने के लिए भारत भर में प्रसिद्ध थी। जायसी के *पद्मावत* में वर्णन है कि दिल्ली के सुल्तान अलाउद्दीन खिलजी ने जब चित्तौड़ के दुर्ग पर आक्रमण किया तो सुरंग बनाने के लिए कार्तिकेयपुर के खष राजा को रुपये देकर एक सैनिक टुकड़ी माँगी—

चले सो उमदा मीर बखानो। का बरनों जस उन्ह के थानों॥ 1॥
खुरासान ओर चला हरेऊ। गौर-बंगाले रहा न कोऊ॥ 2॥
रहा न रूम साम सुलतानू। काश्मीर ठट्टा सुलतानू॥ 3॥
जावंत वीदर तुरुक कि जाती। मांडौ वाले और गुजराती।॥4॥
पाहि ओडैसा के सब चले। लै गज हस्ति जहाँ लगि भले॥ 5॥
कांवरू कामता औ पंडुआई। देवगिरि लेत उदैगिरि आई॥ 6॥
चला सो परबत लेत कुमाऊँ। खषिया मगर जहाँ लगि नाऊँ॥ 7॥
हेम सेत और गौर गाजना, बंग तिलंग सब लेत।
सातौ दीप नवौ खंड, जुरे आई एक खेत॥ 42॥

जब राणा रत्न सिंह के चित्तौड़ दुर्ग का घेरा डाला गया तो गुप्त रूप से किले में सैनिकों को पहुँचाने के लिए खष सैनिकों ने सुरंग का निर्माण किया—

टैका गढ़ जौरा अस कीन्हा। खषिया मगर सुरंग तेई दीन्हा॥

[*पद्मावत*, 525]

उस समय उत्तराखंड में तीन राज्य थे—

1. चन्दों का कुमाऊँ राज्य जिसकी राजधानी चम्पावतीगढ़ थी।
2. पँवारों का गढ़देश जिसकी राजधानी चाँदपुरगढ़ थी। और
3. कत्यूरियों का शिवालिक राज्य जिसकी राजधानी कालागढ़ बाँध से पाँच किलोमीटर उत्तर की ओर स्थित खैरागढ़ में थी।

शिवालिक राज्य को संस्कृत में सपादलक्ष कहते थे, उसकी प्रान्तीय राजधानियाँ बैराटगढ़ कहलाती थी। जायसी ने सवालक्ख और बैराट दोनों का उल्लेख किया है—

अति तेज टेस दस आठ सौं, भू मेवारहि भुग्ग कै॥ 121॥
मेदपाट मालवौ सिन्धु सौबरी सवालक्ख।
सोरठ गुज्जर कच्छ काम्बोज गौड़ रुक्ख।
बावन घर बैराट दुढि बागरि ढुंढारह॥ 122॥

रामेश्वर से पाँच किलोमीटर सीधी चढ़ाई के बाद कैलास के तीर्थयात्री भारुड़ी में पहुँचते थे, जहाँ का भारनौल और अठमोली धरमशाला पर्वतीय विज्ञान, शिल्पकार और पर्यटन का श्रेष्ठ नमूना होने से तीर्थयात्रियों की सारी थकान दूर कर देते थे। पीले पत्थर में उत्कीर्ण चार पंक्ति के लेख से पता चलता है कि विक्रम नामक राजा की पुत्रवधू ने राजमहल का सुख त्यागकर तीर्थयात्रियों की सुविधा के लिए नौले के चारों ओर विश्राम कक्ष तथा पुष्पवाटिका का निर्माण करवाया। वह महिला कृष्ण-भक्त थीं।

पिथौरागढ़ नगर के दक्षिणी छोर पर पहाड़ की सलामी पर बसे ऐंचोली गाँव के चारों ओर विस्तृत चरागाह, स्वादिष्ट जल और चन्द्रभागा पनढाल के कारण इसे दीर्घ काल तक कैलास-मानसरोवर और पशुपतिनाथ के तीर्थयात्रियों के लिए पान्थशाला अर्थात रात्रि-विश्राम-स्थल रहने का श्रेय है। टनकपुर और अल्मोड़ा से आने वाली बसों के यात्रियों को चन्द्रभागा के पुल से गुजरते समय पान्थशाला

का एकमात्र अवशेष एक पुरानी धर्मशाला दिखाई देती है। जिसे आसपास के गाँव वाले सौक्याणी की धर्मशाला कहते हैं।

ऐंचोली गाँव के ऊपर पहाड़ी के शीर्ष में एक विस्तृत मैदान के मध्य कपिलेश्वर का गुफा मन्दिर सांख्यशास्त्र के प्रवर्तक कपिल मुनि की तपस्थली माना जाता है। पुराण, रामायण और महाभारत इस बात पर एकमत हैं कि कपिल मुनि कृतयुग में पैदा हुए थे और अयोध्या नरेश सगर के समकालीन थे। सांख्य दर्शन के प्रवर्तक होने से उन्हें वैष्णवों ने एक अवतारी महापुरुष माना था। उत्तरकाशी के रवाईं क्षेत्र के अन्तर्गत गुंदियाठ गाँव में कपिल मुनि का एक त्रिछत्रिय शैली का मन्दिर है। वहाँ मेले के अवसर पर कपिल मुनि की आत्मा को अवतरित कराने के लिए उद्‌बोधन-नृत्य भी किया जाता है। इस तरह भारत के सभी स्थानों में कपिल मुनि के स्मृति स्थल हैं। प्रतिवर्ष शिवरात्रि को कपिलेश्वर की गुफा में पिथौरागढ़ और आसपास के गाँवों के लोग शिव की पूजा के लिए एकत्र होते हैं। कपिलेश्वर का शिवरात्रि मेला पहले एक व्यापारिक मेला भी होता था। गन्ने, नारंगी, तरुड़ (तैड़) आदि की बिक्री अब भी पुरानी परम्परा को बचाए हुए है।

कपिलेश्वर के महत्त्व को समझकर चम्पावत के चन्दवंशीय नरेशों ने सोर की विजय के तुरन्त बाद इस पहाड़ी ढाल पर ऐंचोली के दूसरी ओर टकाड़ी और टकौर नामक गाँव बसाए। टकाड़ी में चम्पावत के चन्द्रवंश की उपशाखा कुँवर जाति को और टकौर में चम्पावत के लटौला गाँव की जोशी जाति को बसाया गया। पं. बद्रीदत्त पांडे ने अपनी पुस्तक *कुमाऊँ का इतिहास* में यह लिखा है कि चम्पावत के राजा रत्नचन्द (1450-1488 ई.) ने सोर परगने को कुमाऊँ राज्य में मिला लिया। (पृ. 249) लेकिन यह तथ्य लिखने से पहले सोर परगने के गाँवों में सुरक्षित ताम्रपत्रों का अवलोकन नहीं किया गया है। रत्नचन्द के पिता भारती चन्द का पिथौरागढ़ के अन्तर्गत हुड़ेती गाँव से 1451 ई. का ताम्रपत्र मिला है जिसमें उसने विशु उप्रेती को हुड़ेती का गाँव दान किया है। इसमें रत्नचन्द को भूमि दान का साक्षी बनाया गया है। सिलौनी ताम्रपत्र से ज्ञात होता है कि ज्ञानचन्द ने सोर के राजा विजय ब्रह्म को परास्त कर सोर को कुमूं राज्य के अन्तर्गत मिलाया था।

भारनौल से कुछ ऊँचाई पर एक जलस्रोत के पास समतल भूमि में आठ दरवाजे वाला और आठ छोटे कमरों वाला धर्मशाला है जिसे अठमोली धर्मशाला अथवा शौक्याणी का धर्मशाला भी कहते हैं। धर्मशाले के ठेके से सम्बन्धित कागजातों से पता चलता है कि अल्मोड़ा से तारा भट्ट के नाम 1840 ई. में धर्मशाले का

एक नक्शा और चाँदी के एक सौ पचास रुपये आए। तारा भट्ट बिशाड़ गाँव के निवासी थे। वे रामेश्वर में उत्तरायणी के मेले से पूर्व वर्षा से खराब हुए भारुड़ी के रास्ते आसपास के गाँव वालों से ठीक करवाते थे, इसी कारण मेले में उनके नाम झोड़ा भी गाया जाता था—

भारुड़ी बाटा सड़क लागी, तारा भट्टा का पाला।
गोरी माझ झूलो लाग्यो, रजबारा का पाला।

तारा भट्ट ने रामेश्वर मन्दिर के पुजारी और मेलडुङरी गाँव के दुर्गादत्त जोशी एवं चमोली गाँव के खड़क सिंह रावत को सम्मिलित रूप से ठेका दे दिया तथा बिशाड़ गाँव के लोग भीणा भट्ट और खुटी गाँव के नरोत्तम महरा को गवाह बना दिया।

ठेके के कागजातों में कहीं भी यह नहीं कहा गया है कि यह शौक्याणी का धर्मशाला है जिसने अंग्रेज़ कमिश्नर रामजे को अपने पूर्वजों का खजाना देकर सारे कुमाऊँ में चार-पाँच किलोमीटर की दूरी पर इसी तरह के धर्मशाले बनवाए। दारमा की जसुली बुढ़ी शौक जाति (प्राचीन शक जाति) की महिला होने से कुमाऊँ में जसुली शौक्याणी के नाम से प्रसिद्ध है। शौकों का दारमा क्षेत्र में अपना एक छोटा राज्य था जिसका अन्तिम राजा शुनपति शौक था। कत्यूरी राजा धामदेव (1400-1420 ई.) ने शुनपति शौक को परास्त कर कैलास-मानसरोवर तक का क्षेत्र कत्यूरी-साम्राज्य में मिला दिया और अस्कोट के पाल रजवारों को प्रान्तीय गवर्नर के रूप में नियुक्त कर ऊकू (नेपाल) में बिठा दिया। ये बनरौत (किरात) और शौकों (शक) से कैलास-मानसरोवर के तीर्थयात्रियों की रक्षा करते थे। अत: पाल (रक्षक) कहलाते थे। कन्योपायन में मिली शुनपति शौक की लड़की राजुला शौक्याण के साथ धामदेव का ज्येष्ठ पुत्र मालूशाही विवाह के लिए जिद करने लगा तो कत्यूर में गृहयुद्ध छिड़ गया। कत्यूरी-राज्य के चौथानी ब्राह्मणों, बारह रजवारों, बाइस थोकदारों और महर-फर्त्याल धड़ों के नेताओं ने सूर्यवंशीय राजकुमार का शौक जाति की लड़की से विवाह का विरोध किया। इसी कारण धामदेव के बाद पश्चिम में कालसी के पास बैराटगढ़ से लेकर पूर्व में नेपाल के रजवारों, डोटीगढ़ तक उत्तर में कैलास-मानसरोवर से लेकर दक्षिण में शिवालिक की शाकम्भरी देवी के मन्दिर तक फैला कत्यूरियों का विशाल साम्राज्य नष्ट हो गया। रजवारों ने मालूशाही को चौखुटिया के पास बैराट का राज्य दे दिया। कत्यूर

के महाराजाधिराज के पद पर ब्रह्मदेव (वीरदेव) को चुना तो गया लेकिन बूढ़ा और विलासी होने से वह कत्यूरी-साम्राज्य को नष्ट होने से नहीं बचा सका। गढ़वाल में प्रचलित 'हीतों की घरोली' से पता चलता है कि बैराटगढ़ में मालूशाही के बाद उसका पुत्र मल्योहीत, पौत्र हरूहीत और प्रपौत्र पुष्करहीत राजा बने। मालूशाही के छोटे भाई लाड़मशाही के बारे में भी इस युद्ध के बाद कुमाऊँ और गढ़वाल के कत्यूरी जागर मौन हैं।

मेलडुङरी गाँव रामेश्वर के पुजारियों का गाँव होने से उत्तराखंड के उर्वर गाँवों में से एक है। यहाँ के द्यौल डाँणा अर्थात पर्वत शिखर का मन्दिर में रामेश्वर के शिव लिंग स्थापित हैं। नियमित रूप से पाँच किलोमीटर का उतार और चढ़ाई पार कर प्रतिदिन पुजारी रामेश्वर मन्दिर में जाकर पूजा करने के बाद घर वापस आ जाते थे। पुजारी पद पर गाँव के हर परिवार की बारी लगी रहती थी। जब वर्षा और बर्फ के कारण पुजारी रामेश्वर नहीं जा सका तो वह द्यौला डाँण में स्थापित शिवलिंग की ही पूजा कर देता था।

मेलडुङरी गाँव के प्रवेश द्वार पर दो 'कठपतिया' हैं जिनमें यात्री रास्ते से उठाकर एक छोटे पत्थर को डालते समय कहते हैं—

साकल्येन स्थापिता देवी, याज्ञवल्क्येन पूजिता!
काष्ठपाषाण भक्षन्ती मार्गरक्षा करोतु मे॥

अर्थात हे देवी! तुम्हें साकल्य ऋषि ने पूजा। तुम लकड़ी और पत्थर का भक्षण करती हो, कृपया इस मार्ग में मेरी रक्षा करना। पत्थरों के इस विशाल ढेर के ऊपर दो झंडे लगे रहते हैं। यहाँ से सरयू और रामगंगा की घाटी, बाराकोट (प्राचीन काकवराह तीर्थ) और गंगोलीहाट (प्राचीन माशीद्वीप) बहुत मनोरम लगते हैं।

कुमाऊँ की कठपतिया परम्परा पैदल यात्रा के युग में विशेष महत्त्वपूर्ण इसीलिए थी कि इससे रास्तों के पत्थर एक स्थान पर एकत्रित रहते थे, और रास्ते साफ रहते थे। कठपतिया में चढ़ाने के लिए यात्री पत्थर ढूँढ़ते रहते थे। इससे अनजान यात्रियों को मार्ग की सही स्थिति भी पता चल जाती थी।

इतिहास के प्रश्न

पिथौरागढ़ के उल्का देवी, घंटाकरण अथवा खंडेश्वर महादेव में किसी भी पूजा

संकल्प से पृथ्वी, जम्बूद्वीप, भरतखंड, आर्यावर्त और हिमवत पर्वत के अन्तर्गत मन्दिर की स्थिति पता चलेगी। (अथ पृथिव्यां जम्बूद्वीपे भरतखंडे आर्यावर्ते हिमवतपर्वतैक देशे) ये शब्द पुराणों के भुवनकोष नामक प्रकरण से समझ में आते हैं। इसीलिए इन मन्दिरों में कभी-कभी *भागवतपुराण* या *शिवपुराण* के पाठ का आयोजन कराया जाता है। इन ग्रन्थों में यह मान्यता है कि पृथ्वी के नीचे कूर्म की आकृति है। पिथौरागढ़ जिले की चम्पावत तहसील की भूमि का इस कूर्म की धारणा से गहरा सम्बन्ध रहा है। यह वैदिक ऋषियों की कल्पना थी—सात द्वीप वाली पृथ्वी के मध्य में जम्बूद्वीप था, उसके नीचे कूर्म और ऊपर मेरु पर्वत। पुराणों से स्पष्ट है कि जम्बूद्वीप आधुनिक एशिया का प्राचीन नाम था और मेरु पर्वत आधुनिक नन्दादेवी पर्वत माला का।

नीचे कछुआ, उसकी पीठ पर सातद्वीप की सूचक सात कमल की पंखुड़ियाँ, मध्य में मेरु और उसके ऊपर आकाश में एक वरदायिनी देवी। यही देवी पहले 'पृथ्वी' कहलाई, फिर 'गायत्री', फिर 'लक्ष्मी' और आज 'नन्दा'। उपासक श्रीचक्र मेरु के नाम से इसकी साधना करते रहे। पृथ्वी से नन्दा तक उपासना के चार युग समाप्त हो गए और उसके साथ ही वैदिककाल से दसवीं सदी तक का पिथौरागढ़ का इतिहास भी लुप्त हो गया।

पिथौरागढ़ के खोए इतिहास की पहली ढूँढ़-खोज एक अंग्रेज़ ने की। पटवारी-पेशकारों से कराई गई खोजबीन के परिणामस्वरूप एटकिंसन ने 1882 से 1885 के बीच हिमालयन गजेटियर के तीन खंड प्रकाशित किए। इस ग्रन्थ के लेखक को पिथौरागढ़ के लोगों ने बिलकुल सहयोग नहीं दिया। लोग अंग्रेज़ों की कुली बेगार और वन नीति से नाराज थे, मुकदमे दायर कर सरकारी कर्मचारियों को तंग कर रहे थे। भारतीपाल का घुंसेरा-ताम्रपत्र (1394 ई.), ज्ञान चन्द और विजय बम का सेलोनी ताम्रपत्र (1420 ई.), प्रताप वर्मा का छाना ताम्रपत्र (1458 ई.) भारतीचन्द का तोली-ताम्रपत्र (1451 ई.) और कल्याणचन्द का कुमौड़-ताम्रपत्र (1563 ई.) ज्ञात न होने से एटकिंसन का कुमाऊँ का इतिहास महज एक औपनिवेशिक भड़ास मात्र है। वह पिथौरागढ़ के संस्थापक राजा पिथौराशाही का नाम भी नहीं जानता था। 1398 ई. में मेरठ से हरिद्वार की ओर बढ़ रही समरकन्द के शहंशाह तैमूर लंग की विश्वविजयी सेना को रुड़की के पास पीरान कलियर के युद्ध में रोकने में सफलता पाकर पिथौराशाही हिमालय में पृथ्वीपाल के नाम से प्रसिद्ध हो गया। पिथौराशाही का पुत्र दुलाशाही और पौत्र मालूशाही पर्वतीय लोकगाथाओं के नायक

बन गए। पिथौराशाही की पत्नी जियारानी ने रानीखेत और रानीबाग बसाए। नैनीताल के नैनादेवी मन्दिर की स्थापना भी उसी ने की।

पिथौरागढ़ के बसने के आसपास के दो विवाह आज भी हिमालय के लोगों को याद हैं। ये दोनों विवाह 1398 से 1442 ई. के बीच सम्पन्न हुए थे। पहला विवाह था—पिथौराशाही की साली के बेटे हलराई का वनरौत जाति की लड़की कालिका से विवाह और दूसरा था पिथौराशाही के नाती मालूशाही का जोहार-दारमा के शासक शुनपति शौक की लड़की राजुला के साथ विवाह।

हरिद्वार के गुर्जरवंशी राजा अमरदेव पुण्डीर की सबसे छोटी लड़की कन्नारा मदकोट के समीप धूमाकोट के राजा झलराई को ब्याही थी। जब उसके बेटे हलराई ने काली नदी के बगड़ में शिकार खेलते समय वनरौत जाति की एक तेजस्वी लड़की कालिका को लड़ते हुए दो जंगली भैंसों को छुड़ाते देखा तो वह उसकी वीरता पर मुग्ध हो गया और उसे रानी बनाकर धूमाकोट ले आया। जब कालिका को बेटा हुआ तो कन्नारा ने एक लोहे की पेटी में बन्द कर नाती को गोरी नदी में फिंकवा दिया। नदी के प्रवाह में उछालें खाती वह पेटी मछली पकड़ रहे भीना धीवर के जाल में फँस गई। गोरी नदी से मिलने के कारण भीना ने उसका नाम रख दिया गोरिया। बचपन में गोरीफाट के जंगलों में पशुओं को चराने के कारण वह ग्वाल ज्यू कहलाया। जंगली भैसों को छुड़ा लेने वाली कालिका का वीर बेटा गोरिल के नाम से भी प्रसिद्ध हुआ।

कत्यूरी-राज्य बारह रजवारों का एक ढीला-ढाला संगठन था। बैजनाथ (अल्मोड़ा) के समीप रणचूलाकोट में महाराजाधिराज का पद वंशानुगत नहीं था, उसमें चुनाव होता था। चुनाव के बाद रजवार नाम बदल दिया जाता था। खैरागढ़ (आधुनिक कालागढ़ बाँध के समीप) का पिथौराशाही प्रीतमदेव के नाम से और उसका बेटा दुलाशाही धामदेव के नाम से महाराजाधिराज बने। धामदेव ने बिजनौर में धामपुर नगर बसाया। गोरिल ने धामदेव से अपने पिता के राज्य में हिस्सा माँगा। गोरिल के दोनों मामा—हरु और सैम ने भी उसे राज्य में हिस्सा दिलाने के लिए प्रयास किए। कत्यूरियों ने छिपुलाकोट में सैम को कैद कर दिया, भनारीकोट में गोरिल को मरवा दिया।

धामदेव के बेटे मालूशाही ने जब राजुला शौक्याण से विवाह किया तो कत्यूरी-साम्राज्य के कट्टरपन्थी राजुला को रानी मानने के लिए तैयार नहीं हुए। इसी कारण धामदेव के बाद लखनपुर के राजा ब्रह्मदेव को महराजाधिराज बनाया

गया। उसका नाम वीरदेव रखा गया। टनकपुर के समीप नेपाल में ब्रह्मदेव मण्डी इसी राजा ने बसाई थी। मालूशाही को वैराट (चौखुटिया-अल्मोड़ा) की जागीर से ही सन्तुष्ट होना पड़ा। वैराट में मालूशाही के बाद उसके बेटे मल्योहीत और पौत्र हरूहीत ने शासन किया।

कत्यूर की गद्दी पर ब्रह्मदेव के चुनाव को चम्पावत के राजा विक्रमचन्द ने चुनौती दी। बाराकोट विकासखंड के गाँवों में खेती की गुड़ाई के समय हुड़का बजाकर चम्पावत के चन्द राजाओं के कटकु (कटक सेना के गीत) और भड़ै (भड़ अर्थात पहलवान के गीत) गाए जाते हैं। एक कटकु में ब्रह्मदेव और विक्रम चन्द के युद्ध का वर्णन है। यह कटकु रानीखेत तहसील में पाली पछाऊँ के गाँवों में भी प्रचलित है। हाल ही में विक्रमचन्द के 1442 ई. के बगौली-शिलालेख का पता चला है जिससे चम्पावत के चन्द राजवंश के तिथिक्रम को जानने में बड़ी सहायता मिली है। विक्रम चन्द 1420 से 1442 ई. तक चम्पावत में शासन कर रहा था। वह अन्तिम कत्यूरी राजा ब्रह्मदेव और वैराट के राजा मालूशाही का समकालीन था। अभी तक एटकिंसन शैली के लेखकों की पुस्तक में राजा भारतीचन्द का राज्यकाल 1437 से 1450 ई. दिया है लेकिन 1442 ई. के बगौली-शिलालेख से यह स्पष्ट है कि भारतीचन्द 1442 ई. तक गद्दी में नहीं था। भारतीचन्द का अभी तक पहला ज्ञात ताम्रपत्र 1444 ई. का मढ़ ताम्रपत्र (गुमदशे का ताम्रपत्र) है। पिथौरागढ़ के समीप हुड़ेती और तोली गाँव में भारतीचन्द के 1451 ई. के ताम्रपत्र मिले हैं। रौलमेल से भारतीचन्द का 1452 ई. का ताम्रपत्र मिला है इसके कुछ समय बाद ही प्रताप वर्मा ने भारतीचन्द और उसके पुत्र रत्नचन्द को परास्त कर बारह वर्ष के लिए चन्दों को चम्पावत से भगा दिया।

थल के समीप बत्यूली गाँव से संसारमल्ल का 1442 ई. ताम्रपत्र मिला है जिसमें उसे महाराजाधिराज कहा गया है और बयालीस राई स्तर के राजाओं द्वारा उसके चुने जाने की पुष्टि की गई है। इस ताम्रपत्र के आधार पर यह कहा जा सकता है कि अस्कोट से प्राप्त कत्यूरी राजाओं की वंशावली में वर्णित-आसन्तिदेव से ब्रह्मदेव तक के राजाओं का शासन 1442 ई. में समाप्त हो गया और उसके स्थान पर डीडीहाट के समीप सीराकोट के मल्ल राजवंश ने उत्तराखंड पर अधिकार कर लिया।

चन्दों में कल्याणचन्द पहला राजा है जिसने महाराजाधिराज की उपाधि धारण की। भेटा (बीसा बजेड़) के 1545 ई. के ताम्रपत्र में कल्याणचन्द ने अपने पिता

भीष्मचन्द द्वारा भेटा में दी गई जमीन का उल्लेख किया है। इस ताम्रपत्र से स्पष्ट है कि 1545 ई. में चम्पावत का राजा भीष्मचन्द मर चुका था। एटकिंसन का यह लिखना कि चम्पावत के राजा भीष्मचन्द ने 1560 ई. में अल्मोड़ा नगर बसाया, सम्भव नहीं जान पड़ता।

कुमौड़ में अर्जुन सिंह महर के पास सोर गर्खा (आधुनिक परगना के समान) के सरकारी कागजात सुरक्षित हैं। इनमें कल्याणचन्द का 1563 ई. का, विजैचन्द का 1623 ई. का त्रिमलचन्द का 1628 ई. का लेख विशेष उल्लेखनीय है। अल्मोड़ा में राजा विजैचन्द की हत्या 1623 ई. के बाद हुई होगी। इस हत्या में सोर (पिथौरागढ़) के पीरु गुसाईं, शकराम कार्की और विनायक भट्ट का हाथ होने से राजा त्रिमलचन्द ने इन तीनों को दंड दिया। पीरु गुसाईं का उल्लेख कुमौड़ के पत्रों में आया है, वह बिण में रहता था। उसी की जगह बाद में कुमौड़, बिण, चैसर और जाखिनी के महरों को मिली। विनायक भट्ट ऐंचोली के समीप पनेर भट्यूड़ गाँव में रहता था। वर्तमान गांधी-ग्राम भट्यूड़ा में एक वीरान टीले को विनायक भट्ट का कोट कहते हैं। बाद में यह गाँव पनेरू जाति को दे दिया गया इसीलिए पनेर भट्यूड़ा नाम प्रचलित हुआ। उद्योतचन्द के रामेश्वर-ताम्रपत्र में गणेश पनेरू नाम मिलता है। इस गाँव के अन्तिम व्यक्ति राधा पनेरू का पुत्र नहीं था।

कार्की छाना गाँव में रहते थे। बाजबहादुरचन्द के समय पिथौरागढ़ में नया भूमि प्रबन्ध हुआ। उसने नेपाल के सोराड़ (बैतड़ी) से खड़कु गुसाईं को पिथौरागढ़ में बसाकर नेपाल से कई जातियाँ पिथौरागढ़ के आसपास के गाँवों में बसा दीं। बाजबहादुरचन्द के बुंगा ताम्रपत्र में पिथौरागढ़ की एक स्थानीय पंचायत का उल्लेख है। जिसके नौ सदस्य होते थे। यह सभा थरकोट के समीप कचुलिगाड़ में बैठती थी। इसी के पास हाट नामक गाँव में पहले बाज़ार थी। आज केवल एक नौला शेष है जो ब्रह्मवंश की राजधानी सोर की स्मृति जीवित किए है।

स्थानीय इतिहास में तिथि-क्रम न होने से उसे राष्ट्रीय इतिहास से जोड़ना कठिन हो जाता है। 1916 ई. में पिथौरागढ़ में एक भयंकर भूकम्प आया जिसमें रामेश्वर मन्दिर, उसके धर्मशाले और गौशाला नष्ट हो गए। इसी तरह के भूकम्पों में तपस्यूड़ का जटेश्वर मन्दिर, कासिनी और मरसोली के नारायण मन्दिर, कुमौड़ का सूर्य मन्दिर और पित्रौटा के लक्ष्मी-नारायण मन्दिर भी ध्वस्त हुए होंगे। कासिनी में मूल मन्दिर नष्ट हो चुका है। उसके सहायक के रूप में बने एक मन्दिर में विष्णु की दशावतार से युक्त चतुर्भुज मूर्ति चमोली गढ़वाल के आदिबदरी मन्दिर

की मूर्ति की प्रतिकृति लगती है। ये मूर्तियाँ तेरहवीं-चौदहवीं शताब्दी की मानी गई हैं। यही समय कत्यूरी राजा पिथौराशाही का भी है।

एटकिंसन ने चम्पावत में कार्तिकेयपुर के राजा देशटदेव के ताम्रपत्र का उल्लेख किया है जिसके पृष्ठ भाग में क्राचल्लदेव का 1223 ई. का लेख था। यह ताम्रपत्र चम्पावत में आज उपलब्ध नहीं है। इसी तरह मानसखंड में चम्पावत के बालेश्वर मन्दिर के समीप एक बौद्ध तीर्थ का उल्लेख है लेकिन आज इस बौद्ध तीर्थ के प्रमाण भी लुप्त हो चुके हैं। इस उल्लेख से यह प्रतीत होता है कि बौद्ध धर्म के प्रवर्तक गौतम बुद्ध धर्मप्रचार के लिए चम्पावत में आए होंगे। हीनयान बौद्धों ने बुद्ध की उपस्थिति हाथी के द्वारा अंकित की है। बालेश्वर मन्दिर की दीवार पर किलोल करते हाथी अंकित हैं। *सौन्दर्यानन्द* महाकाव्य में अश्वघोष ने बुद्ध और उसके भाई नन्द का हिमवत में जाने और वहाँ किरातों को देखने का उल्लेख किया है। क्राचल्लदेव भी अपने को बौद्ध कहता है। उसने चम्पावत में इसी कारण भूमिदान किया होगा। क्राचल्लदेव के उत्तराधिकारी अशोकचल्ल (1253 से 1273 ई.) के समय कुमाऊँ के राजा पुरुषोत्तम सिंह ने बोधगया के पुनर्निर्माण का प्रयास किया। उसी क्रम में बाद में चन्द राजाओं ने काशी, पुष्कर, गया, मथुरा, प्रयाग आदि में धर्मशाला बनाकर कुमाउँनी पंछे बसाए और मध्यकाल में तीर्थयात्रा को सुव्यवस्थित किया। इन सभी कार्यों का विवरण स्थानीय इतिहास और राष्ट्रीय इतिहास के बीच एक सेतु बनाता है।

अतीत के स्वर

अयोध्या के राजा मान्धाता ने जब पहाड़ी गुफाओं और जल-स्रोतों से मिलाकर कैलास-मानसरोवर के लिए रास्ता बनवाया तो सुकौली की गुफा से घुंसेरा की गुफा तक के मार्ग में वह समतल भूमि भी आ गई जिसमें आज राजकीय स्नातकोत्तर महाविद्यालय पिथौरागढ़ का भवन और छात्रावास स्थित हैं। उत्तर में बजेटी, पूर्व में पांडेगाँव, पश्चिम में हुड़ेती और दक्षिण में टकाड़ी गाँव से लगी इस भूमि को 1961 ई. तक घुड़साल कहा जाता था और पांडेगाँव की गायें यहाँ पर दिनभर चरती रहती थीं।

तिब्बत पर चीन के कब्जे के समय सुकौली में एक कठपतिया था। मान्धाता सतयुग का राजा था, जिसे आज इतिहास में ऋग्वैदिक युग कहा जाता है। साकल्य

और याज्ञवल्क्य उपनिषद-काल के ऋषि हैं। उस युग को भारतीय इतिहास में उत्तरवैदिक काल कहा जाता है। ये तीनों अपनी कैलास-यात्रा के समय उस भूमि से गुजरे हैं, जहाँ आज महाविद्यालय है।

पिथौरागढ़ में ब्रिटिश शासनकाल (1815 से 1947) में कैलास के तीर्थयात्री रामेश्वर में इकट्ठा होते थे और संन्यासियों के नेतृत्व में आगे बढ़ते थे। सरयू और रामगंगा के संगम पर स्थित रामेश्वर के समीप बौतड़ी गाँव में रामपौड़ी के समीप ऋषि वशिष्ठ का आश्रम था। बौतड़ी, खुटी और सेरा गाँवों की उर्वर भूमि में स्थित वशिष्ठ आश्रम में अयोध्या के राजकुमारों को शास्त्र और शस्त्र की शिक्षा दी जाती थी और तीर्थयात्रियों को भोग के अन्तर्गत एक बार का भोजन नि:शुल्क मिलता था। यहाँ से तीर्थयात्री भारुड़ी, मेलडुंगरी, जाख, भीमपानी, अर्जुनेश्वर, किल्वेश्वर, नागगुफा के बाद सुकौली में पहुँचते थे और सोर की आकर्षक घाटी को देखकर प्रसन्न हो जाते थे। सोर शब्द अल्मोड़ा संग्रहालय में सुरक्षित पाँचवी सदी के तालेश्वर-ताम्रपत्र में सबसे पहले मिला है। उसमें सोर क्षेत्र के अन्तर्गत तीन गाँव सदावर्त के लिए दान में दिए जाने का उल्लेख है। सोर के लिए 'शोर' और 'शोरदेश' शब्दों का भी प्रयोग मिलता है।

प्राचीन भारत में छोटे गणराज्य होते थे, जिनका क्षेत्र आधुनिक पट्टियों तक सीमित था। कुलों का समूह गण कहलाता था। कुल का एक पर्यायवाची शब्द गोत्र है। गण की अपनी एक सभा होती थी जिसमें प्रत्येक कुल अथवा गोत्र से तीन अथवा पाँच सदस्य प्रवर के रूप में बैठते थे। बैजनाथ कार्तिकेयपुर के समय (आठवीं से दसवीं सदी) इस सभा को अधिष्ठान कहते थे और उसमें अट्ठारह सदस्य होते थे। उसी समय पूर्णागिरी से ताकलाकोट तक तीर्थयात्रियों की सुरक्षा के लिए मार्ग में जगह-जगह पहाड़ी टीलों के शीर्ष में समतल कर वहाँ कोट्टपाल के लिए जगह बनाई गई। डिग्री कॉलेज के पूर्व में स्थित पपदेव गाँव का उच्चाकोट उसी युग की देन है। कत्यूरी युग में धानिक जाति उच्चाकोट में रहती थी।

इतिहास का एक महत्त्वपूर्ण सिद्धान्त है—प्रतिसर्ग अर्थात दोबारा निर्माण। आज सुकौली में तिब्बती लामाओं ने भव्य गोम्पा का निर्माण किया है, जिसमें पीले रंग की बुद्ध और उनके शिष्य सारिपुत्त एवं मोद्गलायन की सुन्दर मूर्तियाँ स्थापित हैं। गोम्पा पहाड़ी भाषा में बौद्ध बिहार को कहा जाता है। पिथौरागढ़ में पहले दारमा के दर नामक स्थान पर ही गोम्पा था, जिसके शिलालेख अब खंडित हो गए हैं। दर में गरमपानी का स्रोत है। *मानसखंड* में वहाँ पर धर्माश्रम बताया गया है,

जिससे दारमा शब्द निकलता है। दर की तरह काली नदी के उद्गम स्थल में भी गरमपानी का स्रोत है। वहाँ पर व्यास ऋषि का आश्रम होने से व्यास क्षेत्र का नाम प्रचलित हुआ। जिस तरह वैदिक ऋषि कैलास को जाते थे, उसी तरह गौतम बुद्ध और उनके अनुयायी बौद्ध भिक्षु भी इस क्षेत्र से गुजरे होंगे। पिथौरागढ़ में वर्षा के समय भाटकोट की पहाड़ी से दोनों ओर काले और लाल रंग की मिट्टी के बर्तनों के टुकड़े बहते रहते हैं। अमरावती के प्रसिद्ध बौद्ध स्तूप के चारों ओर से भी ऐसे ही मृद्भाण्ड मिले हैं, जिन्हें वहाँ के संग्रहालय में रखा गया है। इससे स्पष्ट है कि भाटकोट में कभी बौद्ध भिक्षु रहे, जिनके द्वारा प्रयुक्त मिट्टी के बर्तनों के अवशेष चारों ओर बहते रहते हैं। इन मृद्भाण्डों के कुछ नमूने डिग्री कॉलेज के इतिहास विभाग के संग्रहालय में रखे हैं और कुछ बिण में नवनिर्मित राजकीय संग्रहालय को दे दिए हैं। मैंने इन मृद्भाण्डों की कार्बन डेटिंग के लिए अपने शोध छात्र डॉ. चन्द्र सिंह चौहान के द्वारा कुछ नमूने दिल्ली के राष्ट्रीय संग्रहालय में भिजवाए, तो पता चला कि भाटकोट में द्वितीय सदी ई.पू. से चौदहवीं सदी ई. के बर्तन थे। सुकौली, पांडेगाँव, कासनी और मर्सोली की विष्णु मूर्तियों में सुदर्शन चक्र को अँगुली में दिखाने के बजाय बुद्ध के धर्मचक्र की तरह मुट्ठी में पकड़ा हुआ दिखाया गया है। सारनाथ की गुप्तकालीन बुद्ध प्रतिमा की तरह कासनी की विष्णु मूर्ति में शीर्ष में किन्नर-मिथुन, मध्य में ड्रेगन और नीचे उपासक-उपासिकाएँ उत्कीर्ण हैं। गंगोलीहाट में जाह्नवी नौले के समीप की विष्णु मूर्ति में घुँघराले बालों वाले आसनस्थ बुद्ध अंकित हैं। भाटकोट से घास काटने वाली एक महिला को बलुवा पत्थर का कीर्तिमुख मिला, जिसमें दोनों ओर से अमृतघट में चोंच डाले गरुड़ का अंकन है। पिथौरागढ़ के कई गाँवों में काले रंग के पत्थर पाए जाते हैं, जिसमें कत्यूरी शैली की मूर्तियाँ बनी हैं। लेकिन भरहुत और सेनापानी के शुंगकालीन बौद्ध स्तूपों में प्रयुक्त भाटकोट के कीर्तिमुख का बलुवा पत्थर सभी में नहीं पाया जाता, यह बाहर से यहाँ लाया गया है।

बौद्ध भिक्षुओं के बाद नाथपन्थ के प्रवर्त्तक गुरु गोरखनाथ यहाँ पहुँचे और पपदेव गाँव में उन्होंने अपना आश्रम स्थापित किया। इस आश्रम का इतिहास गोरंग क्षेत्र में प्रचलित घरपाल जोगियों के जागर में विस्तार से गाया जाता है। गोरखनाथ के सम्बन्ध में यह धारणा है कि 57 ई.पू. में विक्रम संवत को चलाने वाले विक्रमादित्य के बड़े भाई भर्तृहरि को उन्होंने नाथपन्थ में दीक्षा दी थी। भर्तृहरि मालवा के राजा थे, लेकिन पत्नी पिंगला की मृत्यु से दुखी होकर उन्होंने जोग ले

लिया। पपदेव के एक खेत में छठी सदी की एक यक्षिणी की प्रतिमा मिली थी, जिसमें जूड़े का अंकन विशेष ध्यान देने योग्य है। भाटकोट के कीर्तिमुख की तरह यह यक्षिणी की मूर्ति भी अब विण के राजकीय संग्रहालय में है।

प्राचीन भारत में इतिहास को पाँचवाँ वेद कहा जाता था। वेद का शाब्दिक अर्थ है जानने योग्य। वेद की दो विशेषताएँ हैं—'श्रुति' और 'संहिता'। रामेश्वर के वशिष्ठाश्रम में वशिष्ठ ऋषि द्वारा जिन ऋचाओं का निर्माण किया गया, उन्हें कई पीढ़ी तक आश्रमवासी मौखिक रूप में कान से सुनकर याद कर लेते थे। यही श्रुति है। सतयुग, त्रेता और द्वापर तक मौखिक रूप में प्रचलित वशिष्ठ ऋषि द्वारा निर्मित ऋचाओं को 3102 ई.पू. से चलने वाले कलि संवत के समय व्यास ऋषि ने अपने शिष्यों के साथ आकर संकलित किया तो यह प्रक्रिया संहिता कहलाई। इस परम्परा को आधुनिक परिप्रेक्ष्य में *ढोलसागर* के लेखक खेकदास और *गोरिल के जागर* के लेखक धरमदास के सम्बन्ध में आसानी से समझा जा सकता है। 1398 ई. में हरिद्वार की ओर बढ़ रही समरकन्द के सुल्तान तैमूरलंग की सेना को कत्यूरी राजा धामदेव ने रुड़की के पास पीरान कलियर में रोक दिया, कश्मीरी विद्वान खेकदास ने धामदेव की विजय पर पहाड़ी भाषा में जो जागतू नाम से वीरगाथा बनाई, उसे कुमाऊँ-गढ़वाल के ढोलवादक कत्यूरी जागर के रूप में पीढ़ी-दर-पीढ़ी मौखिक रूप से सुनाते रहे। यही 'श्रुति' है। आधुनिक काल में डॉ. रणवीर सिंह चौहान, डॉ. यशवन्त सिंह कठोच, डॉ. प्रयाग जोशी, डॉ. गोविन्द चातक आदि ने लोकगायकों से संकलित करवाकर जो कत्यूरी गाथाएँ छपवाई हैं, वे संहिता परम्परा के अन्तर्गत आती हैं। वेद की तरह इतिहास भी एक कठिन विषय रहा है।

कैलास-मानसरोवर यात्रा-पथ के झरोखे से पिथौरागढ़ जिले का इतिहास

पंडित बदरीदत्त पांडे ने अपनी पुस्तक, कुमाऊँ का इतिहास (1937 ई.) के प्रारम्भ में कैलास पर्वत की फोटो प्रकाशित कर यह स्पष्ट किया है कि कुमाऊँ की युग-युगीन संस्कृति और इतिहास का केन्द्र बिन्दु कैलास पर्वत रहा है। टनकपुर से लिपूलेख तक कैलास का यात्रापथ पिथौरागढ़ जिले के अन्तर्गत होने से इस जिले के इतिहास को कैलास के यात्रापथ का इतिहास कहा जाए तो गलत नहीं होगा। सभ्यता के शैशवकाल में कैलास के यात्रियों के लिए जो पान्थशालाएँ बनीं, उन्हीं से इस जिले के कई ग्राम उभरे हैं। भारत के विविध भागों से कैलास की यात्रा के लिए आने वाले कई पर्यटक पर्वतीय भूमि के आकर्षण के कारण यहीं बस गए। पर्वतीय शासकों ने यात्रियों की सुविधा के लिए भी कई लोगों को बाहर से लाकर इस क्षेत्र में बसाया, मार्ग को आकर्षक बनाने के लिए स्थान-स्थान पर मन्दिर, मूर्तियाँ, नौले, धर्मशालाएँ आदि बनवाए। *स्कन्दपुराण* के अन्तर्गत *मानसखंड* नामक संस्कृत भाषा पुस्तक में कैलास के यात्रापथ पर स्थित स्मारकों का विस्तृत विवरण सुरक्षित है।

पश्चिमी तिब्बत का हिमाच्छादित पर्वत कैलास, उसके पार्श्ववर्त्ती तालाब-मानसरोवर और राकसताल की भूमि भारतीय संस्कृति के चर्चित देवता शिव का मूल निवास स्थान मानी जाती है। शिव पशुपति और लिंग के रूप में हड़प्पाकालीन नगरों में प्रतिष्ठित थे और रुद्र के रूप में ऋग्वेद में वर्णित हैं। साहित्य में उसके किरात रूप की चर्चा है। बाघम्बर पहनना, कैलास की गुफा में रहना, बैल की सवारी आदि के किस्सों के साथ उसे अनादि (जिसके मूल का पता न हो) कहा जाना यह संकेत करते हैं कि वह पाषाण युग में जंगलों में विचरण करने वाले लोगों के देवता थे और पाषाणकालीन सभ्यता के विकास के साथ-साथ सारे भारत में यह

लोकप्रिय हो गए। युगों की धार्मिक उथल-पुथल के बावजूद आज भी पिथौरागढ़ जिले में मन्दिरों में सबसे अधिक संख्या शिवमन्दिरों की है। पिथौरागढ़ के शैव मन्दिरों में बालेश्वर, पातालभुवनेश्वर, रामेश्वर, पंचेश्वर, तालेश्वर, थलकेदार, पुंगेश्वर, हटकेश्वर, खंडेनाथ, अर्जुनेश्वर, चटकेश्वर, नकुलेश्वर, बिल्वेश्वर आदि विशेष उल्लेखनीय हैं। प्रतिवर्ष फाल्गुन मास की चतुर्दशी को शिवरात्रि के रूप में इन मन्दिरों में मेले लगते हैं। थल के बालेश्वर मन्दिर, सरयू रामगंगा के संगम पर स्थित रामेश्वर मन्दिर और गुमदेश के पंचेश्वर मन्दिर में प्रतिवर्ष उत्तरायणी के दिन भी मेले लगते हैं। 1960 ई. से पूर्व तक ये मेले ग्रामीण अर्थव्यवस्था से जुड़े हुए थे। मेलों में स्थानीय फल, दूध, दही, घी, कृषि के औजार तथा अन्न और पशुओं का व्यापार होता था। चन्द्रवंशी राजाओं ने इन मन्दिरों की व्यवस्था के लिए कई गाँवों की जागीरें बाँध रखी थी। पिथौरागढ़ जिले के मन्दिरों में सबसे अधिक लेख चम्पावत के बालेश्वर मन्दिर में हैं। चम्पावत को संस्कृत में चम्पावती, हिंदी में चम्पावत और पहाड़ी भाषा में चम्फावत लिखा जाता था। यह नाग, खष और कत्यूर तीन राजवंशों की राजधानी रही है। पुराणों के अनुसार चम्पावत में नागवंश के नौ राजाओं ने शासन किया था—नवनागास्तु भोक्ष्यन्ते पुरिं चम्पावतिम् नृपः। नागों की कुलदेवी, चम्पावती का मन्दिर आज भी बालेश्वर के समीप मौजूद है। बालेश्वर मन्दिर के अहाते में एक सर्प मूर्ति में नाग को कुत्ते और मुर्गी पर आसीन दिखाया गया है। नाग जाति अपना मूल पुरुष शिव के वाहन नन्दी को मानती थी। इसी कारण नागों को नन्दी वंश का माना जाता था। आदि पूर्वज नन्दी द्वारा शिव को वहन करने की परम्परा के अनुरूप नाग जाति के लोग अपने शरीर पर ताबीज की तरह एक छोटा-सा शिवलिंग धारण करते थे। इस कारण इन्हें भारशिव भी कहा जाता था। इन्द्रनन्दी, जीवनाग, मजूनन्दी आदि नागों के कुमाऊँ में होने का पता शिलालेखों से चलता है। शिवमन्दिरों, शिवमूर्तियों और नागों के सिक्कों पर नन्दी को वृष (बैल) की आकृति का अंकित किया जाता है। नागों में गणतांत्रिक परम्परा थी। नागों के आठ कुलों को मिलाकर वृषगण की स्थापना की गई थी।

पिथौरागढ़ जिले में चर्चित पाताल भुवनेश्वर गंगोलीहाट से लगभग 10 किलोमीटर की दूरी पर स्थित है। पहले यहाँ तक पैदल मार्ग ही था। अब बेरीनाग-गंगोलीहाट मोटर मार्ग में गुप्तड़ी से पाताल भुवनेश्वर तक जीप जाने लायक मार्ग बन गया है। *मानसखंड* के अनुसार, प्राचीनकाल में पाताल भुवनेश्वर कैलास के यात्रापथ पर स्थित था। मोटर सड़कों के बनने से पूर्व कैलास के लिए तीन चर्चित पैदल मार्ग थे—

टनकपुर की ओर से आने वाले यात्री पूर्णागिरि, चम्पावत, रामेश्वर, पिथौरागढ़, कनालीछीना आदि होकर अस्कोट पहुँचते थे।

रानीबाग (हल्द्वानी के समीप) की ओर से अल्मोड़ा आने वाले यात्री जागेश्वर, गंगोलीहाट, पातालभुवनेश्वर, बेरीनाग, थल आदि होकर अस्कोट पहुँचते थे।

अल्मोड़ा से बमसर, ब्रह्मकुंड, गरुड़, बैजनाथ, बागेश्वर से थल होकर अस्कोट पहुँचते थे।

पातालभुवनेश्वर पृथ्वी के अन्दर एक विशाल प्राकृतिक सुरंग है। चूने का पहाड़ होने से इसमें तरह-तरह की आकृतियाँ बनीं हैं। जिनके साथ स्थानीय दन्तकथाओं की भरमार है। सुरंग के विवरों का अन्त ही नहीं, कोई मार्ग काशी तक जाता है तो कोई रामगंगा के किनारे पहुँचता है। अंग्रेज़ी शासनकाल में स्वास्थ्य विभाग के बदरीदत्त जोशी ने पेट्रोमैक्स गैस ले जाकर झंडियाँ लगवाकर इस गुफा के अन्त का पता करने का प्रयास किया था लेकिन पाताल अपने नाम को सार्थक बनाए रखने में सफल रहा। मानसखंड में इस पाताल का विस्तृत विवरण होना तथा भुनसर गाँव के पुरातत्त्व के आधार पर यह मानना पड़ेगा कि आज से एक हजार वर्ष पहले भी इसकी वही स्थिति थी जो आज है। भुनसर गाँव में वृद्ध भुवनेश्वर नामक स्थान पर दो प्राचीन मन्दिर हैं। प्रांगण में कई मन्दिरों के खंडहर, चार मंडप तथा एक कुंड हैं। एक मन्दिर शिव का और दूसरा शक्ति का है। शिव मन्दिर के अन्दर अनेक भव्य एवं प्राचीन मूर्तियाँ हैं। इस मन्दिर के प्रथम कक्ष में दो आदमकद मूर्तियाँ हैं जिनमें मूछें, कमर पर छोटे तेग और दाहिने हाथ में तलवार होने से ये द्वारपालों की मूर्तियाँ प्रतीत होती हैं। प्रांगण में कई स्तम्भ विकीरित हैं जिनमें नागरी लिपि में अनेक लेख हैं। इन लेखों से ज्ञात होता है कि भुवनेश्वर का निर्माण सुत्रलाषदेव, महादेव, बागदेव आदि सामन्तों ने करवाया था। ऐसी सम्भावना भी है कि पाताल का अस्तित्व प्राचीनकाल में ताँबे की खान के कारण आया हो। इसके समीप रैंआगर में भी ब्रिटिश शासनकाल तक ताँबे की खान थी। खान के कर्मचारी आगरी कहलाते थे, जिनके वंशज आज भी इस क्षेत्र में पाए जाते हैं। आज ताम्र उद्योग से सम्बन्धित जातियों को निम्न वर्ग के अन्तर्गत रखा गया है, लेकिन मल्ला गंगोली से प्राप्त मणिकोटी राजा पृथ्वीचन्द के अठिगाँव ताम्रपत्र से ज्ञात होता है कि उसने शाके 1532 (1690 ई.) में विशु उपाध्याय नामक ब्राह्मण को ताम्र उद्योग (तमोटा कि हुनि दिनी) के लिए एक गाँव दान दिया था। 17वीं सदी की कुमाउँनी भाषा का तमोटा शब्द ही आज टम्टा शब्द में परिवर्तित हो गया है। आज पिथौरागढ़ में

प्रचलित लोकभाषा को मध्यकालीन कुमाउँनी भाषा का अपभ्रंश मानना चाहिए। पिथौरागढ़ जिले में चम्पावत के चन्द, सोर के बम, अस्कोट के पाल, सीरा के मल्ल और गंगोली के मणिकोटी राजाओं के अभिलेखों में जो भाषा प्रचलित है, उसमें पर्याप्त अन्तर आ चुका था। जैसे—अभिलेखकों के राउत्र शब्द को अब रौत, पशाक को पशक, बोहरों को बोरा, हुडेठि को हुड़ेती आदि कहते हैं।

पाताल भुवनेश्वर के समीपस्थ कोटेश्वर और बेरीनाग नागपूजा के स्थल हैं। गंगोली में कालीनाग, पिंगलनाग, धौलनाग, फेनीनाग, खरहरिनाग और अठगुलीनाग के थान हैं। पिथौरागढ़ के समीप पगन्ना गाँव में भी नाग का थान है। उद्यान विभाग की नर्सरी के नीचे पातालभुवनेश्वर की तरह ही एक नाग लोक है, जिसका पता कुछ समय पूर्व लगा है।

इस चर्चा से ऐसा लगता है कि कैलास के यात्रापथ की पहली रेखा पाषाणकालीन गुफावासी मानव ने खींची थी और नाग जाति ने उसको रोचक बनाने का प्रयास किया। प्रख्यात इतिहासकार पार्जीटर की धारणा है कि आर्य जाति का मूल निवास स्थान उत्तर कुरु अर्थात कैलास पर्वत से लगी उत्तरी भूमि थी। ऐसी स्थिति में उत्तर कुरु से अयोध्या की ओर प्रव्रजन करते हुए सूर्यवंशी क्षत्रियों के मूल पूर्वज काली और सरयू के तटवर्ती मार्ग से दक्षिण की ओर गए होंगे। महाभारत के अनुसार किरात और खष कैलास के इर्द-गिर्द घूमते थे और वहाँ के वनों से औषधियाँ, शहद, चँवर, पवित्र जल आदि एकत्र कर उसका व्यापार करते थे। किरातों के वंशज आज भी रौत, राजी और रंङ समूहों में विभक्त हैं और जिला पिथौरागढ़ के सबसे प्राचीन निवासी माने जाते हैं। ऊपर की ओर से आने वाली जातियों में शौक, भौट्ट और हूण भी कालान्तर में इस भूमि में आकर यहाँ के स्थायी निवासी बन गए। इन लौकिक जातियों के अतिरिक्त कैलास से गन्धर्व, यक्ष, किन्नर, सिद्ध, गुह्यक, पिशाच किम्पुरुष आदि अलौकिक जातियों का भी सम्बन्ध रहा है, जिन्हें प्राचीन भारतीय साहित्य के निर्माता जानते थे।

व्यास के *महाभारत* से लेकर गोस्वामी तुलसीदास के *रामचरितमानस* तक भारतीय वाङ्मय की हजारों पुस्तकों में कैलास और उसके यात्रापथ का जिक्र आया है। तुलसी ने इस लम्बे पथ को पार करते समय मार्ग में प्राचीन इतिहास की चर्चा को उपयोगी मानते हुए लिखा है—

बरनत पन्थ विविध इतिहासा।
विस्वनाथ पहुँचे कैलासा।

2

पदयात्रा के युग में हर चार मील के बाद एक ऐतिहासिक स्मारक मिल जाता था। उसे देखते ही तरह-तरह के प्रश्न उभरने लगते थे। 1960 ई. में चीन पर तिब्बत का प्रभुत्व हो जाने के बाद पैदल मार्ग के स्मारक और धर्मशाले निर्जन होने लगे और आज उनके अन्तिम चिह्न भी मिटने लग गए हैं। रामेश्वर से पिथौरागढ़ तक का पैदल मार्ग पहले भारुड़ी होकर जाता था। भारुड़ी को प्राचीन भारद्वाज आश्रम बताया जाता है। यह सम्भावना हो सकती है कि प्रयाग के भारद्वाज ऋषि ने कैलास के यात्रापथ पर अपने अनुयायियों के लिए इस पान्थशाला का निर्माण करवाया हो। स्थानीय परम्परा के अनुसार त्रेतायुग में अयोध्या के राजा रामचन्द्र और द्वापरयुग में हस्तिनापुर के राजा युधिष्ठिर भारुड़ी के मार्ग से ही कैलास गए थे। राम की यात्रा के समय ही रामेश्वर की स्थापना की अनुश्रुति प्रचलित है। भारुड़ी से रोड़गूँ, हाट, थरकोट और ऐंचोली गाँवों से प्राचीन मार्ग गुजरता था। रोड़गूँ का भीमपानी और उसके शीर्ष की पहाड़ी पर अर्जुनेश्वर का मन्दिर आज भी पांडवों के इस मार्ग से गुजरने की कथा जीवित रखे है। कुन्ती माँ को प्यास लगने पर महाबली भीम ने धरती पर गदा के प्रहार से पानी निकाल दिया—यह किस्सा रोड़गूँ में कैलास के यात्रियों की कथाओं से जोड़ा जाए तो लाक्षागृह की आग से बचकर जब पाण्डव, अपनी माँ कुन्ती के साथ-साथ भटक रहे थे, उसी समय इधर से गुजरने की सम्भावना है, क्योंकि चम्पावत में आज भी भीमसेन की पत्नी हिडिम्बा और पुत्र घटोत्कच के मन्दिर हैं और उन्हें स्थानीय देवता के रूप में पूजा जाता है।

पिथौरागढ़ पर चन्द राजवंश के शासनकाल (1450 से 1790 ई.) में रामेश्वर शांकर सम्प्रदाय का मठ था। जाख के गुसाई अपने नाम के अन्त में 'गिरि' शब्द का प्रयोग करते हैं जो जगद्गुरु शंकराचार्य के अनुयायी दसनामी सम्प्रदाय का एक उपवर्ग है। चन्द राजाओं के साथ गुसाईं सम्प्रदाय का आदिपूर्वज झूसी गाँव से आया था। सोर, गंगोली और कुमूँ के प्रत्येक ग्रामीण परिवार से फसल के उपरान्त एक नाली (आज का ढाई किलो) अनाज एकत्र करने का गुसाइयों को अधिकार प्राप्त था। जाख के स्व. नरगिरि के घर में एक ताँबे की नाली अभी भी सुरक्षित है जिस पर अल्मोड़ा के चन्द्रवंशी राजा दीपचन्द का लेख उत्कीर्ण है। रामेश्वर मन्दिर के पुजारी मेलडुङरी गाँव के जोशी हैं। उनके पास भी चन्दों के दो ताम्रपत्र हैं। तब रामेश्वर के मन्दिर में प्रतिदिन भोग लगता था और कैलास के

यात्री नि:शुल्क भोजन पाते थे। खूटी के लोग रामगंगा के घटवार थे और यात्रियों को नदी पार कराने की जिम्मेदारी उन्हीं पर थी। रामेश्वर से भारुड़ी के मध्यवर्ती जंगल में च्यूर के पेड़ थे। यह पेड़ संस्कृत में इंगुदी कहा जाता था। च्यूर के घी और गुड़ का यात्रियों के लिए विशेष आकर्षण था। इस वन में मालू की पत्तियों से पत्तल और पूड़े बनाकर यात्रियों को उन्हीं में खिलाया जाता था। भारुड़ी की पान्थशाला के साथ चम्पावत के चन्द राजवंश की रानी ने वहाँ नौले का निर्माण करवाया और उसकी दीवार पर अपने निर्माणकार्य सम्बन्धी अभिलेख को अंकित करा दिया है। इसके अलावा स्व. जसुली शौक्याण ने कैलास के ही नहीं, अपितु कुमाऊँ के सभी मार्गों पर अठमोली (आठ दरवाजों वाला) धर्मशालाएँ बनवाई हैं। पिथौरागढ़ नगर के उत्तरी छोर पर रै की गुफा में, भारुड़ी और बाँस में शौक्याणी के अठमोली धर्मशाला के अवशेष आज भी सुरक्षित हैं।

कैलास के प्राचीन यात्रापथ पर सबसे उल्लेखनीय नौला है हाट गाँव का एकहथिया नौला। विशाल प्रस्तरखंडों को ऐसे काटा गया है जैसे आरी से चीरा गया हो। छत पर पानी की ओर ताकते विष्णु की मूर्तियाँ अपनी सुघड़ता के लिए पिथौरागढ़ की कला में सबसे श्रेष्ठ प्रतीत होती हैं। स्थानीय परम्परा के अनुसार कत्यूरी राजा ने अपनी रानी के स्नान के लिए यह नौला बनवाया था। जब कलाकार की कला पर मुग्ध होकर राजा ने उसे मुँह माँगा दान देना चाहा तो कलाकार ने उस रानी की ही माँग की जिसके लिए वह नौला बनवाया गया था। कलाकार की धृष्टता से क्रुद्ध शासक ने उसके दाहिने हाथ को कटवा दिया। तभी से वह कलाकार एकहथिया नाम से चर्चित हुआ। राजा कैलास को जा रहा था। जब कैलास से लौटते समय थल की राह पर चला तो उसे उसी कलाकार का एकहथिया, एकरतिया और एकढुंगिया मन्दिर दिखाई पड़ा। इसी कलाकार का बनाया एक नौला चम्पावत के दक्षिण-पश्चिमी छोर पर स्थित है। रामगंगा के तट पर चणिका का मन्दिर भी एकहथिया देवाल के नाम से चर्चित है। पिथौरागढ़ जिले के इस यशस्वी कलाकार की कहानी गाँवों में वृद्ध लोग बड़े रोचक ढंग से सुनाते हैं।

बलकोट और थरकोट गाँवों के बीच आज हाट एक छोटा-सा मुहल्ला मात्र रह गया है। कभी यह भारुड़ी के पश्चात सोर की चर्चित पान्थशाला थी। इन गाँवों में रहने वाले 70 से 80 वर्ष की आयु के बुजुर्ग बताते हैं कि उन्होंने कासिनी और मरसोली के लक्ष्मीनारायण मन्दिरों की तरह ही अपने बचपन में हाट में तीन कत्यूरी शैली के मन्दिर देखे थे। थरकोट की प्राथमिक पाठशाला शुरू हुई तो इन

मन्दिरों के पास की भूमि पाठशाला के लिए दे दी गई। बाद में मन्दिरों के खंडहर हो जाने से आसपास के गाँव वालों ने उनकी भूमि और मूर्तियों को आपस में बाँट लिया। थरकोट, बलकोट और विशाड़ के मन्दिरों में जो प्राचीन मूर्तियाँ हैं, वे इन्हीं मन्दिरों में थीं। विशाड़ का बिल्वेश्वर महादेव का मन्दिर, रामेश्वर और अर्जुनेश्वर के आधुनिक मन्दिर रतनगिरी नामक जोगी ने बनवाए थे। उसी समय हाट के मन्दिरों की लूट हुई होगी।

पिथौरागढ़ जिले में आज नाथपन्थ के अनुयायी रहते हैं। हर, सैम, गोरिल, देवी, चौमू, मोस्टा, छिपुला, घंटाकरण, घटकू, गंगनाथ, ऐड़ी, छुरमल आदि देवताओं के साथ यह विश्वास है कि वे किसी व्यक्ति की आत्मा में अवतरित हो सकते हैं। अग्नि प्रज्वलित कर रात्रि में इन देवताओं को उद्बोधित कराने का जो रिवाज प्रचलित है, उसमें गुरु गोरखनाथ का नाम प्रारम्भ में आदर के साथ लिया जाना यह स्पष्ट करता है कि यह लोकधर्म गुरु गोरखनाथ द्वारा प्रचलित है। इस लोकधर्म से पहले पिथौरागढ़ में वैष्णव धर्म का प्रचार रहा होगा। कासिनी, मरसोली और गंगोलीहाट के वैष्णव मन्दिर कत्यूरी शैली के हैं। इग्यार देवी और छाना गाँव में वैष्णवी देवी के मन्दिर हैं। चम्पावत में विष्णु के चौबीस अवतारों में से एक कूर्म अवतार की भूमि कानदेव में रही है जिसके कारण कूर्मपृष्ठ, कूर्मगिरी, कूर्मालय, कूर्मांचल, कुमू और कुमाऊँ नाम लोक में प्रचलित हुए हैं।

कैलास के यात्रापथ को कौटिल्य के अर्थशास्त्र में हैमवत पथ कहा गया है। व्यांस, चौंदास, दारमा तथा जोहार आदि के व्यापारी इस पथ की अर्थव्यवस्था का अपने मेष समूहों से संचालन करते थे। माल भाबर का सामान भोट-कैलास तक लाना, ले जाना इन्हीं के बलबूते की बात थी। भारत के विविध भागों से यात्रियों को लेकर शैव संन्यासी गाइड की तरह अजपथों और हिमपथों पर ले जाते थे। अस्कोट का रजवार यात्रापथ में पाल (रक्षक) का कार्य करता था। अभयराज पांडे और नेमिनाथ जोगी ने कत्यूर से एक बालक को लाकर रौत्यौश में उनकी स्थापना की थी। अस्कोट के रजवारों का आदिपूर्वज अभयपाल माना जाता है। अनुश्रुति के अनुसार उसे अभयराज पांडे ने पाला। इसलिए उसका नाम अभयपाल पड़ा। नेमिनाथ जोगी श्रीशैल से मल्लिकार्जुन का लिंग अपने साथ लाया था। उसकी भी उसने अस्कोट क्षेत्र में स्थापना की थी। धारचूला के समीप तपोवन नामक स्थान पर कालीनदी के दाहिनी तट पर गरमपानी के धारे के पास भी मल्लिकार्जुन का मन्दिर है।

कैलास और उसके यात्रापथ हर युग में बदलते रहे हैं। शिवपुराण के अनुसार कैलास में प्राचीनकाल में एक नगर था।

कैलासनगरं सर्वोपरि विराजितम्।
निवासार्थं निजस्यैव पंचवक्र श्चकार ह॥

[*रुद्र संहिता,* खंड एक, अध्याय 15 (2.1.15.35)]

पिथौरागढ़ जिले के औजी, बाजगी और पुजारियों का यह विश्वास है कि उनका आदि पूर्वज धरमदास कैलास में रहता था। वहीं उसने रैदास चमार के साथ मिलकर सर्वप्रथम ढोल नामक वाद्य की रचना की। ढोलसागर नामक ग्रन्थ में भी इसी तरह की कहानी मिलती है। खजुराहो के एक लेख से ज्ञात होता है कि वहाँ की बैकुण्ठ मूर्ति (शेषशायी नारायण) प्रारम्भ में कैलास में थी। भोट के राजा ने अपने मित्र कीर (काँगड़ा) के राजा को यह मूर्ति उपहार में दी थी। वहाँ से पेशावर के साही राजा हेरम्बपाल और बाद में चन्देल राजा यशोवर्मा के हाथ वह मूर्ति लगी। इस प्रकार अन्य मूर्तियाँ भी कैलास से आई हो सकती हैं।

3

पिथौरागढ़ जिले में कैलास यात्रा के मार्ग के बारे में पहला विस्तृत वर्णन *स्कन्दपुराण* के *मानसखंड* नामक ग्रन्थ में मिलता है। आचार्य गोपालदत्त पांडे द्वारा अनूदित *मानसखंड* पिथारौगढ़ जिले के भूगोल की पहली जानकारी है। इसमें पिथौरागढ़, चम्पावत, रानीखेत, अलमोड़ा आदि आधुनिक नगरों के अलावा कार्तिकेयपुर, ब्रह्मपुर, वैराट, लखनपुर आदि प्राचीन पर्वतीय नगरों का उल्लेख न होने से इसे पाँचवी-छठी ईस्वी के लगभग का ग्रन्थ माना जा सकता है। इस ग्रन्थ की रचना तिब्बत पर हूणों के आक्रमण के कारण हुई है। तिब्बत पहले गन्धर्व और यक्षों का देश था। बाद में कुरुक्षेत्र से सरस्वती नदी के तटवर्ती मार्ग से कुरु जाति तिब्बत में पहुँची। उसने वहाँ जो बस्ती बसाई, वह उत्तरकुरु कहलाई। अब कुछ पर्वतीय लेखक वैदिक भूगोल की जानकारी न होने से कुमाऊँ-गढ़वाल के लिए उत्तरकुरु नाम की सम्भावना व्यक्त कर रहे हैं लेकिन वैदिक ग्रन्थ *ऐतरेय ब्राह्मण* (8/14) में उत्तरकुरु और उत्तरभद्र को हिमालय के उस पार कहा गया है। (उदीच्यां दिशि ये के च परेण हिमवन्तं जनपदा उत्तर कुरव उत्तरीद्रा इति)। *महाभारत* में अर्जुन

की उत्तर दिशा विजय के विवरण में यह कहा गया है कि पहले उसने मानसरोवर क्षेत्र को जीता जहाँ गन्धर्व लोग रहते थे—

तांस्तु सान्त्वेन निर्जित्य मानसं सर उत्तमम्।
ऋषिकुल्याश्च ताः सर्वा ददर्श कुरुनन्दनः॥ 4॥
सरो मानसमासाद्य हाटकानभितः प्रभुः।
गन्धर्वरक्षितं देशं व्यजयत्पाण्डवस्ततः॥ 5॥

उसके बाद अर्जुन जब उत्तरकुरु पहुँचा तो द्वारपालों ने उसे वैराज्य पद्धति का क्षेत्र होने के कारण वहाँ युद्ध करने से रोकते हुए कहा—

न चापि किञ्चिज्जेतव्यमर्जुनात्र प्रदृश्यते।
उत्तराः कुरवो ह्येते नात्र युद्धं प्रवर्तते॥ 11॥

[*सभापर्व,* अध्याय-25]

उत्तरकुरु का अन्तिम उल्लेख सातवीं सदी के चीनी यात्री ह्वेनसांग की *सी-यू-की* पुस्तक में पाया जाता है। वैदिक भूगोल के अनुसार हिमालय से समुद्र तक का क्षेत्र भारतवर्ष कहलाता था। उसमें उत्तरकुरु और उत्तरभद्र के जिलों को सम्मिलित करने पर जम्बूद्वीप नाम प्रचलित था। अशोक मौर्य ने अपने अभिलेखों में साम्राज्य के लिए जम्बूद्वीप नाम का प्रयोग किया है। उसके रूपनाथ शिलालेख में जम्बूद्वीप का निम्नवत उल्लेख है—

इमाय कालाय जम्बूदिपसि अमिसा देवा

[*प्राचीन भारतीय अभिलेख,* पृ. 257]

कन्नौज के प्रसिद्ध नाटककार राजशेखर (857-884 ई.) ने जम्बूद्वीप के मध्य में स्थित मेरु पर्वत को औषधियों की खान बताया है—

मध्ये जम्बूद्वीपमाद्यो गिरीणां,
मेरुर्नाम्ना कांचनः शैलराजः।
यो मूर्त्तानामोषधीनां निधानं,
यश्चावासः सर्ववृन्दारकाणाम्॥

मालवा के राजा भोज परमार (1005-1055 ई.) ने अपनी पुस्तक *समरांगण*

सूत्रधार (अध्याय 5) में मेरु पर्वत को जम्बूद्वीप के मध्य में बताते हुए उसके लिए सुमेरु नाम का भी प्रयोग किया है। भोज के अनुसार मेरु के उत्तर में नील पर्वत था, दक्षिण में निषाध, पूर्व में माल्यवान और पश्चिम में गन्धमादन नाम का पर्वत था।

> अन्तरा नीलनिषधैर्जम्बूद्वीपस्य नाभिग:।
> वृत्त: पुण्यजनाकीर्णा: श्रीमान् मेरुर्महाचला: ॥ 12 ॥
> उदग्याम्यायते मेरो: प्राग्भागे माल्यवान् गिरि:।
> सेवित: सिद्धनारीभिरानील निषधायत: ॥ 13 ॥
> सुमेरो: पश्चिमेनाद्रिर्गन्धर्व कुलसंकुल:।
> माल्यवत्सदृशायामो महीभृद् गन्धमादन: ॥ 14 ॥

सभी भारतीय ग्रन्थ इस तथ्य को स्वीकार करते हैं कि गन्धमादन पर्वत पर ऋषि नारायण ने बदरिकाश्रम की स्थापना की थी जो आज बदरीनाथ के नाम से प्रसिद्ध है। गन्धमादन के पूर्व में स्थित वैदिक मेरु पर्वत की खोज करें तो आज का नन्दादेवी पर्वत ही प्राचीन मेरु रहा होगा।

डॉ. हर्षे ने 1964 ई. में विश्वेश्वरानन्द वैदिक शोध संस्थान होशियारपुर (पंजाब) से मेरु : होमलैंड ऑफ दि आर्यन्स नामक पुस्तक प्रकाशित की। उसमें रूस के आलताई पर्वत को मेरु माना है। मंगोल भाषा के आलताई (आल्तेन उला) शब्द का अर्थ सुवर्ण पर्वत होने से यह तादात्म्य माना है लेकिन समस्या यह है कि मेरु अथवा सुमेरु एक भारतीय पर्वत है। संस्कृत के कालिदास से लेकर अवधी के तुलसीदास तक भारत के सभी भाषाओं के लेखकों ने नन्दादेवी पर्वत के लिए मेरु/सुमेरु का उल्लेख किया है। मन्दसौर-अभिलेख के अनुसार सुमेरु पर्वत कैलास पर्वत के समीप था और गुप्त सम्राट कुमारगुप्त (413-455 ई.) के साम्राज्य के अन्तर्गत था—

> चतु: समुद्रान्तविलोलमेखलां
> सुमेरुकैलास बृहत्पयोधराम।
> वनान्तवान्तस्फुटपुष्पहासिनीं
> कुमारगुप्ते पृथिवीं प्रशासति॥

पिथौरागढ़ जिले के ऐतिहासिक साधनों का विश्लेषण करते समय भी सबसे

पहली समस्या मेरु पर्वत को जानने की है। पिथौरागढ़ जिले के बचकोट गाँव (कनालीछीना ब्लॉक) के निवासी कीर्त्तिबल्लभ उपाध्याय के संकलन में अस्कोट के पाल वंशीय राजा तिलकपाल का 1421 ई. का ताम्रपत्र है, उसके अन्त में मेरु का निम्नवत उल्लेख है—

मेरुश्चलति कल्पान्ते मर्यादा सागरो यदि।
प्रतिपन्नं महासत्यं न विचलन्ति कदाचन॥

पश्चिमी नेपाल के सोराड़ क्षेत्र के किमतोली गाँव में सुरक्षित राजा काशीचन्द के 1442 ई. के ताम्रपत्र में भी मेरु सम्बन्धी उपरोक्त श्लोक उत्कीर्ण है।

मानसखंड में पिथौरागढ़ जिले के मन्दिरों, मार्गों, जलस्त्रोतों और पर्वत शिखरों के वर्णन का प्रारम्भ करते हुए कहा गया है कि मेरुपर्वत पर रहने वाले देवता, मन्दर पर्वत पर रहने वाले यक्ष, पाताल में रहने वाले नाग और कैलास में रहने वाले विद्याधर इस वर्णन को सुनने के लिए आमंत्रित हैं—

ये देवा: सन्ति मेरौ वरकनकमये मन्दरे ये च यक्षा:
पाताले ये भुजंगा: फणिमणिकिरणध्वस्त सर्वान्धिकारा:
कैलासे स्त्रीविलासा: प्रमुदितहृदया: ये च विद्याधराया-
स्ते मोक्षद्वारभूतं मुनिवरवचनं श्रोतुमायान्तु सर्वे॥ 1॥

सरस्वती नदी *मानसखंड* के रचनाकाल में लुप्त हो चुकी थी। उसमें मानसरोवर झील के वर्णन में मेरु पर्वत और लुप्त सरस्वती की चर्चा निम्नवत है—

ततो मेरुरिति ख्यात: पर्वतप्रवर: शुभे॥ 87॥
महामरकतप्रख्यो देवगन्धर्व सेवित:।
तत्रोत्तीर्ण सरिच्छेष्ठा पुण्यगुप्ता सरस्वती॥ 88॥

सरस्वती का एक पर्यायवाची शारदा भी रहा है। पंचेश्वर में सरयू नदी में मिलने वाली काली नदी को *मानसखंड* में श्यामा कहा गया है और आधुनिक व्यास के प्राचीन व्यासाश्रम को इसका उद्गम स्थल बताया गया है—

हिमालयतटे रम्ये पुण्या व्यासाश्रमोद्भवा।
सरयू संगमेपुण्या श्यामा नाम समागता॥ 22॥

[*मानस खंड*, अध्याय-15]

मानसखंड का व्यासाश्रम विशेष ध्यान देने योग्य है। देवी भागवत के अनुसार व्यास ऋषि ने कुरुक्षेत्र के समीप सरस्वती नदी के तट पर अपना आश्रम बनाया—

पुरा सरस्वतीतीरे व्यासः सत्यवतीसुतः।
आश्रमे कलविंकौ तु दृष्टा विस्मयमागतः॥ 4॥

[*प्रथम स्कन्ध,* अध्याय-4]

बहुत समय तक वेदों के संकलन में व्यस्त व्यास ऋषि की जब सन्तान नहीं हुई तो वे पुत्र की लालसा से मेरु पर्वत के समीप तपस्या करने के लिए हिमालय में आए (जगाम च तपस्कर्तुं मेरुपर्वतसंनिधौ॥ 2॥) इसी तपस्या के परिणास्वरूप उन्हें शुकदेव नामक पुत्र की प्राप्ति हुई। देवी भागवत में व्यास की इस तपस्या का निम्नवत वर्णन है—

मेरुशृंङ्गे महारम्ये व्यासः सत्यवती सुतः।
तपश्चचार सोऽत्युग्रं पुत्रार्थं कृतनिश्चयः॥ 4॥

[*प्रथम स्कन्ध,* अध्याय-10]

पांडवों की मृत्यु के बाद व्यास ने बदरीनाथ में जाकर *महाभारत* की रचना की। आज भी माणा गाँव में व्यास ऋषि की गुफा पर्यटकों के लिए विशेष आकर्षण है।

मानसखंड के अनुसार कैलास-मानसरोवर के तीर्थयात्री कूर्मांचल में एकत्र होते थे, वहाँ से रामेश्वर, गंगोलीहाट के कालिका मन्दिर पातालभुवनेश्वर, बेरीनाग के पुंगेश्वर, थल के बालेश्वर मन्दिर होकर दारमा के धर्माश्रम और व्यासाश्रम में पहुँचते थे। इस प्रकार व्यासाश्रम कैलास-मानसरोवर के तीर्थयात्रियों के लिए एक पड़ाव के रूप में प्रसिद्ध हुआ। इस सन्दर्भ में धर्माश्रम शब्द भी ध्यान देने योग्य है। दारमा में दर नामक स्थान पर गरम पानी का स्रोत है। वहीं पर धर्म नामक ऋषि ने आश्रम बनाया। यह क्षेत्र अर्धहिमानी शृंखला के अन्तर्गत रखा जा सकता है। जाड़ों में इस क्षेत्र के लोग निचली घाटियों में आ जाते हैं। धारचूला के पास तपोवन नामक स्थान में काली नदी के किनारे भी गरमपानी का स्रोत है। तपोवन शब्द वैदिक आश्रमों के लिए प्रयुक्त शब्द है। यह सम्भव है कि दारमा के दर स्थान का धर्माश्रम शीतकाल में धारचूला के तपोवन में स्थानान्तरित होता रहा हो। पुराणों के अनुसार धर्म ऋषि और उनकी पत्नी से नर और नारायण नामक दो पुत्र हुए जो बाद में संन्यासी बनकर बदरिकाश्रम के प्रधान बने।

मानसखंड में रामेश्वर के पास वशिष्ठाश्रम की चर्चा है। यह भी कहा गया है कि वशिष्ठ ऋषि ने सरयू नदी और परशुराम ने रामगंगा नदी का सर्वेक्षण किया। व्यास की तरह वशिष्ठ के भी कई आश्रम थे। *महाभारत* में मेरु पर्वत के पार्श्व में वशिष्ठाश्रम का निम्न उल्लेख है—

यं लेभे वरुणः पुत्रं पुरा भरतसत्तम्।
वसिष्ठो नाम स मुनिः ख्यात आपव इत्युत॥ 5॥
तस्याश्रमपदं पुण्यं मृगपक्षिगणान्वितम्।
मेरोः पार्श्वे नगेन्द्रस्य सर्वतुकुसुमावृतम्॥ 6॥

[*आदि पर्व*, अध्याय-93]

अयोध्या के राजकुमारों को शिक्षा देने के लिए वशिष्ठ ऋषि ने सरयू के तट पर आधुनिक रामपौड़ी के नीचे सेरा में आश्रम बनाया था। पिथौरागढ़ नगर की पेयजल योजना के पम्प हाउस के समीप एक वृक्ष के नीचे प्राचीन मन्दिर के दो विशाल पत्थर विद्यमान हैं। एक पत्थर मन्दिर के प्रवेशद्वार के ऊपर का है जिसमें टोपी पहने और बुलगारियन कट की दाढ़ी वाला विशाल मुख बना है। बगल में वराह और बाघ लड़ते हुए उत्कीर्ण हैं। दूसरा मूर्तिफलक एक तपस्वी का उपदेशमुद्रा में है जिसके चारों ओर शिष्य अथवा श्रोता खड़े हैं।

पौराणिक साहित्य में वशिष्ठ ऋषि और कन्नौज के राजा विश्वामित्र के युद्ध की बड़ी चर्चा मिलती है। कई ग्रन्थों में त्रेतायुग की इस कहानी को कई रूपों में लिखा गया है। तथ्यात्मक रूप में यह प्रतीत होता है कि कन्नौज के राजा विश्वामित्र यात्रा के लिए हिमालय में आए थे। वशिष्ठाश्रम में रात्रिवास के समय उन्हें वशिष्ठ ऋषि की गाय नन्दिनी पसन्द आ गई। ऋषि द्वारा गाय देने से मना करने पर उन्होंने बलपूर्वक गाय ले जाने का प्रयास किया। इस पर स्थानीय खष जाति के लोगों ने गाय की रक्षा की और विश्वामित्र को सेना सहित परास्त किया। खष एक आयुधजीवी जाति थी जो बाद में नेपाल से कश्मीर तक हिमालय में फैल गई। *महाभारत* के अनुसार खश मेरु और मन्दर पर्वतों के मध्य पर्वतीय नदियों के किनारे बाँस के जंगलों में कुलिन्द और तंगण जाति के पड़ोस में रहती थी। इन जातियों ने युधिष्ठिर के राजसूय यज्ञ में पिपीलक स्वर्ण, काले और श्वेत रंग के चँवर, हिमालय के पुष्पों का स्वादिष्ट शहद, उत्तर कुरु का पवित्र जल और कैलास के उत्तर में पाई जाने वाली औषधियाँ आदि उपहार में दीं। बागेश्वर जिले

की कत्यूर घाटी में कार्तिकेयपुर नाम का नगर बसाकर खशों ने दीर्घकाल तक शासन किया। अत: यह क्षेत्र खष देश के नाम से प्रसिद्ध हुआ।

जिस तरह सरयू घाटी में खष जाति का उत्कर्ष हुआ, उसी प्रकार काली नदी की उपत्यका में किरात जाति का प्रभुत्व रहा। संस्कृत साहित्य में कैलास के यात्रापथ पर किरातों की बस्तियों के उल्लेख मिलते हैं। दूसरी सदी ईस्वी के बौद्ध लेखक अश्वघोष ने अपने *सौन्दर्यानन्द महाकाव्य* में गौतम बुद्ध के हिमालय में आने और यहाँ गौर वर्ण के किरातों को देखने का उल्लेख किया है।

सुवर्णगौराश्च किरातसंघा मयूरपत्रोज्ज्वलगात्रलेखा:।
शार्दूलपातप्रतिमा गुहाभ्यो निष्पेतुरुद्गार इवाचलस्य॥ 12॥

[*सौन्दर्यानन्द*, सर्ग-10]

गौतम बुद्ध अपने प्रव्रजित भाई नन्द को हिमालय दिखाने के लिए लाए थे। चम्पावत जिले की दक्षिणी सीमा पर व्यानधुरा, सेनापानी और सुदलीमठ के जंगलों में शुंगकालीन बौद्ध स्तूपों के खंडहर हैं। बुद्ध की हिमालय यात्रा यहीं से शुरू हुई होगी। सेनापानी से रमक, गर्साड़, रीठासाहब, ढेरनाथ और सुई-बिशंग होते हुए चम्पावत पहुँचने वाले मार्ग में कैलास यात्रापथ का सबसे महत्त्वपूर्ण पुरातत्त्व है। *मानसखंड* के रामेश्वर-माहात्म्य में चम्पावत के बालेश्वर मन्दिर के समीप कैलास के यात्रापथ पर बौद्ध तीर्थ का उल्लेख है—

तदूर्ध्वं बालितीर्थारत्यं तीर्थमस्ति सुशोभनं॥ 93॥
तत्र स्नात्वा च मनुजा जले वालीश्वरं हरं।
सम्पूज्य नृपशार्दूल नरो याति परांगतिं॥ 94॥
तत: स्त्रोतं समुत्तीर्य्य बौद्धतीर्थं नृपोत्तम्।
निमज्य मानवो याति विष्णुलोकं न संशय: ॥ 95॥

बौद्ध तीर्थ शब्द यह स्पष्ट करता है कि इस स्थल पर गौतम बुद्ध अथवा उनके महत्त्वपूर्ण भिक्षु रहे होंगे। *सौन्दर्यानन्द* में बुद्ध के हिमाचल में देवदारु के वृक्षों के बीच रहने का उल्लेख है—

तौ देवदारूत्तमगन्धवन्तं नदीसर: प्रसवणोघवन्तं।
आजग्मतु: काञ्चनधातुमन्तं देवर्षिमन्तं हिमवन्तमाशु॥ 5॥

[*सौन्दर्यानन्द*, सर्ग-10]

अशोक मौर्य (272-236 ई.पू.) के शासनकाल में हिमवत में धर्म प्रचार के लिए मज्जियम भिक्षु के नेतृत्व में पाँच भिक्षु भेजे गए। सोनारी के लेख में भिक्षु काश्यप गोत्र को समस्त हिमालय का आचार्य की उपाधि से भूषित किया है। उसने हिमालय में धर्म प्रचार में सफलता पाई होगी। पिथौरागढ़ जिले में गंगोलीहाट और कासनी में बुद्ध सम्बन्धी दो लघु मूर्तियाँ तेरहवीं सदी के आसपास की हैं। गंगोलीहाट के जाह्नवी नौले में उत्कीर्ण शिलालेख के अनुसार 1264 से 1275 ई. तक वहाँ पर गन्धविहार का निर्माण होता रहा। यह समय पिथौरागढ़ के इतिहास का स्वर्णयुग माना जा सकता है। गंगोलीहाट की तरह विष्णु की दशावतार मूर्तियाँ पिथौरागढ़ में कासनी, मरसोली, पित्रौट, पांडेगाँव, थल के बालेश्वर और अस्कोट के देवाल में भी पाई जाती हैं। नेपाल में ऊकू और गढ़वाल में आदिबदरी में भी यह मूर्ति है। गुमानी कवि (1790-1846 ई.) ने अल्मोड़ा में अंग्रेज़ों के द्वारा विनष्ट जिस विष्णु मन्दिर का उल्लेख किया है, उसमें भी गंगोलीहाट की तरह ही मूर्ति थी। इस मूर्ति के चार भाग हैं और शीर्ष में जो बुद्ध अंकित हैं, उसी शैली की नारायण मूर्ति बदरीनाथ, ध्यान बदरी और भविष्य बदरी के मन्दिरों में भी हैं। पांडे गाँव में मूर्ति के पाद में निम्न लेख है—

वासुदेव सुत मुर
प्रणीतं पूति॥

अर्थात मूर्तिकार वासुदेव के पुत्र मुर ने इस मूर्ति का निर्माण किया। इस शैली की विष्णुमूर्तियों के साथ सूर्य की वेशभूषा में कत्यूरी राजाओं की मूर्तियाँ भी पिथौरागढ़ में हैं। पिथौरागढ़ में पित्रौट नामक स्थल संस्कृत के देवकुल की याद दिलाता है। इस स्थल पर राजाओं की मृत्यु के बाद उनकी मूर्ति स्थापित की जाती थी। पिथौरागढ़ में कुमौड़, विशाड़ और नकुलेश्वर में सूर्य मूर्ति में लम्बा कोट, घुटनों तक बूट और कमर में तलवार तथा खुखरी का अंकन है। दोनों हाथों में सूर्य परम्परा में कमल के पुष्प पकड़े हुए हैं।

गंगोलीहाट में गन्धविहार का निर्माण राजा रामचन्द्रदेव ने कराया। उसने अपने 'सार्वभौम राजानराजा क्षयती अशोक' का उल्लेख किया है। अशोकमल्ल (1251-1276 ई.) उत्तराखंड के इतिहास का सबसे शक्तिशाली शासक प्रतीत होता है। पिथौरागढ़ जिले में तेरहवीं सदी में सीरा के मल्ल और अस्कोट के पालों का सम्मिलित शासन प्रारम्भ हुआ। पालों की राजधानी ऊकू से राजा नागपाल का

1238 ई. का शिलालेख मिला है। 1394 ई. के भारतीपाल के घुंसेरा ताम्रपत्र से पता चलता है कि नागपाल और विक्रमपाल के शासन काल में घुंसेरा में अच्छी व्यवस्था थी। *मानसखंड* में कैलास का मार्ग रामेश्वर से गंगोलीहाट कालिका मन्दिर की ओर बताया गया है। पालों ने घुंसेरा से तीर्थयात्रियों की व्यवस्था शुरू की।

अस्कोट से प्राप्त कत्यूरियों की वंशावली में अशोकदेव से पहले आसलदेव का नाम है। आसलदेव और सुहलदेव के सम्मिलित दानपत्र के साथ बास्ते गाँव से शक्तिवर्मा का ताम्रपत्र भी मिला है। ये दोनों ताम्रपत्र आज खंडित हैं। मोटे तौर से देखने से ये एक ही ताम्रपत्र के दो टुकड़े होने का भ्रम भी पैदा करते हैं। आसलदेव-सुहलदेव के नाम वाला खंडित ताम्रपत्र निम्नवत है—

> ओम् स्वस्ति॥ शाक: 1259 मार्गसिरे...
> क शिर मुकुट इत्यादि विरुद कि...
> शा पत्रं दत्त। आसलदेव सुहलदेव वि...
> टिली राजा ना पाउणी दोहा को ना सो...
> वे देवू साहाणी। सेवू कुअढा का लभ...
> डाणो विरुधूड़ा रैवूट सो हमारो। आ...
> च्लांति वसुदेवं। प्रतिपन्न मम लग...
> सेठी नाथू सक्ती रामनु क़्क़ो...

यद्यपि ताम्रपत्र खंडित है फिर भी इससे तीन तथ्य स्पष्ट हैं। आसलदेव और सुहलदेव का सम्मिलित शासन था और उन्होंने मिलकर भूमिदान किया था। 1337 ई. में किसी शासक ने उनके दान को पुन: जारी किया था। अस्कोट की वंशावली में आसलदेव का नाम होने से उसे कत्यूरी वंश का माना जा सकता है और कत्यूरियों में द्वैराज्य प्रणाली थी। घुंसेरा ताम्रपत्र से भी द्वैराज्य प्रणाली (दो राजाओं का एक साथ शासन) का पता चलता है।

डीडीहाट में हाट गाँव की मूर्तियों और गंगोलीहाट की मूर्तियों में पर्याप्त साम्य होने से यह माना जा सकता है कि वे दोनों अशोकमल्ल के शासनकाल में बनाई गईं। अशोकमल्ल के लिए बोधगया लेखों में अशोकचल्ल पाठ भी छपा है लेकिन अशोकमल्ल द्वारा विरचित नृत्याध्याय नामक पुस्तक से उसका शुद्ध नाम ज्ञात हो जाता है। उसमें उसे वीरसिंह का पुत्र कहा गया है। युद्ध में धैर्य रखने वाला और राजाओं में अग्रणी भी बताया गया है—

संग्रामधीरधुर्येणा नृपाग्रण्या मनीषिणा।
अशोकेन समादिष्टा विचित्राभिनया इमे॥ 707॥

गोपेश्वर के त्रिशूल लेख में वर्णित अशोकमल्ल की दिग्विजय प्राचीन भारतीय इतिहास की अन्तिम दिग्विजय थी। गया (विहार) के उत्तरमानस नामक जलकुंड के समीप स्थित शीतला देवी मन्दिर के गर्भगृह में उत्कीर्ण अशोकमल्ल के लेख से ज्ञात होता है कि उसने दिल्ली के सुल्तान नासिरुद्दीन महमूद के शासनकाल में बोधगया का पुनर्निर्माण किया था। बोधगया से प्राप्त तीन अभिलेखों में अशोकमल्ल को सपादलक्षशिखरि-खषदेश राजाधिराज कहा गया है। बोधगया अभियान में कमादेश के राजा पुरुषोत्तम सिंह ने विशेष वीरता प्रदर्शित की थी।

कैलास के यात्रियों के लिए सदावर्त्त की परम्परा थी जो चन्दवंश के समय भोग नाम से जीवित रही। तीर्थयात्री एक बार भोजन करते थे। चन्द राज्य के समय पूर्णागिरी, बालेश्वर, रामेश्वर और कालिका मन्दिर में भोग का उल्लेख मिलता है। उसमें मन्दर पर्वत नाम है। जगद्गुरु शंकराचार्य (780-812 ई.) ने ज्योतिर्मठ के लिए दीक्षा लेने वाले संन्यासियों के लिए देवता के रूप में नारायण और देवी के रूप में पूर्णागिरी की शपथ लेने का निम्नवत नियम बनाया—

ॐ तृतीये उत्तराम्नाय ज्योतिर्मठ आनन्दवारिसम्प्रदाय
गिरिपर्वतसागरपदानि बदरिकाश्रमक्षेत्र नारायणो देवता
पूर्णगिरी देवी त्रोटकाचार्य अलकनन्दातीर्थं आनन्दब्रह्मचारी
अथर्वणवेदपठन तमेवैक्य जानथ "अयमारमा ब्रह्म"
इत्यादिवावाक्यविचार नित्यानित्यविवेकेनात्मनोपास्तिं आत्मतीर्थे
आत्मोद्धारार्थे साक्षात्कारार्थे संन्यासग्रहणं करिष्ये। ॐ नमो नारायणायेति॥

तुर्क विजय से पूर्व समस्त उत्तरी भारत में पूर्णागिरि की प्रतिष्ठा थी। पूर्णागिरि के पुजारियों के पास ज्ञानचन्द (1418 ई.), कल्याण चन्द (1549 ई.) और जगत चन्द (1710 ई.) के ताम्रपत्रों से ज्ञात होता है कि वहाँ यात्रियों की सुविधा के लिए भोग की व्यवस्था थी। पूर्णागिरि से यात्री कान्तेश्वर की पहाड़ी को पार कर चम्पावत पहुँचते थे। चम्पावत नगर चन्दवंश की राजधनी के साथ-साथ तीन तपस्वियों की तपोभूमि भी रही है—(1) कूर्म ऋषि के कारण कूर्मांचल नाम प्रसिद्ध हुआ। (2) नागकन्या चम्पावती के कारण चम्पावत नाम प्रचलित हुआ। (3) कत्यूरी राजकुमार गोरिल के आश्रम के कारण गोरिलचौड़ नाम चला।

कूर्म ऋषि गृत्समद ऋषि के पुत्र थे। वे भी व्यास ऋषि की तरह सरस्वती तट से कुमाऊँ में आए और तीन वर्ष तक चम्पावत क्षेत्र में रहे। उनके द्वारा निर्मित तीन ऋचाएँ ऋग्वेद के द्वितीय मंडल में संकलित हैं। कान्तेश्वर की पहाड़ी से नीचे विनायक नामक स्थान पर कूर्म ऋषि के पैर की छाप वैसी ही है जैसी गया (बिहार) के विष्णुपद में विष्णु ऋषि के पैर की छाप है। विष्णुपद मन्दिर में कत्यूरी शैली की मूर्तियाँ हैं। कूर्म ऋषि को बाद में प्रजापति चुना गया। *शतपथ ब्राह्मण* में कूर्म प्रजापति का निम्नवत उल्लेख है—

सं यत्कूर्मो नाम। एतद्वै रूपं कृत्वा प्रजापतिः प्रजा असृजत्।

[*शतपथ,* पृ. 624]

धर्मसिनु नामक ग्रन्थ के अनुसार वैशाख पूर्णिमा के दिन कूर्म का जन्म हुआ।

वैशाखपूर्णिमायां सायं कूर्मोत्पत्तिः (पृ. 61)

परवर्ती काल में कूर्म को देवता माना गया। आज भी संध्या के समय पृथ्वीमंत्र के अन्तर्गत कूर्म देवता का निम्नवत आह्वान किया जाता है—

ऊँ पृथ्वीति मंत्रस्य मेरु ऋषिः सुतलं छन्दः कूर्मो देवता आसने विनियोगः॥

गौतम बुद्ध की तरह बाद में कूर्म ऋषि विष्णु के अवतार माने गए और उनके कार्य तथा विचारों के प्रचार के लिए कूर्मपुराण की रचना हुई।

प्रारम्भ में कूर्मांचल शब्द आधुनिक चम्पावत जिले के लिए प्रयुक्त नाम था। उद्योतचन्द के रामेश्वर ताम्रपत्र (1682 ई.) में कुमाऊँ नाम *मानसखंड* के कूर्मांचल के लिए प्रयुक्त है। अतः संस्कृत के कूर्मांचल का हिंदी भाषा में कुमाऊँ नाम प्रचलित हुआ। फारसी में कुमायूँ लिखा गया है और कुमाउँनी बोली में कुमूं नाम प्रचलित हुआ। राजा रुद्रचन्द द्वारा लिखित *ऊषारागोदय* नामक नाटिका की पुष्पिका में कूर्मगिरी शब्द का प्रयोग है। कूर्म के लिए संस्कृत में कमठ शब्द भी है। इसी कारण *रामायणप्रदीप* में कुमाऊँ के राजा कल्याणचन्द तृतीय को कमठगिरिपति कहा गया है।

गोपालदत्त पांडे द्वारा प्रकाशित *मानसखंड* में चम्पावत से रामेश्वर के मध्य स्थित कोकवराह तीर्थ की जगह लोकवराह तीर्थ छप गया है। यह कोक आधुनिक काँकड़ गाँव और वराह आधुनिक बाराकोट में स्थित था। बंगाल के दामोदरपुर

ताम्रपत्रों में कोकास्वामी और श्वेतवराहस्वामी नामक हिमालय के तीर्थों की चर्चा है। व्यापारी ऋभुयाल ने इन तीर्थों की यात्रा करने के बाद डोंगाग्राम दान करने का उल्लेख किया है। अब यह बाराकोट का ढुघा गाँव है। *वराहपुराण* में कोक और वराह तीर्थों के साथ लोहार्गल तीर्थ की भी चर्चा है जो आधुनिक लोहाघाट के ऋखेश्वर नामक मन्दिर का प्राचीन नाम है। वराहपुराण में लोहार्गल तीर्थ का माहात्म्य निम्नवत वर्णित है—

ततः सिद्धवटे गत्वा त्रिंशद्योजनदूरतः।
म्लेच्छमध्ये वरारोहे हिमवन्तं समाश्रितम्॥ 4॥
तत्र लोहार्गले क्षेत्रे निवासो विहितः शुभः।
गुह्यं पंचदशायां समन्तात्पञ्च योजनम्॥ 5॥

कूर्मपुराण में भी कोकामुख तीर्थ का निम्नवत उल्लेख है—

अन्यत कोकामुखं विष्णोस्तीर्थमद्भुतकर्मण:।
मृतोऽत्रा पातकैर्युक्तो विष्णुसारूप्यमाप्नुयात्॥ 36॥

[*उत्तर विभाग,* अध्याय-34]

इस प्रकार कैलास-मानसरोवर के यात्रापथ को तीर्थयात्रियों के लिए आकर्षक और सुविधाजनक बनाने के लिए युगों से प्रयास होते रहे। पैदल यात्रा के समय रात्रिवास के लिए बनाए गए धर्मशालाएँ, मन्दिर, मूर्तियाँ और नौले अब धीरे-धीरे नष्ट होते जा रहे हैं। सड़क का नया मार्ग बन जाने से तीर्थयात्रा का सारा पुरातत्त्व दुर्गम हो गया है। इस मार्ग में वैदिक युग से अंग्रेज़ी शासन (1815-1947 ई.) तक के किस्से-कहानियाँ सुनने को मिलती हैं। विशेष रूप से राम और पांडवों की कैलास यात्रा की कहानियाँ रामेश्वर और अर्जुनेश्वर में आज भी जीवित हैं। प्रत्येक राजवंश ने मार्गों को बदलने का प्रयास किया है। उनकी आपसी लड़ाइयों से बस्तियाँ उजड़ती रहीं। उनके युद्धों के कटुक और भड़ौ भी इस मार्ग के गाँवों में प्रचलित हैं। मार्ग में पड़ने वाली नदियों को पार करने के लिए यात्राकाल में अस्थायी पुल बनाने के भी विवरण मिलते हैं।

कैलास-मानसरोवर की तीर्थयात्रा दुर्गम होते हुए भी प्राचीन भारत में विशेष लोकप्रिय थी। इसी कारण संस्कृत साहित्य और अभिलेखों में कैलास की विशेष चर्चा मिलती है। इसके रास्ते में ही सारा इतिहास समझा जा सकता है।

खंड 3

पौड़ी मा फुलकेसर

इतिहास में लुप्त होने और प्रकट होने की प्रक्रिया चलती रहती है। कभी पौड़ी में केसर की खेती होती थी और सारे गढ़वाल में वह केसर प्रसिद्ध था। उत्तरकाशी के प्रसाद बहुगुणा अकसर एक लोकवार्ता सुनाते थे—

श्रीनगर जुजुहोती, पौड़ी मा फुलकेसर, लोणी मा भुल बिसर।

यह लोकवार्ता रवाईं के एक प्रेमी युगल की है। एक गरीब पुरुष था। उसकी प्रेमिका ने उससे पौड़ी से केसर लाने के लिए कहा था। पुरुष के पास रुपये कम पड़ गए। अत: वह पौड़ी से केसर नहीं लाया। उसने प्रेमिका से यह नहीं कहा कि मेरे पास रुपये नहीं थे। केवल केसर लाना भूलने की बात कही। जब पौड़ी में केसर की खेती होती थी उसी समय उनियाल जाति महाराष्ट्र के देवराष्ट्र नामक स्थान से पौड़ी आकर बसी थी। आजकल पौड़ी नगर के दक्षिणी छोर में देवराड़ी नामक भव्य मन्दिर है। 'स्कन्दपुराण' के केदारखंड में देवराड़ी मन्दिर को देवराष्ट्रेश्वरी कहा गया है।

पौड़ी का अर्थ चरण चिह्न होता है। हरिद्वार के विष्णुपद के लिए 'हरि की पौड़ी' पद का प्रयोग होता है। इसी तरह पिथौरागढ़ नगर के समीप रामेश्वर में श्रीराम के चरण चिह्नों को रामपौड़ी कहा जाता है। पौड़ी ब्रिटिशकाल में गढ़वाल जिले का मुख्यालय बनाया गया। उस समय यह ज्ञात नहीं था कि पौड़ी में किसके चरण चिह्न थे? यद्यपि पौड़ी एक सुरम्य नगरी है और उसके चारों ओर पुरातत्त्व और लोकगाथाओं का अपार खजाना है।

पौड़ी के दक्षिण में जिस तरह देवराड़ी देवी का मध्यकालीन मन्दिर है, उसी तरह उत्तरी क्षेत्र में नागदेवता, कंडोलिया देवता और क्यूंकालेश्वर के तीन चर्चित

धार्मिक केन्द्र हैं। इन तीनों स्थानों से चौखम्भा पर्वत की हिमाच्छादित चोटियाँ दिखाई देती हैं। नागदेवता की जागर-पद्धति से पूजा होती है। उसमें मथुरा में कृष्ण जन्म की कहानी सुनाई जाती है। इस लोकगाथा में कुछ बातें *भागवतपुराण* से मिलती हैं और कुछ अंशों में भागवत कथा से परिवर्तन भी पाया जाता है। खासकर जागर में देवकी और यशोदा को बहनें बताया जाता है।

पौड़ी में कंडोलिया की खाल के पास जिस कंडोलिया देवता की थापना है, जागर के अनुसार वह चम्पावती गढ़ से आया गोरिल देवता है। गोरिल, गोरिया अथवा ग्वालज्यू के नाम से चर्चित पर्वतीय देवता धौली नदी के किनारे धूमाकोट के राजा हलराई का पुत्र था। उसका समय 15वीं सदी का पूर्वार्द्ध है। वह खैरागढ़ के कत्यूरी राजा धामदेव और उसके पुत्र मालूशाही का समकालीन था।

नागदेव और कंडोलिया देवता की तरह पौड़ी की लोक कथाओं में सेनापति माधवसिंह भंडारी के पुत्र गजेसिंह की गाथा भी विशेष चर्चित है। 'राणीहाट निं जाना गजेसिंहा' की गाथा बिखौती के उत्सव में झोड़े के रूप में गाई जाती है। विषुवत संक्रान्ति के अवसर पर पौड़ी गाँव में सायंकाल झोड़े लगाए जाते हैं। गाँव के लोग गोल घेरे में हाथ पकड़कर घूमते-नाचते पुरानी गाथाओं को गाते रहते हैं। उन गाथाओं में सबसे प्रसिद्ध गजेसिंह और गोरखा भिना की गाथाएँ हैं।

अलकनन्दा नदी के एक ओर श्रीनगर और दूसरी ओर राणीहाट के चर्चित बाजार थे। स्थानीय परम्परा के अनुसार पँवार वंशीय राजा मानशाह ने अलकनन्दा के दाहिनी ओर अपने नाम से मानपुर नामक महल और राजराजेश्वरी देवी का मन्दिर बनवाया था। बाद में रानी कर्णावती के समय राणीहाट का विकास हुआ। रानी कर्णावती मुगल बादशाह शाहजहाँ की समकालीन थीं और एक शक्तिशाली प्रशासक थीं। लोकगाथा के अनुसार सेनापति माधोसिंह के पास अथाह सम्पत्ति थी। अत: उसके मरने के बाद रानी कर्णावती उसके बेटे गजेसिंह से कुछ सम्पत्ति छीन सकती थीं। इसी कारण लोक की यह इच्छा थी कि गजेसिंह रानी कर्णावती के दरबार में राणीहाट न जाए।

पौड़ी के समीपस्थ गाँव और उनका पुरातत्त्व पर्वतीय इतिहास के प्रत्येक युग की स्मृति जीवन्त रखे हुए है। कंडोलिया और नागदेव के उत्तर में स्थित ननकोट का नौला गंगोलीहाट के जान्धवी नौले की शैली में बना है। जिसके निर्माण की तिथि 1264-1276 ई. है। इस नौले में शेषशायी नारायण की मूर्ति भी 13वीं ई. की है। ननकोट से उत्तर में देवलेश्वर मन्दिर पौराणिक ऋषि देवल के आश्रम का

स्थान है। जहाँ भूमि बड़ी उर्वर है और सिंचाई के बड़े पर्याप्त साधन हैं। पौड़ी के पूर्व में भी देवल नाम का गाँव है। उस गाँव में लक्ष्मण का भव्य मन्दिर है। शेषशायी नारायण की विशाल मूर्ति पर्वतीय कला का श्रेष्ठ नमूना है। बड़े मन्दिर के साथ लघु मन्दिर भी हैं जिन्हें दुरनी कहा जाता है। इन मन्दिरों की दीवार में मोर पक्षी उत्कीर्ण हैं और पत्थरों में चमक दिखाई देती है। पर्वतीय क्षेत्र में कई जगह कोट, बूट और तलवार वाली सूर्य की मूर्ति को राम की मूर्ति और शेषशायी नारायण की मूर्ति को लक्ष्मण की मूर्ति कहने का रिवाज है। देवल से थोड़ी दूर पर सितोनस्यू में मनसार का प्रसिद्ध मेला लगता है जो अयोध्या की रानी सीता के भूमि प्रवेश की स्मृति में लगाया जाता है। यह लोकविश्वास है कि जब सीता ने भूमि में प्रवेश का प्रयास किया तो लक्ष्मण ने उसे रोकने का प्रयत्न किया था। इस स्थान पर पृथ्वी के अन्दर एक विशाल पत्थर दबा है। मेले के अवसर पर वहाँ खुदाई कर बाभ्यो नामक घास से सीता के बाल बनाए जाते हैं। इसी के पास थर्प नाम का गाँव है जहाँ के निवासी वाचस्पति गैरोला प्रसिद्ध इतिहासकार रहे हैं। उन्होंने *संस्कृत साहित्य का इतिहास, कौटिल्य का अर्थशास्त्र, भारतीय चित्रकला* आदि ग्रन्थों के साथ शिवालिक के कत्यूरी राजा अशोकमल्ल की पुस्तक *नृत्याध्याय* का हिंदी अनुवाद किया है।

पौड़ी के आसपास के गाँव आधुनिक इतिहासकारों के कारण भी विशेष प्रसिद्ध हैं। भजनसिंह 'सिंह', जसवन्त सिंह नेगी, डॉ. सतीश चन्द्र काला, तारादत्त गैरोला, डॉ. के.पी. नौटियाल आदि इतिहासकारों का सम्बन्ध पौड़ी से रहा है। कोटसाड़ा गाँव के निवासी भजनसिंह मूलत: कवि थे और गढ़वाली भाषा में लिखी उनकी पुस्तक *सिंह सतसई* एक प्रतिष्ठित पुस्तक है। आर्यों का मूल निवास उत्तराखंड को घोषित कर उन्होंने वैदिक साहित्य पर गहन अध्ययन प्रस्तुत किया है। उनके संकलन में गढ़वाल नरेश प्रदीप शाह, ललित शाह और प्रद्युम्न शाह के पत्र, लेख (फरमान) भी थे। जिनसे पता चलता है कि उनके पूर्वज स्वरूप सिंह कफोला सितोनस्यू पट्टी के अन्तर्गत कोट के फौजदार रहे।

पौड़ी के पूर्व में 5 किलोमीटर की दूरी पर स्थित क्यार्क का नन्दादेवी मन्दिर कार्तिकेयपुर के शासनकाल की स्मृति है। इस मन्दिर की काले पत्थर की मूर्तियाँ हेमवती शैली का श्रेष्ठ उदाहरण हैं। यह ताज्जुब की बात है कि *स्कन्दपुराण* के मानसखंड में नन्दादेवी को कंस द्वारा मारी गई नन्दगोप की पुत्री कहा गया है। लेकिन क्यार्क की परम्परा में नन्दादेवी का कृष्ण से कोई सम्बन्ध नहीं है। पौड़ी में नागदेव

को कृष्ण से जोड़ा जाता है। पौड़ी के लोकजीवन में कण्डारा की झालीमाली का भी विशेष स्थान है। इसके जागर की छोटी पांडुलिपियाँ ढोल-वादकों के पास मिलती हैं जिनमें चमड़े की जिल्द लगी रहती है। तारादत्त गैरोला, उद्धव प्रकाश काला, डॉ. यशवन्त सिंह कठोच, डॉ. शिवप्रसाद नैथानी और डॉ. रणवीर सिंह चौहान ने इन पांडुलिपियों का अध्ययन किया है। कण्डारा के अलावा झालीमाली देवी के कत्यूर और फुंगर (चम्पावत) में भी छोटे थान हैं। इसके जागर में कहा जाता है कि राजा प्रीतमदेव, धामदेव, मालूशाही, मल्योहीत और हरूहीत इसके उपासक थे। धामदेव की माँ जियारानी का भी जागर ग्रन्थों में उल्लेख मिलता है।

इस प्रकार ग्रामीण सर्वेक्षण से यह ज्ञात होता है कि पौड़ी में उत्तराखंड के युगयुगीन इतिहास के स्मृति चिह्न जीवित हैं। कई बार पौड़ी में राजकीय संग्रहालय बनाने के भी प्रयास किए गए। जिला परिषद् हॉल में ऐतिहासिक प्रदर्शनियाँ लगाई गईं। केवल केसर की खेती का प्रयोग नहीं किया गया।

छाना गाँव का इतिहास

ऐतिहासिक दृष्टि से पिथौरागढ़ में तीन तरह के गाँव हैं। कुछ गाँव ऐसे हैं जिनमें कोई ताम्रपत्र नहीं है। कुछ गाँवों में एक ताम्रपत्र है और कुछ में दो ताम्रपत्र हैं। जिन गाँवों में दो ताम्रपत्र हैं, उनमें सेलोनी, भेटा, बड़ालू, बास्ते, बत्यूली, छाना आदि के नाम विशेष उल्लेखनीय हैं। पिथौरागढ़ जिले के छाना गाँव के उत्तर में स्थित असुर देवता और दक्षिण में स्थित गोकर्णेश्वर मन्दिर का उल्लेख *स्कन्दपुराण* के मानसखंड में होने से यह प्रतीत होता है कि यह क्षेत्र वैदिक युग से ही धार्मिक क्रिया-कलापों के लिए प्रसिद्ध था। गोकर्णेश्वर में शेषशायी नारायण और वासुकीनाग की दो प्राचीन मूर्तियाँ हैं जिन्हें छठी से आठवीं सदी ई. के लगभग का माना जा सकता है।

छाना गाँव के हरीश पांडे के यहाँ सोर देश के रजवार प्रताप वर्मा का 1458 ई. का ताम्रपत्र है। यह परम्परा है कि छाना गाँव के गौतम गोत्रीय पांडे मूलत: हिमाचल प्रदेश में काँगड़ा के निवासी थे। उनकी कुलदेवी ज्वालादेवी की स्थापना भी छाना गाँव में है। काँगड़ा से इस गाँव का पूर्वज चम्पावती गढ़ में आया और वहाँ से चन्द्रवंशीय राजा ने उन्हें अपना राजगुरु बनाकर राजबुंगा के समीप देवलगाँव में बसा दिया। देवल गाँव के एक मकान में लगे शिलालेख में ज्ञानचन्द (1379-1420 ई.) का नाम अंकित होने से ऐसा प्रतीत होता है कि उसी ने गौतम गोत्रीय पांडे जाति को देवल में बसाया होगा और राजगुरु के पद पर अभिषिक्त किया होगा।

चन्दवंश के लिए भी यह परम्परा है कि बदरीनाथ की यात्रा के लिए पहाड़ में आए झूसी के राजकुमार सोमचन्द को राजा अर्जुनदेव ने अपनी पुत्री के विवाह में 15 गाँव दहेज में दिए थे। ताम्रपत्रों में जिस तरह चन्दवंश के लिए 'पन्द्रहबीसी'

शब्द का प्रयोग है उसी तरह बमों के लिए 'आठबीसी' शब्द का प्रयोग हुआ है। आधुनिक थलकेदार की पहाड़ी के उत्तर में स्थित गाँवों को अठिगाँव शिलङ नाम से पुकारा जाता है। इन गाँवों में बिरखम भी हैं। उत्तर की ओर की पहाड़ी का नाम बमधौन है। उसमें एक बड़े मकान के खंडहर हैं। पूरब की ओर भड़कट्या गाँव के मैदान में छह घर—वल्दिया, खड़ायत, महर, सेठी, रावल और सौन मध्यकाल में बग्वाल खेलते थे। मडुवे के खेतों की गुड़ाई के समय पहले रतनचन्द (1477-1505 ई.) का कटकू (सेना की पदयात्रा का गीत) गाया जाता था। उससे पता चलता था कि एक बार चम्पावती गढ़ का राजा रतनचन्द बग्वाल खेलने आया। उस बग्वाल में डोटी के शाही राजा के साथ बग्वाल में रतनचन्द का भड़ चिम सौन मारा गया। तभी भड़कट्या नाम पड़ा। इस बग्वाल से बारह वर्ष तक पिथौरागढ़ से चन्दों की प्रभुता समाप्त हो गई। बारह वर्ष बाद रतनचन्द पुन: मैदसौन नामक भड़ को लेकर पिथौरागढ़ आया और बग्वाल में विजयी हुआ।

कुमाउँनी भाषा में उत्कीर्ण प्रताप वर्मा का ताम्रपत्र निम्नवत है—

> श्री शाके 1380 समय मार्गसिर सुदी सप्तम्यां शनिवासरे राजाधिराज महाराज प्रतापवर्मा पदाचिरं जयतु। रजवार पाय संकल्प करि पला-पला फुलेदो पशाकियो खूमू पांडे हरिराम पांडे शांतिकर पांडे ले पायो। फुलेदा लगतो गाड घट्ट लेक इजर घर कुडि वणा छोड़ि राणा का पाय। कूटा का घाय आकाश को डिडो पाताल की निधि नाठ नठालि गड़ेलि पेटिली सर्वसोत्र भुचाउरणी पांडे की सन्तान भुचर्णी। अन्यथा नास्ति। अत्र सादक्षिणा: कालू बिष्ट जैत भण्डारी हर्षू बिष्ट माणाक महर। चार थान पंद्यु राज प्रतापब्रह्मसक्तिब्रह्म मन्याका पाप पहुया। स्वदत्तां परदत्तां वा यो हरेत् वसुन्धरां षष्टिर्वर्ष सहस्राणि बिष्टायां जायते क्रमि। लिखितामेदं पत्रं गभुदास पण्डितेन। सुभं भवतु।

अर्थात, श्री शक संवत 1380 (1458 ई.) के मार्गशीर्ष महीने के शुक्ल पक्ष की सप्तमी तिथि शनिवार को राजाधिराज महाराज प्रताप वर्मा की जै हो और वे दीर्घकाल तक विजयी रहें। रजवार ने पवित्र संकल्प कर दो पल्लिकाएँ (बड़े गाँव) फुलेदा क्षेत्र में दान कर दीं और खीमानन्द पांडे, हरिराम पांडे और शान्तिकर पांडे ने प्राप्त कीं। फुलेदा के समीप की गाड़, पनचक्की, पर्वत शिखर, घास का क्षेत्र आदि सभी दान में सम्मिलित हैं। इस क्षेत्र में रहने वालों के बड़े छोटे घर और जंगल दान में सम्मिलित नहीं हैं।

इस क्षेत्र से सम्बन्धित परम्पराएँ—विधवा का उत्तराधिकार, खोदने में मिलने वाला धन, नि:सन्तान का धन आदि सभी लाभों का स्वामित्व भी दिया गया है। इन लाभों को राजा द्वारा भोग कराना है और पांडे वंशजों द्वारा भोग करना है। इसमें कोई भी प्रीत व्यवस्था नहीं होगी। इस भूमिदान के साक्षी हैं—कालू बिष्ट, जैत भण्डारी, हर्षू बिष्ट, मणाक महर, चार थान (ब्राह्मण सभा), पन्द्रह हजार जनता। इस दान से प्रतापब्रह्म और सक्तिब्रह्म के पापों का अन्त होगा। अपने द्वारा दी गई अथवा दूसरे के द्वारा दी गई भूमि का जो हरण करता है वह साठ हजार वर्षों तक मल में कीड़ा बनकर रहता है।

इस पत्र को गभूदास पंडित ने लिखा। कल्याण हो।

प्रताप वर्मा के ताम्रपत्र का ऐतिहासिक दृष्टि से विशेष महत्त्व यह है कि अपने पूर्वज विजयब्रह्म की राजा उपाधि की जगह उसने राजाधिराज महाराज की उपाधि धारण की है। साथ ही कत्यूरियों की रजवार उपाधि का भी प्रयोग किया है। इससे पता चलता है कि कत्यूरी-राज्य के पतन और चन्दों के अभ्युदय के संक्रमण काल में उसने एक नए राज्य की नींव डालने की कोशिश की। उसका एक ताम्रपत्र पश्चिमी नेपाल से भी मिला है। अत: नेपाल विजय के कारण ही उसने राजाधिराज महाराज की उपाधि धारण की होगी। नेपाल और पिथौरागढ़ दोनों में सोर देश के बम राजवंश के वंशजों के गाँव हैं। पिथौरागढ़ के समीप द्योत गाँव में बम जाति रहती है। उनका विश्वास है कि नेपाल के पुरचूनी गाँव से उनके पूर्वज चतुरा बम पिथौरागढ़ आकर द्योत गाँव में बस गए। इस गाँव में प्राचीन कत्यूरी शैली की मूर्तियाँ और तलवारें हैं।

पिथौरागढ़ के आसपास के गाँवों से अभी तक बमों के चार ताम्रपत्र मिल चुके हैं—(1) ज्ञानचन्द और विजयब्रह्म का 1420 ई. का सेलोनी ताम्रपत्र, (2) विजयब्रह्म का मझेड़ा ताम्रपत्र (1427 ई.), (3) शक्तिवर्मा का बास्ते ताम्रपत्र और प्रतापवर्मा का छाना ताम्रपत्र।

इन ताम्रपत्रों से पता चलता है कि बमों ने चम्पावतीगढ़ के लटौली गाँव के लोगों को पिथौरागढ़ में सेरा-खड़कोट, सेलोनी, उर्ग, टकौर आदि गाँव दान कर दिए। छाना गाँव के दक्षिण में स्थित उदयपुर की पहाड़ी पर अपने लिए एक महल भी बनवाया। उनके नए भूमि-प्रबन्ध से स्थानीय जनता भड़क गई और उन्होंने उदयपुर को जला दिया।

पिथौरागढ़ नगर के अन्तर्गत बास्ते गाँव में मोल्पा देवी की मूर्ति पर उत्कीर्ण लेख में आनन्दमल्ल ने चन्द, बम और सोर के अधिकारियों को चेतावनी दी है। भारतीचन्द के सुई बिशंग ताम्रपत्र से पता चलता है कि चन्दों के राजमहल को बाईस हजार सेना ने घेर लिया और राजकुमार रतनचन्द को बड़ी मुश्किल से घेरे से बाहर निकाला गया।

हरीश पांडे के संकलन में दूसरा ताम्रपत्र कुमाऊँ के राजा बाजबहादुरचन्द का 1643 ई. का है, जिसमें भगीरथ पांडे को तराई भाबर में सीमला गाँव दान किया गया है। इस ताम्रपत्र में कुमाउँनी भाषा के साथ संस्कृत में चन्दों की वंशावली भी दी गई है। ताम्रलेख निम्नवत है—

> महाराजाधिराज श्रीराजा बाजबहादुर चन्द्र देव ले संकल्पपूर्व
> क करी सूर्यग्रहन की भूमि दीनि भगीरथ पांडे योग्य बोगसाड़ी का
> परेगना माज मौः सीमला दीनू थानसीग वालो दीनु धुरा डडा सुदा
> पाई सर्वकर अकर सर्वद्वंद्ध विसुभकरी पाई घोरालो कुकुरालो वाजनीया
> गडेली पेटीलो नाठनठाली सर्ग को ढिडो पाताल की नीधी सब तोड़ी पाई
> श्रीमहाराजा बाजबहादुर चन्द्रदेव की सन्तति ले मुचाउनु भगीरथपांडे की सन्तति ले
> मुचनु पत्र साछी माधव विस्वरूप पांडे महेश पन्थ बीठल जगति गुसाई
> सिमदार चन्द्रभान राउत प्रागदास जोईसी गौर्याकादड मौनी जैमल वो
> रो चैकुनु कादउ भडारी परसुराम पांडे भोगती तड़ागी सत्रुसिंग चौधरी सा
> लीवान कार्की भागीपुत बोरा चकरू पदार्थ भडारी नकुल सेज्याली
> चीता कुमा साउ कासी परमा रतगली लीरवीतं नरोत्तम जोईसी
>
> आसीत्कल्याणचन्द्रो रणविजितरिपुस्तत्सुतो रुद्रचन्द्रः शूरो विद्वान्विवेकी मुरिव महितस्तत्सुतौ लक्ष्मणोभूत ततूपुत्रो नीलचन्द्रः क्षितिपति तिलकस्तत्सुतो बाजचन्द्रः तेन प्रत्यर्थिकांताकचकुच कवरी हंस शोभा हराण॥ प्रजागदा सोदजनादिशर्मान्या वाजकत्र धरीधवेन ग्रामप्रदर्भ सीमलाभिधानं सुजेपि रागेर्ध्य भागीरथाय॥ भूमी यः प्रतिगृहणाती भूमिं यश्च प्रयछति॥ ता उभौ पुण्य कर्माणौ नीयत स्वार्गगामिनौ॥ श्री शाके 1565 समये जेष्ट सु 10 गुरो उद्घाटीतम मनी सुदार

कत्यूरी और चन्द शासनकाल में कुमाऊँ में यह परम्परा थी कि ग्रामीण गर्मियों में पहाड़ में रहते थे और जाड़ों में अपने परिवार और पशुओं को लेकर तराई-भाबर

में चले जाते थे। इसी क्रम में कुमाऊँ के राजा बाजबहादुरचन्द (1638-1678 ई.) ने छाना गाँव के भगीरथ पांडे को बोक्साड़ के परगने में मौजा सीमला दान कर दिया। इससे छाना गाँव के आर्थिक संसाधन बढ़ गए। गाँव में कृषि, पशुपालन और कुटीर उद्योग धन्धों से विशेष समृद्धि होने से अन्य गाँवों से भी रिश्तेदार छाना में आकर बसने लगे। आज भी छाना गाँव में कश्यपगोत्रीय पांडे और उपराड़ा गाँव से गए भारद्वाज गोत्रीय पन्त जाति के लोग रहते हैं। बम और चन्दों के राजगुरु होने से छाना में हस्तलिखित पुस्तकों का निर्माण किया गया ताकि राजकुमारों और राजकर्मचारियों के बच्चों को वैदिक, पौराणिक, ज्योतिष, धनुर्वेद और आयुर्वेद की पुस्तकें उपलब्ध हो सकें। आज भी गाँव से पलायन हो जाने के बावजूद छाना के पुराने मकानों में *भागवत, शिवपुराण, देवीभागवत, जैमिनीय, अश्वमेघ, रघुवंश, लघु सिद्धान्त कौमुदी* आदि की पांडुलिपियाँ बृहत् संख्या में उपलब्ध हैं। 1790 ई. में चन्दवंश की पराजय तक छाना गाँव पिथौरागढ़ में वैदिक गुरुकुल की तरह चलता रहा लेकिन उसके बाद इस गाँव के लोग आसपास के गाँवों में *भागवत पुराण, देवीभागवत शिवपुराण* और *सत्यनारायण कथा,* का वाचन करने लगे। कुछ लोग आयुर्वेद के अनुसार वैद्य का व्यवसाय भी करते थे।

इस गाँव के श्रीदेवीदत्त पांडे अल्मोड़ा के रामजे हाईस्कूल में अध्यापक थे। वे कुमाउँनी भाषा के प्रसिद्ध कवि गुमानी की पुत्री के बेटे थे। गुमानी कवि (1790-1846 ई.) की असामयिक मृत्यु से उनकी रचनाएँ बिखर गईं। उनके बेटे रामदत्त और गंगादत्त उपराड़ा गाँव में रहते थे और उनकी सौतेली माँ अपनी तीन वर्ष की बेटी को लेकर अपने मायके बेरीनाग के पास कपतोला गाँव में रहने लगी। उसी बेटी के पुत्र देवीदत्त पांडे ने नाना के बिखरे हुए साहित्य को संकलित किया। उसी के आधार पर उन्होंने प्रारम्भिक प्रयास में 1897 ई. में इटावा से *गुमानी कवि विरचित संस्कृत और भाषा काव्य* नामक पुस्तक प्रकाशित की। उनकी इच्छा गुमानी की अन्य रचनाओं को भी प्रकाशित करने की थी लेकिन यह कार्य सम्भव नहीं हो पाया। आज भी देवीदत्त पांडे के पौत्र चन्द्रशेखर पांडे के छाना स्थित पैतृक आवास में दो आलमारियों में दादा की संकलित पुस्तकें और पांडुलिपियाँ सुरक्षित हैं।

छाना गाँव के जनार्दन पांडे (अवकाश प्राप्त ए. डी. एम.) 'प्रदीप' नाम से कविताएँ लिखते हैं। उनकी अभी तक तेरह पुस्तकें (प्रेरक छन्द व प्रसंग, स्वर्णिम युग, अमृत वर्षा, गायत्री सार संग्रह, कंकर की यात्रा शंकर तक, अतीत के प्रेरक

आख्यान, श्री साईं भागवत कथा, पाँच दिव्य रामायणों के रोचक प्रसंग भेद, मानस के मंत्रवत मोती, सांईं सत्य सखा, वेदमाता व साईं गायत्री के प्रेरक सूत्र, महामहिमों से पत्राचार द्वारा सत्संग और काव्यमय एवं साहित्यिक प्रेरक पुराण) छप चुकी हैं। उन्हें उत्तराखंड की संस्कृति-कला परिषद द्वारा सारस्वत सम्मान भी दिया गया है।

छाना गाँव के इतिहास, संस्कृति और अर्थव्यवस्था का सबसे महत्त्वपूर्ण केन्द्र है—चंडाक का मोष्टमानू मन्दिर। ग्रामीण अनुश्रुति के अनुसार वैदिक युग में चंडिका देवी ने इस स्थान पर चंड राक्षस का वध किया था। अत: यह क्षेत्र चंडाक नाम से प्रसिद्ध हुआ। चंडाक से भुरमुणी तक का क्षेत्र गोरंगदेश कहलाता है, जिसमें मोष्टा, असुर और घरपाल जोगी के जागर आयोजित किए जाते हैं। ये देवता उत्तराखंड के अन्य क्षेत्रों में नहीं पाए जाते। चंडाक की समतल भूमि में मोष्टा देवता का विशाल और भव्य मन्दिर है। इस मन्दिर के परिक्रमा-पथ की दीवार पर गोकर्णेश्वर की तरह ही वासुकी नाग की मूर्ति भी है। गर्भगृह में पत्थर के लिंग की तरह स्थापित मोष्टा देवता के पार्श्व में कालिका देवी की स्थापना है। प्रतिवर्ष ऋषि पंचमी को मोष्टमानू में विशाल मेला लगता है। पिथौरागढ़ के जिला बनने (1960 ई.) से पहले यह एक व्यापारिक और सांस्कृतिक मेला था लेकिन पिथौरागढ़ में नगरीय व्यापार के विकसित हो जाने तथा सोर देश के कुटीर उद्योग-धन्धों के उजड़ जाने से मोष्टमानू में व्यापारिक गतिविधियाँ कम हो गईं और धार्मिक जुलूस का महत्त्व बढ़ गया है। मन्दिर से उत्तर की ओर एक वृक्ष के नीचे बने चबूतरे से उस आदमी को डोली में बिठाकर मोष्टा और कालिका देवी की जै-जैकार के साथ मन्दिर तक लाया जाता है, जिसके शरीर में देवता का अवतरण होता है। वह तांडव नृत्य करता हुआ एकत्रित जनसमुदाय के कल्याण की कामना करता है। मोष्टा को वर्षा का देवता माना जाता है। जब बहुत दिन तक वर्षा न होने से सूखा पड़ने लगता है, तब गोरंगदेश के ग्रामीण मोष्टा के मन्दिर में सहस्त्रघट तथा यज्ञ का आयोजन करते हैं। मोष्टमानू के उत्तर में स्थित नन्दादेवी और पंचचूली पर्वतमाला अपनी पूरी गरिमा के साथ दिखाई देती है, जिसे पुराण और महाकाव्यों में मेरु पर्वत कहा गया है तथा उसे देवताओं एवं मृतक आत्माओं का निवास माना जाता है। हिम से ढकी यह पर्वतमाला साधारणतया श्वेत दिखती हैं लेकिन प्रात: एवं सायंकाल जब इसी के ऊपर सूर्य की किरणें रह जाती हैं तब यह पीले (सुनहरे) रंग का दिखाई देता है। इसी कारण इसे मेरु के साथ-साथ सुमेरु भी कहा गया है।

मोष्टामानू मन्दिर की व्यवस्था के लिए बम राजाओं ने एक समिति का गठन किया जिसमें छाना गाँव के पांडे आचार्य, मझेड़ा गाँव के पाटनी कर्माधीश, रतवाली के जोशी ज्योतिषी, नाकोट के कांडपाल पुजारी तथा ढुंगा के बिष्ट डंगरिया बनाए गए। इस तरह की मन्दिर समितियाँ प्राचीन काल से ही कुमाऊँ में थीं जो राजकीय नियंत्रण से पूर्णतया स्वतंत्र थीं। पर्वताकर राज्य (पाँचवी और छठी सदी) के ताम्रपत्रों में इस तरह की संस्था को गौग्गुलिक परिषद, कार्तिकेयपुर के ताम्रपत्रों (सातवीं से दसवीं सदी ई.) में 'अधिष्ठान' और चन्द राजवंश के ताम्रपत्रों में 'चार थान' कहा गया है। अब मन्दिर समिति के रूप में इन्हें पंजीकृत किया गया है और मेलों के आयोजन के लिए उत्तराखंड के संस्कृति विभाग से इन्हें आर्थिक सहायता मिलती हैं। जनार्दन पांडे 'प्रदीप' के अनुसार छाना गाँव के शिरोमणि पांडे और उनके भाई ललिता प्रसाद पांडे नेपाल के पशुपतिनाथ से मोष्टा के वर्तमान लिंग को अपने सेवक धनसिंह के डोके में रखकर लाए और देवी इच्छा से चंडाक में विधिवत उसकी स्थापना कर दी।

छाना गाँव के नीलाम्बर पन्त नेताजी सुभाषचन्द्र बोस द्वारा स्थापित आजाद हिंद फौज में रहे और बाद में स्थानीय जनता में राष्ट्रीय कार्यक्रमों के माध्यम से जागृति फैलाते रहे।

स्वतंत्रता के बाद आजीविका की खोज में इस गाँव से पलायन शुरू हुआ। आबादी भी बढ़ी। भारत के विविध नगरों में इस गाँव के लोग बसने लगे। उनके साथ ही गाँव की होली, रामलीला, ऐंपण, महिलाओं के संस्कारगीत, भाषा तथा त्योहार भी भारत भर में फैल गए। आज भी गाँव में सुरक्षित ज्ञात और अज्ञात ऐतिहासिक साधन बम और चन्दवंश के राजकुमारों को शस्त्र एवं शास्त्र की शिक्षा देने वाले गुरुकुल की स्मृतियों को ताजा करने के लिए पर्याप्त हैं।

उत्तरकाशी शक्ति-लेख का सुमेरु

कुमाऊँ-गढ़वाल का राजनैतिक इतिहास (प्रारम्भ से तेरहवीं सदी ई. तक) शीर्षक से डॉ. (कु.) शाकम्भरी जयाल के निर्देशन में आगरा विश्वविद्यालय में शोध पंजीकरण कराने के बाद 1966 ई. में मैंने उत्तराखंड का ऐतिहासिक सर्वेक्षण शुरू किया। पिथौरागढ़ जिले में धारचूला के समीप तपोवन से लेकर देहरादून जिले में लाखामंडल तक पदयात्रा का आनन्द लेते हुए मुझे उत्तराखंड का सबसे महत्त्वपूर्ण स्मारक—उत्तरकाशी के विश्वनाथ मन्दिर में छठीं-सातवीं सदी के मध्य स्थापित शक्ति और उस पर उत्कीर्ण राजा श्रीगुह का अभिलेख मिला।

प्राचीन साहित्य में शूल, त्रिशूल और शक्ति नाम के तीन अमोघ अस्त्रों की चर्चा मिलती है। इसी क्रम का चौथा शस्त्र पाशुपातास्त्र नाम से पुकारा जाता है। विश्वनाथ मन्दिर के प्रांगण में इक्कीस फुट ऊँची और दो फुट मोटी शक्ति को देखते ही *रामायण* में वर्णित रावण की शक्ति और *महाभारत* में वर्णित कर्ण की शक्ति का स्वरूप साकार हो जाता है। भाले की तरह एक ही नोक वाला लम्बा धातु का डंडा शूल कहलाता था, उस पर तीन नोक बनाई जाए तो वह त्रिशूल कहलाता था। अगर तीनों नोंक के नीचे कुल्हाड़ी (परशु) बनी हो तो वह शक्ति कहलाती थी। शक्ति का अर्थ है—त्रिशूल और फरसे का सम्मिलित स्वरूप। राजा गुह ने उत्तरकाशी लेख में शिव-मन्दिर के आगे शत्रुओं की इच्छाओं को कुचल देने वाली शक्ति के निर्माण की निम्नवत घोषणा की है—

शक्तिं शत्रुमनोरथप्रमथनीं शम्भोश्चकाराग्रत:।

इस घोषणा से प्राचीन साहित्य में वर्णित शक्ति के सन्दर्भ में ऐतिहासिक शंकाएँ समाप्त हो जाती हैं। यह शक्ति तीन धातुओं से बनाई गई है—लोहा, ताँबा

और पीतल। गोपेश्वर के त्रिशूल की तरह यह मूल रूप में लोहे से बनाया गया है। स्तम्भ के नीचे लगभग एक हाथ की लम्बाई तक इसमें ताँबे के पत्तरों को जोड़ा गया है। ऊपर की ओर सत्रह फीट तक पीतल लगा है। शीर्ष में लोहे का प्रयोग है। इस अष्टकोणीय त्रिशूल को स्थानीय लोग देवी के रूप में पूजते हैं अत: इस पर उत्कीर्ण तीन पंक्तियों वाला संस्कृत भाषा का अभिलेख साधारणतया बन्द रहता है। इसी कारण थानेश्वर के पुण्यभूति और कन्नौज के मौखरी वंश का समकालीन लेख होने पर भी यह आज तक भारतीय इतिहास की पुस्तकों में स्थान नहीं पा सका है।

भारतीय इतिहास में सातवीं सदी के इस महत्त्वपूर्ण लेख को स्थान न मिलने के कई कारण रहे होंगे जिनमें डॉ. डब्ल्यू.एच. मिल द्वारा इसको गलत पढ़ा जाना और एटकिंसन द्वारा अपने *हिमालयन गजेटियर* में इसे बारहवीं सदी का घोषित कर देना सबसे महत्त्वपूर्ण कारण हैं। ट्रेल ने इसकी प्रतिलिपि बनवाकर कलकत्ता की एशियाटिक सोसाइटी के पास भेजी थी। उसी के आधार पर *जर्नल ऑफ एशियाटिक सोसाइटी बंगाल* के पाँचवें खंड में इसकी सूचना छप चुकी थी, फिर भी प्राचीन भारत पर पाठ्य-पुस्तक तैयार करने वाले किसी लेखक की नज़र इस पर नहीं पड़ी।

गंगोत्री के मुख्य यात्रापथ पर उत्तरकाशी जैसे तीर्थ में स्थित यह लेख लम्बे अर्से तक स्पष्ट रूप से नहीं पढ़ा गया। जनवरी 1933 में *गंगा* पत्रिका के पुरातत्त्व विशेषांक में वीरभद्र शर्मा तैलंग ने इसका मूल पाठ प्रकाशित किया। उन्होंने उत्तर गुप्तकालीन लिपि में उत्कीर्ण इस लेख को छठी-सातवीं सदी का बतलाया। इस लेख की लिपि कन्नौज नरेश हर्षवर्द्धन (606-648 ई.) के बाँसखेड़ा-ताम्रपत्र की लिपि से पर्याप्त साम्य रखती है।

इस अभिलेख के प्रारम्भ में यह कहा गया है कि गणेश्वर नाम का एक प्रसिद्ध राजा था। उसने हिमवत के शिखरों के समान ऊँचा शिव-मन्दिर बनवाया था। उसने अपनी तलवार के बल पर एक किरात (वनजाधिप) राजा को परास्त कर उसके वैभव पर अधिकार कर लिया। देवताओं के राजा इन्द्र से मित्रता की इच्छा से वह सुमेरु के आवास में चला गया।

उसके बाद उसका उदारचरित वाला पुत्र श्रीगुह गद्दी पर बैठा। विशाल आँखों और चौड़ी छाती वाले इस राजा की तुलना कामदेव, कुबेर और व्यास से की गई है। सच्चे धर्म की पताका फहराने वाले इस राजा ने शत्रुओं के मनोरथ

को कुचलने वाली शक्ति शिव-मन्दिर के प्रांगण में बनवाई।

इस अभिलेख के कई तथ्य ध्यान देने योग्य हैं। राजा गणेश्वर और श्रीगुह यहाँ के मूल शासक नहीं हैं। उन्होंने यहीं पर दो बार युद्ध लड़े हैं। गणेश्वर ने 'वनजाधिप' को परास्त किया था। वन में विचरण करने से किरातों के लिए वनज अर्थात वन में जन्म लेने वाला शब्द का प्रयोग हुआ है। भारवि ने अपने *किरातार्जुनीय* महाकाव्य में हिमालय के किरातों के लिए वनेचर शब्द का प्रयोग किया है। यह उल्लेख स्पष्ट करता है कि छठी सदी में उत्तरकाशी-क्षेत्र में किरातों का राज्य था। गणेश्वर ने उन्हें परास्त कर उनकी भूमि पर अधिकार कर लिया। उसकी मृत्यु के बाद वहाँ पर दूसरी बार युद्ध हुआ। उसके पुत्र श्रीगुह ने उन्हें परास्त कर उनकी भूमि पर अधिकार कर लिया। यह युद्ध एक बाह्य आक्रमण था। उसको रोकने में सफल होने से अपनी विजय की स्मृति में श्रीगुह ने शक्ति का निर्माण करवाया। लेख के अन्त में शत्रुओं को परास्त करने की स्मृति में बनाए गए कीर्तिस्तम्भ से चिरकाल तक राजा की कीर्ति के स्थिर रहने की कामना निम्नवत की गई है—

तावत्कीर्तिः सुकीर्तिश्चिरमरिमथनास्यास्तु राज्ञः स्थिरेयम्।

स्कन्दपुराण के *केदारखंड* नामक ग्रन्थ में गढ़वाल के तीर्थ और मन्दिरों की पौराणिक शैली में चर्चा है। उसमें उत्तरकाशी की शक्ति को देवताओं और असुरों के युद्ध से जोड़ा गया है—

निक्षिप्त यत्र पूर्वं हि संगरे देवतासुरैः।
अद्यापि दृश्यते तत्र शक्तिर्धातुमयी शुभा॥

[*स्कन्दपुराण*, अध्याय 83]

प्राचीन ग्रन्थों में असुर और म्लेच्छ शब्द बाह्य आक्रान्ताओं के लिए प्रयुक्त होते रहे हैं। एटकिंसन (3/45) ने उत्तरकाशी की स्थानीय मान्यता का उल्लेख करते हुए बताया है कि उस शक्ति का निर्माण हुणदेश (तिब्बत) के शासक ने किया था। उत्तरकाशी पर हूण आक्रमण की पुष्टि बाणभट्ट लिखित हर्षचरित नामक ग्रन्थ से भी होती है। इस ग्रन्थ में थानेश्वर के राजवंश से सम्बन्धित दो उल्लेख हैं। प्रारम्भ में बाण ने थानेश्वर के राजा प्रभाकरवर्धन को हूणहरिणकेसरी अर्थात हूण रूपी मृगों

के लिए शेर कहा है। इस आधार पर वाशुदेवशरण अग्रवाल की धारणा है कि हूणों के साथ प्रभाकरवर्धन की भिड़न्त 575 ई. के लगभग हुई होगी। द्वितीय उल्लेख के अनुसार प्रभाकरवर्धन की मृत्यु से कुछ समय पूर्व उत्तरापथ में हूणों को भगाने के लिए उसने अपने ज्येष्ठ पुत्र राज्यवर्धन को सेना सहित भेजा। उत्तरापथ को 'कैलास की प्रभा से भासित' तथा 'हिमाच्छादित पर्वतों के समीप' कहा गया है—

> अथ कदाचिद्राजा राज्यवर्धनं हूणान्हन्तुं-साभिसरमू उत्तरापथं प्राहिणोत्।
> प्रविष्टे च कैलासप्रभाभासिनीं ककुभं विक्रमरसानुरोधिनि केसरि-शरभ-शार्दूल-वाराहबहुलेषु तुषारशैलोपकण्ठेषू।
>
> [*हर्षचरित*, 5/250-251]

छोटा राजकुमार हर्षवर्धन भी अपने बड़े भाई के साथ गया था लेकिन कुछ पड़ावों के पश्चात हिमालय की तराई में, जहाँ सिंह, वराह आदि का बाहुल्य था, वह शिकार खेलने के लिए रुक गया और राज्यवर्धन तुषार शैल अर्थात हिमानी पर्वतों की ओर चला गया। यह घटना 605 ई. के आसपास की है। *हर्षचरित* के अनुसार पिता की मृत्यु के उपरान्त राज्यवर्धन हूणों को जीतने वाले युद्ध में घायल होकर थानेश्वर लौटा था और उसके शरीर के घावों पर लम्बी सफेद पट्टियाँ बँधी हुई थीं।

ऐतिहासिक साधनों की समसामयिकता को देखते हुए यह प्रतीत होता है कि थानेश्वर के राजकुमार राज्यवर्धन और उत्तरकाशी शक्ति लेख के राजा श्रीगुह का 605 ई. में युद्ध हुआ था। चीनी यात्री ह्वेनसांग ने अपनी पुस्तक 'सी-यू-की' में 629 से 644 ई. के मध्य गंगोत्री से हरिद्वार तक गंगा घाटी में 'मतिपुर' नामक राज्य का उल्लेख किया है। उसके अनुसार आधुनिक बिजनौर जिले का मोरध्वज (प्राचीन मयूर नगर) भी मतिपुर राज्य के अन्तर्गत था।

उत्तरकाशी शक्ति लेख में सुमेरु पर्वत का उल्लेख उत्तरांचल के प्राचीन इतिहास के लिए महत्त्वपूर्ण है। वैदिक भूगोल से जुड़ा यह शब्द उत्तराखंड के इतिहास-लेखकों के लिए अभी तक उपेक्षा का विषय रहा है। उत्तरकाशी लेख में राजा गणेश्वर की मृत्यु के सम्बन्ध में यह कहा गया है कि वह सुमेरु में निवास करने के लिए चला गया। इसका अर्थ है सुमेरु पर्वत के ऊपर मृतकों की आत्मा के निवास की परम्परा थी। सुमेरु के ऊपर देवताओं के निवास की परम्परा होने से यह कहा गया है कि राजा गणेश्वर वहाँ देवराज इन्द्र से मित्रता की इच्छा से गया।

अमरकोष (प्रथम कांड, स्वर्ग वर्ग) में सुमेरु पर्वत के चार पर्यायवाची शब्द-मेरु, हिमाद्रि, रत्नसानु और सुरालय (देवताओं का निवास) दिए गए हैं—

मन्दाकिनी वियद्गङ्गा स्वर्णादी सुरदीर्घिका।
मेरुः सुमेरुर्हेमाद्री रत्नसानुः सुरालयः॥ 53॥

पौराणिक ग्रन्थों में मेरु नाम के एक ऋषि का उल्लेख मिलता है। उनके पुत्र का नाम मन्दर था तथा उनकी पुत्रियाँ भृगु ऋषि के पुत्र को ब्याही थीं। उन्होंने आधुनिक नन्दादेवी पर्वत का भौगोलिक और ज्योतिषीय अध्ययन किया। जिससे यह पर्वत प्राचीन भारत में मेरु पर्वत के नाम से प्रसिद्ध हो गया। मेरु पर्वत से तिब्बत में सरस्वती नदी निकलती थी, आगे बढ़ने पर उसमें गौरी पर्वत और मानसरोवर से निकलकर दो अन्य धाराएँ मिलती थीं। यमुना और सतलज नदियों के मध्य आधुनिक हिमाचल प्रदेश में बहती हुई यह नदी कुरुक्षेत्र में पहुँचती थी, कुरुक्षेत्र से जयपुर, अजमेर और पुष्कर होती हुई प्रभास तीर्थ के पास गुजरात में समुद्र में मिलती थी। राजा भगीरथ द्वारा गंगा नदी में पानी बढ़ाने के प्रयास में सरस्वती का उद्गम बन्द हो गया और यही जल बदरीनाथ के समीप माणा गाँव में सरस्वती कहलाया। *स्कन्दपुराण* के *मानसखंड* में सरस्वती के मेरु की जड़ में लुप्त होने की चर्चा है। (अध्याय 18)

सरस्वती नदी के तट पर कुरुक्षेत्र से लेकर गंगा के तट पर स्थित हस्तिनापुर तक का क्षेत्र प्राचीन साहित्य में कुरुदेश कहा गया है। यहीं से कुरु जाति की एक शाखा सरस्वती नदी के तटवर्ती मार्ग से तिब्बत में कैलास-मानसरोवर के क्षेत्र में बस गई। इसी कारण मेरु पर्वत के उत्तर में कैलास-मानसरोवर की भूमि को उत्तर कुरु कहा जाने लगा। इसी तरह वैदिक काल में पंजाब में स्यालकोट के समीप रहने वाली मद्र जाति सिन्धु नदी की सात सहायक नदियों को पार कर बाल्हीक (आधुनिक बल्ख) में बस गई, जिससे बल्ख-बदख्शां वाली भूमि उत्तरमद्र के नाम से प्रसिद्ध हुई।

वैदिक भूगोल में अभिरुचि रखने वालों को आर्यावर्त, भारतवर्ष और जम्बूद्वीप शब्दों की स्पष्ट जानकारी होनी चाहिए। आज ब्रिटिश कालीन इतिहास-लेखकों द्वारा अपनाई गई औपनिवेशिक शैली से प्राचीन भारत का सारा इतिहास विवाद के चक्रव्यूह में फँस गया है। आर्यावर्त शब्द उत्तर में मानसरोवर, पश्चिम में कुरुक्षेत्र, दक्षिण में पुष्कर और पूर्व में गया तक की भूमि के लिए प्रयुक्त शब्द है। मोटे

तौर पर हिमालय से विंध्य पर्वत की भूमि आर्यावर्त कहलाती थी। हिमालय से समुद्र तक की भूमि के लिए भारतवर्ष नाम प्रचलित था। भारतवर्ष में उत्तरकुरु (तिब्बत) और उत्तरमद्र (बल्ख) के सम्मिलित होने से जम्बूद्वीप नाम प्रसिद्ध हुआ। अशोक मौर्य (268-236 ई.पू.) ने रूपनाथ-अभिलेख में अपने साम्राज्य का नाम जम्बूद्वीप दिया है। चीनी यात्री ह्वेनसांग ने भी अपने यात्रा वृत्तान्त में जम्बूद्वीप नाम का अनेक बार प्रयोग किया है। राजशेखर (857-884 ई.) ने अपनी पुस्तक *काव्यमीमांसा* में मेरु पर्वत को जम्बूद्वीप के मध्य में स्थित माना है और इस पर्वत को जड़ी-बूटियों का भण्डार बताया है।

डॉ. हर्ष ने 1964 ई. में विश्वेश्वरानन्द वैदिक शोध संस्थान होशियारपुर पंजाब से *मेरु : होमलैंड ऑफ दी आर्यन्स* नामक पुस्तक प्रकाशित की। उसमें रूस के आलताई पर्वत के क्षेत्र में मेरु की स्थिति मानी है। मंगोलियन भाषा में आलताई (आल्तेन उला) का अर्थ सुवर्ण पर्वत होने से यह तादात्म्य माना है। पामीर से भी मेरु के तादात्म्य की कोशिशें हुई हैं। मन्दसौर-शिलालेख के अनुसार गुप्त सम्राट कुमारगुप्त (412-455 ई.) की पृथ्वी रूपी राजलक्ष्मी के दो पयोधरों के समान कैलास और सुमेरु पर्वत थे।

आठवीं सदी में कार्तिकेयपुर के खष राजाओं ने अपनी कुलदेवी नन्दा की मेरु पर्वत में स्थापना की। मानसखंड के अनुसार वासुदेव कृष्ण की जिस बहन को मथुरा के राजा कंस ने मार डाला था, वही नन्द गोप की पुत्री नन्दादेवी के नाम से प्रसिद्ध हुई। आज भारत में नन्दादेवी पर्वत सबसे ऊँचा है और पवित्र माना जाता है। यही प्राचीन युग का मेरु पर्वत है। बर्फ से ढका रहने से इसे हिमाद्रि कहा जाता था। बर्फ का रंग श्वेत होने से इसे श्वेत पर्वत और तुषार शैल भी कहते थे। जब सूर्यकिरणें प्रात: और सायंकाल केवल इसी में रह जाती हैं तब यह पीले रंग का दिखाई देता है, इसीलिए इसको सुमेरु अर्थात सुनहरा मेरु भी कहा गया। तिब्बत में आज भी इसके पृष्ठभाग में सोना पाया जाता है। पहले पिंडर नदी के बालू में रेत के कण के बराबर सोना छानकर निकाला जाता था। चींटी के आकार का होने से उसे प्राचीन युग में पिपीलक स्वर्ण कहते थे। हिमालय के इस स्वर्ण की ख्याति चीन और यूनान तक फैली हुई थी।

आज भारतीय भूमि से सरस्वती नदी और उसके उद्गमस्थल सुमेरु पर्वत का ज्ञान भले ही लुप्त हो गया हो, लेकिन किसी समय वे भारतीय लोकमानस में सबसे प्रिय थे। बदरीनाथ मन्दिर के पंचबदरी मन्दिर-समूह (आदि बदरी, विशाल बदरी,

ध्यान बदरी, योग बदरी और भविष्य बदरी) की भूमि प्राचीन युग में गन्धमादन कहलाती थी। मालवा के राजा भोज परमार (1005-1055 ई.) ने अपने *समरांगण सूत्रधार* नामक ग्रन्थ में लिखा है कि मेरु पर्वत के उत्तर में नील पर्वत, दक्षिण में निषध, पर्वत पूर्व में मूल्यवान्त और पश्चिम में गन्धमादन पर्वत हैं। भोज का यह कथन उत्तरांचल के इतिहास में विशेष ध्यान देने योग्य है कि सुमेरु पर्वत के पश्चिम में गन्धमादन पर्वत है।

उत्तरकाशी के शक्ति स्तम्भ-लेख में सुमेरु का उल्लेख यह संकेत करता है कि गणेश्वर और गुह का राज्य पूर्व में नन्दादेवी पर्वत तक रहा होगा।

मेरा पहला सर्वेक्षण : भारुड़ी

सरयू और पूर्वी रामगंगा के संगम पर स्थित रामेश्वर पिथौरागढ़ नगर और उसके समीपस्थ गाँवों का श्मशान है। वहाँ जाने के लिए तीन मार्ग प्रचलित रहे हैं— भारुड़ी, थल और गुरना। जब मैं आठ वर्ष का था, मेरी दादी स्व. कमला देवी की मृत्यु के समय उनके शव को भारुड़ी के रास्ते ले जाने के पक्ष और विपक्ष में जो विचार व्यक्त हुए, उन्हें सुनकर मेरी इच्छा भारुड़ी के दुर्गम मार्ग, वहाँ स्थित अठमोली धर्मशाला और कैलास के तीर्थयात्रियों की सुविधा के लिए बने भारनौल को देखने की जगी। दस किलोमीटर के पैदल मार्ग में पाँच किलोमीटर सीधा उतार अथवा धार होने से मार्ग कई स्थानों पर क्षतिग्रस्त हो चुका था। इसी कारण 1950 ई. के बाद इस मार्ग का महत्त्व जाता रहा। उससे पूर्व यह लोक-विश्वास था कि अयोध्या के राजा राम उसी मार्ग से कैलास गए थे। उस मार्ग में भीमपानी और अर्जुनेश्वर में पांडवों की कैलास-यात्रा की स्मृतियाँ भी हैं। रामेश्वर से पिथौरागढ़ के मध्य हाट नामक गाँव में पहले सोर का बाजार थी। कत्यूरी शैली के सात मन्दिर और मध्यकाल में बना हाट का नौला पुराने युग की अनेक लोक-गाथाओं— कटकू, भड़ौ और जागर में याद किया जाता है। हाट के नौले में शिलालेख नहीं है लेकिन भारुड़ी के भारनौल की दीवार पर एक मध्यकालीन शिलालेख होने से यह विशेष चर्चित था।

जाख गाँव के बड़गूँ नामक मुहल्ले में हमारे पड़ोस में सुरेश पन्त जी रहते थे। वे मूलत: गंगोलीहाट के उप्राड़ा गाँव के निवासी थे। पिता की मृत्यु के बाद अपनी माँ तिलोत्तमा देवी के साथ अपनी ननिहाल जाख गाँव में आ गए थे। बड़गूँ के सारे मुहल्ले में वर्ष भर वीरानी रहती थी। फसल के समय लोग वहाँ आते और अपने हिस्से का अनाज वसूल कर विशाड़ गाँव वापस आ जाते। केवल दो

महिलाएँ—पार्वती देवी और उनकी पुत्री तिलोत्तमा देवी वहाँ रहती थीं। 1959 ई. में हाईस्कूल की परीक्षा के बाद जब मैं बड़गूँ गया तो सुरेश जी ने मुझे जाख गाँव के दो ऐतिहासिक स्थल दिखाने की इच्छा व्यक्त की। वे अल्मोड़ा से बी. ए. प्रथम वर्ष की परीक्षा देकर बड़गूँ आए थे। जाख गाँव के उत्तरी छोर पर धूमाकोट एक गिरि दुर्ग था। जिसकी सुरंग की आसपास के इलाकों में चर्चा थी। वर्षा के समय इस पहाड़ी से काले और लाल रंग के मिट्टी के बर्तनों के टुकड़े बहकर आते थे। जाख से दो किलोमीटर दक्षिण में भारुड़ी थी। मैंने धूमाकोट की अपेक्षा भारुड़ी जाना उचित समझा। यही मेरी पहली ऐतिहासिक सर्वेक्षण की यात्रा थी। भारूड़ी का विवरण तैयार करने के लिए मैंने एक पैन, कागज के चार पन्ने और एक फीता रख लिया।

बड़गूँ से हम सिद्धाश्रम पहुँचे। वहाँ से मेलडुंङरी गाँव के द्यौल डाण में। पूछताछ पर पता चला कि अल्मोड़ा के चन्दवंशीय राजा उद्योतचन्द ने 1662 ई. में इलाहाबाद के समीप झूसी से एक ब्राह्मण बुलाकर रामेश्वर मन्दिर में पूजा का दायित्व सौंपा और मेलडुंङरी गाँव दान में दिया। इस गाँव में एक विशाल ताम्रपत्र है, जिसमें रामेश्वर मन्दिर की भोग व्यवस्था पर विस्तार से चर्चा है। मन्दिर में लिंग के ऊपर लगाने के लिए सोने का एक साँप, चाँदी के चार दंड और बड़ा-सा चाँदी का चँदोवा भी है। ताँबे की ढाई किग्रा. की एक नाली भी है। ताम्रपत्र के अनुसार सोर, गंगोली और कुमाऊँ के गर्खे (परगना) में प्रत्येक परिवार से पुजारी फसल के बाद एक नाली अन्न वसूल करते थे। जिसे 'नैंनाकी' कहा जाता था। रामेश्वर मन्दिर में पूजा और भोग मेलडुंङरी गाँव के जोशी लगाते थे तथा अन्न एकत्र करने का कार्य जाख और चमडुंङरा गाँव में रहने वाले गुसाईं सम्प्रदाय के महन्त करते थे। कभी अस्वस्थ होने पर पुजारी रामेश्वर मन्दिर न जा सके तो एक काले पत्थर का शिवलिंग द्यौल डाँण में रखा हुआ था। संस्कृत शब्द देवल से पहाड़ी भाषा में द्यौल शब्द बना। ऊँचाई में होने से डाँण शब्द प्रचलित हुआ।

मेलडुंङरी उर्वर गाँव है। पहाड़ की तलहटी में गरम जलवायु होने से यहाँ ऊपरी क्षेत्र में ठंडी जलवायु के फल और फसलें होती हैं और निचले क्षेत्र में गरम जलवायु की फसलें। पानी की अधिकता के कारण यहाँ फल और सब्जियाँ खूब होती हैं। इस क्षेत्र में च्यूर के विशाल वृक्ष रामेश्वर तक पाए जाते हैं। जिसे संस्कृत भाषा में इंगुदी कहा जाता है। इसी तरह यहाँ के तिमुल नामक पेड़ को संस्कृत भाषा में उदुम्बर कहा जाता है। खोली और छाजे वाले तिमंजिले मकानों की कला

उन्नत स्थापत्य कला का नमूना है। गाँव में एक प्राचीन नौला भी है। इस गाँव में कई लोकगायक हैं, जो रामेश्वर के माघ मेले में कई रातों तक प्रतियोगिताओं में भाग लेते रहे। रतनचन्द नामक चम्पावत के राजा का कटकू अर्थात सेना के प्रयाण का गीत यहाँ विशेष रूप से प्रचलित है। उसे हुड़के की थाप के साथ खेतों की गुड़ाई के समय गाया जाता है।

यहाँ से एक बुजुर्ग महाशय भारनौल दिखाने के लिए हमारे साथ चल पड़े। गाँव की दक्षिणी सीमा से रामगंगा और सरयू नदी के दोनों ओर पाँच हजार फीट ऊँचाई वाले सीधे पहाड़ हैं। मन्दिर के उत्तर में खुटी, पश्चिम में बौतड़ी और दक्षिण में सेरा गाँव में समतल खेत हैं जिन्हें पहाड़ी भाषा में सेरा कहते हैं। इनमें बासमती चावल खूब होता है। आम, अमरूद, केला और पपीता भी बहुत है। चारों ओर साल के पेड़ हैं। यहाँ से रामेश्वर मन्दिर और रामपौड़ी साफ दिखाई देती है।

गाँव की दक्षिणी सीमा पर दो कठपतियाँ हैं जिनमें लाल और सफेद रंग की चीरें बँधी हैं। पथिक इन पर पत्थर चढ़ाते हैं। यहाँ से एक फर्लांग नीचे की ओर आठ कमरों वाली एक धर्मशाला है। इस धर्मशाले में आठ दरवाजे होने से इसे अठमोली धर्मशाला कहते हैं। स्थानीय लोग इसे शौक्याणी की धर्मशाला भी कहते हैं। इस धर्मशाले में लकड़ी का कोई प्रयोग नहीं है। कुमाऊँ के मकानों की परम्परागत छतों में जिस तरह काले रंग के पत्थरों का प्रयोग किया जाता है, वैसे पत्थरों की छत इस धर्मशाले में नहीं है। आठ कमरों वाले इस इकमंजिले धर्मशाले में जिस तरह के पत्थर दीवार में लगे हैं, उसी तरह के पत्थर छत में भी हैं। हमारे पथ-प्रदर्शक जोशी जी ने बताया कि 1840 ई. में कमिश्नर रामजे से प्राप्त आर्थिक सहायता से तारादत्त भट्ट ने यह धर्मशाला पदम सिंह को ठेका देकर बनवाई। लागत करीब एक सौ चालीस रुपये थी। पिथौरागढ़ के दारमा क्षेत्र की 'शौक' परिवार की एक महिला जसुली बुढ़ी ने अंग्रेज़ कमिश्नर रैमजे को रुपये देकर कुमाऊँ के सभी यात्रा-मार्गों में ऐसे धर्मशाले बनवाए थे। इसी कारण ये धर्मशाले 'शौक्याणी' की धर्मशाला के नाम से प्रसिद्ध हैं। अल्मोड़ा-पिथौरागढ़ पैदल मार्ग में बाँस और ब्वेल में भी इसी तरह का आठ कमरों की धर्मशाला है। अंग्रेज़ों के स्वागत के लिए तारादत्त भट्ट ने भारुड़ी में सड़क बनवाई थी और अस्कोट के रजवार ने गोरी नदी में झूलापुल बनवाया था। इस सन्दर्भ का एक झोड़ा गीत भी वहाँ प्रचलित है—

भारुड़ी बाटा सड़क लागी
तारा भटा का पाला।
गोरी माझ झूलो लाग्यो
रजबारा का पाला॥

अठमोली धर्मशाला से एक किलोमीटर नीचे विशाल समतल कटे हुए गेहुँए रंग के पत्थरों से बनी भारनौल नामक बावड़ी है। पानी के संचय के लिए चार पाट गहराई का कुंड है। प्रवेश द्वार के दाहिनी ओर पीले रंग के पत्थर पर पाँच पंक्ति का निम्न शिलालेख संस्कृत भाषा में उत्कीर्ण है—

ऊँ अत्र सिद्ध विक्रम क्षितिपतेः पुत्रस्तदानीं प्रिया
त्यत्रवा स्वामि गुल्म दुर्ग सहितं पारेसु सीतंगवजः॥
तेने षनन्नित सुनीरं पुष्पप्रिया वापिका।
उत्सृष्टा कमला सवित्रं एकरा धर्माभूयात्सदा॥
श्रीकृष्णारर्पणमस्तु॥ मनातवलोकतो सुभेः

ओम! यहाँ पर सिद्धि प्राप्त हो। राजा विक्रम के पुत्र की पत्नी ने पति की सेना और दुर्ग का त्याग कर दिया और इस स्थान पर शीतल जल खोदकर भव्य वापिका का निर्माण किया और उसके चारों ओर पुष्पवाटिका बनवाई। यहाँ पर सूर्य की पूजा के लिए कमल के फूल भी उगाए। इस धर्म कार्य की प्रशंसा चारों ओर हुई। यह कार्य उसने भगवान श्रीकृष्ण को अर्पित किया। दर्शकों का कल्याण हो।

यह एक आश्चर्य की बात है कि दुर्गम पहाड़ी को काटकर कैलास के तीर्थयात्रियों के लिए रामेश्वर के समीप एक कृष्णभक्त महिला ने शीतल पेयजल की व्यवस्था की और पुष्पवन लगाया। इस जलकुंड की तीनों दीवारों के बाहर एक छत से ढकी चहारदीवारी भी बनी है ताकि वहाँ पर कैलास के तीर्थयात्री भोजन बना सकें और आराम कर सकें।

इस लेख में कोई तिथि नहीं है। 'विक्रम क्षितिपति' का उल्लेख होने से इसे चम्पावत के राजा विक्रमचन्द (1420-1422 ई.) की पुत्रवधू द्वारा निर्मित माना जा सकता है। भारुड़ी से लौटते समय चढ़ाई में उस मार्ग से जुड़ी अनेक लोकगाथाओं से परिचय हुआ। चम्पावत के चन्दवंश और अस्कोट के पालवंश के बीच कई पीढ़ियों तक उस मार्ग में प्रकट और प्रच्छन्न युद्ध होते रहे। काकड़-बाराकोट

क्षेत्र के लोगों के लिए 'ब्योध' के बहाने भारुड़ी के नौले का पानी छिरा देने की कहानियाँ भी सुनीं। बाबा रतनगिरि का नाम भी सुनने को मिला जिस पर कमिश्नर रामजे को 1857 ई. का विद्रोही होने की शंका थी। दीर्घकाल तक जीवित रहने वाले उस बाबा ने रामेश्वर, अर्जुनेश्वर, विल्वेश्वर और थलकेदार के चार विशाल मन्दिर पिथौरागढ़ के समीप बनवाए थे। जब वह भिक्षाटन को जाता था तो उसके साथ एक भूरे बाबा (यूरोपियन व्यक्ति) एकतारा बजाते हुए चलता था।

गुमानी कवि की आत्मकथा

गुमानी कवि का नाम मैंने सबसे पहले अपने गाँव के कर्माधीश (स्व.) हरिदत्त भट्ट से सुना। ग्रीष्मावकाश में बिशाड़ गाँव के लड़के प्रातः 5 बजे जंगल (मालवन) जाकर छापरियों में हिसालू तोड़कर लाते थे। इमलियों की पत्ती में लपेटकर दोपहर में सारा परिवार हिसालू खाता और गाँव घरों के किस्से-कहानियों का आनन्द लेता। ऐसे ही मौके पर 1958 ई. में मैंने हरिदत्त भट्ट से हिसालू पर लिखी गुमानी कवि की निम्न कविता सुनी—

हिसालू का जात बड़ी रिसालू
जाँ जाँ जाँछ उधेड़ि खाँछ
ये बात को क्वे नको नि मान
दुदियाल की लात सौणी पड़ंछ

उन्हीं से ज्ञात हुआ कि गुमानी गंगोलीहाट के समीप उपराड़ा गाँव के निवासी थे। आयुर्वेद के वंशानुगत व्यवसाय के बावजूद ज्योतिष विद्या में उन्होंने विशेष दक्षता प्राप्त की। उन्हें होली का विशेष शौक था। उन्होंने राग श्याम कल्याण में निम्नलिखित होली की रचना की जो आज भी कुमाऊँ-गढ़वाल के परम्परागत होलारों में लोकप्रिय है—

केहि विधि फाग रचायो
मोहन मन लीनो!
मुरली नागिन सुनि, वंशी नागिन सुनि!
सूरन के प्रभु, गिरधर नागर!
कहत गुमानी, दरश तिहारो पायो!

मोहन मन लीनो!
ब्रज बाँवरी मोसे, बाँवरो कहत है!
अब हम जानै, बावलो भयो नन्दलाल!
मोहन मन...

1961 ई. तक कुमाऊँ में होली के टीके की शाम गाँव में टङौट (सार्वजनिक मंच) का आयोजन होता था, उसमें गाँव के सभी स्त्री-पुरुष, बालक-वृद्ध तथा अतिथिगण, कविताएँ, चुटकुले, स्वांग और नाटक प्रस्तुत करते थे। उपराड़ा गाँव में ससुराल होने से हमारे गाँव के टङौट में हरिदत्त भट्ट गुमानी की हास्य-व्यंग्य प्रधान रचना सुनाते थे। गुमानी की हास्य-व्यंग्य प्रधान रचनाओं से यह स्पष्ट है कि वे टङौट परम्परा के कवि थे। उन्होंने अपने गाँव उपराड़ा के सम्बन्ध में कुमाउँनी भाषा में जो कविता बनाई है, वह गाँव के टङौट में ही सुनाई जा सकती है।

बने-बने काफल किलमड़ो छ,
बाड़ामुणी कोमल काकड़ो छ।
गोठन् में गोरू लैण बाखड़ो छ,
थातीन में उत्तम उपरड़ो छ॥

इसी तरह गंगोली क्षेत्र के भोजन पर भी उनकी कविता गाँव के कार्यक्रम में ही प्रस्तुत की गई होगी—

केला निम्बु अखोड़ दाडिम रिखू नारिंग आदो दही
खासो भात जमालिको कलकलो भूना गडेरी गवा।
च्यूड़ा सद्य उत्योल दूध वकलो घ्यू गाय को दाणेदार
खानी सुन्दर मौणियाँ धंबड़ुवा गंगावली रौणियाँ॥

अपने गाँव में लोकप्रियता अर्जित कर गुमानी अन्य गाँवों के टङौट में गए होंगे। यही उनकी लोकप्रियता का आधार रहा होगा।

होली-टङौट के सरस वातावरण के अलावा बाल्यकाल में माँ-बाप की मृत्यु, काशीपुर छोड़कर उपराड़ा में रहना और गोरखा-अंग्रेज़ों की कुली बेगार प्रणाली ने भी कवि-कर्म में प्रगति की होगी। 1790 से 1815 ई. तक कुमाऊँ में नेपाल के गोरखा शासन में ग्रामीण जनता से बलपूर्वक धन एकत्र कर कुलीबेगार परम्परा

से वह धन काठमांडू पहुँचाया गया। कुमाऊँ की जनता का धन भी गया और उसे काठमांडू पहुँचाने में कुली-बेगार भी देनी पड़ी। उस समय पिथौरागढ़ के आधुनिक बालिका इंटर कॉलेज के स्थान पर एक तिमंजिला किला था जिसे गोरख्या किल कहा जाता था। इसी किले में गुमानी ने लगभग बीस वर्ष की आयु में गोरखों को निम्न कविता सुनाई—

दिन-दिन खजाना का भार का बोकणा ले
शिव-शिव चुलि में का बाल नै एक कैका।
तदपि मुलुक तेरो छाँड़ि नै कोई भाजा,
इति वदति गुमानी धन्य गोर्खालि राजा!!

यही कविता गुमानी की पहली सार्वजनिक कविता रही होगी। अत्याचारी गोरखों के सैन्य शिविर में जाकर उनके शोषण पर तनी सटीक कविता सुनाने से गुमानी जनकवि बन गए। गोरखों की कुली-बेगार नीति का कुमाऊँ के कई गाँवों ने विरोध किया। बिशाड़ गाँव को गोरखों ने कुली बेगार से छूट की जो सनद दी उसी को आधार मानकर अंग्रेज़ों ने भी बिशाड़ गाँव को कुली-बेगार से मुक्ति का आदेश जारी किया। उपराड़ा गाँव को कुली-बेगार से मुक्ति दिलाने के लिए गोरखा और ब्रिटिश युग में गुमानी ने जो प्रयास किए, उसमें उन्हें सफलता नहीं मिली लेकिन वे गाँव के नेता बन गए। उन्होंने अपनी जन्मकुंडली के फलित में अपने लिए नेता, कुलावतंस और विष्टिकारो (बेगार देने वाला) कहा है।

गुमानी कवि की जन्मकुंडली का पता मुझे 1964 ई. में गुड़ोली गाँव (पाताल भुवनेश्वर के समीप) में चला। गुमानी के चाचा राधाकृष्ण के वंशज मथुरादत्त पन्त ने बताया कि गुमानी कवि के दो विवाह थे। बवासीर के रोग से उनकी मृत्यु हुई। मरने से पहले उन्होंने अपनी जन्मकुंडली के फलित के रूप में अपनी आत्मकथा लिखी। अपनी तीन वर्ष की लड़की और आत्मकथा को लेकर गुमानी की पत्नी उपराड़ा से अपने मायके कपतोला गाँव (बेरीनाग) चली गईं। उस लड़की का विवाह बाद में छानागाँव में हुआ। उसी के पौत्र देवीदत्त पांडे ने गुमानी की कविताओं को छपाया जो गुमानी-गुटका के नाम से चर्चित है। कपतोला गाँव के गोविन्दबल्लभ पन्त के यहाँ सुरक्षित गुमानी की जन्मकुंडली देवीदत्त पांडे को न मिलने से उन्होंने गुमानी के जीवन पर विशेष प्रकाश नहीं डाला और कवि के जीवन के सम्बन्ध में कई भ्रान्तियाँ फैलती रहीं।

योगेश जोशी और (स्व.) गिरिजाशंकर पन्त के प्रयासों से गुमानी कवि की आत्मकथा अब शोधार्थियों और पर्यटकों के लिए गुमानी शोध केन्द्र, उपराड़ा में उपलब्ध है। इस आत्मकथा को कवि ने अपनी जन्मकुंडली को आधार मानकर चम्पू शैली (गद्य-पद्य) का प्रयोग किया है। प्रारम्भ में जन्मकुंडली निम्नवत दी गई है—

> श्री विक्रमादित्य राज्याद् गताब्दा: 1847 श्री शालिवाहन भूयाद गताब्दा: 1712 अत्र उत्तरायने शिशिर ऋतौ फाल्गुने मासि शुक्ल दले हेरम्बाधीश तिथि: अत्र घटिका 1 पलानि 54 जन्मनि हेपन्नागाधीश तिथिस्तस्य भुक्ता घट्य: 35 पलानि, 3 सुधांशुसुतवासरस्य प्रवृत्तिर्यामिनी विरामे घ. चखा 3 जनिकालं या द्वार प्रवृत्ति: मुक्तघटा: 45 पला 35 हेम भरणी नक्षत्र घटी 55 पला 15 जन्मनि अस्यैव स्पष्टा भुक्ते घट्य: 51 पलानि 13/30 मेषराशावष्टामांशके। वेन्द्र योगे घट्या दि 14/23 जन्मनि वैधृतियोगस्य भुक्त घटय: 30 पला 23 वृश्चिकाङ्गे मृगात्यांशे जन्म...

इस आत्मकथा की उपलब्धि से जहाँ कवि का जन्मदिन फाल्गुन शुक्ल पंचमी को ज्ञात हो गया, वहीं उसके सम्बन्ध में पर्वतीय लेखकों द्वारा फैलाई अनेक भ्रान्तियाँ भी समाप्त हो गईं। एक सबसे बड़ी भ्रान्ति यह थी कि काशीपुर के ज़मींदार गुमानसिंह का दरबारी कवि होने से गुमानी नाम पड़ा। आत्मकथा में गुमानी ने लिखा है कि मेष राशि और भरणी नक्षत्र के तीसरे चरण में पैदा होने से पुरोहित ने लोकरत्न नाम रखा। बालक के चेहरे को देखकर पिता देवनिधि ने विद्वानों को शास्त्रार्थ में पराजित करने की क्षमता होने की आशा से गुमानी नाम रखा—

> कुले भरद्वाजमुनेर्विशाले निस्सीमविद्यागुणरत्नभूषिते।
> आसीत् देववरो नृरत्नं विद्वद्वर: प्राक् पुरुषोत्तमाख्य:॥
> तस्यात्मजो देवनिधिर्विधिज्ञो गुणैरुपेत: क्षितिपालमान्य:।
> कूर्माद्रिजैर्मानवचंचरीकैर्लसत्पदांभोज युगोवदान्य:॥
> कुलीरशैलस्य सुविस्तृतायाम् उपत्यकायां भृगुसेवितायाम्।
> प्रासादरथ्याजिरशोभमाने काशीपुराख्ये नगरे रराज॥
> सती विशुद्धा सगुणास्य भार्या प्रासूतपुत्रं किल देवमञ्जरी।
> कुलद्वयानंदकर सुशीलं यथा कुमारं गिरिजा चमूपतिं॥
> जनिर्भरण्यां चरणे तुरीये होडाख्य चक्रे स्वरवर्णभेदत:।

ता॥ ॥ग॥वत्स्पतगतवल्लदवावपामाप्ता॥धृतमकाया॥हिमाद्रेः॥
यामेरम्येनामतश्चोपराजेपूर्वेतेद्धेराजनेराजदत्तेः॥ ॥दीर्घायुर्व
भार्गवजीवसौम्याःसूर्य्यार्किभौमाःक्षणदापनिश्चा॥कुर्वंतुपत्री॥
विमलायदीया स्वक्षौ॥गा॥गनिगणोपिजाता॥ ॥अथगेहाध
ष्टकुंडल्योपलिख्यते॥ ॥गेहात्सौख्यमुदाहरंतिमुनयोहोरावला
...तांद्रेष्काणात्पदविंधनस्यनिचयःसप्तांशकाच्छिद्रितं॥वर्णेनुपगु
...र्वीसुतनयान्नायोनवांशे॥खिलंभागद्वादशकाव पुर्वपमितिनं
त्रिंशांशकात्तत्फलं॥ ॥अथदशभेदयहगणितज्ञानार्थहोराद्र
ष्टालिख्यते॥ ॥यतउक्तं॥होरायांजन्मफलंबुद्धयाविं.

लवर्णमोमात्र गतोस्य नाम व्यधात्पुरोधा खलु लोकरत्नं॥
बालं सुशीलं विनयेन युक्तं दृष्ट्वा पिता हृष्टमना बभूव।
भवत्वजेयो विदुषां विचिन्त्य गुमानिसंज्ञां जनकावदातां॥
गंगावल्यंतर्गते वेल्लदेशे श्यामासेधित्यकायांहिमाद्रेः।
ग्रामे रम्ये नामतश्चोपराजे पूर्वलब्धे राजते राजदत्ते॥

अर्थात, भारद्वाज मुनि के विशाल गोत्र में असंख्य विद्वान पैदा हुए उनमें से पुरुषोत्तम नाम के एक श्रेष्ठ विद्वान थे उनके पुत्र देवनिधि धर्मशास्त्र (कानून) के ज्ञाता होने से अनेक राजाओं द्वारा सम्मानित हुए। कूर्मांद्रि (कुमाऊँ) के लोगों में वे युग पुरुष की तरह मान्य रहे। कुलीर पर्वत की विशाल उपत्यका में, भृगु ऋषि की तपस्थली के रूप में प्रसिद्ध महलों और बाजारों से सुशोभित काशीपुर के रमणीय नगर में वे रहते थे। उनकी पत्नी देवमञ्जरी ने पितृ और मातृ दोनों कुलों को आनन्द देने वाले पार्वती पुत्र और देव सेनापति कार्तिकेय के समान पुत्र उत्पन्न किया। भरणी नक्षत्र के तृतीय चरण में उत्पन्न होने से ल वर्ण से नाम निकलने के कारण पुरोहित ने लोकरत्न नाम रखा। बालक को सुशील और विनय से युक्त देखकर पिता ने विद्वानों के लिए शास्त्रार्थ में अजेय होने की कामना से गुमानी नाम रखा। गंगावली के अन्तर्गत वेल्ल देश है। हिमाद्रि (हिमालय की) श्यामल अधित्यका में उपराज नामक रमणीय गाँव है। राजाओं द्वारा प्रदत्त इसी भूमि के ये मूल निवासी रहे हैं।

लोकरत्न नाम प्रचलन में नहीं रहा। पिता द्वारा रखा गया गुमानी नाम ही चला। उपराड़ा गाँव के दो पुस्तनामे उपलब्ध हैं। जो गुमानी की चौथी पीढ़ी में तैयार किए गए हैं। एक में कवि गुमानी नाम लिखा है और दूसरे में गुमानी दत्त।

देवीदत्त पांडे ने गुमानी विरचित *संस्कृत और भाषा काव्य की भूमिका* में लिखा है कि 24 वर्ष की अवस्था तक गुमानी विद्याध्ययन करते रहे। उसके बाद बारह वर्ष तक उन्होंने ब्रह्मचर्य व्रत का पालन किया। तदुपरान्त अपनी माँ के आग्रह से जब वे गृहस्थ धर्म स्वीकार कर चुके थे, तब उनकी सरस्वती का आविर्भाव हुआ। ये तथ्य प्रामाणिक नहीं हैं। गुमानी का युग बाल-विवाह का युग था। अत: छोटी उम्र में ही उनका विवाह हो गया होगा। इसी कारण उन्होंने 'अचिरादंगनाप्तिः' लिखा है। माता-पिता की मृत्यु बाल्यकाल में होने से उन्होंने अपने जनकसुखहीन और मातृनाश का उल्लेख किया है।

पद्धति कल्पवल्ली के लेखक विट्ठल दीक्षित का गुमानी के ज्योतिष ज्ञान पर विशेष प्रभाव पड़ा है। उसी के अनुसार फलित निकालते हुए उन्होंने इसका उल्लेख किया है।

गुमानी के दो पुत्र थे—रामदत्त और गंगादत्त। आत्मकथा के अनुसार 25 वर्ष में गुमानी को सन्तान की प्राप्ति हुई और 32 वर्ष में उनको मारने का प्रयास किया गया। उनके सिर पर शस्त्र से जो प्रहार हुआ, वह घाव जीवनभर बना रहा। उन्होंने *विज्ञप्तिसार* नामक ग्रन्थ की रचना 1830 ई. में की और *शतोपदेश* 1835 ई. में लिखा। आत्मकथा के पृष्ठ भाग में उनकी 12 रचनाओं की सूची में पहला नाम *गङ्गाय्यशितकम्* का है। इस रचना में कुल 102 श्लोक हैं। गुमानी ने काशी में अध्ययन किया, वहीं गंगा नदी की महिमा में इस ग्रन्थ की रचना की होगी। उनकी अन्तिम रचना *निर्णयसार* है। काशीपुर के हवेली चौक, अल्मोड़ा की पंथैकि खोलि और उपराड़ा के पुरानाकोट में उनके मकान थे।

'निर्णयसार' और पंचांग-समस्या

पंचांग-समस्या एक सामाजिक समस्या है और भारत में आज भी सर्वत्र अनुभव की जाती है। इस समस्या के निराकरण के लिए प्राचीन काल में राजाओं ने नए संवत चलाए और विद्वानों ने निर्णयग्रन्थ लिखे। संवत-प्रवर्तक शासकों के वंशावसान के साथ और निर्णयग्रन्थों के विरोध में नई पुस्तकों के लिखे जाने से यह समस्या पुनः सामने आती रही। इस समस्या का उद्भव कुमाऊँ में पहले ही हो चुका होगा क्योंकि यजुर्वेदी और सामवेदी उपाकर्म की तिथियों में बहुत अन्तर है। यजुर्वेदी प्रतिवर्ष रक्षाबन्धन के दिन जनेऊ बदलते हैं, जो श्रावण मास की पूर्णिमा के दिन निश्चित है और सामवेदी हरतालिका के दिन जनेऊ बदलते हैं, जो भाद्रपद मास की तृतीया को होती है। इस वैदिक समस्या के कारण पिथौरागढ़ जिले में 1989 में पाभैं गाँव में 17 अगस्त को जनेऊ बदली गई और उससे दो किलोमीटर दूर स्थित धारी गाँव में 3 सितम्बर को।

महाभारत और *भागवतपुराण* के नायक वासुदेव कृष्ण की जन्मतिथि का विवाद भारतीय पंचांग की सबसे बड़ी कमी है। भारत का हर पंचांग-निर्माता यह मानता है कि 3102 ई.पू. में कृष्ण की मृत्यु हुई थी और तभी से कलि संवत में गणना की जाती है। प्रसिद्ध ज्योतिषिज्ञ आर्यभट्ट और वराहमिहिर ने कलि संवत में गणना की है। *राजतरंगिणी* के लेखक कल्हण ने कश्मीर के राजाओं के राज्यकाल की गणना में कलिसंवत का प्रयोग किया है। दक्षिण के चालुक्य राजा पुलकेशिन के अयहोल-शिलालेख में भी कलि संवत का उल्लेख है। पुराणों के अनुसार यह तिथि वैदिक सभ्यता के अन्त की ओर संकेत करती है। आज के भारतीय इतिहास के विद्यार्थी के लिए यह समस्या है कि कलि संवत पर विश्वास करने पर उसे हड़प्पाकालीन मानना पड़ेगा। जबकि पुरातत्त्ववेत्ता वैदिक सभ्यता से हड़प्पाकालीन

सभ्यता को प्राचीन मानते हैं। कृष्ण जन्म की कहानियों के अनुसार उनका जन्म रात में हुआ था। अष्टमी की तिथि, रोहिणी नक्षत्र और रात का समय ये तीन बातें विवाद का मुद्‌दा बनाई जाती हैं। वैष्णव मानते हैं कि प्रात:काल सूर्योदय के समय अष्टमी तिथि हो तो उसी दिन जन्माष्टमी मनाई जाए लेकिन स्मार्त मानते हैं कि पूजा के समय रात्रि में अष्टमी होनी चाहिए। इसी कारण कुमाऊँ में कुछ लोग पहले दिन जन्माष्टमी मनाते हैं और कुछ दूसरे दिन। इसी उदयव्यापिनी तिथि की समस्या के कारण एकादशी भी कभी-कभी दो मनाई जाती हैं। कुमाऊँ में कत्यूरी राजाओं के समय का पुष्युड़िया त्योहार भी दो दिन मनाया जाता है। पिथौरागढ़ में कुछ बच्चे उत्तरायणी के दिन 'काले-काले' करते हैं और कुछ दूसरे दिन। चन्द राजाओं के ताम्रपत्रों में शक और विक्रम दोनों संवतों में तिथि दी हुई है ताकि दोनों संवतों के समर्थकों को सन्तुष्ट किया जा सके।

पिथौरागढ़ में आठूँ-सातों की तिथि भी समस्या रही है जो अगस्त्य तारे के उदय के निश्चित समय में मतभेद के कारण है। आठूँ-सातों में गँवरा की पूजा की जाती है और कुछ गाँवों में गँवरा विसर्जन के दिन 'हिलजात्रा' का अभिनय किया जाता है। बिरुड़ भिगाने से लेकर हिलजात्रा तक पूरे एक माह के खेल पंचांग निर्माताओं की बहस से गड़बड़ाने लगते हैं। कुमौड़ गाँव के होशियार सिंह महर ने एक बार धार्मिक सभा आयोजित कराकर आठूँ-सातों को सभी गाँवों में एक ही दिन करने के लिए शास्त्रार्थ करवाया था। उस अवसर पर वर्षायत गाँव के तारादत्त पन्त ने कवि गुमानी के *निर्णयसार* नामक ग्रन्थ को प्रमाण के रूप में प्रस्तुत किया था। इन्द्रध्वज पुनेठा के संकलन में सुरक्षित सिल्पाटा गाँव के पुस्तनामे में भी एक स्थान पर जन्माष्टमी की तिथि के विवाद पर गुमानी के निर्णय को स्वीकार करने का उल्लेख किया गया है।

लोकरत्न पन्त उर्फ गुमानी का जन्म वैद्य परिवार में हुआ था। गडोली गाँव के मथुरादत्त पन्त ने 1964 ई. में मुझे बताया था कि उपराड़ा गाँव में गुमानी कवि का एक पुस्तकालय था। उनकी मृत्यु के समय उनकी द्वितीय पत्नी छोटी आयु की थीं। वह अपने बच्चों के साथ अपने मायके कपतोला गाँव जाते समय गुमानी की तेरह पुस्तकें साथ ले गईं, जिनमें से एक कुमाऊँ में चन्द राजवंश की वंशावली से सम्बन्धित थी। बाकी पुस्तकें गाँव के लोगों ने आपस में बाँट लीं, जो आयुर्वेद, ज्योतिष और कर्मकांड की थीं।

गुमानी की पुस्तकों की प्रतिलिपियाँ भी बनाई गईं। बिशाड़ गाँव में *सत्यनारायण*

कथा का पहाड़ी अनुवाद और *निर्णयसार* की प्रतिलिपियाँ मिली हैं। पहाड़ी कागज में खैर की स्याही से लिखे *निर्णयसार* की प्रतिलिपियाँ मिली हैं। 64 पृष्ठ के इस लघु ग्रन्थ के अन्त में प्रतिलिपिकार तारादत्त पन्त ने लिखा है कि उन्होंने शाके 1816 (1894 ई.) में गंगोली के बना गाँव में मूल ग्रन्थ से नकल तैयार की—

> शाके 1816 वैशाख 24 गते अमावास्यां रविवासरे लिखितमिदं पुस्तकं श्रीगङ्गावल्यां वनाग्राम-निवासिना तारादत्तपन्तेन शुभम्॥
>
> यादृशं पुस्तकं दृष्ट्वा तादृशं लिखितं मया।
> यदि शुद्धमशुद्धं वा मम दोषो न दीयते॥

निर्णयसार गद्य और पद्य दोनों में आधुनिक शोध प्रबन्धों की तरह प्राचीन ग्रन्थों की सहायता से लिखा गया है। ज्योतिष के एक ग्रन्थ में भी गुमानी ने अपने लिए कवि शब्द का प्रयोग किया है। इससे ऐसा लगता है कि जब कवि के रूप में गुमानी ख्याति प्राप्त कर चुके थे, तब उन्होंने इस ग्रन्थ की रचना की। उन्होंने ग्रन्थ के प्रारम्भ में राम को स्मरण किया है—

> श्रीगणेशाय नमः॥
> प्रणतसमर्थिंतकामं नत्वा रामं विचार्य्य सद्ग्रन्थान्
> दर्शयति सर्वसारं कविर्गुमानी सुदेदुषाम्।
> तत्रादौ निर्णयसारः प्रदर्श्यते। कालमोदा अब्दोऽयनमृतुर्मासः पक्षो दिवस इति।

अर्थात विनम्र व्यक्तियों की कामना को पूर्ण करने वाले राम को नमस्कार कर श्रेष्ठ ग्रन्थों से विचार करके कवि गुमानी उन सबका सार प्रदर्शित करते हैं। उसके प्रारम्भ में निर्णय का मूल प्रस्तुत है। समय का विभाजन वर्ष, अयन, ऋतु, मास, पक्ष और दिवस में किया जाता है।

> अब्दः पंचधा सौरः सावनश्चान्द्रो नाक्षत्रोवार्हस्पत्य इति। तत्र चान्द्रो मुख्यः प्रभवादिक्षयात् भेदात्। आर्ष्टिषेणः स्मरेत्सर्वत्राकर्म्मादौ चान्द्रसंवतसरं सदा। नान्यं यस्माद्वत्साराद्धौ प्रवृत्तिस्तस्यकीर्तितेति। मुख्यतामाह-सौरत्तु त्रितयं प्रदिष्टमयनम्। तद्विविधं कर्कसंक्रान्ते दक्षिणं मकरसंक्रान्तेरुत्तरं चेति।

अर्थात वर्ष पाँच प्रकार का होता है—सौर, सावन, चान्द्र, नक्षत्र और वार्हस्पत्य। इनमें चान्द्र वर्ष प्रमुख है। विस्तार और क्षय इसकी विशेषताएँ हैं। इसमें कार्य के प्रारम्भ में अरिष्टषेण का स्मरण करना चाहिए। वर्ष के प्रारम्भ में जिसकी ओर प्रवृत्ति होती है, वही सफलता देता है। सौर वर्ष में तीन अयन होने से विविधता है। दक्षिण में कर्क संक्रान्ति को अधिक महत्त्वपूर्ण माना जाता है और उत्तर में मकर संक्रान्ति को।

इस प्रकार गुमानी ने वर्ष की गणना में सूर्य की अपेक्षा चन्द्रमा को अधिक महत्त्व दिया है। निर्णयसार में उसने आगे भी इसी तरह से तर्क दिए हैं—

> ऋतुर्मासद्धयात्मा स च सौरश्चान्द्र इति द्विधा। चैत्रारम्भो वसन्तादिश्चान्द्र मीनारम्भो मेखारम्भो वा सौर: सपुनर्वसंतादि षोठा चान्द्रो मुख्य: मास ऋतुर्द्धा। संक्रान्तिषु पूर्वतोपि परतोपि संक्रामात्पुण्यकाल घटिका तु षोडशेति। सामान्यत: पुण्यकाल उक्त: विशेषमाह माधव:।

गुमानी का युग राजनैतिक उथल-पुथल का था। कुमाऊँ में चन्द राजवंश द्वारा स्थापित धार्मिक एवं सामाजिक मान्यताएँ गोरखों और अंग्रेज़ों के आक्रमणों से लड़खड़ाने लगी थीं। गुमानी के निर्णयसार में ज्योतिष के अतिरिक्त धर्मशास्त्र के भी निर्णय दिए हुए हैं। अभी तक धर्मशास्त्र का अधिकार राजाओं के हाथ में था वे ही सामाजिक नियमों को स्पष्ट करने के लिए किसी विद्वान से शास्त्रों का निचोड़ संकलित कराकर अपने दरबार में रख देते थे। उसी के अनुसार कानून और न्याय व्यवस्था चलती थी। महाराष्ट्र के विद्वान अनन्तदेव के *स्मृतिकौस्तुभ* से पता चलता है कि कुमाऊँ के राजा बाजबहादुरचन्द ने उससे धर्मशास्त्रों पर निबन्ध लिखने के लिए आग्रह किया था। गुमानी के *निर्णयसार* से पहले कुमाऊँ का धार्मिक और सामाजिक कानून *स्मृतिकौस्तुभ* था। *स्मृतिकौस्तुभ* में जिस तरह मनु, याज्ञवल्क्य, हारीत, माधव, स्कन्द आदि को प्रमाण मानकर उनके ग्रन्थों से उद्धरण दिए हैं, गुमानी ने भी सामाजिक व्यवस्था के सन्दर्भ में उसी तरह का मत व्यक्त किया है। ऐसा प्रतीत होता है कि *निर्णयसार* लिखने में कवि की अपेक्षा गुमानी के अन्दर का रूढ़िवादी पंडित जीत गया होगा जिसे कुमाऊँ पर ब्रिटिश प्रभुसत्ता से यहाँ की धार्मिक और सामाजिक परम्परा के विघटन का खतरा लगा होगा। *निर्णयसार* के कुछ अंश निम्नवत हैं—

मिथुनादौ द्विस्वभाव उत्तराः षष्टिनाडिका-इति मंगलकार्येषु।

नारद-

त्वाज्यासूर्य्यस्य संक्रान्ते पूर्वतः परतस्तथा।
विवाहादिषुं कार्य्येषु नाडयः षोडशषोडश।

इति पक्षद्वयजश्चान्द्रोमासः सोपि द्विधा शुक्ला दिरमांतः कृष्णादि पुर्णि तत्र शुक्लादिमुखोन्योगौणः। शुक्ल प्रतिपद्येव चान्द्रसवत्सरारंभोक्तेः कृष्णादि नामलुप्ता सा संभवाच्च। चन्द्रस्य सर्वभोगेन नक्षत्रो मासः एषां व्यवस्थामाह ज्योतिर्गर्गः।

सौरो मासो विवाहादौ यद्यादौ सावनस्मृतः।
आदि पितृकार्ये च चान्द्रोमासः प्रशस्यत॥

इति नक्षत्रा सत्राण्ययनाति चान्द्रो मासेन कुर्याद्भगणात्मकेन इति ब्राहो।

अन्त में यह कहा जा सकता है कि गुमानी का *निर्णयसार* उनके धर्मशात्र और ज्योतिष ग्रन्थों के गहन अध्ययन का प्रमाण है।

तुलसीदास की बदरीनाथ-यात्रा

गोस्वामी तुलसीदास (1532-1623 ई.) ने *विनय पत्रिका* में अपनी बदरिकाश्रम यात्रा के समय पहाड़, जंगल और नदियों वाले दुर्गम मार्ग की कठिनाइयों का उल्लेख किया है। इस यात्रा की तुलना उन्होंने जीवन में बार-बार आने वाली परेशानियों से की है और मार्ग की दिक्कतों को पार कर बदरीनाथ की अलौकिक प्रकृति और आध्यात्मिक वातावरण के मध्य नारायण की पद्मासन मूर्ति के दर्शन के समय जो आनन्द मिला, उसकी *विनय पत्रिका* में निम्न शब्दों में चर्चा की है—

देव पुन्य बन-सैल-सरि बदरिकाश्रम सदाऽऽसीन पद्मासनं एकरूपं।
सिद्ध-जोगीन्द्र-वृन्दारकानन्द-प्रद, भद्रदायक दरस अति अनूपं॥

बदरीनाथ के तपस्वी नर और नारायण भाइयों की प्रेरक कहानियों और पंच-बदरी मन्दिरों की आकर्षक मूर्तियों से तुलसीदास बहुत प्रभावित हुए। उन्होंने *विनय पत्रिका* की तरह *रामचरितमानस* के प्रारम्भ में भी नर और नारायण की स्तुति करते हुए उनको संसार का पालक और दीन-दुखियों की सहायता करने वाला बताया है। किष्किन्धाकांड के अन्त में एक तपस्विनी महिला के सुदूर दक्षिण से बदरीवन जाने का भी उल्लेख है। तुलसीदास ने 1574 ई. में अयोध्या में *रामचरितमानस* नामक ग्रन्थ की रचना प्रारम्भ की। अत: इससे यह अनुमान लगाया जा सकता है कि इससे पूर्व ही वे बदरीनाथ की यात्रा सम्पन्न कर चुके होंगे।

तुलसीदास उत्तर प्रदेश के बान्दा जिले के अन्तर्गत यमुना नदी के दाहिने तट पर बसे राजापुर गाँव के निवासी थे। यह गाँव नदी के घाट का कार्य करता है। ओसा-मंझनपुर की ओर आने वाले यात्री राजापुर में ही नाव से नदी पार करते हैं। तुलसीदास के पिता आत्माराम दुबे कृषि और पशुपालन के अलावा आसपास

के गाँवों में पुरोहिताई से अपनी आजीविका चलाते थे। उनके पिता की तरह ही माता हुलसी भी पौराणिक साहित्य में विशेष दक्ष थीं। तुलसीदास ने कथावाचक के पैतृक व्यवसाय में विशेष सफलता प्राप्त की। चित्रकूट, प्रयाग, काशी और अयोध्या में कथावाचन से उन्होंने पर्याप्त धन अर्जित किया।

राजापुर घाट से उत्तर की ओर पाँच किलोमीटर का मार्ग तय करने पर नदी के दूसरे छोर पर तुलसीदास के ससुर दीनबन्धु पाठक का गाँव है। इस सारे क्षेत्र में तुलसीदास और उनकी पत्नी रत्नावली के किस्से लोकगाथाओं की तरह ग्रामीणों में प्रचलित हैं। जिस तरह उत्तराखंड में मालूशाही और राजुला शौक्याण तथा अजमेर में पृथ्वीराज और संयोगिता के किस्से गाँव-गाँव में बदल जाते हैं, उसी तरह राजापुर क्षेत्र के गाँवों में भी तुलसीदास और रत्नावली की कहानियों में पर्याप्त अन्तर पाया जाता है। तुलसीदास की ख्याति से प्रभावित होकर मुगल बादशाह जहाँगीर (1605-1627) ने तुलसीदास के पुत्र को राजापुर घाट की जागीरदारी दे दी। जो भी यात्री यमुना पार करता था, उसे शुल्क देना पड़ता था। तुलसीदास के वंशज नावों से यात्रियों, व्यापारियों और राजपुरुषों को यमुना नदी पार कराने की व्यवस्था करते थे। यमुना के घटवार की आमदनी ने आधुनिक समय तक तुलसीदास के वंशजों को सम्पन्न बनाए रखा। चित्रकूट में मन्दाकिनी नदी के किनारे रामघाट में यात्रियों को तिलक लगाने का अधिकार भी राजापुर के दुबे जाति का है। यहाँ गोवर्धन प्रतिपदा के मेले में असंख्य भीड़ होती है और तिलक लगाकर तीर्थयात्रियों से थोड़ा रुपया मिल जाता है।

तुलसीदास द्वारा लिखित *रामचरितमानस* की पांडुलिपि उनके पैतृक मकान में रखी है जिस पर रेशमी वस्त्र चढ़ाने का रिवाज है, जिसके कारण वह पांडुलिपि बृहदाकार प्रतीत होती है। पुस्तक लपेटने के लिए चढ़ाए गए वस्त्र में कई महत्त्वपूर्ण लोग अपना नाम तथा पता भी लिखवा देते हैं। उत्तर प्रदेश में द्वितीय मुख्यमंत्री डॉ. सम्पूर्णानन्द ने भी इस पांडुलिपि पर अपना नाम लिखा रेशमी वस्त्र चढ़ाया था। अक्टूबर 1967 ई. में जब मैंने विशेष आग्रह से पांडुलिपि से लिपटे रेशमी वस्त्रों को हटवाया तो वहाँ पर केवल 'अयोध्या कांड' की पांडुलिपि थी। ग्राम-वृद्धों से पूछताछ करने पर पता चला कि एक बार किसी तुलसी-विरोधी गोरख सम्प्रदाय के जोगी ने *रामचरितमानस* की पांडुलिपि यमुना नदी में फेंक दी थी। पता चलते ही ग्रामीणों ने जाल डालकर पांडुलिपि के पन्ने नदी से निकालने का प्रयास किया लेकिन अयोध्याकांड को छोड़कर बाकी पन्ने नदी के पानी में खराब हो गए।

तुलसीदास ने *रामचरितमानस* की कई पांडुलिपियाँ बनाई थीं। यह ग्रन्थ अयोध्या में दो वर्ष, सात माह और छब्बीस दिन में पूरा हुआ। यह स्वाभाविक है कि इसकी एक पांडुलिपि अयोध्या के तुलसी-आश्रम में रखी गई होगी। तुलसीदास कवि के साथ-साथ समाज सुधारक भी थे। उनके समय की सबसे महत्त्वपूर्ण घटना है—नारायण भट्ट द्वारा 1585 ई. में काशी के विश्वनाथ मन्दिर का पुनर्निर्माण। *बनारस गजेटियर* के अनुसार कन्नौज के राजा जयचन्द को परास्त कर 1194 ई. में दिल्ली के सुल्तान सिकन्दर लोदी और 1558 ई. में जौनपुर के सुल्तान हुसैनशाह शर्की ने मन्दिर को खंडित किया। इन आक्रमणों के समय पुजारियों ने विश्वनाथ मन्दिर का मूल शिवलिंग छिपा दिया था। तुलसीदास के समय नारायण भट्ट ने विश्वनाथ मन्दिर के पुनर्निर्माण का प्रयास किया। इस कार्य में टोडरमल ने मुगल बादशाह अकबर से पैंतालिस हजार दीनार की सहायता दिलवाई। यह मन्दिर पाँच वर्षों में पूरा हुआ। (अमर उजाला, 29 मई, 1988, पृ. 4) इस मन्दिर में जो नया पुस्तकालय बनाया गया, उसमें पहली पुस्तक तुलसीदास के हाथ से लिखी *रामचरितमानस* की पांडुलिपि थी, वेद-पुराणों की पांडुलिपियाँ बाद में संकलित की गईं। मैंने उत्तराखंड के ग्रामीण पांडुलिपि संग्रहों में तुलसीदास के काव्य को ढूँढ़ने का बहुत प्रयास किया लेकिन बिशाड़ गाँव में 'सुधामा' कवि की बारखड़ी के साथ लिखा तुलसीदास का केवल एक पद मुझे मिला—

राम रमे सिगरे जग में
खोजत तीर्थ प्रयागन में
तत्त्व सबै अलमस्त रहै
मत्त रहै सब रागन में
कोई जपत कोई पूजत है
कोई भरमत फिरै भवसागर में
तुलसीदास कवित्त विचार कहै
मन राजि रहै मन रामै में॥

इस पद के साथ कबीर, सुन्दरदास, चरणदास आदि का भी एक-एक पद लिखा हुआ है।

तुलसीदास को रामभक्ति के लिए प्रेरित करने के सम्बन्ध में राजापुर क्षेत्र में अनेक दन्तकथाएँ प्रचलित हैं। यह आम विश्वास है कि वे जन्मजात रामभक्त थे।

उनके मुँह से पहला शब्द 'राम' निकलने से वे बचपन में रामबोला नाम से चर्चित रहे। वैसे रामबोला और तुलसीदास—दोनों नाम तुला राशि के हैं। यह भी कहा जाता है कि अभुक्तमूल नक्षत्र में पैदा होने से तुलसीदास को उनके माता-पिता ने त्याग दिया था और दासी मुनियाँ ने उनका पालन-पोषण किया। दासी के उल्लेख से यह पता चलता है कि तुलसीदास के पिता की आर्थिक स्थिति ठीक थी तभी वे घर के कामकाज के लिए दासी रख पाए होंगे। बाल्यकाल में ही माता-पिता की मृत्यु ने तुलसी को ज्योतिष पर विश्वास करना सिखा दिया था। वे शकुन-अपशकुन को भी मानते थे।

रामभक्त बनने में दूसरा महत्त्वपूर्ण कारक उनकी पाठशाला को बताया जाता है। उनकी प्रारम्भिक पढ़ाई सूकरक्षेत्र (आधुनिक सोरों) में गुरु नरहरिदास की पाठशाला में हुई। वहीं उन्होंने लिपि, गणित, भाषा, व्याकरण, ज्योतिष आदि का अध्ययन किया। वहीं पहली बार उन्होंने रामकथा सुनी।

प्रारम्भिक जीवन में तुलसीदास को हस्तलिखित पांडुलिपियाँ देखने का अवसर नहीं मिला। जब वे बदरीनाथ की यात्रा पर आए, तब पर्वतीय क्षेत्र में उन्होंने प्रचुर मात्रा में प्राचीन ग्रन्थ देखे। इसी कारण उन्होंने उत्तरकांड में कलियुग के वर्णन में लिखा है कि सारी अच्छी पुस्तकें पर्वतीय क्षेत्र में ही सुरक्षित रह पाईं (सद्ग्रन्थ पर्वत कन्दरनि महि जाइ तेहि अवसर दुरे)।

तुलसीदास को रामभक्ति की विशेष प्रेरणा उनकी धर्मपत्नी रत्नावली से मिली। चित्रकूट के समीप होने से राजापुर क्षेत्र के गाँवों में रामभक्ति का विशेष प्रचार रहा है। कामथगिरि, अत्रि-अनुसूया, गुप्तगोदावरी आदि स्थानों में बचपन से ही गाँवों के बच्चे मेलों में जाते रहते हैं और चित्रकूट में राम-लक्ष्मण-सीता के निवास-स्थलों के किस्से भली-भाँति जानते हैं। रत्नावली भी चित्रकूट की रामभक्ति से प्रभावित रही होगी, तभी उसने पति को भी रामभक्ति के लिए प्रेरित किया।

तुलसीदास के समय उत्तरी भारत में नाथपन्थ का प्रभुत्व था। कुमाऊँ में प्रचलित हरू और सैम देवता के जागर से पता चलता है कि गुरु गोरखनाथ का प्रधान आश्रम हरिद्वार में था। इसी आश्रम में कालीनारा ने हरू और सैम को जन्म दिया था जो बाद में नाथपन्थ के प्रमुख नेता बने। कत्यूरी राजा आसन्तिदेव के समय नाथपन्थी साधु नारसींग ने जोशीमठ की शंकराचार्य की गद्दी पर अधिकार कर सारे उत्तरी भारत की धार्मिक सत्ता अपने हाथ में ले ली थी। चमोली जिले के गाँवों में पाई जाने वाली नारसींग के जागर की पांडुलिपियों में ज्योतिर्मठ पर

नाथपन्थी जोगी नारसींग के अधिकार के बारे में निम्नवत लिखा हुआ मिलता है—

नौ नाथ चौरासी सिद्धों को आदेश!
दषीण दीसा सगेरी सगेरा मठ को आदेस!
पुरब दीसा गौवरधन मठ को आदेस!
पछीम दीसा सारदा मठ को आदेस!
उत्र (उत्तर) दीसा जोसीमठ को आदेस!!
ताहा वैसे जौवावा जोती नरसीग
तामा की पत्री लुवा की फाउड़ी
रूपा की सींगी!

जामी-उत तवारीख़ के लेखक रशीदुद्दीन ने लिखा है कि मुहम्मद गोरी को 1205 ई. में लाहौर में हिंदू साधुओं ने मार डाला। (पृ. 25) यह ग्रन्थ 1310 ई. में लिखा गया है। गोर और ग़ज़नी की सेनाओं को जब उत्तरी भारत के राजपूत नहीं रोक पाए तो जोशीमठ के नाथपन्थी साधुओं ने धर्म की रक्षा के लिए जनता को संगठित कर दिल्ली सल्तनत की सेनाओं के विरुद्ध प्रच्छन्न युद्ध शुरू कर दिया। मसूद, मुहम्मद गोरी, अल्तूनियाँ, रजिया बेगम, अहमद नियाल्तगीन, मुहम्मद बख्तियार खिलजी आदि की हत्या में गोरखपन्थियों का हाथ था। सिवालिक, कटेहर और मेवात के कृषक विद्रोहों के भी यही संचालक थे। कत्यूरियों का सिवालिक राज्य गढ़वाल, कुमाऊँ, नेपाल और कैलास-मानसरोवर तक फैला हुआ था जो गोरखपन्थी साधुओं का सुरक्षा कवच था। कुमाऊँ-गढ़वाल में प्रचलित मैमन्दा पीर और कालू सैयद की कहानियों से पता चलता है कि जोशीमठ के नाथपन्थी साधुओं का सूफी-सन्तों से सीधा सम्पर्क था। मलिक मुहम्मद जायसी ने भी पद्मावत में गोरखपन्थी साधुओं का उल्लेख किया है—

कंथा पहिरि डंड कर गहा।
सिद्ध होई कहं गोरख कहा।
मुंदरा स्रवन कंठ जपमाला
कर उपदान कांध बघछाला।

[*पद्मावती*, पृ. 238]

पन्द्रहवीं सदी के अन्त में सिवालिक का कत्यूरी-साम्राज्य निर्बल पड़ गया।

उसका सबसे पहला कारण था—नाथपन्थ को अनावश्यक संरक्षण देना। कबीर ने भी नाथपन्थ की आलोचना की—

ऐसा जोग न देखा भाई।
भूला फिरै लिये गाफिलाई॥
महादेव को पन्थ चलावै।
ऐसो बड़ो महन्त कहावै॥
हाट बजारैं लावैं तारी।
कच्चे सिद्धन माया प्यारी॥

1524 ई. में गुरु नानक ने गोरखपन्थियों के विरुद्ध मोर्चा खोला, गोरखमता को नानकमत्ता में बदल दिया, नानकमत्ता से रीठा साहब होते हुए नानक बागेश्वर पहुँचे। सिक्ख-साहित्य में इसे नानक की सुमेरु-यात्रा कहा जाता है। गोरखपन्थ से उत्तरी भारत को मुक्त करने में सन्त तुलसीदास को विशेष सफलता मिली। उनकी यात्रा से पहले श्रीनगर का पँवारवंशीय राजा अजयपाल (1500-1544 ई.) नाथपन्थ का संरक्षक था। जोशीमठ की गुरुपादुका, गुसाईं पादुका और रक्षावली की पांडुलिपियों में उसे गुरु अजयपाल कहा गया है। उसकी तत्कालीन राजधानी श्रीनगर के दक्षिणी छोर पर आज भी गुरु गोरखनाथ की गुफा है।

यह एक आश्चर्य की बात है कि तुलसीदास की बदरीनाथ-यात्रा के बाद गुरु अजयपाल के वंशज रामभक्ति में डूब गए। श्रीनगर में राम का डोला निकाला जाने लगा और गोरखनाथ की गुफा के पास ही भक्तों का मुहल्ला—भक्त्याणा बस गया। तुलसीदास ने गोरखनाथी परम्परा का निम्न शब्दों में विरोध किया है—

बरन धरम गयो आश्रम निवास तज्यो,
त्रासन चकित सो परावनो परो सो है।
करम उपासना कुबासना बिना सो ज्ञान,
बचन विराग वेस जतन हरो सो है।
गोरख जगायो जोग भगति भगायो लोग
निगम नियोग ते सो केलि ही छरो सो है।
काम मन बचन सुभाय तुलसी है जाहि
राम नाम को भरोसो ताहि को भरोसो है॥ 84॥

नाथपन्थ को संरक्षण देने के कारण तुलसीदास गढ़वाल की खष जाति पर भी नाराज थे। उन्होंने *रामचरितमानस* में दो बार खषों की धार्मिक परम्परा की निन्दा करते हुए उन्हें रामभक्ति की ओर प्रेरित किया है।

तुलसीदास राजापुर से प्रयाग आए और वहाँ से गंगा नदी के तटवर्ती मार्ग से हरिद्वार पहुँचे। उनकी रामकथा कनखल के दक्ष-यज्ञ से शुरू होती है। कनखल से देवप्रयाग और श्रीनगर को पारकर वे रुद्रप्रयाग में मन्दाकिनी के तट पर पहुँचे। उन्होंने अपनी बदरीनाथ-यात्रा के समय मन्दाकिनी नदी का निम्नवत उल्लेख किया है—

देव! सकल सौन्दर्य निधि, विपुल गुन धामं,
विधि वेद बुध संभु सेवित अमानम्।
अरुन पद कंज मकरन्द मन्दाकिनी,
मधुप मुनिबृन्द कुर्वन्ति पानम्॥ 3॥

रुद्रप्रयाग से बदरीनाथ के लिए दो मार्ग हैं। पहला सीधा मार्ग कर्णप्रयाग, नन्दप्रयाग आदि होते हुए अलकनन्दा नदी के किनारे जाता है। दूसरा मन्दाकिनी नदी का तटवर्ती मार्ग केदारनाथ, तुंगनाथ, रुद्रनाथ और कल्पेश्वर से ध्यानबदरी के मन्दिर में पहुँचता है। तुलसीदास ने 'ध्यान' का उल्लेख किया है अत: वे मन्दाकिनी के तट से आगे बढ़े होंगे।

ध्यान 'देव! नौमि नारायनं नरं करुनायनं,
ध्यान परायनं ज्ञानमूलं।
अखिल संसार उपकार कारन,
सदय हृदय तपनिरत प्रनतानुकूलं॥'

श्रीनगर में भक्त्याणा मुहल्ले के नीचे आई.टी.आई. के समीप कीर्तिनगर को जाने वाली सड़क के किनारे एक प्राचीन मन्दिर की दीवार पर निम्न लेख है—

स्वस्ति श्रीगणपतये नम:॥ संवत 1699 श्री शाके 1564 मासे वैशाख दिन 14 गते शुक्लपक्षे त्रयोदश्यां तिथौ हस्त नक्षत्रे यायतयोगे रविवास श्री माहाराजा पृथ्वीपति साही ज्यू ले धर्म श्रीमहालक्ष्मी को अवतार श्री गुसाई ने इन्द्रा प्रति ज्यू को धर्म श्री माधवदास ज्यु पूज्य प्रेषक राम उपासक...।

यह लेख यह प्रमाणित करता है कि श्रीनगर में महाराजा पृथ्वीपति शाह के

शासन काल में रामभक्ति का एक महत्त्वपूर्ण केन्द्र आधुनिक भक्त्याणा मुहल्ले में था। 1642 ई. में इस रामभक्ति-केन्द्र के प्रमुख गोस्वामी माधवदास को राज्य का संरक्षण प्राप्त था। इसी मन्दिर के समीप तीन छोटे मन्दिर हैं जिनमें से एक की दीवार पर निम्न लेख उत्कीर्ण है—

श्री शाके 1575 संवत 1710 स्रावण सुधि
शुक्ल पंचमी सोमवार श्रीरघुनाथ ज्यु
होलोत्सव मन्दिर कराया श्री महाराजाधिराज
श्री पृथ्वीपति साहि ज्यु ले श्री स्वामी माधवदास ज्यु ने किया खरच
127 रुपये लागे ज्य पुण्य महाराज ज्यु का शुभमस्तु।

इस लेख से ज्ञात होता है कि 1653 ई. में पृथ्वीपति शाह ने एक सौ सत्ताईस रुपये देकर स्वामी माधवदास से एक ऐसा मंडप बनवाया जहाँ से रामभक्तों का जुलूस निकाला जाता था। डोले में रखकर राम की मूर्ति राजधानी श्रीनगर में घुमाई जाती थी।

श्रीनगर की तरह ही देवप्रयाग के रघुनाथ-मन्दिर में भी अजयपाल के पुत्र सहजपाल और पौत्र मानशाह के दान और निर्माण सम्बन्धी लेख मिले हैं। तुलसीदास की बदरीनाथ-यात्रा के बाद गढ़वाल के पँवार वंश के आदेशपत्रों के शीर्ष पर 'श्रीराम' लिखा हुआ मिलता है। चन्द्रवदनी के समीप भुवनेश्वरी आश्रम में संकलित ऐसे 16 पत्र लेखों में सबसे प्राचीन राजा महीपति शाह का लेख है।

तुलसीदास ने गढ़वाल के सभी तीर्थों और मन्दिरों में जाकर राम-भक्ति का प्रचार किया होगा। इसी कारण जहाँ एक ओर तुलसी-साहित्य में हिमालय और उसकी लोकगाथाएँ यत्र-तत्र सुलभ हैं, दूसरी ओर पौड़ी के लक्ष्मण-मन्दिर से लेकर उत्तरकाशी में पुरोला के समीप पुजेली के रघुनाथ मन्दिर तक रामभक्ति से सम्बन्धित पुरातत्त्व फैला हुआ है। उत्तरी भारत में नाथपन्थ का सबसे महत्त्वपूर्ण स्तम्भ माने जाने वाले गुरु अजयपाल के पुत्र और पौत्रों को रामभक्ति की ओर उन्मुख कर तुलसीदास ने अपने इस कथन को सार्थक कर दिया—

हम लख हमहिं हमार लख
हम हमार के बीच।
तुलसी अलखहिं का लखै
राम नाम भज नीच॥

पुरुषसूक्त और बदरीनाथ

पिथौरागढ़ जिले के इतिहास, धर्म, मूर्तिकला और समाज पर चमोली जिले के बदरीनाथ मन्दिर का विशेष प्रभाव रहा है। डीडीहाट तहसील के बत्यूली गाँव में देवीदत्त जोशी के संग्रह में कुमाऊँ के राजा लक्ष्मणचन्द के शासनकाल में 1605 ई. में लिखी गई भूमि व्यवस्था की बहियाँ हैं। उनके प्रारम्भ में गणेश और बद्रीनाथ का स्मरण किया गया है, तब राज्य की भूमि की नाप-जोख का विवरण लिखा है। बही का प्रारम्भ निम्नवत है—

> ऊँ श्रीमहागणपतये नमः श्री बद्रीनाथाय नमः श्री शाके 1526 कार्तिक सुदि 2 बुधे महाराजाधीराज श्री राजा लछीमीचन्द देव ज्यु ले डोटी की भुमी लेखी डीडी को गर्खो...

सरकारी कामकाज में बदरीनाथ का इस तरह उल्लेख मिलना यह संकेत करता है कि कुमाऊँ का चन्द राजवंश (685-1790 ई.) बदरीनाथ को अपना ईष्टदेव मानता था। इसका एक कारण यह भी हो सकता है कि चन्दवंश का मूल पुरुष सोमचन्द इलाहाबाद के समीप झूसी (प्राचीन प्रतिष्ठान नगर) से अपने पुरोहित हरिहर के साथ बदरीनाथ की यात्रा के लिए आया था और पहाड़ के राजा अर्जुन की पुत्री से विवाह कर चम्पावत में बस गया। उसे दहेज में पन्द्रह बीसी (तीन सौ नाली) जमीन मिली थी, उसका दसवाँ हिस्सा तीस नाली जमीन उसने अपने पुरोहित हरिहर को देकर सिमल्टा गाँव में बसा दिया। इसी गाँव में आचार्य हरिहर ने *पारस्कर गृह्यसूत्र* पर प्रसिद्ध *हरिहर भाष्य* लिखा जो आज भी उपलब्ध है। मनोरथ पांडे ने *सीमाल्टीय वंशावली खंडकाव्य* में सोमचन्द्र की बदरीनाथ-यात्रा और चम्पावत में बसने का वर्णन किया है। यह स्वाभाविक है कि मूल पुरुष

सोमचन्द की बदरीनाथ-यात्रा के कारण पहाड़ में बस जाने से चम्पावत के चन्दवंश के राजाओं की बदरीनाथ के प्रति विशेष भक्ति रही होगी।

जिस समय चम्पावत में का शासन था, उसी समय डीडीहाट के सीराकोट में मल्ल वंश (1253-1588 ई.) के पास सत्ता थी। मल्ल कत्यूरियों की उस शाखा से सम्बन्धित थे जिसने मध्यकालीन भारत में कालसी (देहरादून) के समीप बैराटगढ़ से लेकर नेपाल के डोटीगढ़ तक शासन किया। बत्यूली की प्रथम बही के पृष्ठ दस में डीडीहाट तहसील के अन्तर्गत राजा भूपतिमल्ल द्वारा बदरीनाथ मन्दिर को दान में चढ़ाई भूमि का उल्लेख है, जिसे बाद में चन्दवंशी राजाओं ने भी यथावत माना।

मल्ल और चन्द-युग में जिस भूमि में बीस नाली धान बोया जाता था, उसे एक बीसी कहा जाता था। भूपतिमल्ल ने डीडीहाट तहसील के अन्तर्गत बदरीनाथ को, जो 1520 नाली जमीन दान की उसका अन्न और उसके साथ भेंट-पूजा सामग्री बदरीनाथ पहुँचाई जाती थी। पिथौरागढ़ में 1960 ई. तक गाँव वाले रक्षाबन्धन अथवा जन्माष्टमी मनाने बदरीनाथ जाते थे और उसी समय अपने गाँव से बदरीनाथ मन्दिर के भोग के लिए अन्न भी साथ ले जाते थे।

भूपतिमल्ल का 1558 ई. का ताम्रपत्र नेपाल में डोटी के समीप सिलगढ़ी से मिला है। अत: यह मल्ल शासक चम्पावत के राजा कल्याणचन्द (1545-1568 ई.) का समकालीन रहा होगा। (*मल्ल और मध्यकालीन उत्तराखंड*, पृ. 46-49)

जिस तरह डीडीहाट के राजा भूपतिमल्ल ने बदरीनाश को 1560 नाली जमीन डीडीहाट तहसील के अन्तर्गत दान की, उसी तरह बत्यूली गाँव की बही में राजा अर्जुनमल द्वारा बारह बीसी (240 नाली) भूमि चमोली-गढ़वाल के केदारनाथ मन्दिर को दान करने का उल्लेख मिलता है।

नाखेली गाँव के चन्द्र सिंह-खड़कसिंह भाइयों के पास कुमाऊँ के राजा चन्द्रचन्द का (1568-1597 ई.) का 1512 ई. का ताम्रपत्र है उसके अनुसार डीडीहाट के राजा अर्जुनमल्ल ने नाखोली गाँव में आठ बिसी (160 नाली) जमीन गढ़वाल के केदारनाथ मन्दिर को चढ़ाई थी। उस जमीन को डीडीहाट विजय के बाद राजा रुद्रचन्द ने भी केदारनाथ का स्वीकार करते हुए केदारनाथ को चढ़ाई जाने वाली भूमि की व्यवस्था के अन्तर्गत स्वीकार किया।

पिथौरागढ़ के समीप थरकोट गाँव में पौष के महीने गोरिल, हरू और सैम देवता की जागर पद्धति से पूजा की जाती है। उससे पता चलता है कि पिथौरागढ़ के जो गाँव मल्ल और चन्द राजाओं के समय केदारनाथ को दान किए गए थे,

वहाँ से केदारनाथ की भेंट पूजा किस तरह दी जाती थी। गोरिल, गोरिया अथवा गोलज्यू नाम से प्रसिद्ध लोकदेवता राजा पिथौरा की साली कन्नारा का पौत्र था यह गोरिया जब केदारनाथ की भेंट पहुँचाने डीडीहाट से गढ़वाल गया तो उसका वर्णन निम्नवत किया जाता है—

सुनु की सिरौद धामी धीय की अलग।
जाना जाना पुज्यो गोरिया वी केदारगढ़।
गद्दी में धरंछ जब भेट को रुपया।
बुढ़ केदारैस तैले ढोकली ढोला छ॥

[*कुमाऊँ की जागर कथाएँ*, पृ. 78]

पिथौरागढ़ के गाँवों में यह परम्परा रही है कि पुरुषसूक्त के निर्माता नारायण ऋषि द्वारा गन्धमादन पर्वत में बेर के जंगल में बदरीकाश्रम नाम से एक विद्यालय स्थापित करने से वैदिक धर्म शुरू हुआ। बाद में वैदिक धर्म में बहुदेववाद का विकास हुआ लेकिन *ऋग्वेद* के दशम मंडल में संकलित नारायण ऋषि द्वारा निर्मित पुरुषसूक्त में एकेश्वरवाद है। उसमें कहा गया है सारी पृथ्वी में केवल एक ईश्वर है—

हरिः ऊँ सहस्त्रशीर्षा पुरुषः सहस्त्राक्षः सहस्त्रपात्।
स भूमि स्पृत्वाऽत्यत्तिष्ठद्दशाङ्गुलम्॥

नारायण ऋषि ने स्नान पर विशेष जोर दिया। मनुष्य के अन्दर सूक्ष्म रूप में स्थित आत्मा को अजर-अमर घोषित कर श्राद्ध की परम्परा चलाई। ब्रह्मचर्य, सत्य और ध्यान की परम्पराएँ शुरू कीं। उनके वैदिक आश्रम की स्मृति आज चमोली जिले के पंचबदरी (आदिबदरी, विशालबदरी, योगबदरी, ध्यानबदरी और भविष्यबदरी) मन्दिरों में जीवित है। भारत के विविध भागों से आने वाले यात्री बदरीनाथ-यात्रा का प्रारम्भ हरिद्वार से करते थे लेकिन पिथौरागढ़ से पैदल यात्रा के युग में गंगोलीहाट के कालिका मन्दिर, पाताल भुवनेश्वर, बेरीनाग, पुंगेश्वर आदि से यात्रियों के झुंड बागेश्वर पहुँचते थे।

बदरीनाथ के पाँचों मन्दिरों में पुरुषसूक्त, विष्णुसहस्त्रनाम और बदरीनाथ-माहात्म्य का पाठ किया जाता है। विशालबदरी के मन्दिर में प्रातःकालीन पूजा के समय वेदपाठ का दायित्व नौटियाल और बहुगुणा जाति का है। नौटियाल राजगुरु

और बहुगुणा धर्माधिकारी माने जाते हैं। पिथौरागढ़ में पहले हस्तलिखित ग्रन्थों के निर्माण का सबसे बड़ा उद्योग था। रामेश्वर में कैलास-मानसरोवर के तीर्थयात्री सारी पांडुलिपियों को खरीदकर ले जाते थे। हुड़ेती, पांडे गाँव, उर्ग, छाना, विशाड़ आदि गाँवों के लोग जब बदरीनाथ की यात्रा पर जाते थे तो पुरुषसूक्त, विष्णुसहस्त्रनाम और बदरीनाथ-माहात्म्य की कई पांडुलिपियाँ बनाकर ले जाते थे। उन्हें पंडे अथवा यात्री खरीद लेते थे। इसी कारण आज भी इन गाँवों में प्राचीन पांडुलिपियाँ बड़ी संख्या में बच गई हैं।

वायुपुराण के अनुसार 'ऋष्' धातु (क्रिया) घूमने के अर्थ में प्रयुक्त होती है। अत: 'ऋषि' का अर्थ है—'घुमक्कड़'। परवर्ती बौद्ध-भिक्षुओं की तरह ऋषि घूमते रहते थे और अपने भौगोलिक अनुभवों को लिखते रहते थे। आज ऋषियों के अनुभव वेद की ऋचाओं और पुराणों में बच गए हैं। उन्हीं की घुमक्कड़ी के कारण पुराणों के *भुवनकोश* प्रकरण में सात समुद्र और सातद्वीपों का विवरण संकलित है। ऋषि मनन (चिन्तन) भी करते थे अत: मुनि कहलाते थे। उनकी 'सभा' और 'समिति' नामक दो संस्थाएँ थीं जिसका प्रधान 'प्रजापति' चुना जाता था। ऋषियों की सभा हरिद्वार के समीप ऋषिकेश में थी। पुरुषसूक्त के निर्माता नारायण को पहला प्रजापति चुना गया और चुनाव के बाद वे 'विष्णु प्रजापति' के नाम से प्रसिद्ध हुए। विष्णु के बाद ब्रह्मा, रुद्र, दक्ष, वीरण, कूर्म आदि ऋषि प्रजापति चुने गए।

ऋग्वेद में 1028 सूक्त हैं। कूर्म ऋषि ने *कूर्मपुराण* में पुरुषसूक्त को सर्वश्रेष्ठ सूक्त घोषित किया है—

सूक्तानां पौरुषं सूक्तं ज्येष्ठसाम् च सामसु॥ 235॥

[*ऋग्वेद*, अध्याय 11]

इसी कारण कूर्म ऋषि को नारायण का अवतार मान लिया गया। कूर्म ऋषि ने चम्पावत में अपना आश्रम बनाया था।

चम्पावत में दुधपोखरा गाँव से क्रान्तेश्वर मन्दिर की ओर जाने वाले मार्ग में विनायक नामक स्थान पर नीले रंग की विशाल शिलाएँ हैं। एक शिला में एक बच्चे के पैर का चिह्न है जिसे दुधपोखरा, फुंगर, सिमल्टा आदि गाँवों के लोग कूर्मावतार के पैर अर्थात कूर्मपाद मानते हैं। इसी तरह हिंगला देवी के मन्दिर में कछुए की पीठ के आकार की शिला (कूर्मशिला) को देवी के रूप में पूजा जाता

है। चम्पावत के कूर्मावतार के पैर की तरह बदरीनाथ मन्दिर से दक्षिण की ओर की पहाड़ी में *चरणपादुका* स्थापित है। इसी तरह बिहार के गया तीर्थ में विष्णुपद मन्दिर में भी *चरण* की आकृति है। पिथौरागढ़ के रामेश्वर मन्दिर से एक किलोमीटर दक्षिण की ओर रामपौड़ी में भी चरण-चिह्न स्थापित हैं। हरिद्वार में हरकी पौड़ी भी उसी परम्परा की है।

कूर्म की तरह बुद्ध, कृष्ण और राम भी नारायण के अवतार माने जाते हैं। *धर्मसिन्धु* नामक पुस्तक में लिखा है कि रामनवमी को राम की पूजा के समय और जन्माष्टमी को कृष्ण की पूजा के समय पुरुषसूक्त का पाठ करना चाहिए। बदरीनाथ के मुख्य मन्दिर में काले पत्थर के पद्मासन में बैठी नारायण की जो मूर्ति है, वह बौद्धावतार परम्परा की है। केवल उसमें ध्यानस्थ बुद्ध की तरह चार हाथ अंकित हैं। ध्यान बदरी और भविष्य बदरी के मन्दिरों में भी इसी तरह की पद्मासनस्थ लघु प्रतिमाएँ पूजी जाती हैं। बुद्ध ने नारायण की तरह सत्य, अहिंसा और ब्रह्मचर्य पर जोर दिया, इसी कारण वे नारायण के अवतार माने गए।

कूर्म ऋषि और कुमाऊँ

उत्तराखंड की दुर्गम भौगोलिक स्थिति और भारतीय पुरातत्त्व सर्वेक्षण विभाग की आर्थिक समस्याओं के कारण कुमाऊँ का इतिहास अभी तक क्रमबद्ध नहीं हो पाया है। इधर कुछ शोध-छात्रों के प्रयास से जो अभिलेख पढ़े गए हैं, उनसे पता चलता है कि कुमाऊँ में दीर्घकाल तक द्वैराज्य परम्परा रही अर्थात एक साथ दो राजा शासन करते रहे। कत्यूर के गढ़सेर स्थित बदरीनाथ मन्दिर की दीवार पर उत्कीर्ण 1330 ई. को राजा ब्रह्मपाल और जयचन्द्र का सम्मिलित लेख संकेत करता है कि कत्यूर में गणतंत्र-परम्परा थी। इस परम्परा का अन्तिम लेख पिथौरागढ़ के समीप भेटा गाँव से प्राप्त राजा कल्याणपाल और लक्ष्मणचन्द का 1603 ई. का ताम्रपत्र है। एक साथ दो राजाओं के भूमिदान का जिन लेखों में उल्लेख है, उनमें ब्रह्मदेव और अभयचन्द का चैकुनी-लेख (1376 ई.) और विजयब्रह्म तथा ज्ञानचन्द का सलोनी-लेख (1420 ई.) विशेष उल्लेखनीय हैं। कत्यूर के रणाचूलाकोट में बारह राजाओं की एक सभा थी जिसके सदस्य को रजबार (बारह राजा) कहा जाता था। पिथौरागढ़ के समीप छाना गाँव से प्राप्त 1458 ई. के ताम्रपत्र में प्रतापवर्मा को गंगोलीहाट में, 1611 ई. के लेख में पृथ्वीचन्द को और अस्कोट के समीप बचकोट से प्राप्त 1424 ई. के ताम्रपत्र में तिलकपाल को रजबार कहा गया है। एक रजबार के क्षेत्र को गर्खा कहा जाता था, उसमें कोट, हाट और थर्प की व्यवस्था थी। रामेश्वर ताम्रपत्र में सोर, गंगोली और कुमाऊँ को गर्खा कहा गया है। रजबार नाममात्र का प्रधान था, उसकी सहायता के लिए अठारह सदस्यों की एक सभा होती थी जिसे संस्कृत में अधिष्ठान और कुमाउँनी भाषा में थर कहते थे। कुमाउँनी भाषा का पहला ताम्रपत्र थोरचन्द का 889 ई. का लोहाघाट से मिला है। यह भाषा 1790 ई. तक राजभाषा रही। इसमें संस्कृत के अलावा बाल्हीक

प्राकृत, खस प्राकृत, हिंदी और फारसी भाषा का भी प्रभाव है।

कुमाउँनी भाषा में रामेश्वर से पुण्यागिरि तक की आधुनिक चम्पावत जिले की भूमि के लिए कुमूँ शब्द का प्रयोग प्रचलित है। काली नदी से लगा होने से इसे कालि कुमूँ भी कहा जाता है। विवाह के अवसर पर छोलिया नृत्य गायकों द्वारा चन्दवंश के समय चलने वाले अठारह ढोलों का तोड़-शैली में निम्नवत उल्लेख किया जाता है—

कुमुँ बै नङारा आया, कुमुँ बै निसारा
नौ जोड़ी नङारा आया, नौ जोड़ी निसारा।
छूड़ पीठ्या लगा ल्याछै, अक्षत हराया।
अक्षत हराणा वे सासू गगना धुरा मा।

कुमूँ के लोग शीताधिक्य और रेतीली भूमि के कारण जाड़ों में तराई-भाबर में चले जाते थे, जिसके लिए 'माल' शब्द का प्रयोग होता था। वर्षा ऋतु और चौमास में कुमूँ के लोग बीस स्थानों पर बग्वाल खेलते थे और भैयादूज को बग्वाली का टीका करने के बाद अपने परिवार और पशुओं के साथ माल-भाबर में चले जाते थे। इसीलिए चम्पावत के गाँवों का यह किस्सा प्रसिद्ध है—

दस दशैं, बीस बग्वाल।
कालि कुमूँ, फुलि भंगाल॥

बग्वाल के लिए 'मार' शब्द का भी प्रयोग होता है क्योंकि उसमें ख्यूंतारों से पत्थर-वर्षा की जाती थी। पहली बग्वाल श्रावण मास की संक्रान्ति को हरेले के अवसर पर चम्पावत के गोरिलचौड़ में खेली जाती थी। उसमें बोरा, कार्की, चौधरी और तड़ागी नाम की चार आलें (शाखा) भाग लेती थीं और अन्तिम मार (बग्वाल) चम्पावत के बग्वालीचौड़ में भैयादूज के दिन खेली जाती थी। चम्पावत की बग्वाल का एक किस्सा निम्नवत प्रचलित है—

तड़ तड़ करै तड़ागी, चौधरी कंगाल।
अकेला कार्की क्या करै, बोरा सित की मार॥

चम्पावत क्षेत्र की पाषाण-वर्षा खष गणराज्य के समय से चली आ रही है। *महाभारत* में पर्वतीय क्षेत्र के खषों द्वारा कुरुक्षेत्र के युद्ध में पाण्डवपक्षीय सात्यकि

की सेना पर पाषाण-वर्षा (अश्मवृष्टि) का उल्लेख है। कालिदास ने अयोध्या के राजा रघु की दिग्विजय के समय पर्वतीय गणों द्वारा उसकी सेना पर पत्थर फेंकने का रघुवंश में उल्लेख किया है। गोस्वामी तुलसीदास ने *रामचरितमानस* में बग्वाल के लिए 'बगमेल' शब्द का प्रयोग किया है। अत्यधिक खर्चीली होने और राजकीय संरक्षण के अभाव में धीरे-धीरे बग्वालें समाप्त होती रहीं। अंग्रेज़ों ने बग्वालों को बन्द करने का विशेष प्रयास किया फिर भी देवीधुरा में रक्षाबन्धन की बग्वाल आज भी धूमधाम से मनाई जाती है।

कैलास-मानसरोवर के यात्रापथ पर स्थित 'कुमूँ' शब्द 'कूर्म' शब्द से बना है जिसका अर्थ है—कूर्म का स्थान। आधुनिक मोटरमार्ग बनने से पहले कैलास के तीर्थयात्री पुण्यगिरि में एकत्र होते थे, वहाँ बदरीनाथ की तरह भाँग की परम्परा थी। वहाँ से यात्री क्रान्तेश्वर की पहाड़ी को पारकर फुंगर गाँव में स्थित झाली-माली देवी के मन्दिर में पहुँचते थे। इसी मार्ग में विनायक नामक स्थान पर विशाल पत्थर हैं। जिनमें से एक पत्थर पर बच्चे के पैर का चिन्ह बना है जिसे 'कूर्मपाद' माना जाता है। इस पहाड़ी के समीपस्थ दुध-पोखरा, सिमल्टा, चैकुनी, पैंती आदि गाँववासियों का विश्वास है कि यह कूर्मपाद कूर्मपुराण में वर्णित भगवान विष्णु के कूर्मावतार के पैर का निशान है। इसी कूर्मावतार की भूमि होने से कुमाउँनी भाषा में 'कुमूँ' संस्कृत में कूर्मांचल, हिंदी में कुमाऊँ और फारसी में 'कुमायूं' नाम प्रचलित हुआ।

स्कन्दपुराण के *मानसखंड* के अनुसार पौराणिक युग में आधुनिक कुमाऊँ कमिश्नरी के लिए मानसखंड और चम्पावत जिले के लिए कूर्माचल शब्द का प्रयोग होता था। *मानसखंड* के अनुसार उत्तरापथ में हिमाद्रि नाम का श्रेष्ठ पर्वत है, उसके नीचे कूर्मांचल नाम का रमणीय पर्वत है, गंडकी और लोहावती नामक नदियों से सिंचित इस प्रदेश में अनेक तीर्थ हैं—

अस्त्युत्तरपथे राजन हिमाद्रिः पर्वतोत्तमः।
तस्य पादतले रम्ये नाम्ना कूर्माचलो गिरिः।
तीर्थैश्च बहुभिर्युक्तो मृगपक्षिसमन्वितः॥
गन्तव्यं तत्र राजर्षे यत्र कूर्माचलोगिरिः॥
मयूरैः सेवितपदस्तथान्यैः पक्षिराजितः।
गण्डकी-लोहसरितोर्मध्ये स्नात्वा महेश्वरम्॥

[*मानसखंड*, अध्याय 11, श्लोक 14-16]

स्कन्दपुराण के केदारखंड नामक ग्रन्थ में उत्तरापथ की जगह उत्तराखंड शब्द का प्रयोग किया गया है।

पर्वतीय इतिहास को समझने के लिए इस तथ्य पर विशेष गौर करने की आवश्यकता है कि *ऋग्वेद* में कूर्म को 'ऋषि' कहा गया है। *शतपथ ब्राह्मण* में कूर्म को 'प्रजापति' कहा गया है, संध्या-पद्धति में कूर्म को देवता कहा गया है और *कूर्मपुराण* में कूर्म को विष्णु का अवतार कहा गया है। वैदिक काल में एक ही व्यक्ति को विविध क्रम में ऋषि, प्रजापति, देवता और अवतार की पदवी मिलती रही है। वैदिक धर्म को न जानने वाले पुराणों के निर्माता कूर्म ऋषि को कछुआ, बराह ऋषि को सुअर तथा मत्स्य ऋषि को मछली मानकर युगों से अर्थ का अनर्थ करते रहे हैं।

ऋग्वेद के द्वितीय मंडल में कूर्म ऋषि के द्वारा निर्मित तीन ऋचाएँ संकलित हैं जो सूर्य (27), वरुण (28) और विश्वदेव (29) के सम्मान में बनाई गई हैं। इससे स्पष्ट है कि कूर्म ऋषि ऋग्वैदिक काल में हुए थे जो आज से लगभग पाँच हजार वर्ष पूर्व माना जाता है। *धर्मसिन्धु* (पृ. 61) नामक ग्रन्थ के अनुसार कूर्म का जन्म वैशाख पूर्णिमा के दिन सायंकाल हुआ था, इसी कारण आज भी पंचांग में कूर्म जयन्ती प्रकाशित की जाती है।

ऋषि अपने आश्रम में शिष्यों के लिए प्रार्थना स्वरूप वैदिक संस्कृत में सूक्त अथवा ऋचाओं का निर्माण करते थे। अपनी घुमक्कड़ी के अनुभवों को सर्वसाधारण के लिए लौकिक संस्कृत में पुराण के रूप में लिपिबद्ध करते थे। *यजुर्वेद* (अध्याय 18) में साफ लिखा है कि ऋषियों ने पुराण लिखे थे (ऋषयो जम्मू: प्रथमजा पुराण:)। इसी कारण प्रत्येक पुराण के साथ किसी न किसी ऋषि का नाम जुड़ा है। शुंग काल, सातवाहन काल और गुप्तकाल में पुराणों में कई नई बातें जोड़ते समय मूल तथ्यों के साथ भी छेड़छाड़ की गई है, इसके बावजूद भी आधुनिक कुमाऊँ के प्राचीन भूगोल और तीर्थों की जानकारी के लिए *कूर्मपुराण* को एक ऐतिहासिक स्रोत माना जा सकता है।

संस्कृत भाषा में पर्यायवाची शब्दों की परम्परा रही है, इसी कारण *मानसखंड* में वर्णित कूर्मांचल के लिए कूर्मगिरि, कूर्माद्रि, कूर्म पर्वत आदि नामों का प्रयोग होता रहा है। चम्पावत के राजा रुद्रचन्द (1568-1597 ई.) ने *उषारागोदय* नामक नाटिका की पुष्पिका में अपने को कूर्मगिरि का राजा घोषित किया है—

इति श्रीकूर्मगिरिवरेश्वर श्रीमत्प्रतापवरितारितमो भास्कर श्रीमद्
रुद्रचन्द्रदेव-विरचितोषारागोदया नाम नाटिका परिपूर्णतामगात्।

लोहाघाट के समीप कर्णकरायत में एक प्राचीन दुर्ग के खंडहर हैं जिसे स्थानीय लोग दैत्यराज बाणासुर का किला बताते हैं। रुद्रचन्द ने बाणासुर की पुत्री उषा और कृष्ण के पौत्र अनिरुद्ध के प्रणय पर संस्कृत में *उषारागोदय* लिखा है।

संस्कृत भाषा में कूर्म का एक पर्यायवाची शब्द 'कमठ' भी है। 1742 ई. में रुहेलों के आक्रमण के समय कुमाऊँ के राजा कल्याणचन्द्र तृतीय ने गढ़वाल के लोभादुर्ग में शरण ली। इस सन्दर्भ में *रामायणप्रदीप* (1/10) नामक ग्रन्थ में कल्याणचन्द्र तृतीय को कमठगिरिपति कहा गया है। सीमल्टा गाँव के पुस्तनामे में 'कमठाद्रि' नाम है। इस पुस्तनामे के अनुसार इलाहाबाद के समीप प्रतिष्ठान (झूसी) से राजकुमार सोमचन्द शाके 607 (685 ई.) में अपने पुरोहित हरिहर के साथ बदरीनाथ की यात्रा के लिए पहाड़ में आया। सूर्यवंशी राजा अर्जुन की पुत्री से विवाह कर कमठाद्रि में बस गया। यहीं उसने चम्पावती नगर में एक दुर्ग का निर्माण किया—

श्री बद्रीश यात्रायै शालिवाहन वंशज:।
आगत: सोमचन्द्राख्य: प्रतिष्ठानेशदारक:॥
सप्तांगसहितो विद्वद् हरिहर पुरोधसा।
यो लब्धवान् नृपात्सूर्यवंशादर्जुनात्मजाम्॥
विवाहे कमठाद्रिं च शाकेऽद्रय्या (607) संज्ञके।
निर्ममौ सुदृढ़ं दुर्ग नगरीं चम्पावतीम्।

सोमचन्द के वंशजों ने सातवीं सदी में तीन सौ नाली जमीन से शुरू हुए राजवंश को सोलहवीं सदी में केदारखंड और नेपाल के मध्य के समस्त पहाड़ी क्षेत्र में फैला दिया। इसी राज्य को हिंदी भाषा के कवि चन्दबरदाई, मलिक मुहम्मद जायसी और भूषण ने 'कुमाऊँ' कहा है। भूषण कवि ने श्रीनगर (गढ़वाल), मौरंग (नेपाल), बांधव (बदायूँ), अमेठी, जोधपुर, चित्तौड़ आदि की तरह कुमाऊँ को भी कवियों के लिए सम्मानजनक स्थल बताया है—

मौरंग जाहू कि जाहू कुमाऊँ सिरीनगरै कि कवित्त बनाए।
बांधव जाहू कि जाहू अमेरि कि जौधपुरै कि चित्तौरहि धाए॥

जाहू कृतत्व कै ऐ दिन पै कि दिलीसहु पै किन जाहू बुलाए।
भूषण गाय फिरौ महि मैं बनि है चित चाह सिवाहि रिझाए॥

बारहवीं सदी के अन्त में तुर्कों की फौज के साथ अरबी और फारसी भाषाएँ भारत में प्रविष्ट हुईं और कुमाउँनी शब्द फारसी ग्रन्थों में बदायूँ आदि की तर्ज पर कुमायूँ के रूप में सामने आया। *तारीख-ए-फ़िरोज़शाही* में 1380 ई. में कटेहर (रूहेलखंड) क्षेत्र के विद्रोही नेता खड़कू के कुमायूँ में शरण लेने का उल्लेख है।

जिस समय चन्दवंशी शासक चम्पावत तक सीमित थे। उस समय कत्यूरी-राज्य के लिए संस्कृत में सपादलक्ष (शिवालिक) तथा खषदेश शब्द का प्रयोग होता था। तालेश्वर ताम्रपत्रों में पर्वताकर शब्द का प्रयोग है। चन्दों की राजधानी चम्पावत को संस्कृत में *चम्पावतपुरी* और जागर-गाथाओं में चम्पावतीगढ़ कहा जाता है। यहाँ के दुर्ग को राजबुंगा कहा जाता है। यहाँ की संस्कृति में वैदिक ऋषि कूर्म की तरह ही नागों की राजकुमारी चम्पावती तथा नाथपन्थी जोगी गोरिल का भी विशेष स्थान है। जिस तरह कूर्म ऋषि के कारण कुमूँ नाम प्रचलित हुआ, उसी तरह नागकन्या चम्पावती की तपस्थली होने से चम्पावत और गोरिल की तपस्थली होने से गोरिलचौड़ नाम प्रचलित है। चन्दों की सेना के साथ गोरिल देवता का भी प्रसार हुआ। अल्मोड़ा में चितैं, नैनीताल में घोड़ाखाल, रानीखेत में उदयपुर के गोरिल मन्दिर प्रसिद्ध हैं। *गोरिल का जागर* कुमाउँनी भाषा का एक महाकाव्य है जो पौष के महीने में ग्यारह दिन और ग्यारह रात तक गाया जाता है। इस क्रिया को बैसी (बाईसी) कहा जाता है।

ह्वेनसांग की गंगोत्री-यात्रा

उत्तराखंड में बौद्ध धर्म के इतिहास को जानने के लिए सबसे महत्त्वपूर्ण साधन है—चीनी बौद्ध भिक्षु ह्वेनसांग की पुस्तक *सी-यू-की*। इस पुस्तक से ज्ञात होता है कि सातवीं सदी के पूर्वार्द्ध (629-644 ई.) में ह्वेनसांग ने थानेश्वर से गंगोत्री तक की पदयात्रा की थी। अपनी पदयात्रा के समय उसने जिन पर्वतों, नदियों, नगरों और मन्दिरों को देखा, उनके सम्बन्ध में स्थानीय स्तर पर उपलब्ध सूचनाओं को भी संकलित किया है। उसके जीवनीकार हवी-ली ने यात्रास्थलों के बारे में महत्त्वपूर्ण जानकारियाँ दी हैं। ह्वेनसांग की पुस्तक को चीनी भाषा से अंग्रेज़ी भाषा में अनूदित कर वाटर्स और बील नामक अनुवादकों ने अपनी भौगोलिक टिप्पणियों के साथ प्रकाशित किया है। इस क्रम में पुरातत्त्वविद जनरल कनिंघम ने भी सर्वेक्षण कर अपने निष्कर्ष निकाले हैं। ह्वेनसांग के थानेश्वर से गंगोत्री तक के यात्रापथ के विवरण से देहरादून और उत्तरकाशी जिलों के अतीत और उससे सम्बन्धित ऐतिहासिक सामग्री को समझने में सहायता मिलती है।

ह्वेनसांग ने अपने यात्रा विवरण में मार्ग की दूरी के लिए चीनी परम्परा में प्रचलित ली इकाई का प्रयोग किया है। भारतीय परम्परा में छह ली एक मील के बराबर होता है। उसके अनुसार थानेश्वर से उत्तर-पूर्व में चार सौ ली (साढ़े छियासठ मील के लगभग) से अधिक मार्ग तय करने के उपरान्त वह 'सु-लो-किन-न' (सुग्घ्न) नामक देश में पहुँचा।

इसके विवरण के बाद उसने लिखा है—

> यमुना से पूर्व में 800 ली की दूरी तय करने के बाद हम गंगा नदी तक पहुँचे। यह नदी उद्गम के पास तीन से चार ली तक चौड़ी है। दक्षिण-पूर्व की ओर बहती हुई गंगा नदी समुद्र में मिलती है जहाँ पर

> इसकी चौड़ाई दस ली से अधिक हो जाती है। इसका पानी समुद्र की तरह नीला है और इसमें समुद्र की तरह लहरें उठती हैं। नदी का पानी मीठा और स्वादिष्ट है। इसके तटों पर खूबसूरत रेत के टीले हैं। देश की धार्मिक मान्यताओं में अनुसार यह नदी महान कल्याणकारी है और इसमें नहाने से सारे पाप धुल जाते हैं। यह भी आम विश्वास है कि जो दीन-दुखी इस नदी में अपने प्राण त्याग देते हैं, वे स्वर्ग जाकर सुखों को भोगते हैं। यदि किसी मनुष्य की मृत्यु के बाद उसकी अस्थियाँ गंगा नदी में बहा दी जाती हैं तो उसकी आत्मा की मुक्ति हो जाती है।

एक बार सिंहल द्वीप (लंका) के महान विद्वान 'देव' नामक बोधिसत्व विविध विचारधाराओं में विभक्त लोगों का मार्गदर्शन करने के लिए इस देश में आए। गंगा नदी के तट पर एक विशाल सभा का आयोजन किया गया जिसमें देव बोधिसत्व ने लोगों को सत् धर्म का उपदेश दिया। उनकी जिज्ञासाओं को शान्त कर उन्हें अपना शिष्य बनाया।

ह्वेनसांग के उपरोक्त विवरणों से स्पष्ट है कि वह सरस्वती और गंगा नदी के मध्यवर्ती पर्वतीय क्षेत्र के प्रसिद्ध कुलिन्द राज्य में पहुँचा था जिसकी राजधानी आधुनिक देहरादून जिले में यमुना और टौंस नदी के संगम पर कालसी से जगतग्राम तक फैली हुई थी। प्रसिद्ध ज्योतिषी वराहमिहिर ने प्राचीन भारत के गणराज्यों में कुलिन्दों को सबसे श्रेष्ठ गणराज्य (कौलिन्दान् गण पुंगवान्) कहा है और वैयाकरण पतञ्जलि ने स्रुघ्ननगर की भूरि-भूरि प्रशंसा की है। देहरादून जिले के इतिहास पर प्रकाश डालने वाले अंग्रेज़ लेखक कनिंघम, एटकिंसन और वाल्टन को कालसी के इतिहास के बारे में इसीलिए भ्रम रहा कि उन्हें स्रुघ्न राज्य की पश्चिमी सीमा पर बहने वाली और बाद में लुप्त हो चुकी सरस्वती नदी के बारे में जानकारी नहीं थी।

ह्वेनसांग के समकालीन भारतीय लेखक बाणभट्ट ने अपने ऐतिहासिक ग्रन्थ *हर्षचरित* में थानेश्वर नगर के समीप बहने वाली सरस्वती नदी का उल्लेख किया है। बाण ने थानेश्वर नगर के पूर्व में थोड़ी दूरी पर हर्ष (606-648 ई.) के सैनिक शिविर का वर्णन किया है। (पृ. 381)

नातिदूरे च नगरादुपसरस्वती निर्मिते महति तृणमये।

स्कन्दपुराण के मानसखंड से पता चलता है कि सरस्वती नदी तिब्बत में

मानसरोवर के समीप गौरी पर्वत से निकलती थी। तिब्बत से यह हिमाचल प्रदेश में आती थी। यमुना और सतलज नदी के मध्यवर्ती पहाड़ों को पारकर यह कुरुक्षेत्र और पुष्कर (राजस्थन) होती हुई प्रभास तीर्थ (सोमनाथ) के पास समुद्र में मिलती थी। वैदिककालीन भारत की सबसे महत्त्वपूर्ण रही सरस्वती नदी से त्रेतायुग में गंगा में पानी बढ़ाने के लिए अयोध्या के राजा भगीरथ ने तिब्बत में छेड़छाड़ की। गुप्त सरस्वती की कहानी प्राचीन भारत के ग्रन्थों में यत्र-तत्र विद्यमान रही है। इसी सरस्वती नदी के तटवर्ती मार्ग में ह्वेनसांग थानेश्वर से उत्तर दिशा की ओर चला और बाद में पूर्व की दिशा में बढ़ते हुए कालसी में पहुँचा।

ह्वेनसांग ने स्रुघ्ननगर के बारे में दो महत्त्वपूर्ण ऐतिहासिक तथ्य दिए हैं—

एक—वहाँ अशोक द्वारा निर्मित बौद्ध स्तूप था।
और दूसरा—वहाँ बौद्ध धर्म के प्रवर्तक गौतम बुद्ध (624-544 ई.पू.) उपदेश देने के लिए गए थे।

ये दोनों तथ्य देहरादून जिले में यमुना और टौंस नदी के संगम पर स्थित कालसी से पूर्ण साम्य रखते हैं। फारेस्ट द्वारा 1860 ई. में पता लगाए जाने से पहले स्थानीय लोग अशोक के लेख वाली शिला को चित्रशिला कहते थे। कालसी गाँव से दो किलोमीटर की दूरी पर यमुना नदी के पश्चिम में एक दस फुट ऊँची गोल शिला पर मौर्य सम्राट अशोक (272-236 ई.पू.) के चौदह शिलालेख उसी तरह उत्कीर्ण हैं, जैसे उड़ीसा में धौली और जोगड़ में हैं। अशोक का कालसी-अभिलेख लिपि और भाषा की दृष्टि से अन्य अभिलेखों से भिन्न है। चौदह अभिलेखों में से नौ लेख छोटे अक्षरों में उत्कीर्ण हैं और दसवें लेख से अक्षरों के आकार तिगुने हो गए हैं। लेख की शिला के चारों ओर विकीरित मूर्ति-फलकों से यह स्पष्ट है कि प्राचीन युग में कालसी के समीप टौंस और यमुना के संगम पर कोई महत्त्वपूर्ण नगर बौद्ध तीर्थ रहा होगा। शिलालेख के दाईं ओर रेखाओं से एक हाथी की आकृति बनाई गई है और उस पर गजतमे (श्रेष्ठ हाथी) लिखा हुआ है। प्राचीन बौद्ध कला में गौतम बुद्ध के शरीर का अंकन नहीं किया जाता था। किसी भी स्थान पर बुद्ध की उपस्थिति दिखाने के लिए हाथी, चरण-चिह्न अथवा स्तूप की आकृति दिखाई जाती थी। बौद्धों में यह मान्यता रही है कि गौतम बुद्ध की माँ महामाया देवी ने गर्भ धारण करने से पूर्व स्वप्न में एक हाथी को अपने शरीर में प्रवेश करते देखा था। कुषाण सम्राट कनिष्क (170-193 ई.) के समकालीन बौद्ध

लेखक अश्वघोष ने अपने चर्चित ग्रन्थ *बुद्धचरित* (प्रथम सर्ग) में हाथी-सम्बन्धी स्वप्न का निम्नवत वर्णन किया है—

प्राग्गर्भधानान्मनुजेन्द्रपत्नी सितं ददर्श द्विपराजमेकं।
स्वप्ने विशन्तं वपुरात्मनः सा [न तन्निमित्तं समवाप तापं] ॥ 4 ॥

इस प्रकार कालसी में हाथी का अंकन वहाँ पर गौतम बुद्ध के जाने और धर्मोपदेश का संकेत है। इसी कारण अशोक मौर्य ने कालसी लेख में यह स्पष्ट आदेश दिया है कि वहाँ पर जीव हिंसा नहीं की जानी चाहिए और समाज का आयोजन नहीं होना चाहिए। उसने यह भी कहा है कि समाज में अनेक बुराइयाँ हैं—

इध न किंचि जीवं आरभित्या प्रहूहितव्यं न च
समाजो कर्तव्यो बहुकं हि दोसं समाजम्हि पसति।

एक ओर कालसी में अशोक के चौदह लेख और गौतम बुद्ध के उपदेश के प्रमाण हैं, वहीं अशोक के लेखों से युक्त शिला से लगभग तीन किलोमीटर दूरी पर जगतग्राम नामक गाँव से एक अश्वमेध यज्ञ की जगह मिली है।

प्राप्त अभिलिखित ईंटों से पता चलता है कि अशोक से लगभग पाँच सौ वर्ष पश्चात वृषगणराज्य के शासक शील वर्मा ने अपने साठ वर्ष पूरे होने के उपलक्ष्य में वहाँ पर चौथा अश्वमेध यज्ञ किया था। यमुना नदी के पश्चिम में स्थित जगतग्राम देहरादून से लगभग तीस किलोमीटर की दूरी पर स्थित एक उर्वर खेती वाला गाँव है। तृतीय सदी ई. में उत्तरी भारत में प्रचलित ब्राह्मी लिपि के शील वर्मा के लेखों से एक ओर जहाँ स्रुग्घ्ननगर के विस्तार का पता चलता है, वहीं इससे ह्वेनसांग के इस कथन की भी पुष्टि हो जाती है कि वहाँ बौद्ध और बौद्धेतर सम्प्रदायों में प्रतिद्वंद्विता रही थी।

शुंग युग (185-72 ई.पू.) में पुष्यमित्र शुंग के दो अश्वमेघ यज्ञों से जहाँ पूर्वी भारत में बौद्ध विरोधी वातावरण बनने लगा, वहीं कालसी में राजा विश्वदेव के वंशज अग्रराज, धनभूति प्रथम, वाद्यपाल और धनभूति द्वितीय ने भरहुत, मथुरा और ब्यानधूरा-सेनापानी (टनकपुर के समीप) में बौद्ध स्तूपों का निर्माण करवाया। कुषाण युग (160-230 ई.) में टौंस नदी के किनारे बौद्धों का तमसावन विहार विशेष महत्त्वपूर्ण माना जाता था। टौंस नदी के किनारे देहरादून की चकरौता तहसील के हनोल नामक स्थान पर मास्सू देवता के मन्दिर के गर्भगृह में मथुरा शैली की एक

बुद्ध प्रतिमा है जो बौद्ध साहित्य में वर्णित तमसावन विहार की याद दिलाती है।

टौंस नदी का उद्गम स्थल नटवाड़ माना जाता है। वहाँ रूपण और सुपण नामक नाले मिलकर टौंस नदी बनाते हैं। संगम पर पोखू देवता का मन्दिर है जो *स्कन्दपुराण* के *केदारखंड* नामक ग्रन्थ के अनुसार शिव मन्दिर था। नटवाड़ के पास सिंगतूर पट्टी का देवता राजा कर्ण है। इसी तरह पंचगई पट्टी का देवता दुर्योधन है। ये महाभारत के पात्र न होकर यक्ष रहे हैं। बौद्ध ग्रन्थ महामयूरी में लिखा है कि स्रुघ्न देश में दुर्योधन यक्ष की पूजा होती थी।

टौंस नदी का दक्षिणी क्षेत्र जौनसार कहलाता है और उत्तरी क्षेत्र बाबर। इसी कारण बोलचाल की भाषा में जौनसार-बाबर नाम प्रचलित है। बाबर क्षेत्र के अन्तर्गत टौंस के किनारे स्थित हनोल के मास्सू मन्दिर की भूमि को स्थानीय लोग प्राचीन चक्रापुर मानते हैं। इस मन्दिर की दीवार से घिरा अपना एक वृहत क्षेत्र है जिसके अन्दर तीन बड़े धर्मशाले और अन्न-भण्डार के दो लघु कोठारी धर्मशाले हैं। पश्चिमी प्रवेश द्वार के दाईं ओर एक विशाल चबूतरा है। जिसे देखने से लगता है कि उसमें कभी अनेक स्तूप अथवा मन्दिर रहे होंगे। मास्सू मन्दिर त्रिछत्रीय शैली का है। शीर्ष कलश आदमकद है, उसके आधार का छत्र बरसाती छत्री के बराबर है, ऊपर के दो छत्र लकड़ी के हैं और तीसरी छत जो कि मंडप के ऊपर है पहाड़ी पत्थरों की बनी है। मन्दिर पृथ्वी से तीन स्तरीय दीवारों में खड़ा किया गया है जिसके ऊपर तृतीय छत का पाँच फीट के लगभग लकड़ी का मंटग है। लकड़ी पर विविध प्रकार की कारीगरी की गई है। जौनसार और रवाईं में ऐसी कारीगरी साधारण मकानों तथा कोठारों में विशेष रूप से पाई जाती है। प्रवेश द्वार के तीनों ओर सिक्के ठोके गए हैं। उनमें तिमाशी और मौनशाही भी हैं। मन्दिर के प्रांगण में बलुआ पत्थर की बोधिसत्व अवलोकितेश्वर की मूर्ति है जिसे स्थानीय लोग विष्णु प्रतिमा मानते हैं। बैजनाथ (कार्तिकेयपुर) की तरह मंडप शैली के तीन छोटे मन्दिर प्रांगण में हैं और तीन मन्दिर अन्दर हैं। यहाँ पिथौरागढ़ के घुंसेरा और नकुलेश्वर की तरह काले पत्थर के शिवलिंग भी हैं। प्रांगण में विकीरित मन्दिरों की शीर्ष गगरियों से स्पष्ट है कि पहले वहाँ कई मन्दिर रहे होंगे। मन्दिर में कई कमरे हैं और काले पत्थर की कत्यूरी शैली की अनेक सुन्दर मूर्तियाँ हैं। अन्तिम कमरे में अँधेरा है। गर्भगृह में पुजारी के अलावा कोई नहीं जाता। वहाँ मास्सू की एक पीतल की मूर्ति के साथ ही मथुरा शैली का बुद्ध तथा अन्य प्रस्तर मूर्तियाँ हैं। यहाँ पर ताँबे की चादर बाहर खड़े दर्शकों को दिख सकती है। यह भी मान्यता है

कि इस गर्भगृह के नीचे एक शासक ने सारे धर्मग्रन्थ दबाकर रखे हैं। *मास्सू देवता का जागर* जौनसार-बाबर का एक लोक महाकाव्य है जिसके अनुसार महेन्द्ररथ में रहने वाला उणाभाट, कश्मीर-वन जाकर माता धरमकला के चार बेटे—मास्सू को टौंस के किनारे ले आया और उसी ने विष्णु प्रतिमा को बाहर कर लोक देवता मास्सू को गर्भगृह में स्थापित कर दिया।

बौद्धों का तीसरा महत्त्वपूर्ण केन्द्र उत्तरकाशी जिले की पुरोला तहसील के अन्तर्गत कमल गाड़ के किनारे था, जहाँ गढ़वाल विश्वविद्यालय के पुरातत्त्व विभाग ने प्रो. के.पी. नौटियाल के निर्देशन में खुदाई कर कुषाणकालीन अवशेषों का पता लगाया।

ह्वेनसांग छह माह तक देहरादून जिले के जौनसार-बावर क्षेत्र में घूमता रहा। उसने थानेश्वर से कालसी की दूरी साढ़े छियासठ मील और कालसी से गंगोत्री की दूरी एक सौ तैंतीस मील बताई है। कालसी से यमुना तटवर्ती मार्ग लाखामंडल, नौगाँव और बड़कोट होते हुए गंगनानी में पहुँचता था। गंगनानी से नन्दगाँव और राड़ी का पर्वत पारकर यात्री बाड़ाहाट (उत्तरकाशी) में पहुँचते थे। उत्तरकाशी के विश्वनाथ मन्दिर के प्रांगण में राजा श्रीगुह की बनवाई शक्ति पर जो लेख अंकित हैं, उसकी लिपि ह्वेनसांग के आश्रयदाता कन्नौज नरेश हर्षवर्धन (606-648 ई.) के मधुबन और बाँसखेड़ा से प्राप्त ताम्रपत्रों की लिपि से पूर्ण साम्य रखती है।

ह्वेनसांग थानेश्वर से कालसी होते हुए गंगोत्री गया और लौटते समय गंगोत्री से हरिद्वार पहुँचा। उसने गंगा नदी के बाद मतिपुर राज्य का उल्लेख किया है। लाखामंडल में रानी ईश्वरा के शिलालेख में जालन्धर और सिंहपुर राज्यों का उल्लेख है। ह्वेनसांग की पुस्तक में इन दोनों राज्यों का विवरण उपलब्ध है। जालन्धर राज्य आधुनिक हिमाचल प्रदेश का प्राचीन नाम है और सिंहपुर राज्य कश्मीर की सीमा पर था।

ह्वेनसांग ने थानेश्वर और स्रुघ्न की जलवायु और उपज में समानता बताई है। पर्वतीय राज्यों में वैदिक काल से ही यह परम्परा रही है कि वे शीतकाल में मैदानी क्षेत्रों में आ जाते थे और ग्रीष्मकाल में पर्वतों में रहते थे। इसी परम्परा में स्रुघ्न राज्य भी पहाड़ों के अलावा उससे लगे हुए मैदानी क्षेत्र में भी फैला था। हरियाणा के अम्बाला जिले में थानेश्वर से लगभग तीस किलोमीटर पर स्रुघ्न नामक गाँव से राजा अग्रराज और बलभूति के सिक्के मिले हैं। स्रुघ्न नाम संस्कृत भाषा के सुघ का लोकभाषा में अपभ्रंश प्रतीत होने से कनिंघम ने इसी को प्राचीन

सुग्घ नगर माना है लेकिन बुद्ध और अशोक से सम्बन्धित कोई प्रमाण स्रुग्घ्न गाँव से नहीं मिले हैं। अत: सम्भावना यही है कि अम्बाला के सुघ से लेकर बिजनौर के मन्दावर तक दक्षिण में सुघ राज्य का विस्तार रहा होगा। उत्तर में यमुनोत्री, गंगोत्री के तीर्थ इस राज्य के अन्तर्गत थे।

यमुना का एक पर्यायवाची नाम कालिन्दी है। यह नाम वेदों में नहीं है। यह पुराणों में मिलता है और मध्यकालीन भक्तों ने इसका विशेष प्रयोग किया है। *मार्कंडेयपुराण* के अनुसार यमुना कलिन्द पर्वत के मध्य में बहने से कालिन्दी कहलाई। इसी तरह कलिन्द पर्वत के निवासी कुलिन्द कहलाए। संस्कृत भाषा का कुलिन्द शब्द पाली भाषा में कुणिन्द कहलाया। कुणिन्दराज अमोघभूति के सिक्के गढ़वाल, हिमाचल प्रदेश, कुमाऊँ और सहारनपुर तक मिले हैं। इन्हीं कुणिन्दों की राजधानी सुघ नगर में सातवीं सदी में चीनी पर्यटक ह्वेनसांग आया और गंगोत्री तक की यात्रा में उसने जो कुछ देखा-सुना, उसका विवरण चीन के लोगों के लिए *सी-यू-की* में लिख दिया। आज उत्तराखंड के प्राचीन इतिहास के लिए ह्वेनसांग की गंगोत्री-यात्रा का विवरण एक महत्त्वपूर्ण ऐतिहासिक साधन है।

वराहमिहिर और ब्रह्मपुर

उत्तराखंड के इतिहास की सबसे महत्त्वपूर्ण समस्या है—उज्जैन के प्रसिद्ध ज्योतिषी वराहमिहिर द्वारा ब्रह्मपुर और कुलिन्दों का एक साथ उल्लेख करना। उत्तराखंड से अभी तक जो ऐतिहासिक सामग्री प्रकाश में आई है, उसके अनुसार कुलिन्दों के राजा अमोघभूति के सिक्के 57 ई.पू. में विक्रम संवत की स्थापना के समय के हैं और अल्मोड़ा संग्रहालय में सुरक्षित ब्रह्मपुर के राजा विष्णुवर्मा और द्युतिवर्मा के ताम्रपत्र छठी सदी ई. में उत्तरी भारत में प्रचलित उत्तर गुप्तकालीन ब्राह्मी लिपि में लिखे गए हैं। दोनों में लगभग पाँच सौ वर्ष का अन्तर है।

इस समस्या को भारतीय इतिहास की समस्या माना जा सकता है क्योंकि इसका सम्बन्ध मध्यप्रदेश के प्रसिद्ध उज्जैन नगर के इतिहास से भी है। *ज्योतिर्विदाभरण* नामक ग्रन्थ के अनुसार 57 ई. पूर्व में विक्रम संवत की स्थापना करने वाले मालवराज विक्रमादित्य के दरबार में धन्वन्तरि, क्षपणक, अमरसिंह, शंकु, वेतालभट्ट, घटकर्पर, कालिदास, वराहमिहिर और वररुचि नामक नौ रत्न थे। विक्रम गर्दभिल्ल का बेटा और भर्तृहरि का छोटा भाई था। भर्तृहरि ने अपनी रानी पिंगला की मृत्यु के बाद अपने भाँजे गोपीचन्द के साथ गुरु गोरखनाथ से दीक्षा लेकर संन्यास ग्रहण कर लिया। नौ नाथ और चौरासी सिद्धों वाले नाथपन्थ का प्रारम्भ कैलास में आदिनाथ से माना जाता है तथा गुरु गोरखनाथ को गुरु मत्स्येन्द्रनाथ का शिष्य बताया जाता है।

शिप्रा नदी के तट पर बसी महाकाल की नगरी उज्जैन में दो अँधेरी गुफाओं को भर्तृहरि और गोपीचन्द की तपस्थली माना जाता है। उनके बाहर 'बेताल' देवता की पूजा की जाती है और उसके डंगरियों को कँपाया जाता है। उज्जैन की तरह देहरादून जिले के लाखामंडल में भी भर्तृहरि और गोपीचन्द की तपस्थली है। नानकमत्ता को भी पहले गोरखमता कहा जाता था। उसमें सिक्खों का गुरुद्वारा बन

जाने पर भी भर्तृहरि और गोपीचन्द नामक नाथपन्थी जोगियों की स्मृति जीवित है। गुरु गोरखनाथ ने सबसे पहले अपनी पुस्तक *गोरखवाणी* (24/67) में उत्तराखंड नाम का उल्लेख किया है—

> उत्तराखंड जाइवा सुनिफल खाइवा
> ब्रह्म अगनि पहिरवा चौंरा
> नीझर झरणौं अमृत पिया
> यूं मन हुआ थीरें।

उन्होंने रुद्रप्रयाग जिले में अपना पहला मठ स्थापित किया था। उसका उल्लेख *स्कन्दपुराण* के *केदारखंड* नामक ग्रन्थ में है। बाद में श्रीनगर, तामली और रीठा साहब में गोरखनाथ के मठ स्थापित हुए।

विक्रम संवत की स्थापना के समय उत्तराखंड में विशेष हलचल थी। एक ओर नाथपन्थी साधु वैदिक धर्म के केन्द्र बदरीनाथ और बौद्ध धर्म के केन्द्र कालसी को चुनौती देने गाँव-गाँव में जागरों का प्रचार कर रहे थे, वहीं विक्रमादित्य के दरबारी कालिदास, अमरसिंह और वराहमिहिर भी कैलास और मेरु पर्वतों के अंचलों को अपनी पुस्तकों में समेटने का प्रयास कर रहे थे। इसी समय मेरु से उज्जैन तक ज्योतिषियों ने मध्यरेखा का निर्धारण किया। इसी से उत्तराखंड में ज्योतिष की नई परम्परा शुरू हुई। मल्ल (1034-1588 ई.) और चन्द युग में पिथौरागढ़ की डीडीहाट तहसील के अन्तर्गत मसमोली गाँव में जो राज्य पंचांग बनता था, उसमें ज्योतिष की मध्यरेखा मेरु (नन्दादेवी पर्वत) से उज्जैन होकर लंका तक मानी गई है। कुमाऊँ की ज्योतिष परम्परा पर लिखी गई विट्ठल दीक्षित की पद्धति कल्पवल्ली, उमापति का ज्योतिषचन्द्रार्क और गुमानी का निर्णयसार मेरु और उज्जैन पर आधारित हैं। जिस तरह राजा नरचन्द ने अपने ताम्रपत्र में विक्रमादित्य के शरीर में बेताल के अवतरण का उल्लेख किया है, उसी तरह गुमानी कवि ने अपनी आत्मकथा में विक्रम संवत को चलाने वाले वीर विक्रमादित्य द्वारा शकों को परास्त करने का उल्लेख किया है। कहने का तात्पर्य यह है कि उत्तराखंड की प्राचीन ज्योतिष परम्परा पर उज्जैन के ज्योतिषी वराहमिहिर का विशेष प्रभाव रहा है। यहाँ की प्राचीन ग्रामीण पाठशालाओं के पुस्तकालयों में कालिदास के *रघुवंश* और अमर सिंह के *अमरकोष* के साथ वराहमिहिर की *बृहत्संहिता* की पांडुलिपियाँ भी बड़ी संख्या में मिलती हैं।

बृहत्संहिता में भारत की उत्तर दिशा के वर्णन में कैलास, मेरु, हिमवान आदि पर्वतों के साथ कुलिन्द, खष, तंगण, स्त्री-राज्य और किरात के साथ ब्रह्मपुर का भी उल्लेख है। वराहमिहिर ने कुलिन्दों की राजधानी स्रुग्घ्न का भी उल्लेख किया है। वह मालवों की तरह कुलिन्दों को भारत का श्रेष्ठ गणराज्य बताता है। (अध्याय 4)

> उद्युक्तान् सह वाहनैर्नरपतींस्त्रैगर्तकान् मालवान्।
> कौलिन्दान् गणपुङ्गवानथ-
> शिबीनायोध्यकान् पार्थिवान्॥ 24॥

बृहत्संहिता के सोलहवें अध्याय में कालसी के पास स्थित कुलिन्दों की राजधानी—स्रुग्घ्न का भी उल्लेख है—

> सिन्धुनदपूर्वभागो मथुरापश्चार्द्धभरतसौवीराः।
> स्रुग्घ्नौदीच्यविपाशासरिच्छतद्रू रमठशाल्वाः॥ 220॥

जिस तरह उज्जैन में विक्रमादित्य ने शकों को परास्त किया, उसी तरह अमोघभूति ने यूनानी शासक अपोलोडोटस को परास्त किया था। कुलिन्दराज अमोघभूति ने यूनानियों को परास्त कर चाँदी और ताँबे के जो सिक्के चलाए, उनमें ब्राह्मी लिपि के साथ यूनानी राज्य में प्रचलित खरोष्ठी लिपि में भी अपना नाम और पद उत्कीर्ण करवाया है। प्राचीन कण्वाश्रम की स्मृति में अमोघभूति ने मृग को घास खिलाती शकुन्तला का चित्र भी अपनी मुद्राओं में दिखाया है।

वराहमिहिर के उल्लेख से यह स्पष्ट है कि प्रथम सदी ई.पू. में विक्रमादित्य और अमोघभूति के समय कुमाऊँ में स्त्री-राज्य (अस्कोट) और ब्रह्मपुर विद्यमान थे जो सातवीं सदी में 629 से 644 ई. तक भारत के बौद्ध तीर्थों की यात्रा करने वाले चीनी यात्री ह्वेनसांग ने भी देखे थे; इस तरह ब्रह्मपुर का समय 57 ई.पू. से 644 ई. तक माना जाना चाहिए। डॉ. हजारी प्रसाद द्विवेदी ने गोरखनाथ की कहानी में वर्णित स्त्री-राज्य को कुमाऊँ में माना है अत: अस्कोट के क्षेत्र में स्त्री-राज्य भी 57 ई.पू. से 644 ई. तक मानना पड़ेगा।

वराहमिहिर ने कुलिन्द और ब्रह्मपुर के साथ खषराज्य का भी उल्लेख किया है जो राजशेखर की *काव्यमीमांसा* के अनुसार कार्तिकेयपुर में आधुनिक बागेश्वर जिले में स्थित था। तालेश्वर ताम्रपत्रों के अनुसार ब्रह्मपुर के दो महत्त्वपूर्ण मन्दिर वीरणेश्वर और ब्रह्मेश्वर थे। अल्मोड़ा के समीप हवालबाग में आज भी कोसी

नदी के किनारे बमसर नामक मन्दिर की स्मृति शेष है। कुमाउँनी भाषा का बमसर शब्द संस्कृत भाषा के ब्रह्मेश्वर का अपभ्रंश है, इसी तरह वीरणेश्वर का अपभ्रंश बिनसर माना जा सकता है। अभिलेख के अनुसार ब्रह्मेश्वर के समीप रेशम का उत्पादन होता था। रेशम को संस्कृत में पट्ट कहा जाता है। उसके निर्माताओं को पट्टवायक कहते थे। पहाड़ में रेशम के कीड़ों को कीमु (शहतूत) के पेड़ों में पाला जाता था। यह उद्योग विशेष सफल रहा, इसलिए पट्टवायकों द्वारा ब्रह्मेश्वर मन्दिर को एक सेरा खरीदकर दान करने का उल्लेख है। बमसर के समीप आज पाटिया गाँव है जो पट्टवायकों से सम्बन्धित हो सकता है। ब्रह्मपुर के दो मन्दिर नारायण देवकुल और वारुणाश्रम (बौणासी) बिनसर गाड़ के किनारे लखुओडयार के प्रागैतिहासिक शैलचित्रों के समीप हैं। इन्हीं के पास दिगौली और दिपदिया गाँवों के बीच के उर्वर खेतों में प्राचीन ब्रह्मपुर नगर के अवशेष किसी पुरातत्त्ववेत्ता के उत्खनन की प्रतीक्षा में हैं। तिलाड़ी गाँव के नौले के लेख से लेकर मुण्डनेश्वर मन्दिर के शिलालेख तक बिनसर गाड़ के तटवर्ती अभिलेखों के छप जाने से ब्रह्मपुर का इतिहास क्रमबद्ध हो सकता है।

संस्कृत भाषा की दृष्टि से ब्रह्मपुर ब्राह्मण परम्परा का नगर था। वहाँ गौग्गुलिक परिषद् भी थी जिसका प्रधान भारिपति शर्मा था। अल्मोड़ा जिले से हरिदत्त और शिवदत्त नामक राजाओं के सिक्के मिले हैं। लंदन संग्रहालय के मुद्राशास्त्री एलन ने मिश्रित धातु वाले इन सिक्कों को 150 से 50 ई.पू. का माना है। हरिदत्त नाम से स्पष्ट है कि ये ब्राह्मण कुल के राजा थे। अत: इसी युग में बिनसर गाड़ के किनारे ब्रह्मपुर नगर की स्थापना हुई होगी, तभी 57 ई.पू. के आसपास ज्योतिषी वराहमिहिर ने उसका उल्लेख किया है।

वराहमिहिर ने 57 ई.पू. से पहले ही कैलास की यात्रा की होगी और विक्रमादित्य के दरबार में नवरत्न की परीक्षा उत्तीर्ण करने से पहले ही वह ज्योतिषी के रूप में ख्याति प्राप्त कर चुका होगा। *किरातार्जुनीय* के लेखक भारवि ने भी विक्रमादित्य के दरबार में नवरत्न बनने के लिए शास्त्रार्थ की परीक्षा में भाग लिया था लेकिन वह कालिदास और वराहमिहिर की तरह सफल नहीं हो सका।

नन्दादेवी : एक परिचय

मध्य हिमालय में यमुना नदी से सरयू नदी तक की भूमि भारत की लोकपरम्परा में उत्तराखंड नाम से प्रसिद्ध है। सांस्कृतिक दृष्टि से उत्तराखंड दो भागों में बँटा है। गढ़वाल और कुमाऊँ। संस्कृत भाषा में गढ़देश और कूर्मांचल शब्दों का प्रयोग मिलता है। पुराणों में गढ़देश के लिए केदारखंड और कूर्मांचल के लिए मानसखंड नाम है। मानसखंड नामक ग्रंथ *स्कन्दपुराण* का एक भाग है और छठीं सदी से प्राचीन है। इसमें अल्मोड़ा संग्रहालय में सुरक्षित तालेश्वर ताम्रपत्रों में वर्णित ब्रह्मपुर, वीरणेश्वर, कार्तिकेयपुर, नारायण, देवकुल, वरुणाश्रम, ब्रह्मेश्वर, बामनस्वामी आदि का उल्लेख नहीं है, जो छठी सदी में आधुनिक अल्मोड़ा नगर के चारों ओर स्थित थे। मानसखंड में आधुनिक कुमाऊँ के अतिरिक्त पश्चिमी तिब्बत का कैलास-मानसरोवर और नेपाल का डोटी क्षेत्र भी सम्मिलित था।

कैलास-मानसरोवर का क्षेत्र प्रारम्भ में उत्तर कुरु और बाद में हूणदेश के नाम से पुकारा जाता था। जब उत्तर कुरु शब्द का प्रयोग होता था तब आधुनिक नन्दादेवी पर्वत को मेरु पर्वत कहते थे। जब हूण देश नाम शुरू हुआ तब मेरु को नन्दादेवी पर्वत कहने लगे।

कुमाऊँ-गढ़वाल में सरस्वती नदी के पानी की अनुश्रुति है। वैदिककाल में सरस्वती नदी मानसरोवर से निकलकर यमुना और सतलज नदियों के बीच बहती कुरुक्षेत्र, पुष्कर और प्रभास तीर्थ होती हुई अरब सागर में मिलती थी। आज यह नदी लुप्त हो चुकी है और इसकी स्मृति कुरुक्षेत्र, आमेर, जयपुर, अजमेर, पुष्कर और बूढ़ा पुष्कर के तालाबों में रह गई है। उत्तराखंड में यह परम्परा है कि सरस्वती का पानी गुप्त रूप से कुमाऊँ-गढ़वाल होते हुए प्रयाग में गंगा-यमुना के संगम में मिल जाता है।

महाभारत, अमरकोष और *बृहत्संहिता* में नन्दादेवी पर्वत का नाम नहीं है। इन ग्रन्थों में आधुनिक नन्दादेवी पर्वत को मेरु, सुमेरु, सुरालय, हिमाद्रि आदि नामों से पुकारा गया है। गुप्त सरस्वती का उल्लेख करने वाले *मानसखंड* और *केदारखंड* नामक ग्रन्थों में नन्दादेवी शब्द सबसे पहले मिलता है।

आठवीं सदी के प्रारम्भ में अल्मोड़ा जिले के बैजनाथ नामक स्थान पर कार्तिकेयपुर नगर को राजधानी बनाकर खष जाति ने हिमालय में एक नए राज्य की नींव डाली। कार्तिकेयपुर में कई राजवंशों ने शासन किया। यहाँ के राजा भूदेव के बागेश्वर-लेख से पता चलता है कि नन्दादेवी उसकी कुलदेवी थी। लेख के प्रारम्भ में वंश संस्थापक राजा निम्बर को शिव, नन्दा और इन्द्र का उपासक कहा गया है (श्रीनन्दा-अमरावती यति चरण कमल कमला सेवार्थ मूर्ति: श्री निम्बर देव)। भूदेव के पिता ललितशूर के गढ़वाल के पांडुकेश्वर से दो और कंडारा से एक ताम्रपत्र मिला है। जिनमें नन्दादेवी के लिए भगवती शब्द का प्रयोग किया गया है (नन्दा भगवती चरण कमलकमला सेवार्थमूर्ति श्रीनिम्बर)। कार्तिकेयपुर में निम्बर, ईष्टगण, ललितशूर और भूदेव इन चार राजाओं के बाद पुन: दसवीं सदी के प्रारम्भ में परिवर्तन हुआ और सलोणादित्य के वंश का शासन प्रारम्भ हुआ। सलोणादित्य के बाद क्रमश: इच्छटदेव, देशटदेव, पद्मटदेव और सुभिक्षराज गद्दी पर बैठे। पद्मटदेव के पांडुकेश्वर ताम्रपत्र में नन्दादेवी को तीनों लोकों को आनन्द देने वाली (त्रैलोक्यानन्द जननी नन्दादेवी चरणकमल लक्ष्मीत: सतधिगताभि मताजर प्रसाद द्योतित निखिल भुवनादित्य: श्रीसलोणादित्य:) कहा गया है। सुभिक्षराज के पांडुकेश्वर-लेख में भी नन्दा को त्रैलोक्यानन्द जननी कहा गया है। पांडुकेश्वर और बागेश्वर लेखों से स्पष्ट है कि शिव के साथ नन्दादेवी का कोई सम्बन्ध नहीं था।

आठवीं से ग्यारहवीं सदी तक नन्दा कार्तिकेयपुर के राजवंश की कुलदेवी के रूप में प्रतिष्ठित थी। बैजनाथ से प्राप्त नन्दादेवी की मूर्ति को पुरातत्त्व विभाग की सर्वेक्षण आख्याओं में पार्वती की मूर्ति कहा गया है। ऐसी मूर्तियाँ बागेश्वर, देवाल और गोपेश्वर से भी मिली हैं जिन्हें नौंवी सदी का माना गया है। (*सम अननोन टैम्पल्स लोवर हिमालयन रेंज, यू. पी.*—रामचन्द्र सिंह चित्र 20/28/33) नन्दा को नाभिदर्शना, चतुर्भुजा और नीवी पहने दिखाया गया है। उसके बाएँ हाथ में ऊपर की ओर त्रिशूल और दाहिनी ओर शान्त बैठे सिंह का मुँह अंकित है। ऐसी मूर्तियाँ पिथौरागढ़ में बाँस, घंटाकर्ण, हरनन्दा और खिरमाण्डे में भी हैं।

पिथौरागढ़ में हरनन्दा (बुंगाछीना के समीप) और खिरमाण्डे (गंगोलीहाट

विकासखंड) के नन्दादेवी के मन्दिरों में बलि नहीं दी जाती है लेकिन अल्मोड़ा और गढ़वाल के नन्दादेवी मन्दिरों में पशुबलि का विधान है। गढ़वाल में क्यार्क (पौड़ी) और नौटी (चमोली) के नन्दा मन्दिर बहुत प्राचीन हैं। बहुत-से नन्दा मन्दिर भूकम्प से नष्ट होते रहे हैं। फिर भी उस स्थान की मान्यता बनी हुई है। गोपेश्वर के समीप पट्यालधार नामक स्थान पर प्रत्येक 12 वर्ष बाद नन्दादेवी के मेले का आयोजन किया जाता है, जबकि वहाँ पर मन्दिर नहीं है। इसी तरह ध्यान बदरी मन्दिर के समीप भी नन्दादेवी का मन्दिर भग्न हो चुका है। लाता (नीती घाटी), बदरीनाथ और मिलम के नन्दा मन्दिर बाद के हैं।

एक ओर नन्दादेवी के मन्दिर और मूर्तियाँ हैं जिनमें प्रतिवर्ष भाद्रपद शुक्ल पक्ष की अष्टमी अर्थात नन्दाष्टमी को मेले आयोजित किए जाते हैं। देवी का डोला घुमाया जाता है और तांडव शैली में जागर लगाया जाता है। दूसरी ओर कुमाऊँ-गढ़वाल के मध्य में स्थित नन्दादेवी पर्वत को देवी का आवास माना जाता है। नन्दादेवी पर्वत चमोली जिले के ग्वालदम नामक स्थान से सबसे आकर्षक दिखाई देता है। नन्दादेवी का मुख्य शिखर 25,689 फीट ऊँचा है और उत्तराखंड का सबसे ऊँचा शिखर है। इससे संलग्न शिखरों को नन्दाकोट (22530 फीट), नन्दा त्रिशूली (23600), नन्दाखाट, नन्दाघुंटी आदि नामों से पुकारा जाता है। जागेश्वर से प्राप्त छठी सदी की ब्रह्मलिपि वाले लेख में एक संन्यासी ने नन्दा पर्वत पर चढ़ने का उल्लेख किया है। पुराण नामक ग्रन्थों में एक प्रकरण है—भुवनकोश। उसके अनुसार पृथ्वी एक चक्र की तरह घूम रही है। चक्र के सात घेरे उसके सात समुद्र, सप्तद्वीप, सात नदियाँ, सात पर्वत, सात लोक, सात पाताल और सात खंड हैं। पृथ्वी के मध्य में जम्बूद्वीप (आधुनिक एशिया महाद्वीप का प्राचीन नाम) है। उसके मध्य अर्थात नाभि भाग में नीचे कूर्म और ऊपर मेरु है। उस मेरु पर्वत के शृंग कमल की पंखुड़ियों की तरह हैं, जिनमें श्री अर्थात देवी का निरन्तर वास है। शक्ति और तांत्रिकों ने इस संरचना से श्रीचक्र मेरु की कल्पना की, जिसकी उपासना सिद्धिदायक मानी गई। ताँबे की चौकोर चादर में श्रीयंत्र बनाकर देवी के मन्दिरों में पूजने की परम्परा है। नौटी नन्दादेवी मन्दिर में भी श्रीचक्र की पूजा होती है। यहाँ से प्रत्येक बारह वर्ष देवी की राजजात नन्दा पर्वत की ओर ले जाई जाती है। नन्दादेवी पर्वत पर जाने के लिए कई मार्ग हैं। कर्णप्रयाग से नौटी होकर रूपकुंड का मार्ग सबसे लोकप्रिय मार्ग रहा है। नन्दप्रयाग और जोशीमठ से भी रूपकुंड तक जाने का मार्ग है। नन्दादेवी पर्वत के नीचे स्थित रूपकुंड नामक

प्राकृतिक तालाब में बड़ी संख्या में नरकंकाल मिले हैं। तालाब के किनारे थोड़ा-सा बालू हटाते ही नरमुण्ड मिलने लगते हैं। नन्दा के जागर में कन्नौज के राजा यशोधवल की तीर्थयात्रा के समय सेना सहित रूपकुंड में नष्ट हो जाने की कहानी गाई जाती है। इस घटना से सम्बन्धित नाम आज भी यात्रापथ में विद्यमान है। जैसे पातरनचौणियाँ, बगुवासा आदि। अब प्रश्न यह उठता है कि नन्दादेवी के उपासक कौन थे? *ऋग्वेद* में नन्दा शब्द नहीं है। अत: यह अदिति, पृथ्वी अथवा उषा की तरह वैदिक धर्म से भिन्न परम्परा की देवी है। नौवीं सदी के लेखक राजशेखर ने कार्तिकेयपुर के राजाओं को खष कहा है—

'दत्वा रुद्धगति: खषाधिपतये देवीं ध्रुवस्वामिनीं
यस्मात्मखण्डितसहसो निववृते श्रीशर्मगुप्तो नृप:।
तस्मिन्नेव हिमालये गुरुगुहाकोणक्वणत्किन्नरे'
गीयन्ते तव कार्तिकेयनगरस्त्रीणां गणै: कीर्तय:॥

इससे स्पष्ट है कि 'नन्दा' खष जाति की कुलदेवी रही होगी। शिलालेख, ताम्रपत्र और हस्तलिखित ग्रन्थों में खष, खश, खस तीनों तरह के शब्द अंकित हैं। इससे संकेत मिलता है कि खष जाति में ष, श और स का एक ही उच्चारण था। यह 'ष' की समस्या आज भी कुमाउँनी भाषा के उच्चारण में बनी हुई है। आज की कुमाउँनी, गढ़वाली और नेपाली भाषा मूलत: 'खष' प्राकृत की देन है। आज से पच्चीस सौ वर्ष पहले *नाट्यशास्त्र* के लेखक भरत ने लिखा है कि संस्कृत नाटकों में 'खष' यदि अभिनय कर रहा हो तो उसे अपनी भाषा ही बोलनी चाहिए। (अध्याय 18)

बल्हीकमाषोदीच्यानां खषानांच स्वदेशजा।
शबरादीनां शकादीनां तत्स्वभावश्च यो गण: ॥ 40 ॥

अंग्रेज़ गजेटियर लेखक एटकिंसन ने कुमाऊँ की कुछ ब्राह्मण जातियों को भी गलती से खष बताया है। मनुस्मृति में खषों को क्षत्रिय कहा गया है। जो एटकिंसन की धारणा को अज्ञानता का द्योतक सिद्ध कर देता है। जिस तरह बंगाल के क्षत्रिय गौड़, हरियाणा के जाट, राजस्थान के राजपूत, दक्षिणी भारत के आन्ध्र और द्रविड़ कहलाते हैं, उसी तरह हिमालय के क्षत्रियों के लिए खष शब्द का उल्लेख मिलता है। राजपूतों और खषों के रीति-रिवाज में एक बहुत बड़ा अन्तर था। राजपूत जहाँ

अपनी विधवा भाभी को सतीप्रथा के अन्तर्गत जला डालते थे, वहीं हिमालय के खष अपनी विधवा भाभी के साथ विवाह करते थे। *शुक्रनीति* (अध्याय 4) में इस परम्परा का निम्नवत उल्लेख है।

खषजाताः प्रगृहन्ति भ्रातृभार्यामर्तृकाम्।
अनेन कर्मणा नैते प्रायश्चितदमार्हकाः ॥ 49 ॥

कार्तिकेयपुर की विजय (375 ई.) के पश्चात जब गुप्त सम्राट चन्द्रगुप्त द्वितीय ने अपनी विधवा भाभी ध्रुवदेवी से विवाह किया तो यह चर्चा का विषय बन गया और विशाखदत्त ने इस पर *देवीचन्द्रगुप्तम्* नाटक ही लिख डाला।

आठवीं से ग्यारहवीं सदी तक खषों ने हिमालय में विशाल साम्राज्य की स्थापना की। पूर्वी नेपाल तक खष राज्य फैला था। (खरेल वंशावली, पृ. 7) बोधगया लेख में राजा अशोक चल्ल (1253-1276 ई.) को 'सपादलक्षशिखरी खषदेश राजाधिराज' कहा गया है। इस साम्राज्य के अन्तर्गत नन्दादेवी की पूजा सर्वत्र फैली होगी। खषों के पश्चात पाल (12वीं सदी), मल्ल (13वीं सदी) और कत्यूरी (14वीं सदी) राजवंशों ने कार्तिकेयपुर में शासन किया। उस समय नन्दादेवी को पार्वती के रूप में मान लिया गया। बारहवीं सदी के अन्त में कन्नौज पर तुर्कों का अधिकार हो गया। सम्भवतः उसी से पहले नन्दादेवी के जागर में वर्णित राजा यशोधवल (जसदल) की यात्रा सम्पन्न हुई होगी।

कुमाऊँ के जागरों का नायक

तुर्क आक्रान्ताओं से पहाड़ों की रक्षा करने वाले कत्यूरी राजाओं के शौर्य, साहस और बलिदान की गाथाएँ 'जागर' के नाम से कुमाऊँ-गढ़वाल में प्रचलित हैं। वैसे ही जैसे कि राजस्थान में 'रासो' और बुन्देलखंड में 'आल्हा'। कत्यूरी राजघरानों से सम्बन्धित परिवारों में इस उजड़े हुए राज्य और उसके वंशजों की स्मृति में ये 'जागर' एक उत्सव के रूप में मनाए जाते हैं। इन जागरों के साथ वीरत्वपूर्ण ऐतिहासिक स्मृति एवं दैवीय पवित्रता का बोध हुआ है।

'जागर' की रात को 'जागर' आयोजित करने वाले गृहस्थ के पटांगण में तख्तों की आसन्दी पर कालीन और चुटके बिछाए जाते हैं। तोशक और तकियों के साथ झिझरी चिलमें स्थापित होती हैं। पानसों में दीपाधार भरकर पंचमुखी, षटमुखी और अष्टमुखी दीप प्रज्वलित किए जाते हैं। सेनाओं के हथियार-छुरियाँ, खोंणे, खेतार, खड्ग और ढालें सजाई जाती हैं।

आजकल की विधानसभाओं के सरकारी और विरोधी पक्षों की भाँति एक ओर रचणचूलीहाट के कत्यूरी शाखा के राजा बैठते हैं, और दूसरी ओर पाली-पछाऊँ की शाखा के राजा। इन दोनों पक्षों को 'आल' कहा जाता है। रणचूलीहाट की आल का नेतृत्व राजाधामदेव दुलाशाह करता है और पाली-पछाऊँ की आल का बिरमदेव अथवा ब्रह्मदेव। दोनों आलें कत्यूरी-शासन की झाँकी का नाट्य रूपक प्रस्तुत करती हैं। आसन्दी के राजाओं की दाईं ओर धरती पर दीवान बैठते हैं। सिंहासनों के पृष्ठभाग में 'राजगुरु' खड़े रहते हैं। इस मंच सज्जा को कुमाउँनी भाषा में 'खली जुतना' कहते हैं।

खली जुत जाने पर गायक 'जागर' सुनाता है। गाँवों में औजी, ढोली, बाजगी, जगरिया आदि के नाम से ख्यात वंशानुगत गायक रहे हैं, जो जागर अथवा मेलों के

अवसर पर इन कथाओं को सुनाते हैं। ऐसा प्रतीत होता है कि कत्यूरी राजदरबार में भाट और चारण जिस राजप्रशस्ति का गायन करते होंगे, ये जागर उसी के अवशिष्ट अंश हैं और पर्वतीय जनता को जागृत करने अथवा प्रेरणा प्रदान करने के लिए इन गाथाओं का गायन होता है।

लगभग पाँच सौ वर्ष से गिरि-गह्वरों के अन्तर को सचेत करने वाले इन जागरों में सबसे महत्त्वपूर्ण है 'कत्यूरी ब्रह्मदेव का जागर'। अनुश्रुति के अनुसार इसकी रचना ब्रह्मदेव के दरबारी कवि रैदास ने की थी। यह एक महाकाव्य होने के साथ-साथ पन्द्रहवीं शताब्दी के पर्वतीय इतिहास का विस्तृत लेखा-जोखा भी है। इस जागर के अतिरिक्त तत्कालीन-मुस्लिम लेखकों की रचनाओं और अभिलेखों से भी ब्रह्मदेव के जीवन-वृत्त पर प्रकाश पड़ता है।

गाथाओं के अनुसार वह वृत्त इस प्रकार है, सन् 1398 ई. का शीतकाल। मध्य एशिया का प्रख्यात शहंशाह तैमूर दिल्ली और मेरठ में सर्वनाश की होली खेलकर हरिद्वार की ओर बढ़ा। फिरोजपुर और तुग़लक़पुर को रौंदते हुए उसकी सेना ने आधुनिक बिजनौर जिले में गंगा के पश्चिमी तट पर पड़ाव डाला। उस समय गंगा नदी के पूर्व में भी कत्यूरी-सम्राट, पृथ्वीपाल का राज्य था और पश्चिम में अमरदेव पुण्डीर का। पूर्व में गंडकी नदी से लेकर पश्चिम में मालिनी नदी तक तथा उत्तर में कैलास-मानसरोवर से लेकर दक्षिण में रुहेलखंड तक फैला हुआ कत्यूरी-साम्राज्य, चौदहवीं शताब्दी के भारत का सबसे शक्तिशाली एवं समृद्ध राज्य था।

ग्रामों और नगरों में लगाई गई आग के धुएँ और शरणार्थियों की करुणगाथा से तैमूर के आक्रमण की सूचना पाकर, कत्यूरी सम्राट पृथ्वीपाल ने अपने भतीजे ब्रह्मदेव के नेतृत्व में एक सेना सीमान्त पर भेजी।

तैमूर की विश्वविजयी सेना को रोकना-कुमाऊँ-गढ़वाल की सेना के लिए आसान कार्य न था, फिर भी ब्रह्मदेव ने हिम्मत न हारी। 48 नावों पर चुनिन्दा योद्धाओं को ले जाकर तैमूर पर पहला आक्रमण किया, किन्तु इसमें सफलता नहीं मिली। सबल प्रतिरोध होने पर भी तैमूर ने गंगा पार कर ली और गंगा के पूर्वीतट पर हुए घमासान युद्ध में सफलता प्राप्त की।

तैमूर ने अपनी आत्मकथा में इस युद्ध की गणना अपनी तीन महान विजयों में की है। इस विजय से प्रोत्साहित होकर उसने शिवालिक पर्वत की ओर बढ़ना शुरू किया। अभी उसकी सेना चार मील का मार्ग ही तय कर पाई थी कि कुटिल दर्रे में

हिंदुओं ने कड़ा सामना करके उसकी गति रोक दी। विवश होकर तैमूर को पीछे हटना पड़ा। दूसरे दिन तैमूर ने पुन: कुटिल दर्रे पर आक्रमण किया, कत्यूरी सेना के अपूर्व शौर्य को देखकर उसे अपनी योजना छोड़नी पड़ी। कत्यूरी-साम्राज्य को लूटने का लालच छोड़ उसने मध्याह्न में गंगा को पार किया और कत्यूरी-राज्य की सीमा से बाहर चला गया।

महान विजेता तैमूर के बर्बर आक्रमण से इस तरह अपने साम्राज्य की रक्षा करने के कारण ही पृथ्वीपाल हिमालय का सबसे अजेय सम्राट माना जाता है। आज भी उसकी वीरता के गीत लोकमानस में सुरक्षित हैं।

जगरिया कहता है—

...जै पृथ्वीपाल ले, पृथ्वी हलकाई

मानमा झलकाई
सरग लागो ढानूं
रहव सला जोड़ो
कठपतिया को खाणूं...
...धौली जाके खाणूं परवाला
हंसला घोड़ी में सवार
छार-छारी बारजारी
नौ लाख कत्यूरां ले तपायो
धरती को तीसरो बानूं...।

इसमें नौ लाख सेना का उल्लेख अतिशयोक्तिपूर्ण प्रतीत होता है। किन्तु 'मलफुजात-इ-तिमूरी' और 'जफरनामा' में वर्णित शिवालिक-अभियान के विवरण भी कत्यूरियों की विशाल सेना की ओर बार-बार संकेत करते हैं। ज्यों ही तैमूर ने गंगा पार की, ब्रह्मदेव ने उसका पीछा किया। उसे धोखा देने के लिए तैमूर गंगा के पश्चिमी तट पर दस मील दक्षिण की ओर चला गया। तीन दिन तक तैमूर की सेना अपने शिविर हटाती रही और मुठभेड़ की तैयारी करती रही। तीसरे दिन शिवालिक पहाड़ी पर दोनों का घमासान युद्ध हुआ।

मुस्लिम लेखकों ने ब्रह्मदेव का नाम 'बहरूज' लिखा है। उनके कथनानुसार वह पर्वतों का सबसे शक्तिशाली राजा था और हिंदुस्तान के अधिकांश नरेशों से महत्त्वपूर्ण समझा जाता था।

शिवालिक के युद्ध में बड़ी कठिनाई से ही तैमूर को सफलता मिली। इस युद्ध ने उसकी रही-सही आशाओं पर भी पानी फेर दिया। समरकन्द लौटने की आकांक्षा से उसकी सेना ने यमुना की राह पकड़ी, इस प्रकार दक्षिणी गढ़वाल विध्वंस से बच गया।

यद्यपि तैमूर के विरुद्ध ब्रह्मदेव को कोई श्लाघनीय सफलता नहीं मिली थी, किन्तु उसके आतंक के कारण मायापुर (हरिद्वार) का राजा अमरदेव पुण्डीर ब्रह्मदेव की शरण में आ गया। अमरदेव के राज्य की सुरक्षा के लिए ही ब्रह्मदेव ने शिवालिक तक तैमूर का पीछा किया था। इससे अमरदेव ने कत्यूरों की प्रभुसत्ता स्वीकार कर ली और ब्रह्मदेव की आज्ञा के अनुसार अपनी पुत्री मोलादेवी का विवाह कत्यूरी सम्राट पृथ्वीपाल से कर दिया। मोलादेवी पर्वतीय लोकगाथाओं में जियारानी के नाम से प्रसिद्ध है।

ब्रह्मदेव की इन सफलताओं से प्रसन्न होकर कत्यूरी सम्राट पृथ्वीपाल ने उसे 'राजा' की उपाधि और लखनपुर की जागीर प्रदान की। अपनी वीरता के कारण वह 'वीरदेव' के नाम से प्रसिद्ध हुआ। कत्यूरी दरबार में अपनी विशिष्ट स्थिति के कारण उसे सम्राट के पार्श्व में सिंहासन पर बैठाया जाता था।

पश्चिम में कत्यूरी सम्राट को सुदृढ़ करके ब्रह्मदेव ने दक्षिण की ओर ध्यान दिया। तैमूर के लौट जाने के पश्चात दिल्ली सल्तनत निर्बल हो चुकी थी। इसका लाभ उठाकर ब्रह्मदेव ने रुहेलखंड के उत्तरी भाग पर अधिकार कर लिया और पीलीभीत को प्रान्तीय राजधानी बनाया। कत्यूरी 'वंशवारि' में इस घटना का उल्लेख इस प्रकार मिलता है।

> जोत राजा कत्यूरां की
> पीलीभीत माल की राजधानी वणौनी
> पारिया पात सड़िया लाकड़ा
> नी उठून दीनी
> पीलीभीत की दसौत उघूंनी
> रणचूलीहाट पहुँचूनी।

सन् 1418 ई. में दक्षिण रुहेलखंड में हरसिंह ने दिल्ली के सैयद सुल्तान खिज्रखाँ के विरुद्ध विद्रोह किया। (मुस्लिम लेखकों ने हरसिंह को कठिहर का ज़मींदार बताया है, और कुमाउँनी लोकगाथाओं में उसे 'कठडू-राजा' कहा गया

है।) इस विद्रोह को कत्यूरी-राज्य का समर्थन मिला। जब खिज्रखाँ विद्रोह दबाने के लिए कटिहर आया, तो हरसिंह ने कुमाऊँ में शरण ली। हरसिंह का पीछा करते हुए खिज्रखाँ ने कुमाऊँ पर आक्रमण किया और रानीबाग को घेरकर कत्यूरी महारानी जिया को कैद कर लिया।

कत्यूरी-साम्राज्य के लिए यह विकट घड़ी थी। सम्राट पृथ्वीपाल वृद्ध हो चुका था और उसके पुत्रों में उत्तराधिकार के लिए प्रतिद्वंद्विता मची हुई थी। इस बार भी ब्रह्मदेव ने नेतृत्व सम्भालकर, रानीबाग के युद्ध में सैयद सेना को हराया और जिया को छुड़ा लिया। नैनीताल जिले के रानीबाग नामक स्थान पर कत्यूरियों की इस विजय के उपलक्ष्य में प्रतिवर्ष उत्तरायणी को महारानी जिया का 'जागर' लगाया जाता है।

खिज्रखाँ को हराकर ब्रह्मदेव ने पुनः हरसिंह को कटिहर सौंप दिया। 'तारीख़-ए-मुबारकशाही' के अनुसार वह सन् 1424 ई. तक वहाँ शासन करता रहा।

रानीबाग-युद्ध के समय कत्यूरी-सम्राट पृथ्वीपाल 80 वर्ष का था, इसके कुछ ही दिन पश्चात उसकी मृत्यु हो गई। उसकी पटरानी गांगलादेवी के सात पुत्र थे। छोटी रानी जिया का एक पुत्र था धामदेव दुलाशाह। ब्रह्मदेव ने उसे गद्दी पर बैठाया, परन्तु राज्य की बागडोर अपने हाथ में ले ली। इस कृत्य से कत्यूरी-साम्राज्य में ब्रह्मदेव की प्रतिष्ठा को गहरा आघात लगा। सर्वत्र उसकी महत्त्वाकांक्षा पर शंका की जाने लगी।

अब तक कत्यूरी-साम्राज्य की पश्चिमी और दक्षिणी सीमा का ही विस्तार हुआ था इस बार धामदेव और ब्रह्मदेव ने पूर्वी क्षेत्र की ओर ध्यान दिया। उन्होंने चम्पावत के चन्दवंशी राजा ठोरचन्द और भागचन्द को परास्त किया। फिर नेपाल में छाम, अछाम आदि को रौंदते हुए डोटी गढ़ तक अपना अधिकार स्थापित कर लिया। इस विजय की गाथा इस प्रकार वर्णित है—

छाम मारो अछाम मारो
तिपैली मारी गुरैली मारी
नरसिंह बाड़ी धन्यालधुरा में
अचारी लगाई बिबी ढोकाई
चौसी डोटीगाड़ की धाड़ लूट बणाई॥

नेपाल की 'बरमदेव मंडी' कत्यूरी के इसी ब्रह्मदेव ने ही बसाई थी। धामदेव

और ब्रह्मदेव के संयुक्त शासन का प्रतीक जलाशय अल्मोड़ा जिले की कत्यूर उपत्यका में है। जिसे 'धामदेव-ब्रह्मदेव का नौला' कहते हैं।

सन् 1324 ई. में दिल्ली के सुल्तान शेख मुबारकशाह सैयद ने कटिहर के विद्रोही सरदार हरसिंह का दमन करने के लिए दोआब में प्रवेश किया। पराजित होने पर हरसिंह ने कुमाऊँ में शरण ली। उसका पीछा करते हुए मुबारकशाह भी कुमाऊँ की सीमा पर आ धमका। 'तारीख़-ए-मुबारकशाही' में वर्णित इस आक्रमण का उल्लेख पर्वतीय लोकगीतों में इस प्रकार मिलता है—

शेख सैयद आयो तलहटी माल

जब ब्रह्मदेव सैयद सेना के विरुद्ध तराई-भाबर में संघर्ष कर रहा था, उस समय अपनी वंशानुगत शत्रुता का बदला लेने के लिए चम्पावती के राजा विक्रमचन्द ने लखनपुर पर आक्रमण कर दिया। उस समय ब्रह्मदेव की सात लड़कियाँ राजमहल की रक्षा करते हुए वीरगति को प्राप्त हुईं। अन्त में असफल होकर मुबारकशाह लौट गया। इसके तुरन्त पश्चात ब्रह्मदेव के हाथों परास्त होकर विक्रमचन्द ने उसकी अधीनता स्वीकार कर ली।

ब्रह्मदेव को अन्तिम दिनों में बड़ी कठिनाई का सामना करना पड़ा। दुलाशाह की मृत्यु के पश्चात उसने राजसिंहासन पर अधिकार कर लिया और दुलाशाह के पुत्र मालूशाही को वैराट का शासक नियुक्त किया (ब्रह्मदेव का कोई लड़का न था। उसकी लड़कियाँ लखनपुर के युद्ध में मारी गई थीं।) कत्यूरी दरबार में उसके विरुद्ध षड्यंत्र चलने लगे और उसे बदनाम करने की सभी कोशिशें की गईं। दुला पधानी नामक स्त्री के साथ उसका अवैध सम्बन्ध चर्चा का विषय बन गया। निरन्तर युद्धों में उलझे रहने से धन की आवश्यकता हुई तो पर्वतीय जनता से उसने बलपूर्वक धन एकत्र किया।

'वंशावली' में ब्रह्मदेव को 'रूपधारी', 'तपधारी', बैताल राजा कहा गया है। वे उठते हैं तो आँधी कड़कती हैं, वे बोलते हैं तो विद्युत चमकती है। वे 'चाल जैसे चमकते हैं, भूचाल जैसे हिलते हैं। उसके अत्याचारों से जनता तंग आ चुकी थी।'

अनुश्रुति के अनुसार एक बार ब्रह्मदेव किसी पर्वत की चोटी से गुजर रहा था, तो उसकी पालकी ढोने वाले कहारों ने उसे पर्वत-शिखर से नीचे लुढ़का दिया। इस प्रकार दरबारी षड्यंत्रों से ब्रह्मदेव की मृत्यु के साथ ही हिमालय का गौरवमय कत्यूरी-साम्राज्य भी विघटित हो गया।

ब्रह्मदेव को आज भी पर्वतीय जनता लोक गीतों में याद करती है—

जै बिरमा ज्यू को
आल बांको ढाल बांको
तसरी कमाण बांकी
दखणपुर बांकी लखनपुर बांकी
...
और राजा ढिपर-बाकर, राजा बिरमा बाग।
और राजा तितरा-चाखुड़ा
राजा बिरमा बाज।
बयालीस राजान को कर टोड़ी साग॥
जोत राजा बिरमा की।

कालीनारा की हरिद्वार-यात्रा

पिथौरागढ़ के समीप थरकोट गाँव में पौष के महीने जागर पद्धति से ग्राम देवता गोरिल, हरु और सैम की पूजा ग्यारह दिन और ग्यारह रात तक की जाती है। इस पूजा के प्रारम्भ में गाँव का वंशानुगत ढोल वादक 'कालीनारा' नामक एक महिला की पिथौरागढ़ के डीडीहाट क्षेत्र के एक जंगल से उत्तरायणी के मेले में हरिद्वार जाने और यहाँ गुरु गोरखनाथ के आश्रम में 'हरु' और 'सैम' नामक दो बालकों को जन्म देने की कथा सुनाता है। (*कुमाऊँ की जागर कथाएँ,* पृ. 41-47) जागर में कालीनारा को राजा निकन्दर की पुत्री और लोकदेवता गोरिल की माता 'कालिका' की माँ बताया जाता है। यह डीडीहाट और अस्कोट क्षेत्र में रहने वाली वनरौत जाति के प्रधान की पुत्री थी। जागर में उसे कत्यूरी राजा प्रीतमदेव (1380-1400 ई.) और उसके पुत्र धामदेव (1400-1420 ई.) का समकालीन बताया जाता है। इस आधार पर कालीनारा की डीडीहाट और हरिद्वार की पैदल यात्रा के समय को आज लगभग छह सौ वर्ष पूर्व का माना जाता है।

कालीनारा की हरिद्वार-यात्रा जहाँ एक जनजातीय महिला के साहस और धार्मिक आस्था की महत्त्वपूर्ण जानकारी देती है, वहीं इस यात्रा से पिथौरागढ़ में जागर गाथाओं की उत्पत्ति और विकास पर प्रकाश पड़ता है। यह कथा उत्तराखंड में नाथपन्थ के प्रचार और प्रसार से सम्बन्धित है। इसमें पर्वतीय क्षेत्र की महिलाओं की सामाजिक, धार्मिक और आर्थिक स्थिति को सुधारने के लिए नाथपन्थी साधुओं द्वारा किए गए प्रयासों की विस्तृत चर्चा पर ग्रामीण समाज को जगाने का प्रयास किया जाता है।

स्थानीय परम्परा के अनुसार कालीनारा का पुत्र सैम अल्मोड़ा जिले में जागेश्वर के समीप 'झाँकर' में आश्रम बनाकर रहता था और उत्तराखंड में नाथपन्थी

विचारधारा को फैलाता था। मन्दिर और मूर्तियों से भरे उत्तराखंड में निर्गुण और निराकार का प्रचार करना 'झाँकरसैम' आश्रम का मुख्य उद्देश्य था। इसी तरह कालीनारा के पौत्र गोरिल का आश्रम चम्पावत के गोरिलचौड़ नामक स्थान में था।

झाँकरसैम के समीप 'गैराड़' गाँव में धर्मदास नाम का एक ढोलवादक रहता था। 'ढोलसागर' की पांडुलिपि के अनुसार धर्मदास के पूर्वज कश्मीर से कुमाऊँ में आए थे और मूलरूप से 'कौल' ब्राह्मण थे। इसी परिवार का 'खेकदास' कत्यूरी राजा धामदेव का ढोलवादक था। उसे जोशीमठ की गुरु पादुका में 'कश्मीरी गुरु खेकदास' लिखा हुआ है।

कुमाऊँ में नौ नाथ और चौरासी सिद्धों की सामाजिक और धार्मिक मान्यताओं को प्राचीन किरात जाति से सम्बन्धित माना जाता है। जिस तरह किरात जंगलों में रहते थे उसी तरह कैलास के यात्रापथ पर घने जंगल के बीच चौरासी सिद्धों के थान स्थापित थे। सिद्ध के साथ यह मान्यता है कि घने जंगल में किसी भी प्राचीन वृक्ष के नीचे लोहे के त्रिशूल, दीपाधार और मुद्‌गर को गाड़कर सिद्ध की पूजा की जाती है। कैलास के यात्रापथ पर किरातों का संस्कृत ग्रन्थों में उल्लेख मिलता है। 'स्कन्दपुराण' के 'मानसखंड' में इनका कई बार उल्लेख है। बागेश्वर शिलालेख में नवीं सदी में कार्तिकेयपुर में शासन करने वाला राजा त्रिभुवन राज के साथ एक किरात पुत्र की सन्धि का उल्लेख है। बदरीनाथ के चार ताम्रपत्रों में भी 'किरात जिले' का उल्लेख है। कार्तिकेयपुर के राजा ललितशूर और पद्‌मटदेव के भूमिदान की सूचना राज कर्मचारियों के साथ किरात जिले के निवासियों को भी दी गई है। इसी प्राचीन किरात जिले की स्मृति आज डीडीहाट तहसील की 'वनरौत' जाति में जीवित है।

गैराड़ गाँव का ढोलवादक धर्मदास झाँकरसैम का अनुयायी था। अत: उसने कुमाउँनी भाषा में सैम, उसके भाई हरु और भाँजे गोरिल की जीवनी और नाथपन्थ के प्रचार के लिए किए गए कार्यों को 'फाग' शैली में तैयार कर दिया। धर्मदास को कुमाउँनी भाषा का आदि कवि और उसकी जागरकथा को कुमाउँनी भाषा का लोक महाकाव्य कहा जा सकता है। 15वीं सदी से कुमाऊँ के अनेक गाँवों में इस लोककाव्य का वंशानुगत ढोलवादक 'फाग' शैली में गायन करते हैं और 'डङरिया' नाम से पहचाने जाने वाले लोगों से तांडव करवाकर उनके शरीर में लोकदेवताओं का आह्वान कराते हैं। इस लोक महाकाव्य का प्रारम्भ कालीनारा की हरिद्वार-यात्रा के वर्णन से किया जाता है।

कालीनारा को पिथौरागढ़ की बेटी माना जाता है। वह अपने मायके में रहती है। उसका भरा-पूरा परिवार है। राजा निकन्दर की पत्नी, पुत्र और बहू परिवार में हैं। एक बार नदी के बगड़ में रहने वाली कालीनारा पर्वत के शिखर पर जाने वाले मार्ग में तीर्थयात्रियों को देखती है। उसे पता चल जाता है कि वे तीर्थयात्री उत्तरायणी के पावन पर्व पर हरिद्वार में गंगा स्नान के लिए जा रहे हैं। गाथा का प्रारम्भ निम्नवत किया जाता है—

बेटी कालीनारा हो! ओ!
म्आत में रून भै, बेटी कालीनारा हो!
माघ का मकर आया।
पंचकोटि देवता, तीर्थ खिन लाग्या!
ऊनूस नज़र पड़ी, बेटी कालीनारा हो! ओ!

कालीनारा ने जब अपने पिता निकन्दर से पूछा कि ऊपर के डांडे में विविध रंगों वाले क्या दिखाई दे रहे हैं। तो पिता ने उसे टालने के लिए कहा—धुरा के जंगल में बुरूंश के सुन्दर फूल खिले हुए हैं। वे उसे टालना चाह रहे थे। देवधूनीं के सामने बैठे गाँव के स्त्री-पुरुष और बालकों के बीच ढोल की गगनभेदी आवाज़ के साथ गाथा शुरू की जाती है। यह सभी जानते हैं कि कालीनारा निर्गुण और निराकार की उपासना करने वाली एक धर्मप्रचारक महिला थी। बौद्ध धर्म की 'भिक्षुणी' और ईसाई धर्म की 'नन' की तरह वह अपने धार्मिक विचारों को फैलाने के लिए हरिद्वार जाना चाहती थी। उसके धर्म और हरिद्वार जाने के विचारों को घर में सब जानते थे। इसी कारण रंग-बिरंगे वस्त्र पहनकर हरिद्वार की ओर जाते तीर्थयात्रियों को राजा निकन्दर ने बुरूंश के फूल घोषित किया। जब कालीनारा ने यथार्थ स्थिति बताते हुए पिता से आग्रह किया कि वे अगर आज्ञा दें तो वह भी तीर्थयात्रा करना चाहती है तो उन्होंने माँ से पूछने की बात कहकर अपने सिर से बला टाल दी—

राजा निकन्दर बोल्या—
धुरा का बुरूंज फुलि भल र्‌यान हो...ओ...
कालीनारा बेटी बोली—
बुरूंज नै फुलि बाज्यू तीर्थयात्री छन
मैं अज्ञ दिद्दात कौली-

मै लै कै जा ऊँछू
गंग नै ऊँलो बाज्यू धर्म ध्या ल्यूँलो!
निकन्दर राजा कौला-
सोदी ले आपुनि ईजा हो...ओ...

कथा को विस्तार देने के लिए यह बताया जाता है कि कालीनारा परिवार के सभी सदस्यों के पास गई और सबसे उसने डांडे के रंग-बिरंगे लोगों के बारे में पूछा। सबने क्वेराल और बुरूंश के फूलने की बात कहकर उसे टालने का प्रयास किया। माँ के बाद चाचा, चाची, बड़े भाई, भाभी आदि से पूछती वह छोटे भाई की पत्नी के पास पहुँची। उसी ने परिवार में पहली बार बताया कि वे तीर्थयात्री हैं। जब कालीनारा ने धार्मिक उद्‌देश्य से हरिद्वार जाने की इच्छा व्यक्त की तो बहू ने स्पष्ट कहा कि अकेली महिला का हरिद्वार जाना ठीक नहीं है।

जागर के विवरण से यह पता चलता है कि उस समय सम्मिलित परिवार होते थे। एक ही परिवार में तीन पीढ़ियाँ साथ रहती थीं। हरिद्वार जाने से पहले कालीनारा की एक पुत्री थी—'कालिका', जिसे वह अपने मायके के बजाय अपने देवर के पास छोड़ गई थी। जागर, बैसी अथवा चौरासी में एक रात कालीनारा की पुत्री—'कालिका' की कहानी सुनाई जाती है। यह भी अपनी माँ की तरह वीर, साहसी और निर्गुण ब्रह्म पर अटूट आस्था रखने वाली थी। एक दिन धौली नदी के किनारे धूमाकोट में शासन करने वाला राजा हलराई कालीनदी के किनारे शिकार खेलने के लिए जंगल में घूम रहा था। तभी उसे कालीनदी के तट पर घनघोर जंगल में दो जंगली भैंसें चीत्कार करते हुए लड़ते दिखाई दिए। कुछ देर में जंगल में घूमती वनरौत जाति की स्वस्थ लड़की कालिका वहाँ पर आई और उसने सींग पकड़कर दोनों भैंसों को छुड़ा दिया। हलराई कालिका की वीरता पर मुग्ध हो गया और उसने उससे विवाह करने का निश्चय कर लिया।

पिथौरागढ़ में प्रचलित लोकगाथाओं के अनुसार राजा हलराई के पिता झलराई की मृत्यु हो चुकी थी। उसकी माँ 'कन्नारा' को गाथाओं में झलरानी भी कहा जाता है। कन्नारा हरिद्वार के समीप मायापुर हाट के राजा अमरदेव पुंडीर की लड़की थी। उसकी दो बड़ी बहनें खैरागढ़ के कत्यूरी राजा पिथौरा को ब्याही थी, जिनके नाम गंगादेवी और मौलादेवी थे। मौलादेवी उत्तराखंड की लोकगाथाओं में जियारानी के नाम से भी प्रसिद्ध है। जब हलराई ने वनरौत जाति की लड़की से विवाह के बारे

में माँ से चर्चा की, उसने विवाह का घोर विरोध किया। माँ की इच्छा के विरुद्ध जब हलराई कालिका से विवाह कर उसे धूमाकोट ले आया तो झलरानी ने बहू के साथ बुरा व्यवहार किया। गर्भिणी बहू के साथ सास ने क्या अत्याचार किए होंगे, यह पर्वतीय गाँवों में सभी को ज्ञात है। जिस समय कालिका का लड़का पैदा हुआ, उस समय राजा हलराई धूमाकोट में उपस्थित नहीं था। झलरानी ने बहू की आँख में पट्टी बाँधकर नवजात शिशु को एक लोहे के सन्दूक में बन्द कर काली नदी में फिंकवा दिया। नदी की लहरों में डूबती-बहती लोहे की मंजूषा काली और गोरी नदी के संगम स्थल जौलजीवी से पलटकर गोरी नदी में जा पहुँची। गोरी फाट में उस समय भाना धीवर मछली पकड़ने के लिए जाल डाल रहा था। बच्चे वाला लोहे का सन्दूक उसके जाल में आ गया। भाना नि:सन्तान था। उसने गोरी नदी से प्राप्त बच्चे का नाम गोरिया रखा और स्नेह से उसका पालन-पोषण किया। कुछ ही दिनों में राजा हलराई को बेटे के बारे में पता चल गया और वह भाना के यहाँ से राजकुमार को धूमाकोट ले आया।

यह सब घटना उस समय हुई जब कालीनारा हरिद्वार-यात्रा को चली गई थी। उत्तराखंड और नेपाल के जंगलों में वनरौतों के उस समय छत्तीस झुंड घूमते रहते थे। प्रत्येक झुंड की सदस्य संख्या बत्तीस बताई जाती है। (छत्तीस रौताला मेरी बत्तीस परूणी)। कालीनारा के पिता की तरह उसके पति भी एक परुणी के प्रधान थे जो 'हँसुलागढ़' में रहते थे। कालीनारा की एक बहन भी थी। जो हँसुलागढ़ में ब्याही गई थी। हाल ही में ज्ञात राजा कीर्तिचन्द के 1503 ई. के ताम्रपत्र में 'राजी बूढ़ा' और 'राजी टेड़ा' का उल्लेख मिलता है। इस ताम्रपत्र के अनुसार नैनीताल जिले में गौला नदी के तटवर्ती क्षेत्र का एक जंगल वनरौतों के अधिकार में था और उसी के समीप अस्कोट के राजा के बेटे 'रामकुँवर' की भी जागीर थी। कीर्तिचन्द ने रजवार को परास्त कर 'राजीबूढ़ा' का जंगल छीन लिया। लेकिन रामकुँवर की जागीर छोड़ दी।

डीडीहाट और अस्कोट के जंगलों में लकड़ी के बर्तन (बिण्डा, ठेकी, पाली, नाली, माणा आदि) बनाने के लिए प्रसिद्ध वनरौत जाति के इतिहास की ओर अभी तक शोध छात्रों का ध्यान नहीं गया है। एटकिंसन, शेरिंग और ग्रियर्सन नामक अंग्रेज़ लेखकों की परम्परा में वनरौतों के समाजशास्त्रीय और भाषा सम्बन्धी विवरणों तक ही सर्वेक्षण शामिल हैं। वनरौत की तरह अस्कोट क्षेत्र में इनके लिए 'राजी' अथवा 'राजकिरात' शब्द का भी प्रयोग किया जाता है। रौत और राजी

दोनों राजवर्गीय शब्द हैं। जंगल के राजा होने से इनके लिए यह शब्द प्रयोग में आए। इनकी आज की दयनीय आर्थिक स्थिति को देखकर इनके अतीत को ढूँढने का प्रयास नहीं हुआ है। कीर्ति चन्द के ताम्रपत्र से पहली बार पता चलता है कि अन्य पर्वतवासियों की तरह राजी भी शीतकाल में तराई-भाबर में जाते थे और वहाँ गौला नदी के किनारे इनका आवास 'राजी का टेड़ा' कहलाता था।

कालीनारा ने अस्कोट से हरिद्वार तक की जो यात्रा की, वह पर्वतीय क्षेत्र के मोटर मार्ग बनने से पहले के पैदल मार्ग से हुई। जिसमें 15 से 20 किलोमीटर तक का मार्ग प्रतिदिन तय किया जाता था। स्थान-स्थान पर मन्दिर और धर्मशालाएँ बनी थीं। जिनमें भोग की व्यवस्था थी। यह मार्ग गंगोलीहाट के कालिका मन्दिर और जागेश्वर होते हुए पनुवानौला में पहुँचता था। वहाँ से कसारदेवी और पाटिया गाँव के बाद यात्री कोसी नदी के किनारे बमसर में पहुँचते थे। जिसका असली नाम 'ब्रह्मेश्वर' था। बमसर से कोसी का तटवर्ती मार्ग अपनाकर यात्री 'सीतावनी' और 'लखनपुर' (रामनगर) से कंडी मार्ग में जाते थे। कालागढ़, मोरध्वज, कोटद्वार और कण्वाश्रम होते हुए यात्री हरिद्वार पहुँचते थे। जागर के अनुसार हरिद्वार पहुँचकर कालीनारा एक ऐसी धर्मशाला में रही जिसमें खटमल बहुत थे। दूसरे दिन जब वह गंगानदी में स्नान करने लगी, उसी समय किसी अज्ञात सूर्यवंशी क्षत्रिय ने उसको गर्भिणी बना दिया। जागर में दैवी घटना मानकर इसका वर्णन निम्नवत किया जाता है—

बेटी कालीनारा गैछ्, गंगज्यू का पास!
घुण घुण पानी गैछ, कपाड़ा नि खोल्या!
जंग ज्वाला पानी पूज्यो!
वी बखत कालीनारा, आवरण खोली!
सूरज को रथ चली!!
गंग की हलक लागी!!
सूरजै तपण लागी!!
गर्भवती भैछ, कालीनारा बेटी हो-ओ...

इस दुर्घटना के बाद कालीनारा ने मायके वापस जाना उचित नहीं समझा। उस समय हरिद्वार में नाथपन्थ का एक आश्रम था। जिसके प्रधान को उसी तरह गुरु गोरखनाथ कहा जाता था, जिस तरह ज्योर्तिमठ की गद्दी के प्रधान को

शंकराचार्य कहा जाता है। गुरु गोरखनाथ ने कालीनारा को ढाँढ़स बँधाया और उनके आश्रम में उसके लिए एक नई झोपड़ी बन गई। इसी आश्रम में उसने दो दिव्य बालकों को जन्म दिया। जिनके नाम गुरु गोरखनाथ ने हरिचन्द (हरू) और सैम रखे। कालीनारा की मृत्यु हरिद्वार स्थित गुरु गोरखनाथ के आश्रम में हुई। इसी आश्रम में उसके बेटे हरिचन्द और सैम की नाथपन्थ की परम्परा के अनुसार शिक्षा-दीक्षा हुई। बाद में वे दोनों अपनी मौसी के यहाँ हँसुलागढ़ चले गए। यहीं उनकी भेंट अपने भाँजे गोरिल से भी हुई। उसने भी मामाओं की तरह नाथपन्थ में दीक्षा ले ली। गोरिल का एक सगा भाई कालछिन भी था। उसके पुत्र 'छुरमल' और पौत्र 'नागीमल-भागीमल' को भी लोकदेवता के रूप में पूजा जाता है। यह सब राजवर्गीय व्यक्ति बताये जाते हैं, जिन्होंने राजपाट और वैभव का त्याग कर नाथपन्थ के निर्गुण और निराकार के सिद्धान्तों के प्रचार-प्रसार में अपना जीवन अर्पित कर दिया।

कालीनारा की हरिद्वार-यात्रा की कहानी छह सौ वर्ष से पिथौरागढ़ के गाँवों में गाई जा रही है। इस यात्रा से पहाड़ में एक नया देववाद शुरू हुआ। वैदिक और पौराणिक ग्रन्थों में वर्णित देवी-देवताओं की तरह पर्वतीय क्षेत्र में जागरों का देववाद शुरू हुआ। संस्कृत भाषा के स्थान पर कुमाउँनी भाषा में देवी-देवताओं की कहानियाँ शुरू हुईं। जागरों की लम्बी कहानियों से पता चलता है कि कालीनारा के बेटे हरिचन्द और सैम तथा नाती गोरिल ने कत्यूरी राजा पिथौरा (प्रीतमदेव) और धामदेव की धार्मिक नीतियों का विरोध किया। वे न्यायप्रिय थे। महिलाओं के आर्थिक अधिकारों की रक्षा के लिए उन्होंने संघर्ष किया। उत्तराखंड के गाँवों की निर्धन जनता ने उन्हें देवता मानकर पूजना शुरू किया।

परिशिष्ट

भूदेव का बागेश्वर शिलालेख

॥ स्वस्ति ॥ श्रीमति देदीप्ते देवद्धारदखिणे एतं वाणेश्वरं तिर्थमही पाठकगणेन ॥ एरूपनगर-पवुपिदातसुरकरिणी निनूलनाविनतनग्रद्धस्थं प्रणतपरदेवचरणं पश्रुपासनासनं देवं परमभट्टारक महाराजाधिराज परमेश्वर श्रीभसन्तनदेवः तत्पादानुध्यानरत राज्ञी महादेवी श्रीसाज्यनरानिभा तस्यामुत्पन्नः परममहेश्वरः परमप्रत्ययः परमभट्टारक महाराजाधिराजः परमम्बरेशाय स्वैरं स्वैरं ददौ कुशली जयकुलभुक्ति प्रतिपदव्यां प्रतोलिकात्वासीत्तथाम्बी-रपलिकायां श्रीव्याघ्रेश्वरदेवाय गन्धपुष्पस्तु धूपदीपसमालेपनखंडस्फुटितं समरावनाय प्रतिपादितम् सुकीर्त्तिप्रचयं तु चन्द्रार्कयाज्ञौदीच्यं आसन्विष्णुधर्मणां ॥ विषये ते ते ये उपरिलिखितं देवाय गन्धपुष्पादिकाः यस्यभर्त्राप्रतिबद्धाउपरिलिखितस्य च स्वर्णेश्वर ग्रामः तथा च प्रतोलिका सद्यप्रतिपादितं परमभट्टारक सहाराजाधिराज परमेश्वर श्रीखर्परदेवः तस्य पुत्रः तत्पादानुध्यानरतराज्ञी महादेवी श्रीकल्याणदेवी तस्यामुत्पन्नः परममहेश्वर परमबद्धवरेण्यः परमभट्टारक महाराजाधिराज परमेश्वर श्रीकल्याणराजदेवः तस्य पुत्रः तत्पदानुध्यानरतराज्ञी महादेवी लद्धादेवी तस्यामुत्पन्नः परममहेश्वर परमवरेण्यः परमभट्टारक महाराजाधिराज परमेश्वर श्रीत्रिभुवनराजदेवः कुशली जयकलभुक्तिकायां नायक्षेत्रं प्रतिबद्ध विचार्य्यद्रोणद्वयसार्द्ध इहैव भूग्यामुपरिलिखित देवाय गंधपुष्पदीपादिका ये ये ते ते प्रतिपादिता इति आसीत् किरातोतः तस्य पुत्रेण शाकं वद्धसम्बन्धः इहात्र प्रतिपत्तव्यं देवतोद्देशेन गावियपिंलपयरातदोखरियं प्रतिवद्धः द्रोणसार्द्धहयभूम्या मूर्द्धं उपरिलिखितदेवस्य च प्रतिपादितं अपरोप्याधिध्वजपुत्रः रोण बह्नरणेकप्रतिबद्धं भूमि द्रोणैकंसाह्व तत्र तत् तत् ॥

विद्यादूइप्रस्थ संवत्वप्र ११ तथा वक्रेश्वर प्रतिः वद्धभूमिद्रोणैकं वद्धचामुण्डादेवी पूवर्तः भूमीप्रस्तचतुर्द्दशः १४ तान्येव भूम्याणि? उपरिलिखित श्रीव्याघ्रेश्वरदेवाय उपभरण तिमितिरा श्रीमल्लन्ति वत्सरात् सकलामरदितितनुजमनुजावद्ध भक्तिभावभरादरोन्न

मितोत्तमाङ्ग: शशिनिकटमुकुटकिरीटनिवद्धकोटिकोटिशोभै-कायनगङ्गोदक प्रदीपदीप् तदीधितिपातमहारत्नकमलामल विपुलवद्धलकिरण केशरासारसारिता शेषविशेषमोषिष घनतमभोगिगणविद्योतजटाजूटस्य कुशलतनो: धूर्जटे: प्रसादात् निजभुजोपार्जित उर्जित्य: निर्जितरिपुकलधौतौद्यप्रकाश: दयादाक्षिण्य सत्यसत्त्वशील सौर्य्योदार्य्यगांभीर्ध्यम र्य्यादाचरित्राश्वर्यकार्यनयाद्गिुणगणाधलंकृतशरीरर: कृतायुधाति सत्वेन वियजचतुर: कृताध्वरप्रगीतकीर्त्ति श्रीनंदनामरावतीपतिचरणकमलकमलासेवार्थमूर्ति: श्रीनिम्बरत देव: तस्य पुत्र:तत्पादानुध्यानरत राज्ञीं महादेवी श्रीदासुदेवी तस्यामुत्पन: परममहेश्वर परमवरेण्य परमभट्टारक महाराजाधिराज परमेश्वर श्रीमदीष्टरणदेव: तस्य पुत्र: तत्पदानुगतराज्ञी धरा देवी तस्यामुत्पन्न: परममहेश्वरपरमवरेण्य परमभट्टारक महाराजाधिराज परमशूर श्रीमल्ललितशूरदेव: तस्य पुत्र: तत् पदानुध्यात राज्ञी महादेवी श्रीसायदेवी तस्यामुत्पन्न महेश्वर परमब्रह्मपरायण परमबुद्धश्रमणरिपु नीलनलिनदरतरललामसुचकिततवलोचनसत्यासन्न अमितलावण्यरमणीयोपायन किसलयदलायमान प्रणतसमस्तभूपतिमुकुटममणिनिनादितविनिर्गततिमिरमहास्त्र महासुवर्णचरणतल: कलेरप्यायनप्रकट: पोद्गताय प्रतिपादित श्रीपरमभट्टारक महाराजाधिराजपरमेश्वरोपमीयाढ्य श्रीभूदेवदेव: जयकुलदुर्ग पश्चिमत: शासितग्राम: परमप्रश्रवणसभा तथा भुरत्यघानी १ तथा सिवालिका पल्लिका तथा प्रतिबद्धा: स्यादरसमीजय श्रीव्याघ्रेश्वरदेवाय रानूपुषप्रद भरतस।

(*जर्नल ऑफ एशियाटिक सोसायटी ऑफ बंगाल,* खंड-7, भाग-2, पृ. 1056-60 से साभार)

पुरुषोत्तमसिंह की गया प्रशस्ति

ॐ नमो बुद्धाय नमो धर्म्माय शर्म्मणे
नम: सङ्घाय सिंहाय लङ्घानाय भवाम्बुधे:॥ १॥
अगाधगुणसम्पूर्ण: सर्व्वसौख्यैरलङ्कृत:।
सुवेशश्रव कमादेशो वसेत्पूर्व्वप्रदेशत:॥ २॥
तत्राभवन्नरपतिर्ज्जय तुङ्गसिंह:
श्रीमानरातिनृपहस्ति घटैकसिंह
अस्त्रे च शास्त्रनिचये च विचक्षणात्मा
दाक्षिण्यलक्षणगणै: परिलक्षितश्च॥ ३॥

वाञ्छतोपि प्रदानं समधिकमखिले यस्य लोके समन्ताद्
वैलक्ष्यात्कल्पवृक्षः क्वचिद्गमदिव प्रेक्ष्य पृथ्वीमुपेक्ष्य।
जैत्रात्खड्गप्रतापात्त्रिजगति विदितोप्युत्तमो भूपतीनां
तैस्तैः श्लाघ्यैर्ग्गुणौघैरनघतरतनुर्यश्च नोतुन्न शक्यः॥ ४॥
श्रीकामदेवसिंहोभूत्तत्सूनुर्भानुसन्निभः।
यो दानमार्ग्गणवर्ग्गेभ्यो हेलया हस्तिनोहयान्॥ ५॥
कामः काम्यतया नमस्यवशतो देवः प्रतापोदयादासीत्सिंहसमः
पराक्रमतया धर्म्मावतारश्चरम्।
अस्मादेव हि कारणात्त्रिभुवने यः ख्यातकीर्तिर्म्महान्
नाम्ना सान्वयधारितेन धरणीपालः कलानान्निधिः॥ ६॥
सच्चक्रनन्दकभुजो जगतो हितैषी
लक्ष्मीपतिः क्षितिपतिः पुरुषोत्तमश्च।
नारायणः प्रकट एष च तत्तनूजः
श्रीमान्वभूव पुरुषोत्तमसिंहनामा॥ ७॥।
मर्यादापरिपालितक्षितितलोगाधिपि पायोनिधिः
साम्यं येन च नाप्नुगतप्रविदुषा तेजस्विना जाड्यवान्।
सिंहो दीनमृगान्तकोप्यकरुणश्चन्द्रः कलङ्काङ्कितो
येनाप्युत्तमविक्रमेण यशसा कान्तेनतुल्यो न तु॥ ८॥
सोयं द्रष्टुमिवोतमं जिनपुरं यातस्य पुण्यात्मनो
रत्नश्रीदुहितुः सुतस्य च तथा माणिक्यसिंहस्य हि।
पुण्योद्देशवशाच्चकार रुचिरां शौद्धोदनेः श्रद्धया
श्रीमद्गन्धकुटीमिमामिव कुटीं मोक्षस्य सौख्यस्य च॥ ९॥
अस्याः सन्ततत्कान्तिशान्तनरकध्वान्ताकृतेः कान्तिवान्
शिक्षाकोटिविचक्षणः स्ववहितोधिष्ठाय निष्ठापरः
पृथ्वीमण्डलमण्डनस्य न कमाचक्रस्य राज्ञोगुरु-
र्व्विख्यातः खलु धर्म्मरक्षितयतिः कर्म्मान्तरन्निर्म्ममे॥ १०॥
प्रख्यातं हि सपादलक्षशिखरिक्ष्मापालचूड़ामणिं
शीलैः श्रीमदशोकचल्लमपि यो नत्वा विनीयं स्वयं।
अत्रच्छिन्दनरेन्द्रमिन्द्रसट्टशं भ्रष्टे मुनेः शासने
स्थित्योद्धारमसौ चकार परमाश्चर्य कलौ दुर्ज्जये॥ ११॥

पूजा: पूज्यतमस्य पञ्चमगतैर्व्वाद्यैस्त्रिसन्ध्यं सदा
रम्भासन्निभभाविनीभिरभितो चेटीभिरत्यद्भुतं।
नृत्यन्तीभिरनङ्गलङ्गिमगतैग्गीतादिरङ्गैरिमा
यस्मात्सन्ति हि शासने भगवतः सत्कारविस्फारिता: ॥ १२ ॥
दिव्याहारविसारिसत्रवहनान्यत्रैव रम्या: प्रपा:
प्राप: पण्डितवृन्दमण्डितमिद्चाखण्डितं शासनं।
अश्रान्तं नव कर्म्म सर्वत इत: श्रीचक्रवाडे यतो
बुद्धानां विविधानि सन्ति बहुधा कृत्यान्यहो नित्यश: ॥ १३ ॥
वंद्य: श्रीवासुदेवोच्युतवदभिमतो नन्दिवंशावतंस:
ख्यात: श्रीजीवनागस्तदनु गुणिवरस्तस्य पुत्र: पवित्र:।
पूतां शस्तां प्रशस्तिं द्रुततरमकरोत् स्वल्पशस्तस्य सूनु:
कोपि श्रीमञ्जुनन्दी निजकुलजलधाविन्दुरानन्दकन्द: ॥ १४ ॥
अलिखल्लेखकाध्यक्ष इन्द्रनन्दीति सुन्दर:।
रामेण शिल्पीनोत्कीर्णमभिरामेण वर्ण्णत: ॥ १५ ॥
भगवति परिनिर्वृते सम्वत् १८१३ कार्त्तिक वदि १ बुधे।

(*दि इंडियन एंटिक्वेरी,* खंड-10, दिसम्बर, 1881, पृ. 341-46 से साभार)

नैनीताल का जैन मूर्ति लेख (तिथि 479 ई.)

ओम् आचार्य इन्द्रनन्दि शिष्यायाईदरिपार्श्वाय तिष्य पौत्रेण

अल्मोड़ा का कसार देवी का शिलालेख (छठी सदी ई.)

रुद्रेश्वर प्रतिष्ठापिता
वेटिला पुत्रेण रुद्रकेण

तालेश्वर (रानीखेत) ताम्रपत्रों की मुहर (छठी सदी ई.)

विष्णुवर्म्मा प्रपौत्रस्य पौत्रस्य वृषवर्म्मण:
श्री अग्निवर्मा सुतस्येह शासनं द्विजवर्म्मण:

देवानानामनुग्रहार्थाय साधुसंरक्षणाय च।
सोमवंशोद्भवो राजा जयतु अमित विक्रमः।

अशोकचल्ल (1253-76 ई.) का गोपेश्वर त्रिशूल लेख

॥ ऊँ स्वस्ति॥ कृत्वा दिग्विजयं महालय महादेवस्य संस्थामिमां
राज्ये श्रीमदशोकचल्लनृपतिः स्तंभं च्छलान्नीतवान्॥
पश्चाच्च प्रतिरोप्य तत्र विजयस्तंभप्रतिष्ठामगाडु
त्खात प्रतिरोपणां हि महतां युक्तं नतानां पुनः॥

कल्याणमल्ल का अलगाड़ ताम्रपत्र (1443 ई.)

ऊँ स्वस्ति श्री शाके 1365 मासे 10 तिथे 30 वासरे 2 दिन महाराजाधिराज रैकाज्यू कल्याणमल्ल पाय ले दत्त दिनि वशिष्ठे गोत्रि गढ़देसी भट्ट पंडित सहोदर भ्रातौ भानुभट्ट हरिभट्ट राठ ले पाई। रैकाज्यु पायज्यू देव ले कगतार तरै कुन गर्खा संकल्प दिनु। श्री भट्ट राठ ले पाई। सढ़ि मौ मशा लगति घर कुड़ि वन छोड़ि गाड़घट्ट लेक इजर अग्वाड़ी पिछाड़ी हिलपणि धुल साउलि सर्वकर अकरि सर्वदोष निर्दोष सर्वाद्वंद्व विशुद्ध गडेलि पेडलि नाठनठालि सर्ग को ढीढ़ो पाताल की निधि बाजदार बजईन तोड़ी तमापत्र गरी चंडिका माई संकल्पपूर्वक चढ़ई राजा कल्याणमल्ल की सन्तति ले भुजाउण भानुभट्ट हरिभट्ट की सन्तति ले भुचणा। अन्यथा नास्ति। तमापत्र साक्षी धर्मराज चन्द सूर्य भूमंडल साक्षी हरिपाल भाट लिरुपु बोहरो देवकुर बोहरो नरू गर्कुणि साकदासि रौला लिखितं किसना सेठी शुभमस्तु ठाउर कालकोट सीरा दिन छाकला।

कल्याणचन्द द्वितीय का भेटा ताम्रपत्र (1545)

ऊँ स्वस्ति श्री साके 1467 संवत 1602 वर्ष जेठ सुदि 10 गुरु दिने दसहरा पुण्यकाल महाराजाधिराज श्री कल्याणचन्द देव ले संकल्पपूर्वक जीर्णोद्धार करि राजा भीष्मचन्द की दिनि विसा 6 भेटा का मध्ये रामधा कलपानि का दिना नरि पाडे ले पाया उस भूमि लगति घर कुडि वन छोडि गाडघट लेक इजर अकास को ढिढो पाताल की

निधि गडिली पेटली नाटनटाली घोडालो कुकुरालो सव हरि पक्तति सर्वकर अकर सर्व धतधिपश्व करि राजा कल्याणचन्द्र की सन्तति ले भुजाउनि नरि पांडे की सन्तति ले भुचनि प्रधान वसु नेग दिविधते साषि महाराज कुमार कस्नचन्द विसु गोसाइ कन रौतान सुतान मौनि पवन वोहरो माउसु भडारि महाराज राउत पुर्षु पाडे विनि विष्ट भोज तड़ागि गनेस चौधरी कुमू कार्कि संसार, वोहरा जोगु फुरत्याल सुपा महरा मनुभान महर सुरताज रावत मोरू खड़ायत रुद्र बाड़ि शिवराज सेटि ज्ञानधनिक लिखितं पुर्खु जोइसि कंडारि तंसु गुसाई।

बाजबहादुरचन्द का बुंगा (पिथौरागढ़) ताम्रपत्र (1674 ई.)

महाराजधिराज श्रीराजा बाजबहादुरचन्द देव ले तामापत्र करि गाऊ दीना रजवार खड़कु गुसाई सोराड़ी ले पाया चौगर्खा मु ज्युलो 1 ज्युलो खना को जोईसी वालो नौ ठुकुरा सोर में वल्दिया का देश में ज्युला 18 अठार-ज्युला कणकोट मरसोली दिङास मै खतेडो ज्युला 7 बाँस में तलवार सुदा ज्युला 5 भगसीरी माज जलतुरी सुदा ज्युला 4 जाख का ज्युला 1 सुवाकोट को ज्युलो 1 झीलपढ़ी को भगसीरी माज ज्यु 1 जमतड़ी भगासीरी भाज ज्यु 1 ज्याली के ज्यु 5 टकाड़ी का ज्युला1 पावैं कार्की सैनी को ज्यु 4 थरकोट इग्यार मै ज्यु 1 जादील भगसीरी में ऐकना पंचास ज्युला परवत में दीना ईन ज्यु लगतो गाड़ घट लेख इजर सुदा पाया माल की जागीर छीनकी का परिगना मैं मौ: हलदड़ी गा मौ: मटखीना रतनपुरो पटपड़ी का बदला मौ करीना एकन्ना चार गाऊदीना पछीला पाटा देखी बार तामापत्र करी दीनु माल का गाऊ धुरा डंडा सुदा पाया रुपैया 66 दी रुपया मड़पा में दसौन का पाउना माल परवत का गाऊ सर्वकर अकर करी दीना सब कर तोड़ी दीनो बजनिया बखरिया को कर दीनु डोटी कन खपनु सेवा कर्नी जागीर खानी पत्र साछी रुद्रदेव पांडे पुरोहित श्रीनिवास पांडे विश्वरूप पांडे बाड़ोखरा नरवाहन प्रतापदित्य अर्जुनसींग गुसाई अर्जुनरतन साहु पुरी लोकमनी अधीकारि माल को सीकदार वीनायक अधीकारि सैबाज बोरा सुन्दर भंडारी पुर्खु उप्रेती सेज्याली लिखितं मैंसा साहु कंडारी लिखितं गोपाल सुनार साके 1596 पौष वदि 12 चन्द्रे माल का गाऊँ की दरी बीघा हजार 4000 चार चार हजार बीघा की दरी का गाऊ दीना।

सुदर्शनशाह का चन्द्रवदनी पत्र (1816 ई.)

लीखीतं कलुवाकमलानेत्रु अन्नुपाल्यु घनुकौ...आगे छत तुम पर गोरखा की वखत मा जब अन्याउ हो यो तब भाजी वीरडी क साल 64 मा वैंसोली गाउ मा वैठी ता सो अब तलक वैठी आी छ याई तब त खात्र ज्मा सेती तख वसणु जमीन कमौशी सो साल सोत्र देणा खेणा देणी खेणी मोलाराम जोतराम का अड़ाा मारहुण तुम भाज और कैन खेचल हुजत नी करणी संवत 1873 का वैशाख 5 गते पत्र में अंकित मुहर लेख—"श्रीमद् रामपदां भोजसेवया प्रासु मुद्रिका। श्रीसुदर्शनसाहस्य मुद्रा जयति राजता।"

ईस्ट इंडिया कम्पनी का कोट महरा पट्टा

कौल करार पट्टा वनांम हीमतसीं का वारस बेटा मोहनसीं धर्मसिंह पधान मौजे कुंडी महरा पट्टि सुई भीसूग प्रगने काली कुमाऊँ जीले कुमाऊँ का आगे जो तुमनै दर्खास्त 4 साल तमाम संवत 1818 सन्न 1232 फसलि तक वावत फसल खरीफ व रवि के साथ ज्मा 56 रुपैया सिके कलिदार फर्कावाद के सेवाय रकम सायर आपकारी भंगगाजा उत्तर अफीम पोस्त भट्टिखैराड़ बागबगैचविष्णुप्रति ब्रह्मदेव गूँठ वगैरह वाहक हजूर मौ गुजरानी ईस वास्ते मंजूर कर्ने साहवान सदर का पट्टा तुम कौ दींया जाता है कि हजारा साल 4 चहार मजकूर के गाउ व मौजम लीखे हुए दर्खास्त के रुपैया तुमारे नाम ठहराय दीये माफक किश्तौ के सर्कार तसिल्दार प्रगनै अपने पहुँचाय कर दाखला लेते रहोगे और विच मियाद वंदोबस्त के ईस्तिफा तुमारा मंजूर नहीं होगा व रकम अस्मानी फर्मानी अमल गोर्खाली के मौजारी थी अब अमल्दारी सर्कार दौलतमदार कम्पनी बहादुर के मौ मनै हैं हर्गिज न लेबोगे और अमल सर्कार दौलतमदार कम्पनी बहादुर के मौ मनै है हर्गिज न लेबोगे औ अमल सर्कार के मौ अब बैकर बेगार लेना मै है तुम किसी को अपने गाउ से बैकर बेकार न दोगे न देलवाओगे जो तुम्हारे गाउ मै सर्कार के काम मौ कूलि दर्कार होगा तो पर्वाना अदालत का या प्रगनै का तसिल्दार के रूके व मोजे म देते रहोगे हर्गिज और कीसु के तल्फ सै कुलि न दोगे और लुल्म वे बाज विरयत गाउ सै न करोगे उन्कौ सवसूरत सै राजी रख के अपनै गाउ की अवादी करावुते रहोगे उन्कौ सवसूरत सै राजी रख के अपनै गाउ की अवादी करावुते रहोगे और

जो हकदस्तूर पधानचारी का मुकद्दर चला आता है उसि व भोजन अपनै गाड के आसमिङ्यौ सै अवमि लेते रहोगे बाकी न लेवोगे और जो मुकदमा खून या चोरी का तुमारे गाउ में हो जाएगा तो उसि वखत अपने पट्टी के कमीन सयाने या प्रगनै का तसिल्दार के पास खबर पहुँचाते रहोगे...

तपसील
ज्या साल 4 के रुपैया 56
साल 85 के 14
कुवार 4 अगहन 4 माघ 3 चैत्र 3
साल 86 के 14
कुवार 4 अगहन 4 माघ 3 चैत्र 3
साल 87 के 14
कुवार 4 अगहन 4 माघ 3 चैत्र 3
साल 88 के 14
कुवार 4 अगहन 4 माघ 3 चैत्र 3
ता 13 जनवरी सन् 1827 ई.

(श्री विक्रम सिंह महरा का संकलन)